新常态下转型与发展

——信托研究与年报分析2015

百瑞信托博士后科研工作站 著

中国财政经济出版社

图书在版编目（CIP）数据

新常态下转型与发展：信托研究与年报分析：2015/百瑞信托博士后科研工作站著．—北京：中国财政经济出版社，2015.11

ISBN 978-7-5095-6453-0

Ⅰ.①新…　Ⅱ.①百…　Ⅲ.①信托-研究报告-中国-2015　Ⅳ.①F832.49

中国版本图书馆 CIP 数据核字（2015）第 258042 号

责任编辑：周桂元　牛婧丽　　责任校对：杨瑞琦

编辑助理：吴檬檬

封面设计：邢子岩　　版式设计：董生平

中国财政经济出版社出版

URL：http：//www.cfeph.cn

E-mail：cfeph@cfeph.cn

社址：北京市海淀区阜成路甲 28 号　邮政编码：100142

营销中心电话：88190406　北京财经书店电话：64033436　84041336

北京富生印刷厂印刷　各地新华书店经销

787×960 毫米　16 开　23.25 印张　333 000 字

2015 年 11 月第 1 版　2015 年 11 月北京第 1 次印刷

定价：46.00 元

ISBN 978-7-5095-6453-0/F·5200

本社质量投诉电话：010-88190744

打击盗版举报热线：010-88190492，QQ：634579818

《新常态下转型与发展
——信托研究与年报分析2015》

序　一

PREFACE

中国经济30多年的高速增长积累了巨额的存量资金，截至2014年年末，我国居民家庭储蓄超过50万亿元。如何将资金的供给和需求实现更有效率的对接，将储蓄资金转化为更有效率的投资资金是我国金融结构优化的主要内容，也是中国经济进入新常态后金融业发展和创新的方向。作为仅次于银行业的资产管理行业，秉承着“受人之托，代人理财”的文化理念和经营策略，信托业对于实现金融资源的合理配置、助力经济结构优化升级发挥着不可替代的作用。目前，信托业正在不断拓展和提升自身的功能，一方面，为长期资金短缺的基础产业、房地产业和工商企业提供资金支持；另一方面，也不断提高和放大我国各种储蓄资金对资本形成与经济增长的正向作用，成为经济新常态下稳定经济增长的重要支撑。

以大体量基金稳规模，以业务创新布局未来，加强风险管理稳中求进，信托行业正朝着“综合金融解决方案提供商”的战略目标积极转型。一是用大体量基金稳规模、促转型。近两年，信托行业设立了大量城市发展基金、产业基金、并购基金等，在实现业务规模稳步增长的同时，助推传统业务转型升级。二是加强风险管理，谋求稳中求进。在行业进入转型升级期的大背景下，信托行业对于风险管理高度重视，宁可把发展速度降下来也一定要确保项目风险可控。三是不断创新，力争做综合金融解决方案的提供商。信托行业充分利用信托投资手段多元化的优势不断强化信托的投资功能，顺应了中国经济向更高级形态转变的资金配置特点。

2008 年以来，百瑞信托博士后科研工作站始终站在信托行业研究的最前沿，围绕着信托行业业务创新，进行前瞻性、战略性的布局，探索潜在的创新业务模式，引领信托全行业的基础研究与业务创新。《新常态下转型与发展——信托研究与年报分析 2015》一书立足于信托行业发展实践，就信托全行业共同关心的热点、难点问题进行深入研究和探讨。为进一步提高该书的质量，保证研究内容的广度、深度和高度，百瑞信托博士后流动站加强了内容遴选和评审工作，陆续开展了工作会现场讨论、提纲评审会审议、撰写报告、业内外专家评审等一系列工作。

相信《新常态下转型与发展——信托研究与年报分析 2015》一书对于信托行业明晰自身现状、抓住转型机遇，实现信托行业平稳、持续发展具有重要的理论意义和现实价值。值此书出版之际，作为百瑞信托博士后科研工作站的指导老师，欣然为之作序，希望百瑞信托博士后工作站在信托行业研究领域取得更多成绩。

2015 年 9 月

序　二

PREFACE

2007年，信托行业新两规（《信托公司管理办法》和《信托公司集合资金信托计划管理办法》）开始实施，信托投资公司一律更名为信托公司，信托公司亦由“融资平台”向“专业资产管理机构”转变。在这个转变过程中，信托公司的研发能力与创新能力就显得非常重要。2007年，百瑞信托在行业内较早设立了研究发展中心，致力于探索和开展信托创新与发展的应用研究。2008年，经中华人民共和国人力资源和社会保障部批准，百瑞信托设立了依托于研究发展中心的业内第一家博士后科研工作站，搭建了百瑞信托研发和业务创新相互支持的研创平台。

经过多年发展，百瑞信托已经形成以行业发展和业务实践为导向的研发体系。研发平台与业务部门紧密结合，形成了良好的互动，诸多研发成果为公司业务创新提供了有力的支撑和保障。2015年是信托行业以及公司业务持续转型升级之年，百瑞信托正努力以最符合自身股东背景和资源禀赋的发展模式不断创新发展。公司的研发创新工作是业务转型升级和可持续发展的动力源泉，下一阶段百瑞信托将进一步加强研发团队建设，构建更加完善的科研人才体系，推出更多有价值的研究成果，并加速研发成果向实践的转化，以研发创新指导业务实践。

未来，我们十分期待更多、更优秀的研究人员和研究机构加入到信托行业的分析和研究中来。通过系统研究信托行业基础理论，准确理解现行监管政策，探索泛资管格局下传统信托业务的转型模式和拓展空间；不断尝试潜在的创新型业务，共同促进信托业在转型中实现自身突破，并走向以创新为引擎的新常态。相信顺势而为、积极有为的信托业必将在稳中向好的求进之路上大有作为，成为经济新常态下中国金融发展和创新的开拓者，成为中国经济转型发展的助力者。

百瑞信托博士后科研工作站所著的《信托研究与年报分析》一书已由中国财政经济出版社连续六年出版发行，记录了信托业发展历程和行业变革，具有重要的理论意义和现实价值。希望博士后科研工作站的各位同事一如既往、再接再厉，推动公司的研发能力再上新台阶，为信托行业转型发展和研发创新贡献自己力量。

是为序。

2015 年 9 月

前 言

FORWORD

2014年，整体经济进入新常态带来的行业周期下行与泛资管格局全面开启引发的市场竞争，使信托业真正踏上了转型之路。政府监管部门也出台了一系列监管政策文件，意在引导信托业务转型、重塑信托行业的发展。“转型创新”与“监管重塑”可以成为2014年信托行业发展的最好概括。从2014年各信托公司公布的年报来看，转型已经取得一定的效果，投资类业务规模的扩大和占比的持续上升表明信托公司主动管理能力逐步提升；信托资产类型的丰富和信托资金投向的变化表明信托公司业务范围得到拓展。

自2009年起，百瑞信托博士后科研工作站开始了对行业内信托公司公开披露年报的分析研究，希望可以通过数据记录信托行业的每一步发展，同时，也根据行业发展阶段进行有针对性的研究。在此基础上，我们连续六年出版发行了《信托研究与年报分析》系列丛书。2015年是信托行业转型发展的关键一年，业务结构的调整和业务模式的转变都将取得实质性进展。2015年，《信托研究与年报分析》在延续以往风格的基础上做了一些调整，以《新常态下转型与发展——信托研究与年报分析2015》这一全新的形式和大家见面。希望可以方便大家更直观地了解信托行业，也希望与大家共同见证信托行业的成长。

《新常态下转型与发展——信托研究与年报分析2015》分为两部分内容，第一部分为2014年信托公司年报分析，包括6篇研究报告，分别从行业发展概况、信托业务、自营业务、人力资源、客户服务和创新业务6个方面分析了全行业68家信托公司的经营和发展情况，尤其是在创新业务篇，在对行业发展环境和创新业务进行分析的基础上，提出了行业转型的方向和可能的转型路径，希望可以引发大家更多的思考，共同探索行业发展的未来。第二部分为信托研究，包括6篇专题研究报告。《泛资管格局下土地流转信托研究》一文在分析现有土地流转信托模式的基础上，研究财产权信托与资金信托相结合的模式，并提出目前的法律障碍和完善机制。《互联网金融发展模式与互联网信托》一文主要探讨大数据时代，信托如何“+互联网”，利用大数据的优势实现业务模式的升级和优化。《对冲基金行业的现状分析及未来展望》一文主要研究对冲基金的主要投资策略及风险收益水平，并在借鉴国外发展经验的基础上，对我国对冲基金的发展前景进行了分析。《我国家族信托现状与完善机制》一文主要研究家族信托的发展现状、可能的业务模式和发展家族信托需要完善的机制。《信托与基金会合作助力公益事业的模式探索》一文在比较基金会、公益信托、公益目的信托三种公益事业模式的基础上，研究信托与基金会合作促进公益事业健康发展的路径，属于公益信托的衍生研究。《信托专业子公司运行模式与发展建议》一文侧重于研究信托专业子公司的运行模式，99号文、八项责任和《信托公司条例》（征求意见稿）均提到允许或鼓励信托公司设立专业子公司，但是如何设立专业子公司，专业子公司如何运作等是需要探讨的问题。

在本书编写过程中，中国社会科学院原副院长、博士生导师李扬研究员，北京大学副校长、博士生导师刘伟教授，香港交易所内地事务科首席中国经济师、博士生导师巴曙松教授，北京大学金融与证券研究所、博士生导师曹凤岐教授，对外经济贸易大学副校长、博士生导师刘亚教授，中央财经大学副校长、博士生导师史建平教授，南开大学经济学院院长、博士生导师梁琪教授，从学术角度提出了许多宝贵的意见和建议，在此对他们的辛勤付出表示衷心的感谢！

本书主要编写人员为：马宝军、石笑东、罗靖、方晓军、高志杰、陈进、蔡华、陶斐斐、王力航、邢子岩、田业钧。其中，马宝军作为编委会主任，负责本书的选题、总体策划和审稿。在第一部分中，石笑东和陈进撰写了《行业概况篇》，方晓军和田业钧撰写了《信托业务篇》，高志杰和王力航撰写了《自营业务篇》，蔡华撰写了《人力资源篇》，马宝军和邢子岩撰写了《客户服务篇》，罗靖和陶斐斐撰写了《创新业务篇》。在第二部分中，马宝军和陈进撰写了《我国家族信托现状与完善机制》，陶斐斐撰写了《互联网金融发展模式与互联网信托》，王力航撰写了《对冲基金行业的现状分析及未来展望》，程磊和邢子岩撰写了《信托与基金会合作助力公益事业的模式探索》，陈进撰写了《泛资管格局下土地流转信托研究》和《信托专业子公司运行模式与发展建议》。

由于所收集的资料有限、主要研究人员信托行业从业经验尚浅等原因，本书还存在许多待改进和完善之处，欢迎大家提出宝贵的修订意见，也希望与更多的业界同仁、广大读者，多多交流，共同推动信托行业转型发展。

百瑞信托博士后科研工作站
2015 年 8 月

目　录

CONTENT

第一部分　2014 年信托公司年报分析

2014 年信托公司年报分析之一：行业概况篇 / 3

2014 年信托公司年报分析之二：信托业务篇 / 65

2014 年信托公司年报分析之三：自营业务篇 / 109

2014 年信托公司年报分析之四：人力资源篇 / 152

2014 年信托公司年报分析之五：客户服务篇 / 182

2014 年信托公司年报分析之六：创新业务篇 / 208

附　表 / 231

第二部分　信托研究

泛资管格局下土地流转信托研究 / 251

互联网金融发展模式与互联网信托 / 283

对冲基金行业的现状分析及未来展望 / 301

我国家族信托现状与完善机制研究 / 319

信托与基金会合作助力公益事业的模式探索 / 335

信托专业子公司运行模式与发展建议 / 344

第一部分

2014年信托公司年报分析

2014 年信托公司年报分析之一：

行业概况篇

百瑞观点：

- 整体经济进入“新常态”，信托行业机遇与挑战并存；
- 资产管理市场竞争加剧，谋求转型成为信托行业必然选择；
- 监管部门出台一系列监管文件，重手推动行业重塑；
- 信托行业资本实力稳步提升，风险抵御能力持续增强；
- 信托资产规模稳步增长，业务转型效果初步显现；
- 信托经营业绩保持增长态势，增速持续放缓；
- 信托公司开始在全国范围内拓展业务，地区优势仍然明显；
- 信托业务创新层出不群，探索行业转型方向；
- 信托公司主动管理能力提升，向专业化和差异化方向发展；
- 信托行业风险项目增多，处置方式日益多样化和市场化；
- 自营信用风险资产不良率上升，整体风险可控；
- 信托诉讼案件增多，投资者开始采取法律手段维权。

2014 年，整体经济持续下行与激烈的市场竞争使信托行业全面开启了转型之路。从数据上看，信托资产规模和经营业绩保持增长态势，但是增速持续放缓，融资类、投资类和事务管理类信托呈现三分天下之势，投资类信托有走强之势，信托业务转型初现成效。监管部门出台了一系列文件，包括被誉为“史上最严监管文件”的99号文、对政信合作类项目产生影响的43号文等等。监管部门领导更是在“八项机制”的基础上了提出了信托公司的“八项责任”，意在为信托行业的转型提供方向性的指引。信托公司也加快了转型创新的步伐，传统信托业务向基金化方向发展、逐渐增多的公益信托、日新月异的消费信托、不断拓展的家族信托、逐渐向标准化方向发展的现金管理类信托等，都预示着行业转型的方向。具体业务上的创新之外，信托公司也开始布局海外业务、探索信托产品流转平台、设立子公司，谋求全方位的转型发展。信托行业转型的动力和压力离不开传统业务模式和刚性兑付压力下信托项目的风险隐患。目前信托不良率仍处于较低水平，项目风险整体可控，并且风险项目处置方式日益多样化、市场化和法治化。本文主要从信托行业整体发展环境、目前发展态势、行业转型路径与发展方向和多视角下的行业风险应对能力四个方面，对信托行业发展情况进行解读。

一、信托行业发展环境综述

（一）整体经济环境调整有利有弊

1. 经济新常态背景下信托行业的机遇

经济新政策和产业新方向给信托业带来新的机会。2014年，随着我国经济逐步进入新常态，传统产业相对饱和的同时，新技术、新产品、新业态的投资机会也大量涌现。自贸区、“一带一路”、国企改革、互联网金融、政府和社会资本的合作等都为信托行业的发展提供了良好的发展机遇。国家对新兴产业的扶持、对科技创新的鼓励，以及消费经济、三农产业等的快速发展，也在一定程度上为信托业提供了新的展业空间。

经济结构调整和产业升级使信托业务领域得到新的拓展。经济结构的调整和产业结构的优化升级使信托传统业务受到一定挑战，新业务拓展受阻的同时现存业务风险也增大。然而，在传统产业的整合和升级过程中也涌现出许多并购和重组的业务机会，信托行业可以利用积累的投融资经验，在这些领域寻找新的机会，拓展业务范围。

资本市场的繁荣为信托业提供了新的支点。2014年以来我国资本市场较以前有明显的发展，这对信托公司证券投资类信托业务的开展起到了极大的促进作用。随着新三板的崛起、沪港通、深港通的大力推进，多层次的资本市场逐步完善，信托公司可以利用自己交易结构灵活的优势积极参与资本市场，逐步培养自己的主动管理能力，在业务布局上逐步向资本市场倾斜。

居民财富的日益增加为资产管理市场的发展提供了有力支撑。资产管理行业的发展繁荣与经济发展及其带来的居民可支配收入增加息息相关。由图1-1可以看出，我国居民人均可支配收入处于上升趋势，资产管理市场仍有较大的发展前景，信托作为资产管理市场的重要组成部分，可以大有作为。

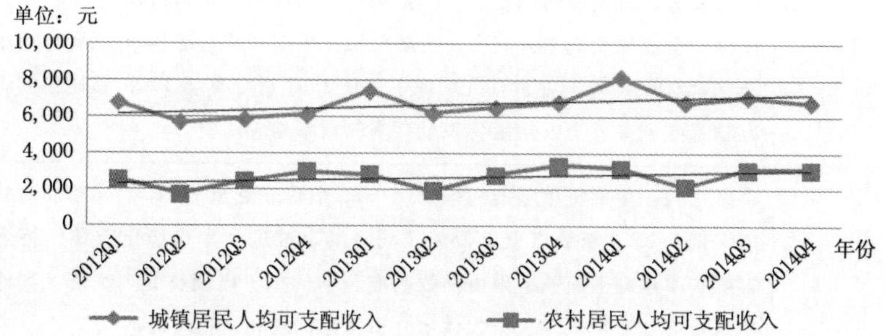

图1-1 居民人均可支配收入走势图

数据来源于国家统计局。

2. 信托行业面临的挑战

受2014年中国整体经济下行的影响，房地产行业、能源产业、低端制造业等出现了一定程度的风险暴露。这对信托行业产生了一定影响，信托公司传统业务领域风险增大并且业务拓展受阻。

信托行业转型升级时期，监管部门出台了一系列政策文件规范信托行业的发展。这些文件有利好，但有的也对信托公司业务产生了一定不利影响。例如，“43号文”出台后，信托行业需要重新厘清信政业务开展的思路，重新构建业务体系；信托行业保障基金的出台对通道类业务提出了新的挑战；利率市场化进程逐步推进（见表1-1），信托优质项目难觅。

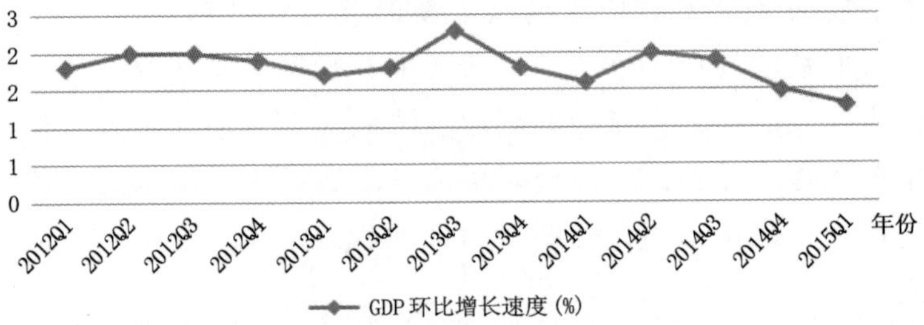

图1－2　2012年以来GDP环比增长速度

表1－1　2014年以来央行利率市场化进程

时间	主要内容
2015.06.28	2015年6月28日起有针对性地对金融机构实施定向降准，以进一步支持实体经济发展，促进结构调整。下调金融机构人民币贷款和存款基准利率，以进一步降低企业融资成本。其中，金融机构一年期贷款基准利率下调0.25个百分点至4.85%；一年期存款基准利率下调0.25个百分点至2%；其他各档次贷款及存款基准利率、个人住房公积金存贷款利率相应调整
2015.05.11	金融机构一年期贷款基准利率下调0.25个百分点至5.1%；一年期存款基准利率下调0.25个百分点至2.25%，同时结合推进利率市场化改革，将金融机构存款利率浮动区间的上限由存款基准利率的1.3倍调整为1.5倍；其他各档次贷款及存款基准利率、个人住房公积金存贷款利率相应调整
2015.04.20	下调各类存款类金融机构人民币存款准备金率1个百分点
2015.03.01	金融机构一年期贷款基准利率下调0.25个百分点至5.35%；一年期存款基准利率下调0.25个百分点至2.5%，同时结合推进利率市场化改革，将金融机构存款利率浮动区间的上限由存款基准利率的1.2倍调整为1.3倍
2015.02.05	下调金融机构人民币存款准备金率0.5个百分点
2014.11.22	金融机构一年期贷款基准利率下调0.4个百分点至5.6%；一年期存款基准利率下调0.25个百分点至2.75%，同时结合推进利率市场化改革，将金融机构存款利率浮动区间的上限由存款基准利率的1.1倍调整为1.2倍；其他各档次贷款和存款基准利率相应调整，并对基准利率期限档次作适当简并

（二）资产管理市场竞争日益加剧

行业竞争加剧对信托公司的经营管理提出了更高的要求。2014年，行业竞争格局进一步加剧，银行理财、券商资管、基金子公司、私募基金等对信托传统业务领域的侵蚀更加明显。以余额宝为代表的互联网金融快速发展，在一定程度上对信托公司业务的开展造成了冲击。这一背景下，信托公司需要进一步提升经营管理水平，深入发掘自身的优势，不断开辟新的业务蓝海。

1. 社会融资规模与金融行业资产规模

（1）社会融资规模与信贷贷款、委托贷款。社会融资规模是指一定时期内实体经济（境内非金融企业和住户）从金融体系获得的资金总额。信托公司发放的信托贷款和券商资管、基金子公司开展的委托贷款业务①属于资产管理机构开展的贷款类业务在社会融资规模中的体现。因此，本部分主要通过分析社会融资规模的变化以及其中委托贷款、信托贷款变化，以研究社会融资规模折射出的信托公司以及类信托资产管理机构贷款业务的变化。

截至2014年末，社会融资规模存量②为122.86万亿元，同比增长14.3%，各具体形式的融资规模可见图1-3。从结构上看，人民币贷款余额占比最高，为66.3%，其次是企业债券余额，占比为9.5%，委托贷款和信贷贷款分别排在第3位和第5位，占比分别为7.6%和4.4%。

从社会融资规模增量来看，2014年社会融资增量规模为16.46万亿元，较2013年的17.29亿元减少0.83亿元。2014年以来，各月份社会融资规模可见图1-4。可以看出，2014年下半年社会融资规模一直处于较低水平，7月份仅为2,737亿元，创2012年以来月份最低；之后月份一直在1万亿元左右徘徊或者更低，12月份社会融资规模反弹达到1.69万亿元。这种反弹主要来源于委托贷款、信托贷款等非标融资的增加，并且与43号文出台对于地方政府融资的规范带来的抢时点、冲规模有一定

① 委托贷款业务指一定时期末由企事业单位及个人等委托人提供资金，由金融机构（即贷款人或受托人）根据委托人确定的贷款对象、用途、金额、期限、利率等向境内实体经济代为发放、监督使用并协助收回的贷款余额。社会融资规模存量中只包含一般委托贷款，不包含现金管理项下的委托贷款。虽然社会融资规模中统计的委托贷款不限于券商资产和基金子公司开展的委托贷款业务，但是也可以从中看出变化的趋势。

② 社会融资规模存量是指一定时期末实体经济（非金融企业和个人）从金融体系获得的资金余额，与之相应的是社会融资规模增量，即通常所称的社会融资规模。

的关系，这种增长延续到2015年1月份。2015年2月份和3月份社会融资规模开始持续下降。

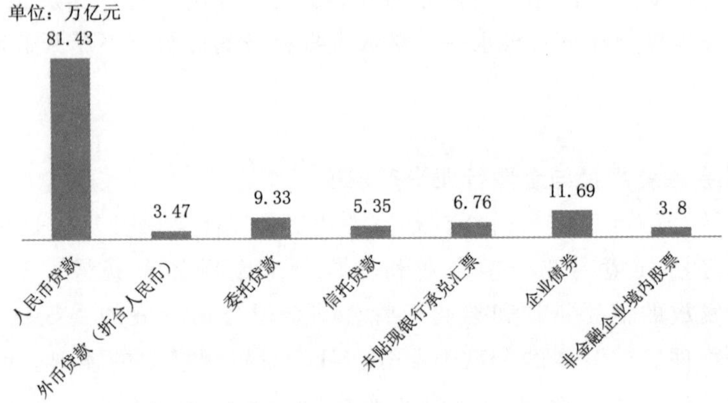

图1-3　2014年末社会融资规模存量分布图

数据来源：中国人民银行调查统计司，可见 http：//www.pbc.gov.cn/publish/diaochatongjisi/126/index.html。

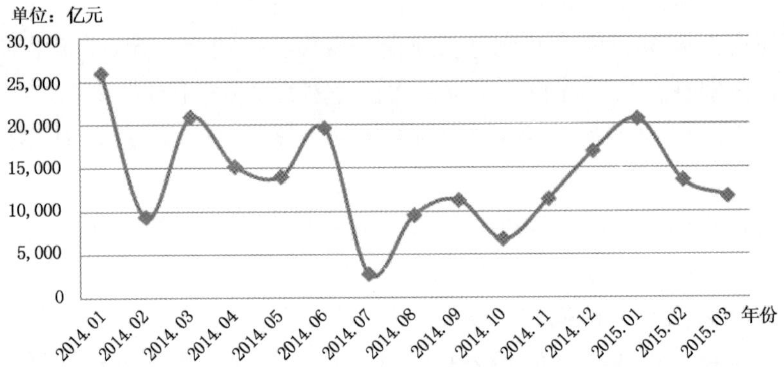

图1-4　2014年以来社会融资增量规模

数据来源：中国人民银行调查统计司，可见 http：//www.pbc.gov.cn/publish/diaochatongjisi/126/index.html。

从各类型融资占比来看，人民币贷款占比为59.4%，同比高8.1个百分点；委托贷款增加2.51万亿元，占比15.2%，同比高0.5个百分点；信托贷款增加5,174亿元，占比仅3.1%，同比低7.5个百分点。2014年以来，新增信托贷款和委托贷款走势可见图1-5和图1-6。

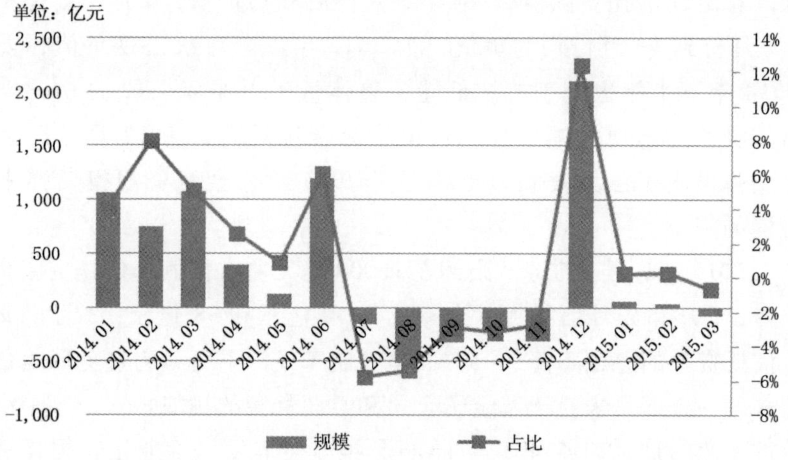

图1-5　2014年以来社会融资规模中新增信托贷款规模及其占比

数据来源：人民银行调查统计司，可见 http：//www.pbc.gov.cn/publish/diaochatongjisi/3172/index_ 2.html。

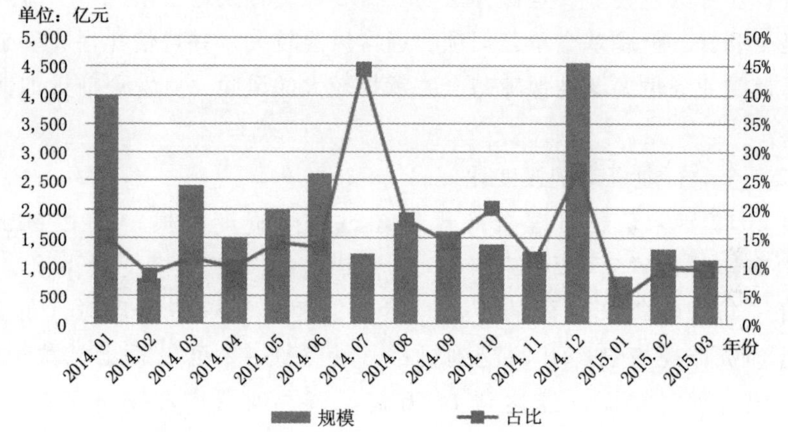

图1-6　2014年以来社会融资规模中新增委托贷款规模及其占比

数据来源：人民银行调查统计司，可见 http：//www.pbc.gov.cn/publish/diaochatongjisi/3172/index_ 2.html。

可以看出，信托贷款自2014年3月份后开始走低，6月份出现小幅反弹后，7月份到11月份均为负值，为2012年以来首次出现负值；委托贷款在2014年下半年也处于持续低迷，整体低于上半年。12月份，委托贷款和信托贷款均出现大幅反弹，规模均为全年最高，为12月份社会融资规模的反弹做出了巨大贡献，也印证了2014年社会融资规模反弹来源于非标融资的观点。

进入2015年，委托贷款[①]余额在1,000亿元左右徘徊；信托贷款余额则急剧下降，1月和2月信托贷款余额仅为52亿元和38亿元，3月份又出现负值。信托贷款的急剧下降，一方面是受制于经济下行，为避免风险信托业务收缩；另一方面是来自于基金子公司和券商资管的挑战。

值得注意的是，2015年1月16日，银监会下发《商业银行委托贷款管理办法（征求意见稿）》，对于发放委托贷款资金的来源做出了明确规定，将对基金子公司、私募投资基金等无贷款资格的资产管理机构产生重大影响。因为债权仍然是资产管理机构资金运用主要方式，委托贷款是这些机构开展融资业务的途径。一旦该办法实施，委托贷款渠道被堵死后，短期内对信托是个利好，但是基金子公司项目通常风险较大，并且信托保障基金实施后，通道类业务也要缴纳保障基金并承担较大的风险，其发展前景如何，有待观察。

（2）金融行业资产规模变化

自2012年末信托管理资产规模超过保险资产规模，坐上金融机构第二把交椅的位置后，2013年和2014年信托资产规模持续上升，并逐步拉开了与保险资产规模的距离。然而，随着泛资产管理时代的开启，信托管理资产规模已经开始受到挑战。由表1－2可以看出，截至2014年末，银行理财规模已经达到16万亿元，券商资产和基金资产规模也在持续上升。

① 2015年1月起，委托贷款统计制度进行了调整，将委托贷款划分为现金管理项下的委托贷款和一般委托贷款。社会融资规模中的委托贷款只包括由企事业单位及个人等委托人提供资金，由金融机构（即贷款人或受托人）根据委托人确定的贷款对象、用途、金额、期限、利率等向境内实体经济代为发放、监督使用并协助收回的一般委托贷款。

表1-2　2010—2014年社会融资规模与金融子行业资产规模　单位：万亿元

项　目	2010年	2011年	2012年	2013年	2014年
社会融资规模存量	64.99	76.75	91.42	107.46	122.86
信托资产	3.04	4.81	7.47	10.91	13.98
银行理财	1.70	4.58	7.12	10.21	16.00
券商资管	0.15	0.28	1.89	5.2	7.95
基金资产	2.52	2.19	3.62	4.22	6.68
保险资产	5.05	6.01	7.35	8.29	10.16

数据来源：根据人民银行调查统计司、信托业协会、基金业协会、保险业协会等机构公布数据统计。

图1-7分别列示了金融子行业资产规模2010—2014年的变化，可以看出，信托资产规模和银行理财规模增长迅速，特别是2014年末银行理财规模较2013年增长56.7%，无论是规模还是增速都超过信托管理资产。证券公司资产管理规模是当之无愧的的后起之秀，连续4年增速达到50%以上。基金资产[①]和保险资产保持平稳增长。截至2015年第1季度末，公募基金规模达到5.24万亿元，较2014年末的4.54万亿元增加0.7万亿元，足见资本市场的繁荣对于基金的推动。

2. 信托与其他资产管理机构的比较

截至2014年末，资产管理行业规模已经超过50万亿元，其中，信托行业管理资产规模13.98亿元；证券期货经营机构（基金管理公司及其子公司、证券公司、期货公司、私募基金管理机构）资产管理业务总规模20.5万亿元；银行理财规模16万亿元。较2013年有较大幅度增长，特别是证券期货经营机构资产管理规模增长近一倍，其中主要是基金子公司资产管理规模的增长（见图1-8）。资产管理行业竞争激烈可见一斑。

（1）证券经营机构资产管理业务。根据证券投资基金业协会统计数据，

① 根据证券投资基金业协会公布的基金市场数据，2014年以前的基金资产包括公募基金和非公开募集资产规模（基金公司受托管理社会保障基金、企业年金和特定客户资产管理计划）。2015年一季度基金业协会公布的基金市场数据仅指公募基金资产规模。

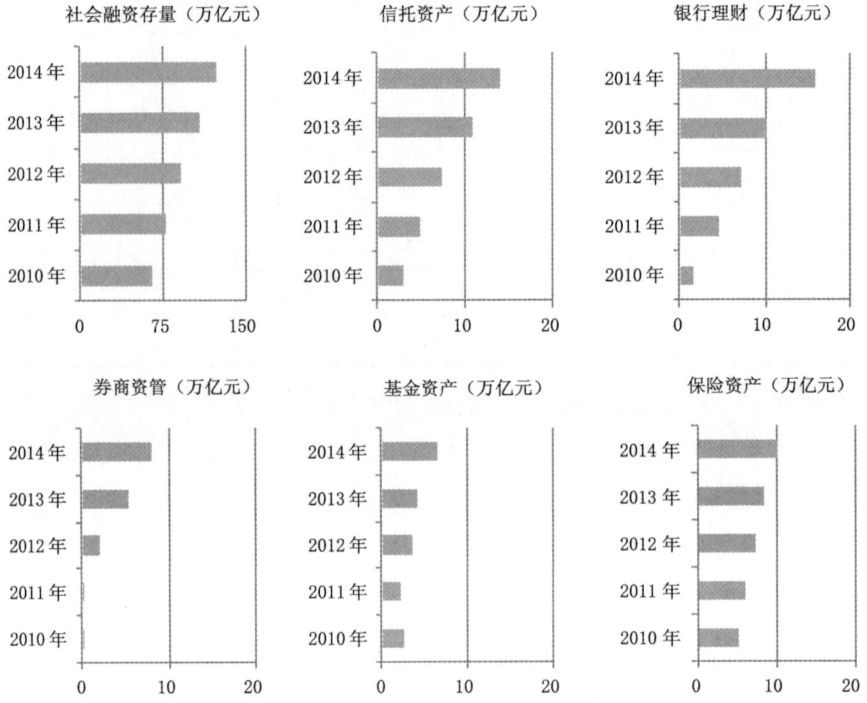

图 1－7　2010—2014 年社会融资规模与金融子行业资产规模对比图

数据来源：根据中国保险行业协会、中国证券业协会、中国证券投资基金业协会、中国信托业协会、Wind 资讯数据整理，其中，基金资产规模是基金管理公司管理的资产规模，包括公募基金规模和非公开募集资产规模；保险资产是指保险行业协会公布的年末保险业资产总额。

截至 2014 年 12 月 31 日，基金管理公司及其子公司、证券公司、期货公司、私募基金管理机构资产管理业务总规模已经达到约 20.5 万亿元。其中，证券公司、基金管理公司及其子公司资产管理规模合计为 12.9 万亿元，较 2013 年末增长 94%，其中，基金公司和基金子公司资产管理规模增长率分别达到 158% 和 285%（见图 1－9）。

但是，证券公司、基金公司及其子公司管理的 12.9 万亿元的产品中，70.8% 为被动管理产品，特别是券商资产有 83% 是被动管理类产品（见图 1－10）。基金公司的产品中近四分之三是主动管理产品，并且 100% 是标准化产品，而券商资管和基金子公司的产品大部分属于非标产品，与信托公司的产品同质性严重（见图 1－11）。

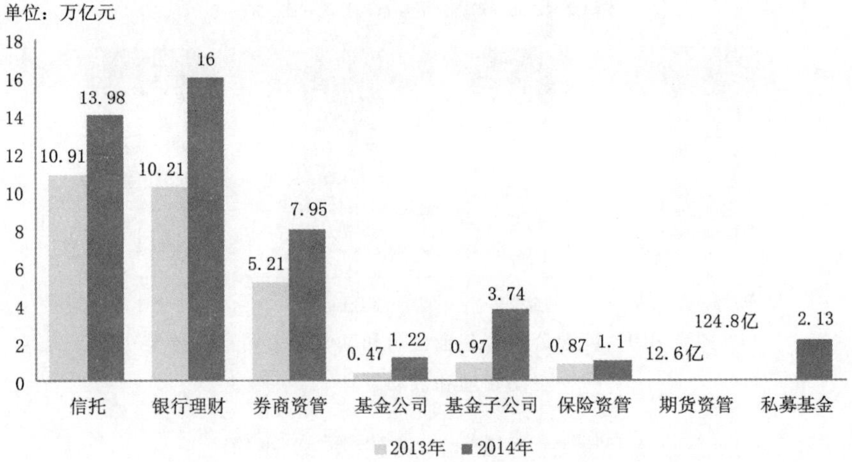

图1-8　2013—2014年不同行业资产管理规模对比图

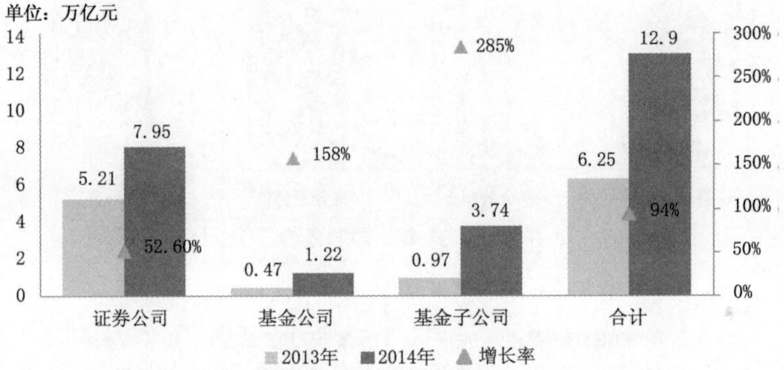

图1-9　证券公司、基金公司及其子公司资产管理规模及增长率走势图

从投资者的数量来看，81%为一对一的定向管理产品，一对多的集合管理产品仅占19%（见图1-12），其中券商资管产品中一对一产品的占比更是达到90%以上。可以看出，证券公司资产管理业务规模较大，但仍以通道类业务为主；基金子公司资产管理业务规模增长飞速，并且集合类产品占比逐渐增多，业务结构逐渐开始调整。

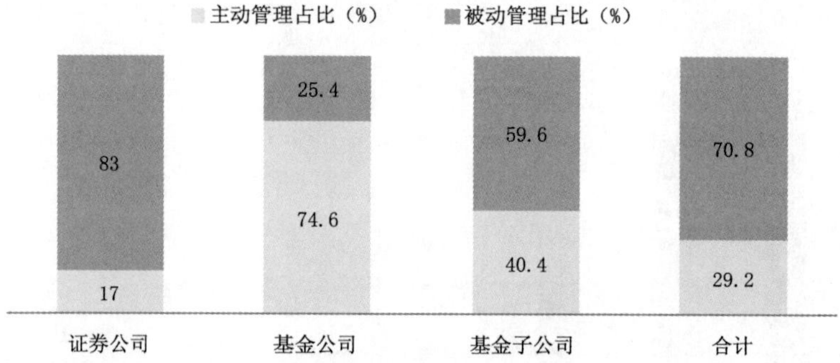

图1-10　证券公司、基金公司和基金子公司产品分类——主动管理和被动管理

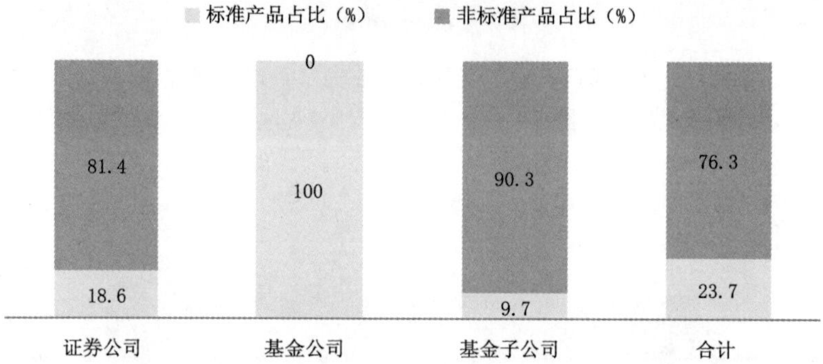

图1-11　证券公司、基金公司和基金子公司产品分类——标准和非标准

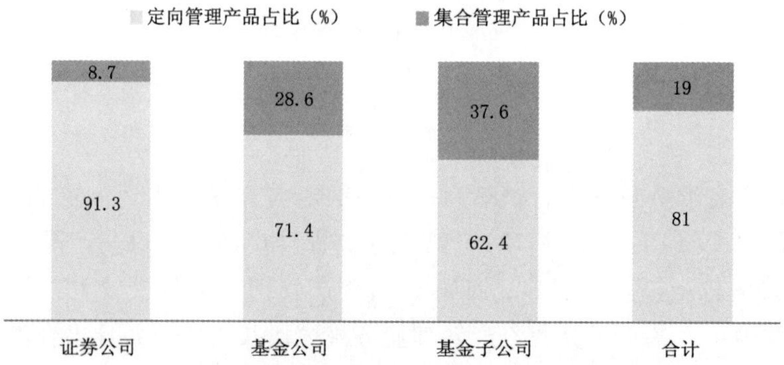

图1-12　证券公司、基金公司和基金子公司产品分类——定向和集合

表 1-3　　信托、券商资管、基金子公司资产管理业务对比

	信　托	券商资管	基金子公司
法律依据	《信托法》、《信托公司集合资金信托计划管理办法》	《证券公司客户资产管理业务管理办法》、《证券公司集合资产管理业务实施细则》、《证券公司定向资产管理业务实施细则》	《基金管理公司特定客户资产管理业务试点办法》
法律位阶	法律+部门规章	部门规章	部门规章
法律关系	信托关系	委托关系	信托关系
市场主体及设立依据	信托公司：《信托公司管理办法》	证券公司：《证券公司监督管理条例》	基金子公司：《证券投资基金管理公司子公司管理暂行规定》
公司数量	68家	120家证券公司，取得客户资产管理业务资格可开展	70—80家（基金公司95家中75%以上设立基金子公司）
注册资本	3亿—100亿元，平均20亿元	平均20亿元左右	平均5,000万元左右
净资本约束	较强	较弱	无
资金来源	自主发行或委托银行销售	委托银行销售	主要委托银行销售
投资者人数	不超过50人	不超过200人	不超过200人
投资起点	100万元，例外年收入标准	100万元	100万元
资金运用范围	有一定的限制	限定性集合受严格限制；非限定性集合、定向、专项由合同约定	基本无限制
资金运用方式	发放贷款、股权		委托贷款、股权+回购
监管措施	向属地银监局备案	集合和定向：事后向证券业协会备案 专项：逐笔审批	事后向证券投资基金业协会备案
风控措施	较为严格	不严格	不严格

表1－3对信托与券商资产、基金子公司开展的业务进行了对比，可以看出，券商资管、基金子公司与信托的业务具有非常强的同质性。由于券商资管与基金子公司面临的监管环境较为宽松，这两年的发展异常迅速，规模大幅度增长。但是，弱监管下的野蛮生长必然会留下风险隐患，特别是在整体经济环境下行的大背景下，风险爆发的可能性大大增加。从另一个侧面看，激烈的市场竞争也是促使信托业加快转型步伐的动力，长期来看，类信贷业务并不具备可持续性，逐渐放弃对贷款类融资类业务的依赖，挖掘信托制度更多功能，寻找信托专属业务领地，是信托行业转型发展的必然选择。

（2）期货经营机构资产管理业务。2012年7月31日，证监会发布《期货公司资产管理业务试点办法》，2014年8月21日，证监会发布了《私募投资基金监督管理暂行办法》（证监会令105号），规定证券公司、基金管理公司、期货公司及其子公司从事私募基金业务适用本办法。2014年12月5日，中国期货业协会根据《期货公司监督管理办法》和《私募投资基金监督管理暂行办法》发布了《期货公司资产管理业务管理规则（试行）》（中期协字〔2014〕100号），标志着期货公司正式进军资产管理时代。截至2014年末，期货公司资产管理规模达到124.82亿元，较2013年的12.6亿元增长了近九倍。

可以看出，得益于政策上的灵活性和开放性，证券期货经营机构资产管理规模有较大的增长，在泛资产管理时代具有较强的竞争力。

（3）保险资产管理业务。2013年2月，保监会重启资产管理产品业务试点，保险资产管理产品发展迅速。保险资管产品的类型不断增加，投资范围不但覆盖国内传统投资及另类投资领域，更有覆盖境外投资品种的产品。目前已形成包括基础设施投资计划、不动产投资计划、股权投资计划、项目资产支持计划、组合类产品等五大类系列产品，逐渐确立了投资稳健、安全较高、收益较好的品牌形象。[①] 截至2014年10月末，保险资产管理机构发行的各类资产管理产品累计规模超过1.1万亿元，占总资产的11%左右，对推动保险资产管理市场化、提升主动资产管理能力、扩大市场影响力发挥了重要而积极的作用。

① 曹德云："加快产品创新，着力推进保险资产管理产品化进程"，《资管研究》2014年第2期。

2014年12月15日，保监会发布了《关于保险资金投资创业投资基金有关事项的通知》，允许险资投资创投、支持创业企业和小微企业健康发展；2015年3月31日，保监会发布了《关于调整保险资金境外投资有关政策的通知》（以下简称《通知》），拓展了保险资金境外投资范围，以推动保险机构在全球范围内实施资产多元化投资。据报道，3月31日保监会向保险公司下发的三份文件包括：《保险资金运用内部控制指引（征求意见稿）》，《保险资金运用内部控制应用指引（第01号—第03号）（征求意见稿）》，以及《资产支持计划业务管理暂行办法（征求意见稿）》。可以预见，得益于资金来源上的优势，保险资管未来在资产管理市场上也会形成强有力的竞争。

（三）监管重手推动信托行业转型

1. 监管大事记与政策文件一览表

信托行业结束快速增长期，进入结构调整期以后，监管机构也开始着力对信托业基础设施予以完善和规范，并相继提出"八项机制"和"八项责任"。在银监会机构调整过程中，从非银部分离出信托监管部，专司信托行业的监管职责。这些措施足现监管层重塑信托行业的决心和信心。

（1）监管大事记。监管大事详见图1-13。

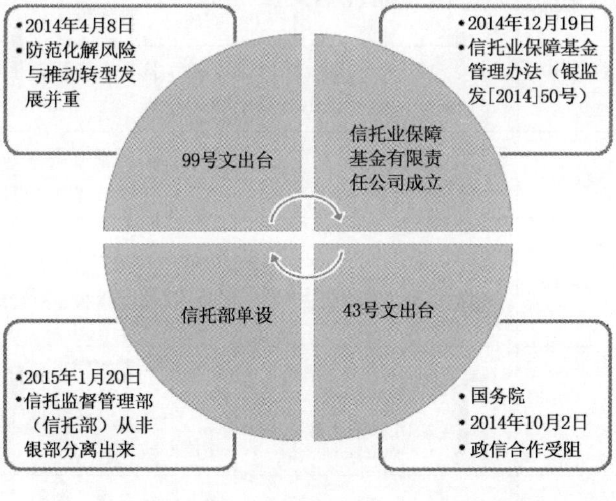

图1-13　2014年监管重塑信托行业的事件

（2）监管政策。监管政策文件及内容详见表1－4。

表1－4　　2014年以来监管文件及主要内容

文件名称	发布时间与文号	主要内容
关于信托公司风险监管的指导意见	2014.04.08 银监办发〔2014〕99号	从做好风险控制、明确转型方向、完善监管机制三个方面进行规定，提出了防范化解风险与推动转型发展并重的原则
关于调整信托公司净资本计算标准有关事项的通知（征求意见稿）	2014.04.09	信托业务划分为事务管理类（通道类）和非事务管理类（非通道类）
关于99号文的执行细则	2014.05.13	明确信托产品营销、异地推介信托产品以及资金池清理的具体要求
关于规范金融机构同业业务的通知	2014.04.24 银发〔2014〕127号 （一行三会＋外汇局）	对同业拆借、同业存款、同业借款、同业代付、买入返售（卖出回购）等同业融资业务和同业投资业务进行了规范
关于规范商业银行同业业务治理的通知	2014.05.08 银监办发〔2014〕140号	规范同业业务机构设置，要求同业业务实行专营部门制，规范同业业务授权、授信管理体系
关于加强地方政府性债务管理的意见	2014.10.02 国发〔2014〕43号	一方面赋予地方政府适度举债的权限，但也对城投公司等"平台式"融资模式实施进一步约束
关于信贷资产证券化备案登记工作流程的通知	2014.11.20 银监办便函〔2014〕1092号	明确了信贷资产证券化业务由审批制改为备案制
信托业保障基金管理办法	2014.12.10 银监发〔2014〕50号	规定了信托业保障基金的筹集、管理、使用、分配和清算，以防范信托业风险
关于做好信托业保障基金筹集和管理等有关具体事项的通知	2015.02.25 银监办发〔2015〕32号	明确了保障基金的认购时间、具体标准、认购主体和账户管理等
中国人民银行公告	2015.03.26 〔2015〕第7号	信贷资产支持证券发行改为注册制，明确了信贷资产证券化产品可以采用簿记建档方式发行
杨家才在2014年信托年会上的讲话	2014.12.19	强调练好内功、勤勉尽责，打造新型信托业，提出信托公司应履行的八项责任

2. 重要监管文件解读

(1)《关于信托公司风险监管的指导意见》(99号文)。

内容：从做好风险控制、明确转型方向、完善监管机制三个方面进行了规范，主要内容可见表1-5。

表1-5　《关于信托公司风险监管的指导意见》主要内容

总体要求	坚持防范化解风险和推动转型发展并重的原则，全面掌握风险底数，积极研究应对预案，综合运用市场、法律等手段妥善化解风险、维护金融稳定大局。 明确信托公司“受人之托、代人理财”的功能定位，培育“卖者尽责、买者自负”的信托文化，推动信托公司业务转型发展，回归本业，将信托公司打造成服务投资者、服务实体经济、服务民生的专业资产管理机构。	
做好风险防控	妥善处置风险项目	1. 落实风险责任 2. 推进风险处置市场化 3. 建立流动性支持与资本补充机制
	切实加强潜在风险防控	1. 加强尽职管理 2. 加强风险评估 3. 规范产品营销 4. 做好资金池清理 5. 优化业务管理 6. 严防道德风险和案件风险
	建立风险防控长效机制	1. 完善公司治理 2. 建立恢复与处置机制 3. 建立行业稳定机制 4. 建立社会责任机制
明确转型方向	规范现有业务模式	1. 明确事务管理类信托业务的参与主体责任 2. 强化信贷类资金信托业务监管力度
	探索转型发展方向	1. 支持治理完善、内控有效、资产管理能力较强的信托公司探索创新 2. 推动业务转型

续表

<table>
<tr><td rowspan="3">完善监管机制</td><td colspan="2">厘清监管责任边界、紧盯重点风险领域、严格监管问责</td></tr>
<tr><td>强化持续监管</td><td>1. 做好非现场监管工作
2. 做好现场检查工作
3. 实行高管准入“三考”制度
4. 做好法人监管工作</td></tr>
<tr><td colspan="2">建立风险处置和准入事项挂钩制度、完善资本监管、加强从业人员管理、建立信托产品登记机制、建立分类经营机制</td></tr>
</table>

解读：99号文被誉为史上最严的监管文件，其核心内容是风险的防范化解与行业的转型发展，这与当前信托行业所处的阶段和信托公司面临的困境密切相关。其提出的设立专业子公司、并购业务、信贷资产证券化、家族财富管理已经逐渐成为信托公司的重点布局方向；其提出的完善监管机制的几项措施，也表明了监管的重点和导向，例如信托产品登记机制、分类经营机制已经在紧锣密鼓的推进过程中。

（2）杨家才主席助理提出的“八项责任”。2014年信托年会上，银监会主席助理杨家才提出了规范信托业发展的“八项责任”，为2015年信托业发展指明方向的同时，也为信托业的转型打下更加坚实的基础。从2013年年会上的“八项机制”，到2014年年会上的“八项责任”，规范与促进信托行业稳健发展与转型的理念一脉相承，在内容上更是逐步深化，逐步递进，为信托业的转型保驾护航。

受托责任、经纪责任、维权责任、核算责任、机构责任、股东责任、行业责任、监管责任相互衔接、相互贯通，对信托公司、公司股东、信托行业和监管部门的责任作了系统、清晰的界定，但它们的着眼点和侧重点有所不同（见表1－6）。

表1－6　　信托公司“八项责任”解读

责　任	着眼点	主要含义
受托责任	核心与基础	“受信业务”是信托制度得以发展与繁荣的根基，明确信托公司的受托责任，理清信托公司与投资者之间的责任界限是信托成功转型的基本保障

续表

责　任	着眼点	主要含义
经纪责任 核算责任	着眼于信托公司的内部治理，以此来推动行业的规范发展	对“八项机制”中“公司治理机制”的细化和落实。经纪责任强调明确信托公司内部责任，将责任落实到人；核算责任强调将自己的财产与受托财产区分开来，以防范道德风险
维权责任 机构责任 行业责任	信托行业层面的责任机制	信托登记制度、分类经营机制和监管评级机制、信托行业保障基金
股东责任	强调信托公司的股东应承担的风险责任	明确提出信托公司股东的股东责任，并从确保信托公司的自主权与独立性、对公司经营管理层的适度监管、承担风险损失和承担恢复与处置计划安排四个方面予以明确
监管责任	防范化解风险的角度进行的规定，监管责任就是防范化解风险	防范、识别、评估、处置风险层层递进，对于监管责任进行了明确，也有利于事后监管向事前和事中监管的逐步过渡

（3）信贷资产证券化业务监管文件。信贷资产证券化试点重启以来，监管部门发布了一系列文件，意在促使信贷资产证券化向市场化、常态化的方向发展（见表1-7）。2014年，银行间市场共发行66单信贷资产支持证券，总规模已经达到2,820亿元，占历年来发行规模的三分之一。2014年末到2015年初，信贷资产证券化产品备案制和信托资产支持证券发行注册制正式施行，标志着信贷资产证券化在我国开始进入常态化发展阶段。市场对信贷资产证券化业务有较好的预期，有人认为，2015年发行总额将达到8,000亿元，甚至可以突破万亿元。

表1-7　　2013年以来信贷资产证券化监管文件

发布时间	文件名称	发布机构	主要内容
2013.07	《关于金融支持经济结构调整和转型升级的指导意见》	国务院办公厅	明确将推进信贷资产证券化常规化发展
2013.12	《关于规范信贷资产证券化发展机构风险自留比例的文件》	中国人民银行、银监会	可以采取垂直自留方式自留风险

续表

发布时间	文件名称	发布机构	主要内容
2014.07	《项目资产支持计划试点业务监管口径》（资金部函〔2014〕197号）	保监会	重启保险项目资产支持计划
2014.11	《关于信贷资产证券化备案登记工作流程的通知》	银监会	信贷资产证券化业务由审批制改为备案制
2014.11	《证券公司及基金管理公司子公司资产证券化业务管理规定》、《信息披露指引》和《尽职调查工作指引》	证监会	管理人范围扩大至基金子公司，取消了事前行政审批，实行基金业协会事后备案和基础资产负面清单
2015.01	《证券化业务基础资产负面清单指引》、《资产证券化基础资产负面清单》、《资产证券化业务风险控制指引》	证券投资基金业协会	对于证监会备案制的落实，对于负面清单进行了规定
2015.03	中国人民银行公告〔2015〕第7号	中国人民银行	信贷资产支持证券的发行改为注册制
2015.05.15	《个人汽车贷款资产支持证券信息披露指引》和《个人住房抵押贷款资产支持证券信息披露指引》	中国银行间市场交易商协会	落实注册制的体现，对于个人汽车贷款和个人住房抵押贷款的信息披露进行了明确
2015.08.03	《棚户区改造项目贷款资产支持证券信息披露指引（试行）》	中国银行间市场交易商协会	

2014年11月20日，银监会发布了《关于信贷资产证券化备案登记工作流程的通知》，明确了银行业金融机构应当先申请取得信贷资产证券化业务资格，发行证券化产品前进行备案登记。备案制的实施激发了银行业金融机构实施资产证券化业务的热情，已经发行过信托资产支持证券的银行业金融机构豁免资格审批，大大提高了后续发行的效率，节约了时间成本；未发行过的银行纷纷开始准备申请业务资格，并且许多汽车金融公司、财务公司等机构也开始资产证券化业务的调研和业务资格申请的准备。

2015年3月26日，中国人民银行公告〔2015〕第7号发布，规定信贷资产支持证券的发行改为注册制，并且明确由市场和发行人双向选择信贷资产支持证券交易场所、可以约定信贷资产支持证券的做市安排等。可以预见，信贷资产证券化必将向设计更为灵活、发行更为便捷的方向发展。但是，信贷资产证券化业务最终的发展情况还有待于市场的检验，特别是市场对流动性、收益率以及信贷资产质量的认可和接受程度，与之相应，与注册发行相关的信息披露规则也亟待出台。

值得注意的是，银监会、人民银行在对证券化业务松绑的同时，证监会的鼓励政策也毫不逊色。2014年11月21日，证监会正式发布了《证券公司及基金管理公司子公司资产证券化业务管理规定》以及配套的《信息披露指引》和《尽职调查工作指引》，不但将管理人范围扩大至基金子公司，而且取消了事前行政审批，实行基金业协会事后备案和基础资产负面清单。足见证监会和银监会在竞相推动资产证券化市场的"自由化"进程，这对资产证券化市场而言无疑是一大利好。在资产证券化领域，保监会也并不落后，2014年7月28日保监会保险资金运用监管部发布了《项目资产支持计划试点业务监管口径》（资金部函〔2014〕197号），重启保险项目资产支持计划。①

（4）信托业保障基金管理办法。2014年12月银监会与财政部联合发布了《信托业保障基金管理办法》（以下简称《基金管理办法》）；2015年2月26日，银监会下发了《中国银监会关于做好信托业保障基金募集和管理等有关具体事项的通知》（以下简称《通知》），对《基金管理办法》进行了细化和落实。

2014年12月19日召开的信托业年会上，中国信托业保障基金有限责任公司宣布成立，这意味着2013年信托业年会上提出的行业稳定机制取得实质性进展，并且也是"八项责任"中行业责任的体现。以信托保障基金为核心的信托行业稳定机制是实现信托行业稳定的工具和途径，并且是维护行业稳定的终极手段；行业责任的终极体现就是信托行业的稳定和可持续发展。信托公司积极加入并认购信托保障基金不但是监管部门的要求，也是信托公司履行行业责任的表现，同时也会对信托公司的业务方向产生一定影

① 2013年底保监会暂停受理项目支持计划审批，《项目资产支持计划试点业务监管口径》是暂停后首次颁布的行政部门规范性文件。虽然该《监管口径》并非是各方所期待的"备案制"体制项下的《保险资产管理机构发起设立项目资产支持计划注册标准概览》，但其出台也意味着以保险资产管理公司设立项目资产支持计划为形式的结构性融资产品重启在即，表明了监管部门的态度。

响。根据《基金管理办法》和《通知》的规定，保障基金的认购包括以下三种情形，具体见表1－8。

表1－8　　信托行业保障基金认购比例和时间

	认购比例	认购人	认购时间
净资产	净资产余额的1%	信托公司	首次为2015年4月1日前，以后按年度动态调整
资金信托	新发行金额的1%	融资人（融资性资金信托） 信托公司（投资性资金信托）	首次为2015年7月15日前，以后为每个季度结束
财产信托	实际收取报酬的5%	信托公司	首次为2015年7月15日前，以后按年度缴纳

不同的认购标准和认购主体会对信托公司业务产生不同的影响。首先，由融资者认购融资性资金信托的保障基金会加重其融资成本，可能会挫伤融资方选择信托融资的热情，尤其会对信托通道业务的发展产生一定不利影响。其次，需要由信托公司认购的保障基金可能会加大信托公司的资本压力。从信托公司披露的年报可以看到信托公司掀起了新一轮增资潮，这其中固然有提升资本实力、拓展业务领域等方面的考虑，但信托业保障基金制度的实施也是一个重要推手。最后，财产权信托需要认购的保障基金对信托公司影响较小，因此，未来信托公司可以着力拓展财产权信托业务，特别是将来信托登记制度取得一定进展和突破后，将有助于财产权信托的发展。

二、信托行业发展态势解析

（一）资本实力稳步提升，风险抵御能力增强

1. 行业注册资本大幅增加，再现增资扩股潮

注册资本是行业发展的根本保障，信托行业进入转型期后，风险资本金的计提、行业评级、保障基金等都对信托公司的资本实力提出了新的要求，行业迎来了又一轮增资扩股潮。截至2014年末，全行业注册资本合计为1,389亿元，较2013年末增加246亿元，增长率为21.9%；行业内68家信

托公司平均注册资本为20.43亿元，较2013年的平均值增加3.63亿元。图1－14和图1－15列示了2008年来信托行业资本和信托公司平均注册资本走势图。

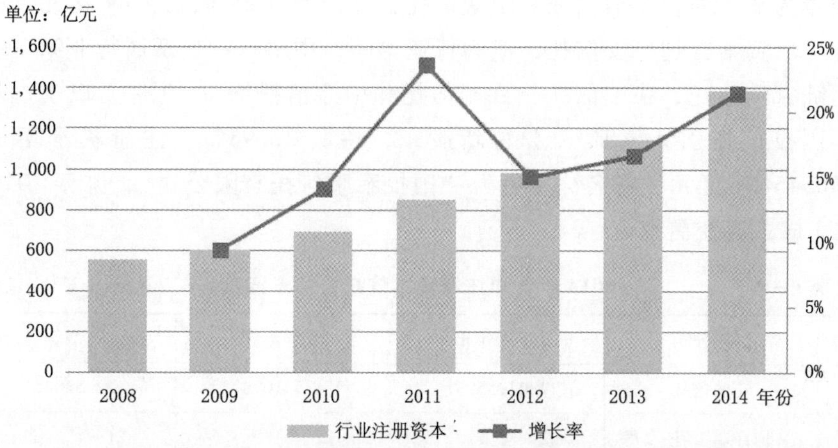

图1－14 信托行业注册资本及其增长率走势图

由图1－14可以看出，行业注册资本呈逐年上升趋势，增幅也是逐年增大，2011年的大幅增长率与信托公司数量由2010年的55家增加到63家有关；除2011年外，2010年和2014年实现较大幅度增长。

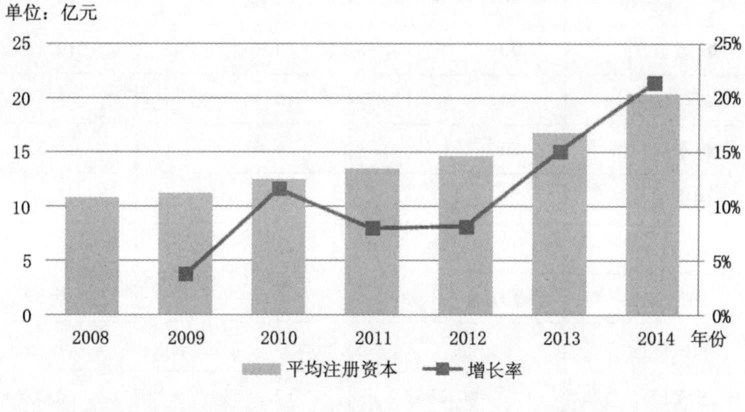

图1－15 信托行业信托公司平均注册资本及其增长率走势图

由图1－15可以看出，2010年信托公司平均注册资本有较大幅度的增长，这主要与2010年《信托公司净资本管理办法》的实施有关，信托公司纷纷增资以应对净资本压力；2013年和2014年信托公司平均注册资本也实现较大增长，这与信托公司应对转型压力，增强风险抵御能力密切相关。

从具体公司来看，2014年有18家信托公司增加注册资本（见表1-9），其中最为显著的为中信信托和中融信托，分别增资88亿元和44亿元，中信信托注册资本首超平安信托，成为行业第一，中融信托也跃居行业第三。此外，陆家嘴信托、华宝信托、百瑞信托和中原信托增资10亿元以上。2014年，国投信托引入泰康人寿为新股东，持股32.98%，注册资本增加至21.90545454亿元，将名称变更为“国投泰康信托有限公司”，并于2015年2月完成工商变更登记[①]。

表1-9　　2014年增加注册资本信托公司一览表　　单位：亿元

序号	信托公司	2014年末	2013年末	增资
1	安信信托	7.07955931	4.541098	2.538461
2	百瑞信托	22	12	10
3	国投泰康信托	21.90545454	12.048	9.857455
4	杭工商信托	7.5	5	2.5
5	华宝信托	37.44	20	17.44
6	华融信托	19.828863	15.1777	4.651163
7	陆家嘴信托	30	10.68	19.32
8	民生信托	20	10	10
9	厦门信托	23	16	7
10	山东信托	20	14.67	5.33
11	四川信托	25	20	5
12	天津信托	17	15	2
13	万向信托	13.39	6.5	6.89
14	西藏信托	5	4	1
15	长安信托	13.46022857	12.5888	0.871429

① 由于国投泰康信托的年报中2014年末的实收资本是21.90545454亿元，因此，本报告认为国投泰康信托于2014年完成增资。

续表

序号	信托公司	2014 年末	2013 年末	增资
16	中融信托	60	16	44
17	中信信托	100	12	88
18	中原信托	25	15	10

从整个行业来看，截至 2014 年末，注册资本在 20 亿元以上的信托公司已经达到 32 家，较 2013 年增长 9 家，注册资本在 10 亿元以下的信托公司为 10 家，较 2013 年仅减少 1 家（具体分布见表 1 - 10）。可见，信托行业资本金的增加主要源于资本处于中上游的信托公司，在行业转型时期，行业分化会逐步加剧，不同的公司也会选择不同的转型方向和转型路径。

表 1 - 10　　68 家信托公司注册资本分布情况表

注册资本	信托公司分布
30 亿元以上（11 家）	中信信托、平安信托、中融信托、兴业信托、交银信托、华宝信托、华信信托、爱建信托、华能信托、昆仑信托、陆家嘴信托
23 亿—30 亿元（不含）（10 家）	江苏信托、华润信托、上海信托、四川信托、中海信托、中原信托、中诚信托、重庆信托、厦门信托、中粮信托
20 亿—22 亿元（11 家）	百瑞信托、华鑫信托、金谷信托、外贸信托、国投泰康信托、渤海信托、国元信托、民生信托、山东信托、五矿信托、中铁信托
15 亿—20 亿元（不含）（8 家）	华融信托、英大信托、天津信托、中航信托、中建投信托、吉林信托、建信信托、粤财信托
12 亿—15 亿元（不含）（13 家）	北京信托、山西信托、长安信托、万向信托、国联信托、陕国投信托、东莞信托、方正信托、湖南信托、苏州信托、新华信托、新时代信托、紫金信托
10 亿—12 亿元（不含）（5 家）	中江信托、光大兴陇信托、北方信托、国民信托、云南信托
3 亿—10 亿元（不含）（10 家）	杭工商信托、安信信托、西部信托、华澳信托、华宸信托、中泰信托、西藏信托、浙金信托、大业信托、长城新盛信托

2. 净资产稳步增长，集中度有所增加

截至 2014 年末，信托行业净资产合计 3,197.24 亿元，较 2013 年末的 2,548.58 亿元增加 648.66 亿元，增长率为 25%；图 1－16 列示了 2010 年以来信托行业净资产及其增长率的走势图，可以看出，行业净资产呈现稳步增长的态势。2014 年末，行业内 68 家信托公司平均净资产为 47 亿元，较 2013 年的 37.48 亿元增加近 10 亿元，增长率为 25.5%，较 2013 年增加 3.6 个百分点，共有 21 家公司净资产高于行业平均数；行业中位数为 31.9 亿元，与 2013 年末基本持平。行业平均数较行业中位数高 15 亿元，表明行业集中度较为明显。

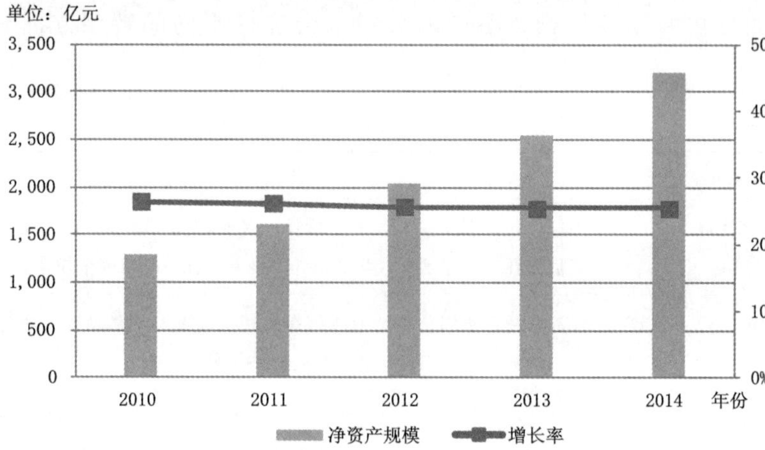

图 1－16　2010—2014 年信托行业净资产规模及增长率走势图

从信托公司分布来看，净资产 100 亿元以上的公司达到 6 家，分别为平安、中信、华润、中诚、重庆和兴业，其中前 5 名与 2013 年完全一致，兴业信托净资产由 2013 年的 50 亿元增至 111 亿元，排名也由第 14 位跃居第 6 位；净资产不足 15 亿元的有 6 家，不足 10 亿元的仅有华宸、浙金和长城新盛 3 家。此外，通过新增出资方式增资的信托公司净资产排名上升明显，例如，国投泰康信托由第 42 位上升到第 16 位、陆家嘴信托由第 59 位上升到第 39 位等。净资产排名前 20 公司的净资产占比为 56%，排名前 30 信托公司净资产占比为 70%，行业集中度较为明显。68 家信托公司的净资产分布情况可见图1－17，可以看出，净资产在30亿—50亿元的信托公司占绝大多数。随着信托业保障基金的实施，以及《信托公司行业评级指引》、《信托公司条例》等监管文件草案的发布，可以预见，各家信托公司会进一步通过增加注册资本等方式增加净资产规模，扩充资本实力，因为净资产规模直接影响到净资本，进而影响公司的业务规模和盈利能力。

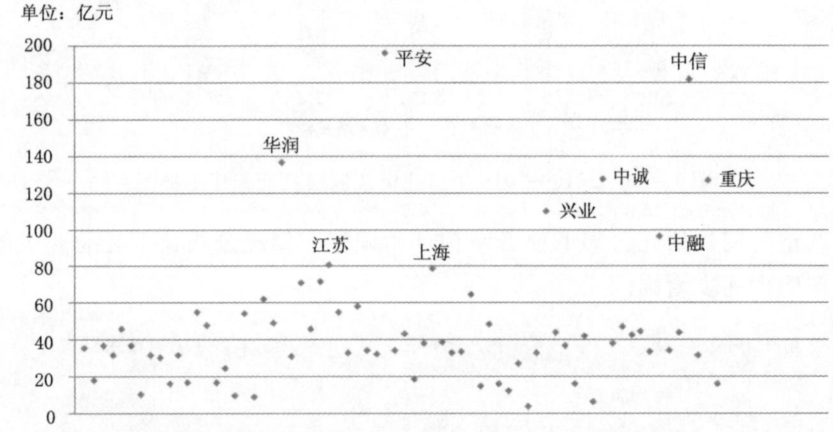

图1－17　2014年末68家信托公司净资产分布图

（二）信托资产规模稳步增长，转型效果初显

根据信托业协会公布的数据[①]，截至2014年末，信托资产规模创历史新高，达到13.98万亿元，较2013年末的10.91万亿元增加3.07万亿元，增速为28%，为2010年以来的增速最低值（图1－18）。截至2015年1月末，信托资产规模达到14.41万亿元，同比增长22.85%，增速下降11.48个百分点。

1. 信托资产结构日趋合理

从信托资产来源看，2013年以来，单一资金类信托占比持续下降，集合资金类信托和财产管理类信托占比持续上升（见图1－19），表明在行业

① 本文使用的数据，绝大多数为本书编委会根据各家信托公司披露的年报统计的数据，采用信托业协会公布数据的，会单独注明。

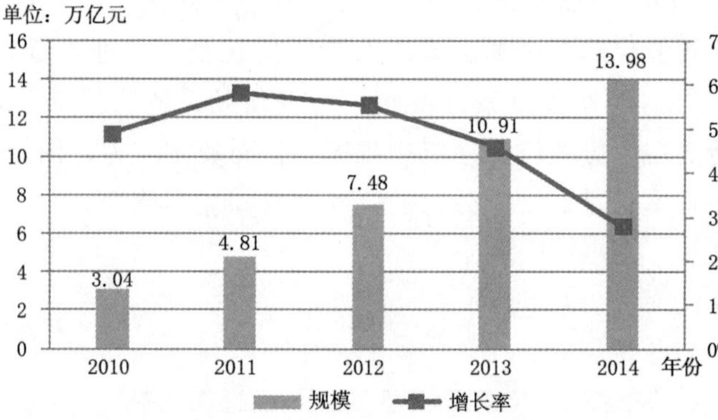

图1－18 2010—2014年信托资产规模及增长率走势图

结构调整时期，信托公司的业务结构开始调整，信托公司在信托业务中的主动管理能力逐步增强。

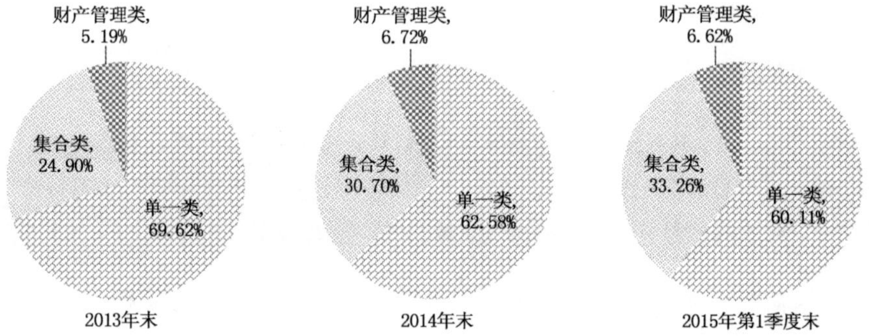

图1－19 2013—2015年第1季度末信托资产规模结构

从信托功能来看，2014年事务管理类信托规模达到4.56万亿元，较2013年增长了112%，占比近33%；投资类信托规模达到4.71万亿元，占比33.7%，无论是规模和占比均首次超过融资类信托；与之形成鲜明对比的是，融资类信托占比下降到33.65%，较2013年下降了14个百分点，较历史上占比最高的59%下降了25.36个百分点。可见，在内外部因素的综合推动下，信托业务转型已显成效，融资类信托遥遥领先的局面已经扭转，融资类、投资类和事务管理类三分天下、三足鼎立的局面已经形成。到2015年第1季度末，投资类和事务管理类信托规模和占比已经占比超过融资类，信托业务模式的变化逐渐显现。2010年以来信托功能下的信托资产分布和走势可见表 1－11 和图 1－20。

表 1－11　　2010—2015 年第 1 季度信托功能下的信托资产分布情况表

单位：万亿元,%

信托功能	2010 年		2011 年		2012 年		2013 年		2014 年		2015 年 1 季度	
	金额	占比	金额	占比	金额	占比	金额	占比	金额	占比	金额	占比
融资类	1.79	59.01	2.48	51.44	3.65	48.87	5.21	47.76	4.70	33.65	4.51	31.32
投资类	0.73	23.87	1.72	35.81	2.68	35.84	3.55	32.54	4.71	33.70	5.12	35.52
事务管理类	0.52	17.11	0.62	12.75	1.14	15.28	2.15	19.70	4.56	32.65	4.78	33.16
总计	3.04	100	4.81	100	7.47	100	10.91	100	13.97	100	14.41	100

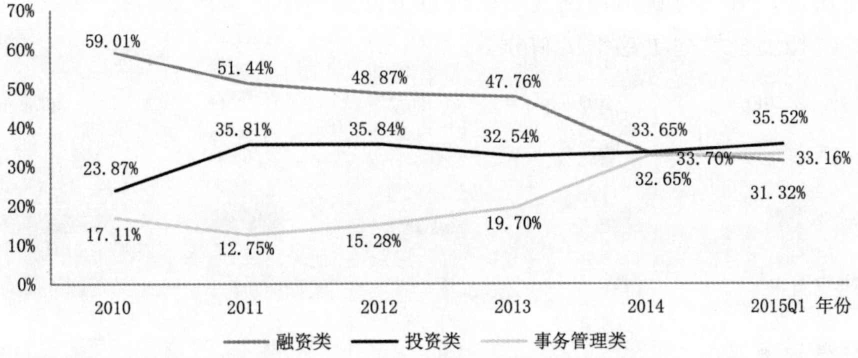

图 1－20　2010—2015 年第 1 季度信托功能下的各类信托资产占比走势图

2. 信托资金投向更加均衡

受整体经济下行的影响，资金信托的投向有较大变化。总体来看，截至 2014 年末，投向金融机构和证券市场的资金信托占比较 2013 年末有所提升，房地产占比与 2013 年末基本持平，基础产业和工商企业占比有所下降（见图 1－21）。到 2015 年第 1 季度末，证券市场占比为 16.56%，超过了金融机构 15.75% 的占比，成为信托资金的第三大运用领域（见图 1－22）。从证券市场的具体分布来看，仍以债券投资为主，但股票占比上升明显。

图 1－23 列示了 2010 年以来信托资金投向分布的走势图，可以看出，

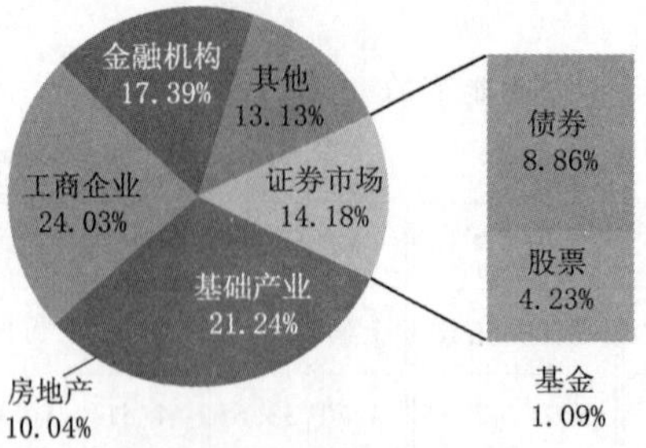

图1-21　2014年末资金信托投向分布图

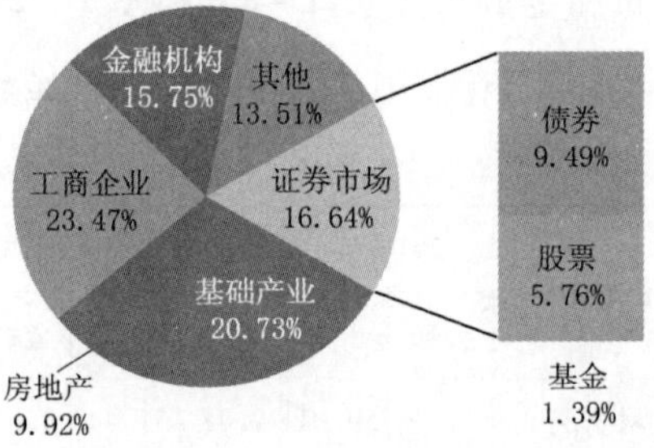

图1-22　2015年第1季度末资金信托投向分布图

投向基础产业和房地产业的资金占比呈现逐年降低的趋势，投向工商企业的资金占比趋于稳定，金融机构占比呈上升趋势，证券市场有所波动中上升。总体而言，信托行业结构调整持续进行中，实体经济依然是信托主要投向领域，信托资金投向更趋平衡和分散。

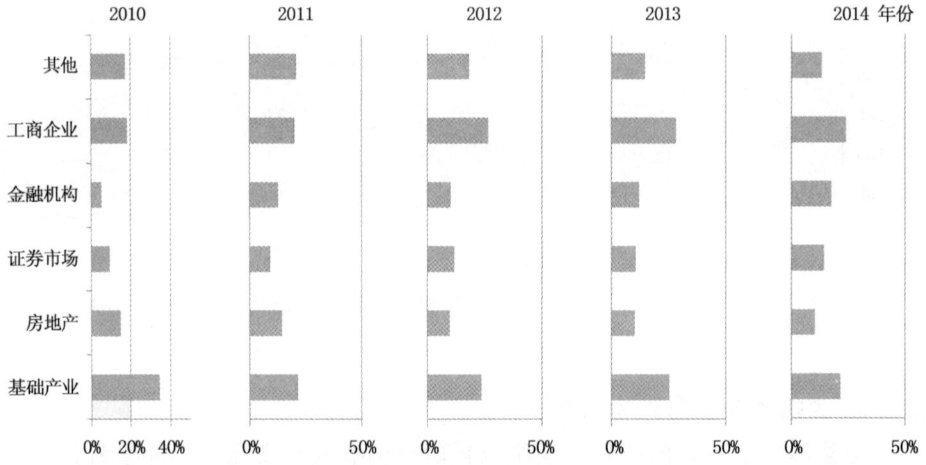

图1-23　2010—2014年资金信托投向分布走势图

3. 证券投资类信托实现较大增长

2014年，资本市场回暖，证券投资类信托规模达到1.79万亿元，较2013年末的1.09万亿元增长64%（见图1-24）。从具体投向来看，投向一级市场和二级市场的规模和占比有较大提升，投向一级市场的占比达到

4%以上，较2011年到2013年均为1%左右的占比有较大提高；投向二级市场的规模达到6,205亿元，占比为34.6%，较2013年末提高了10个百分点（见图1－25）。

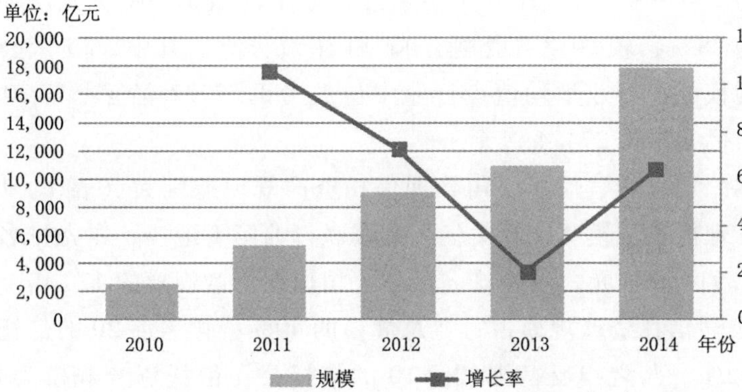

图1－24　2010—2014年证券投资类信托规模和增长率

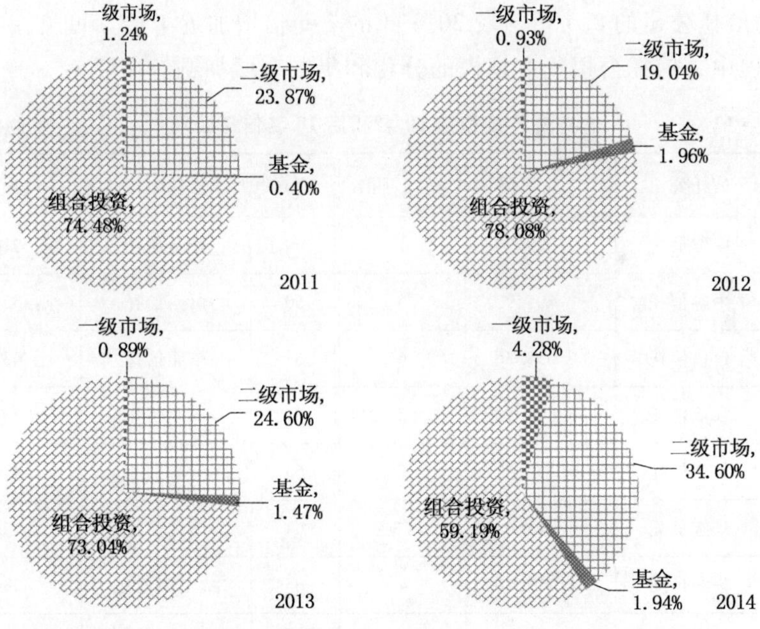

图1－25　2010—2014年末证券投资信托分布图

4. 不同公司信托资产规模比较

根据信托业协会公布的数据，截至2014年末，68家公司平均信托资产管理规模为2,056亿元，较2013年末的行业平均值1,604亿元增加452亿元，增速为28%，较2013年增速下降14个百分点。其中，25家公司信托资产管理规模超过行业平均值；行业中位数为1,527.7亿元，较2013年末的1,253.3亿元增加274.4亿元。

从具体公司来看，信托公司管理信托资产规模差别大（表1－12）。中信信托以管理信托规模9,020.7亿元，蝉联行业第1地位，领先排名第2的中融信托1,914.8亿元，更是排名最末公司信托资产规模的130倍。排名前10的信托公司信托资产规模占行业总规模的40%，排名前20的信托公司占总规模的62%。与之相反，排名后10的信托公司信托资产规模为0.36万亿元，仅占行业总规模的3%；排名后20的信托公司的信托资产规模为1万亿元，占行业总规模的7%；排名前20的信托公司信托资产规模是排名后20的信托公司的8.5倍，较2013年的7.6倍增加近1倍。可见，在行业转型过程中，信托公司资产规模的分化和集中有所加剧。

表1－12　　信托资产规模前10名和后10名信托公司　　单位：亿元

前10	信托公司	信托规模	2013排名	后10	信托公司	信托规模
1	中信信托	9,020.74	1	59	紫金信托	520.53
2	中融信托	7,105.93	3	60	山西信托	520.50
3	建信信托	6,658.35	6	61	东莞信托	438.26
4	兴业信托	6,511.52	2	62	华澳信托	437.58
5	外贸信托	5,434.57	7	63	国联信托	435.14
6	华宝信托	4,914.63	13	64	国民信托	429.16
7	华润信托	4,719.79	4	65	杭工商信托	284.07
8	华能信托	4,215.57	9	66	浙金信托	247.98
9	平安信托	3,998.49	11	67	长城新盛信托	170.90

续表

前10	信托公司	信托规模	2013排名	后10	信托公司	信托规模
10	交银信托	3,979.92	12	68	华宸信托	69.58
	合计	56,559.5			合计	3,553.70
	CR10	40%			CR（-10）	3%

5. 集合资金信托占比持续上升

随着信托行业转型的推进，信托公司业务结构也有所调整，从资金来源看，集合类和财产管理类占比呈上升趋势。

从单一资金信托类规模来看，中信信托和建信信托超越兴业信托，位居第1和第2，兴业信托排名第3，华宝信托和交银信托位列第4和第5。其中，中信信托单一类信托规模为4,952.8万亿元，占比为54.91%，占比排名为48位。建信信托、兴业信托和交银信托均为银行系信托公司，单一类信托规模得益于银行同业业务的贡献。单一类信托规模与信托公司自身的业务规模有很大关系，单一类信托规模占比则可以很好地反映信托公司的业务方向。

表1-13列示了单一类规模占比排名前10和后10的信托公司。可以看出：第一，单一信托规模排名和信托资产总规模排名基本一致，但单一类占比与两者的排名关系并不大。第二，单一信托占比较高或较低的公司与2013年基本一致，但整体占比有所下降。截至2014年末，单一类信托规模占比最高的仍为光大兴陇信托，但较2013年末的占比下降2个百分点，占比最低的仍为杭工商信托，并且占比较2013年下降了近6个百分点。第三，部分信托公司单一类信托占比有大幅下降。例如，兴业信托单一类占比由2013年的92%降至2014年的74%；平安信托单一类信托占比降至26%，较2013年末56%的占比下降30个百分点。总体而言，在信托行业转型时期，业务结构调整已经初显成效。

表1-13　单一类信托规模占比排名前10和后10的信托公司　单位：%

排名	信托公司	单一类占比	单一类规模排名	总规模排名	排名	信托公司	单一类占比	单一类规模排名	总规模排名
1	光大兴陇	92.1	47	57	59	中建投信托	43.3	52	44
2	西藏信托	91.6	11	21	60	重庆信托	42.7	41	35
3	渤海信托	89.5	16	23	61	方正信托	40.9	44	40
4	交银信托	87.5	5	10	62	苏州信托	40.6	54	46
5	吉林信托	86.9	43	53	63	大业信托	40.2	56	48
6	北方信托	86.2	10	17	64	北京信托	34.4	45	31
7	江苏信托	85.4	21	28	65	中融信托	32.1	12	2
8	国投泰康信托	85.1	28	36	66	东莞信托	30.3	64	61
9	西部信托	84.7	46	54	67	平安信托	26.0	33	9
10	国元信托	83.8	24	30	68	杭工商信托	6.1	67	65

集合类信托可以较好地体现信托公司的主动管理能力，集合类信托产品的规模和占比被认为是衡量信托公司主动管理能力的重要指标。对具体的信托公司而言，更具有说明意义的指标是集合类信托的占比，表1-14列示了行业集合类信托占比排名前10和后10的信托公司。可以看出，占比最高和最低的仍为杭工商信托和光大兴陇信托，但占比较2013年均有所上升；平安信托、方正信托和重庆信托集合类信托占比实现大幅增长；近一半的信托公司集合类信托占比在20%—40%之间，整个信托行业的主动管理能力有待进一步提升。

表1-14　集合类信托占比排名前10和后10的信托公司　单位：%

排名	信托公司	集合类占比		排名	信托公司	集合类占比
		2014	2013			2014
1	杭工商信托	93.92	88.10	59	中诚信托	13.23
2	平安信托	70.02	42.88	60	交银信托	12.05
3	东莞信托	68.48	66.25	61	中粮信托	9.18
4	方正信托	57.63	33.53	62	西藏信托	8.36

续表

排名	信托公司	集合类占比		排名	信托公司	集合类占比
		2014	2013			2014
5	重庆信托	55.86	38.60	63	北方信托	8.26
6	大业信托	55.52	54.62	64	吉林信托	7.03
7	苏州信托	54.80	54.82	65	国投泰康信托	6.78
8	华信信托	54.64	47.76	66	英大信托	6.61
9	华宸信托	53.67	43.50	67	渤海信托	6.09
10	五矿信托	52.28	44.60	68	光大兴陇	5.20

财产管理类信托是符合信托本源的业务领域，但由于法律制度的不完善以及信托公司热衷于更赚钱的资金类信托，财产管理类信托的规模和占比都较低。表1－15列示了财产管理类信托规模和占比排名前10的信托公司。截至2014年末，财产管理类信托规模最大的为中信信托和中融信托，分别达到2,263.02亿元和1,118.41亿元；财产管理类信托占比最高的为金谷信托，占比为27.76%，规模为245.78亿元，从金谷信托公布的年报来看，主要为年度内新增的规模。随着信托保障基金管理办法的实施，以及信托行业向财富管理类业务的转型，可以预见，财产管理类信托将来会有较大增长。

表1－15　财产管理类信托规模和占比排名前10的信托公司　单位：亿元，%

排名	信托公司	财产管理类规模	排名	信托公司	财产管理类占比
1	中信信托	2,263.02	1	金谷信托	27.76
2	中融信托	1,118.41	2	中信信托	25.09
3	中诚信托	597.27	3	中粮信托	24.92
4	英大信托	499.78	4	英大信托	23.74
5	中铁信托	312.58	5	中建投信托	20.05
6	北京信托	291.61	6	新盛信托	19.52

续表

排名	信托公司	财产管理类规模	排名	信托公司	财产管理类占比
7	兴业信托	283.56	7	中诚信托	19.12
8	华能信托	276.55	8	北京信托	18.04
9	金谷信托	245.78	9	中融信托	15.74
10	中建投信托	201.71	10	中铁信托	14.82

6. 信托资产规模与净资产的关系

净资产是开展信托业务和实现信托资产规模增长的前提。截至2014年末，全行业信托资产规模与净资产的比值（信托业务杠杆）为43.74，较2013年末的42.78略有上升。西藏信托和云南信托的信托资产规模与净资产的比值超过100，分别达到204和167；比值超过70的信托公司还有建信、华宝、北方、安信、外贸、中海、大业、山东、中融和交银10家。信托资产规模与净资产的比值小于15的公司有吉林信托、东莞信托、国联信托、重庆信托、华信信托和华宸信托，其中华宸信托最低，仅为7.5。对比2013年末，信托资产规模与净资产的比值最高为西藏信托的171，并且云南信托、安信信托、兴业信托和北方信托信托资产规模与净资产的比值超过了100；比值低于15的公司有8家，包括2014年末仍低于东莞信托、华宸信托和吉林信托。可以看出，西藏信托、云南信托、北方信托和安信信托近两年业务扩张较为迅速；也有的信托公司则表现出发展缓慢，信托业务有较大发展空间。

由图1－26可以看出，信托资产规模与净资产基本呈正相关关系，平安、中信、华润、中诚、重庆和兴业净资产超过100亿元，但信托资产规模差别较大，其中杠杆率最高的为兴业信托，达到59，最低的为重庆信托，仅为12。净资产不足15亿元的6家信托公司，西藏信托杠杆率最高，其次为大业信托的80，除了华辰信托外，其余3家也都在40左右。这体现出信托公司不同的经营风格和业务思路，从公司长远发展来看，净资产和业务规模应相协调和匹配地发展，在实现信托资产规模扩张的同时注意风险的防范。

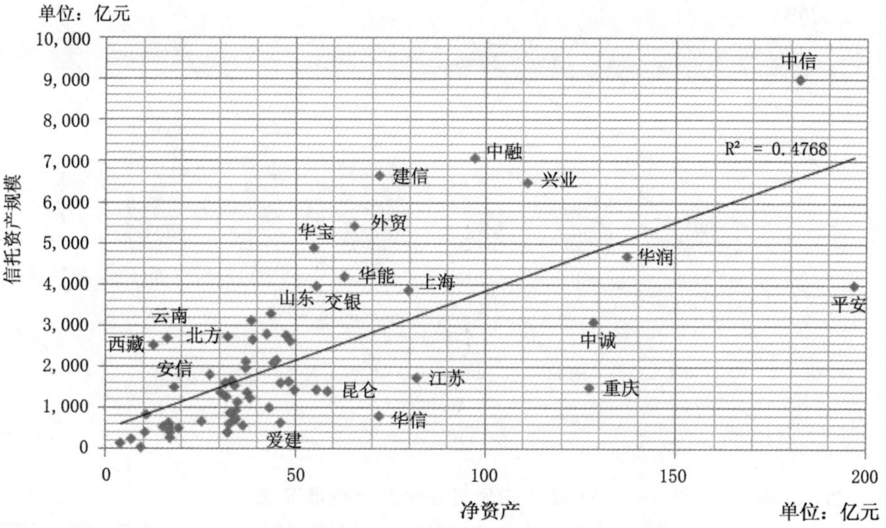

图1-26　2014年末68家信托公司净资产和信托资产规模散点分布图

（三）信托经营业绩增速持续放缓

1. 总收入增速持续放缓，行业集中度更加明显

2014年信托行业总收入960.4亿元，较2013年的840.7亿元增加119.7亿元，增长14.2%，增速较2013年的29.6%下降15.4个百分点。由图1-27可以看出，2012年以来信托行业总收入增速持续放缓。随着信托行业进入转型升级期，新的收入来源形成和传统盈利模式趋弱之间存在一个衔接过渡期，过渡期的存在有利于信托行业探索方向，为真正找准行业定位奠定基础。

从公司分布来看，收入明显不均，收入20亿元以上的信托公司13家，12亿元以上的信托公司33家，不足5亿元的信托公司11家（见表1-16）。总收入排名前10的信托公司收入占比为39%，总收入排名前20的信托公司收入占比为58%。具体而言，平安信托超越中信信托和中融信托，以56.9亿元摘得行业第1的位置，中信信托和中融信托分别以56.7亿元和55.1亿元位居第2和第3。行业总收入平均数为14.1亿元，较2013年的12.4亿元增加1.7亿元，共有24家信托公司总收入超过平均值；行业总收入中位数为11.9亿元，低于行业平均值2.2亿元，较2012年的行业中位数

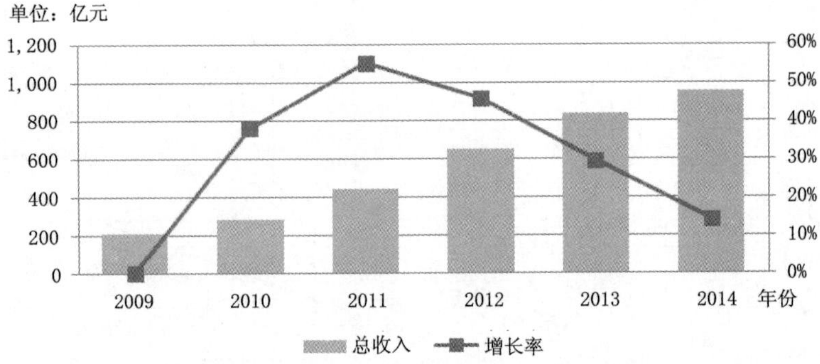

图1－27　2009—2014年行业总收入及增长率变动图

9.83亿元增加2.07亿元。

表1－16　　68家信托公司总收入分布情况表

总收入	信托公司分布
20亿元以上（13家）	平安信托、中信信托、中融信托、华润信托、重庆信托、中诚信托、长安信托、兴业信托、华能信托、上海信托、华信信托、四川信托、外贸信托
12亿—20亿元（不含）（20家）	安信信托、华融信托、北京信托、中航信托、方正信托、五矿信托、建信信托、中铁信托、天津信托、中海信托、昆仑信托、江苏信托、中原信托、山东信托、百瑞信托、华宝信托、北方信托、中江信托、渤海信托、交银信托
8亿—12亿元（13家）	中建投信托、国元信托、新华信托、华鑫信托、英大信托、苏州信托、湖南信托、杭工商信托、爱建信托、陆家嘴信托、陕国投信托、粤财信托、国投泰康信托
5亿—8亿元（11家）	厦门信托、金谷信托、东莞信托、中泰信托、新时代信托、大业信托、山西信托、国联信托、中粮信托、云南信托、紫金信托
5亿元以下（11家）	民生信托、国民信托、华澳信托、西部信托、万向信托、光大兴陇、浙金信托、西藏信托、吉林信托、华宸信托、长城新盛信托

2. 净利润增长率大幅下降，行业分布不均加剧

2014年全行业实现净利润508.6亿元，较2012年的442亿元增加66.7亿元，增长率为15.1%，较2012年的27.3%下降12.2个百分点，延续了2013年的下降趋势。行业平均值为7.5亿元，较2013年的行业平均值6.5亿元增加1亿元，共有25家公司超过平均值；行业中位数为5.9亿元，较2013年增加0.7亿元。2009—2014年行业净利润及增长率变化趋势可见图1－28。

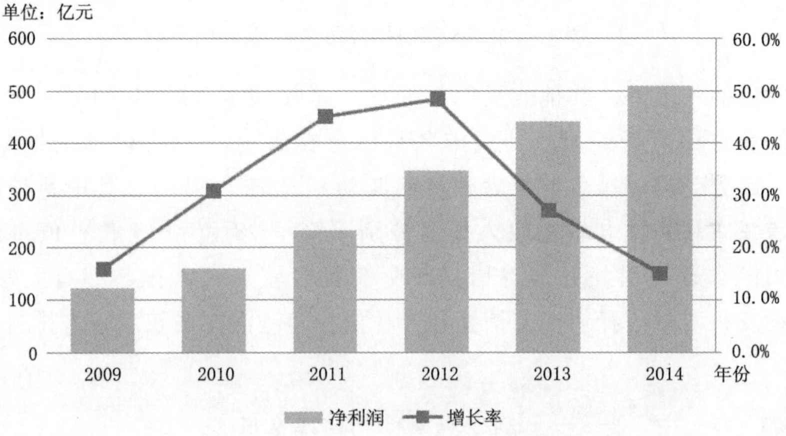

图1－28　2009—2014年信托行业净利润及增长率变动图

从公司分布来看，净利润排名前5的分别是中信信托、重庆信托、中融信托、华润信托和平安信托，重庆信托总收入排名第5，净利润排名第3。排名前10的公司净利润之和为206.7亿元，占总数的40.6%，排名前20的公司净利润之和为310.6亿元，占总数的61%；而排名后10的公司净利润仅为11.3亿元，仅占总数的2.2%，排名后20位的公司净利润仅为40.9亿元，仅占总数的8%，行业分布不均进一步加剧。图1－29显示了信托公司净利润的分布情况。

3. 总收入与净利润排名的变动

通常意义上而言，总收入和净利润呈正相关关系，对比总收入和净利润排名表可以发现，总收入排名前20的公司中，除了华融信托净利润排名有

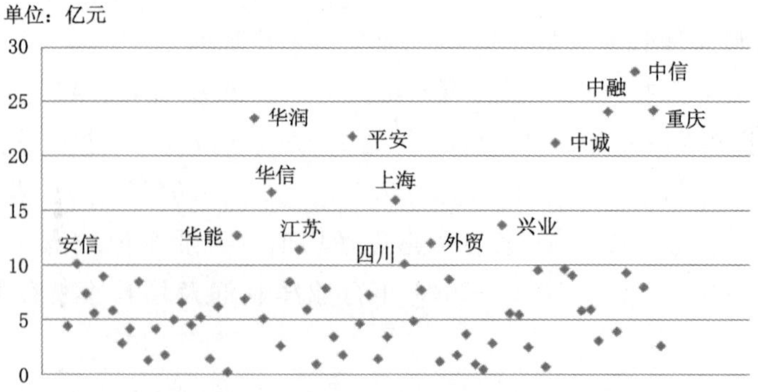

图1－29　68家信托公司净利润分布图

较大幅度的下降外，其他均无明显变化；总收入排名后10的公司中，除西藏信托和吉林信托外，净利润排名基本也在后10，只有内部的细微调整。但是，部分公司的排名有较大幅度的波动（见表1－17），其中新华信托和金谷信托净利润排名较总收入排名分别下降了28位和17位；值得注意的是，2013年新华信托和金谷信托净利润排名较总收入排名亦有大幅下降。与之相反，西藏信托、江苏信托和吉林信托净利润排名较总收入排名有较大提升。

表1－17　　总收入与净利润排名变化表

信托公司	总收入排名	净利润排名	排名变动	信托公司	总收入排名	净利润排名	排名变动
新华信托	36	64	－28	西藏信托	65	48	＋17
金谷信托	48	65	－17	江苏信托	25	12	＋13
华融信托	15	28	－13	吉林信托	66	54	＋12
长安信托	7	16	－9	国联信托	54	46	＋8
山西信托	53	61	－8	粤财信托	45	37	＋8
陆家嘴信托	43	49	－6	中海信托	23	15	＋8
陕国投信托	44	50	－6	国投泰康信托	46	40	＋6
				国元信托	35	29	＋6

4. 人均净利润

人均净利润是衡量公司经营效率的重要指标，从2014年年报披露的人均净利润来看[①]，重庆信托以2,615.1万元的人均净利润排名第一，较2013年最高人均净利润1,520.01万元高1,095万元，较重庆信托2013年的人均净利润1,467.61万元高1,147.5万元；从排名前10的公司看（见表1-18），安信信托人均净利润由2013年的210.3万元增长到578.26万元，排名也跃居第10；西藏信托、国联信托等排名亦有一定上升；2013年排名前10的信托公司中，中铁信托、外贸信托和中信信托跌出前10位，部分公司名次下降十几名以上。

从排名后10的公司看，除了光大兴陇信托和金谷信托排名较2013年有所下降外，其他信托公司排名没有太大变化，但是人均净利润规模较2013年均有一定下降，典型的如金谷信托人均净利润由166.02万元降至55万元，新华信托由125.8万元降至15.81万元。

表1-18　信托公司2014年人均净利润与排名变化表　单位：万元

2014年排名	信托公司	人均净利润	2013年排名	2014年排名	信托公司	人均净利润	2013年排名
1	重庆信托	2,615.10	2	59	万向信托	110.37	64
2	江苏信托	1,458.55	1	60	国民信托	109.45	52
3	华信信托	965.75	5	61	光大兴陇	93.01	50
4	中诚信托	915.89	4	62	山西信托	85.11	63
5	西藏信托	910.16	11	63	华澳信托	84.00	57
6	华润信托	773.33	9	64	新盛信托	77.71	59
7	中海信托	725.78	8	65	浙金信托	73.49	66

① 需要说明的是，浙金信托、安信信托、国民信托和陕国投信托未明确披露人均净利润，本报告根据净利润/年度平均人数计算其人均净利润；中航信托年报中披露的是人均利润（利润总额/年平均人数），由于本部分分析是的人均净利润，故根据其披露的利润总额、净利润和人均利润，计算得出其人均净利润。

续表

2014年排名	信托公司	人均净利润	2013年排名	2014年排名	信托公司	人均净利润	2013年排名
8	国联信托	651.69	12	66	金谷信托	55.00	56
9	上海信托	631.45	7	67	华宸信托	27.73	68
10	安信信托	578.26	51	68	新华信托	15.81	65

5. 资本利润率小幅回落，行业分布不均加剧

资本利润率又称净资产收益率，用来衡量企业运用资本获得收益的能力，可以较好地反映股东投入的回报情况。图1-30列示了2008年至2014年信托行业资本利润率，2014年，68家信托公司加权平均资产利润率为17.7%，较2013年下降1.6个百分点。整体上看，2014年信托行业加权平均资本利润率较2013年和2012年有所下降，但是仍高于2011年之前的水平，并且综合考虑信托行业所处的市场环境以及传统业务和新业务交接的特殊时期，可以认为2014年信托行业的资本利润率仍处于较好的水平。

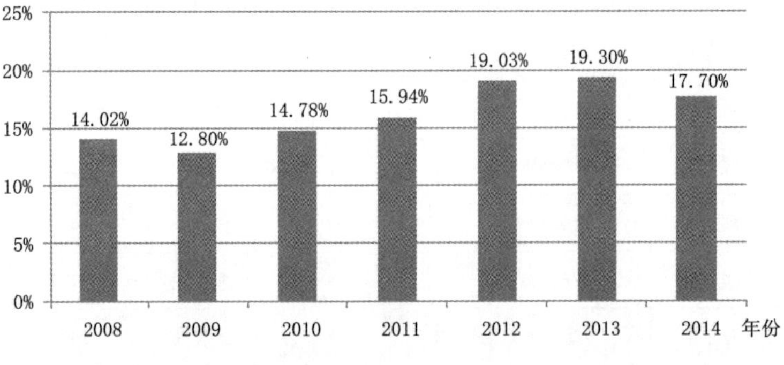

图1-30　2008—2014年行业资本利润率对比图

行业内68家信托公司的资本利润率分布情况如图1-31所示，可以看出，除了个别公司外，资本利润率的分布较为均衡，绝大部分公司位于10%和30%之间。从排名前5的信托公司看，安信信托以76.89%摘得了行业第 1 的地位，并且较其 2013 年增长近 40 个百分点，也比 2013 年资本利润率的第 1 名四川信托高出 38 个百分点；中铁信托和四川信托分别以 50.21% 和 45.56% 位居第 2 和第 3；西藏信托以 37.07% 的资本利润率由 2013 年的第 13 位跃居行业第 4 位；方正信托则由第 2 位降至第 5 位。

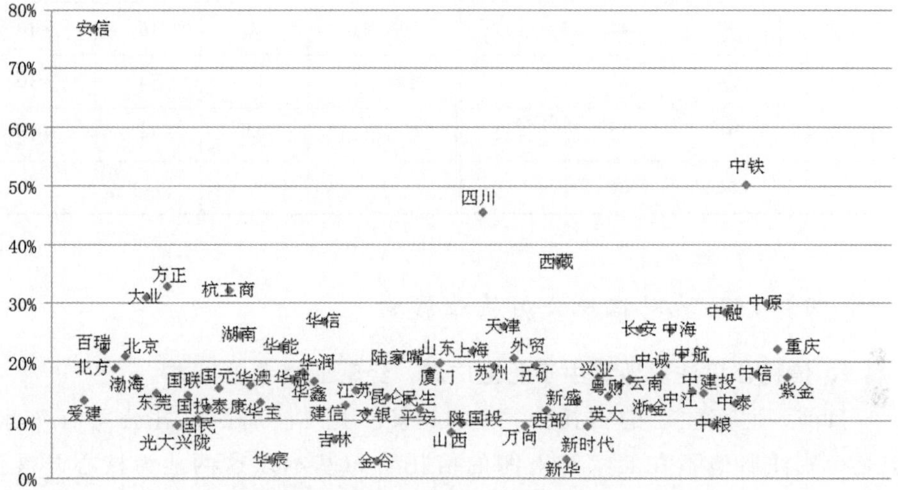

图 1－31　68 家信托公司资本利润率对比图

除了排名前 5 的信托公司外，还有一些公司资本利润率排名较 2013 年有较大变化（见表 1－19）。具体而言，重庆信托、华信信托等排名有较大提升，新华信托、华澳信托等排名有较大下降。

表 1－19　　2013 年资本利润率排名变动较大的信托公司

信托公司	2013	2014	变动	信托公司	2013	2014	变动
新华信托	23	66	－43	重庆信托	49	17	+32
华澳信托	11	39	－28	华信信托	30	10	+20
华融信托	15	35	－20	民生信托	66	48	+18
中信信托	12	31	－19	苏州信托	44	26	+18
中泰信托	34	52	－18	华润信托	45	29	+16
华宝信托	35	51	－16	天津信托	27	11	+16

续表

信托公司	2013	2014	变动	信托公司	2013	2014	变动
五矿信托	10	25	-15	国联信托	55	45	+10
兴业信托	18	33	-15	国元信托	50	40	+10
东莞信托	32	44	-12	华能信托	26	16	+10
吉林信托	54	65	-11	西藏信托	14	4	+10
紫金信托	21	32	-11	中海信托	24	14	+10
甘肃信托	51	61	-10				

（四）注册地对信托公司展业影响

1. 信托公司注册地集中于北上广深，经营业绩参差不齐

目前，北京注册的信托公司有11家，上海注册的信托公司有7家，但是个别注册地不在北京和上海的信托公司基本以这两地为核心开展业务。例如，五矿信托、中融信托、华能信托基本以北京为据点开展业务，昆仑信托、中航信托等在北京也有强大的业务团队；陆家嘴信托基本以上海为核心开展业务。这种情况出现的原因可以从两方面分析：一是这些公司的控股股东在北京或上海，信托公司引进战略投资者时，原注册地政府或信托公司与控股股东曾达成不变更注册地的协议，但随着业务的发展，基本将重心转移到大城市；二是这些城市聚集了大量的金融资源，如各大银行总部、监管部门、金融同业、高净值客户等，这些资源优势必然对信托公司产生吸引作用。

为了分析注册地对于信托公司业务发展的影响，下面主要选取信托资产规模、总收入和净利润3个指标进行比较（见表1-20）。可以看出，注册地位于北上广深或者以其为主要业务据点的信托公司这3项指标排名相对比较靠前，但也不具有绝对性；信托公司经营发展情况与股东背景、业务资源、领导团队等多种因素有关，特别是随着信托公司异地部门的设立，业务范围可以辐射全国，注册地对于信托公司的发展已经不是束缚。

表 1-20　　　　信托公司注册地与经营业绩一览表

注册地	信托公司	信托规模排名	总收入排名	净利润排名	注册地	信托公司	信托规模排名	总收入排名	净利润排名
北京	中信信托	1	2	1	上海	爱建信托	57	42	44
北京	中诚信托	14	6	6	上海	华宝信托	6	29	30
北京	外贸信托	5	13	11	上海	安信信托	34	14	14
北京	北京信托	31	16	19	上海	上海信托	11	10	8
北京	国投泰康信托	36	46	40	上海	中海信托	13	23	15
北京	金谷信托	47	48	65	上海	华澳信托	63	60	60
北京	英大信托	25	38	36	上海	中泰信托	50	50	47
北京	华鑫信托	32	37	39	深圳	华润信托	7	4	4
北京	中粮信托	51	55	51	深圳	平安信托	9	1	5
北京	民生信托	56	58	57	广州	粤财信托	26	45	37
北京	国民信托	52	59	59	广州	大业信托	48	52	53
哈尔滨	中融信托	2	3	3	东莞	东莞信托	62	49	45
天津	北方信托	17	30	35	天津	天津信托	33	22	25
东南地区					西部地区				
浙江省 杭州	杭工商信托	65	41	43	重庆	重庆信托	35	5	2
浙江省 杭州	中建投信托	44	34	34	重庆	新华信托	27	36	64
浙江省 杭州	浙金信托	66	64	66	陕西西安	陕国投信托	42	44	50
浙江省 杭州	万向信托	59	62	63	陕西西安	长安信托	15	7	16
浙江省 宁波	昆仑信托	38	24	24	陕西西安	西部信托	55	61	58

续表

注册地	信托公司	信托规模排名	总收入排名	净利润排名	注册地	信托公司	信托规模排名	总收入排名	净利润排名
东南地区					西部地区				
江苏省 苏州	苏州信托	46	39	41	甘肃兰州	光大兴陇信托	58	63	62
江苏省 无锡	国联信托	64	54	46	贵州贵阳	华能信托	8	9	10
江苏省 南京	江苏信托	28	25	12	云南昆明	云南信托	18	56	56
江苏省 南京	紫金信托	60	57	55	四川成都	四川信托	19	12	13
江西 南昌	中江信托	22	31	32	四川成都	中铁信托	24	21	17
江西 南昌	中航信托	16	17	18	乌鲁木齐	华融信托	37	15	28
福建 厦门	厦门信托	43	47	42	乌鲁木齐	长城新盛信托	67	68	67
福建 福州	兴业信托	4	8	9	青海	五矿信托	20	19	20
东北地区					内蒙古 包头	新时代信托	29	51	52
辽宁 大连	华信信托	29	11	7	内蒙古 呼和浩特	华宸信托	68	67	68
吉林 长春	吉林信托	54	66	54	西藏	西藏信托	21	65	48
中部地区									
山东 济南	山东信托	12	27	27	河南郑州	百瑞信托	39	28	26
山东 青岛	陆家嘴信托	45	43	49	河南郑州	中原信托	41	26	23
安徽合肥	国元信托	30	35	29	湖北武汉	方正信托	36	46	40
安徽合肥	建信信托	3	20	22	湖北武汉	交银信托	10	33	31
湖南长沙	湖南信托	53	40	38	河北石家庄	渤海信托	23	32	33
山西太原	山西信托	61	53	61					

2. 设立异地部门，突破地域限制

根据目前的监管政策，信托公司不得设立分支机构，但为了扩大业务范围和影响力，分享经济发达地区经济增长的成果，信托公司纷纷在异地设立了业务团队和理财团队，拓展业务，争取发展成为全国性的信托公司。将近20家信托公司2014年年报的组织架构图中，对异地业务部门的情况进行了披露（见表1-21），可以看出，几乎所有注册地不在北京、上海的信托公司都在这些地方设立了业务部门或代表处，并在多地设立了业务部。典型的是兴业信托，其业务经营部门除了投行部、投资业务部、房地产业务部、证券业务部、国际业务部和两个直属业务部外，采用区域划分的模式，几乎涵盖了全国所有的省市设立了业务部门。

表1-21　信托公司设立异地部门一览表

信托公司	注册地	北京业务部	上海业务部	其他业务部门	部门性质
爱建信托	上海	√		浙江、江苏	信托业务部总部
北方信托	天津	√	√		业务部
重庆信托	重庆	√		北方、南方	业务部（另，驻北京办事处）
方正信托	武汉	√	√	山东、重庆、广州、郑州	金融事业部
光大兴陇信托	兰州	√	√	深圳	业务部
金谷信托	北京			苏州、太原、郑州、辽宁（筹）、广东（筹）	业务部
山西信托	太原	√	√	广州、武汉、青岛	
上海信托	上海	√			代表处
苏州信托	苏州	√		南京	北京业务总部、南京办事处
外贸信托	北京		√		上海业务总部、各区域财富管理中心
新华信托	重庆	√	√	重庆、深圳、广州、东北、天津、西北、南京、华中	业务部

续表

信托公司	注册地	北京业务部	上海业务部	其他业务部门	部门性质
中泰信托	上海	√			业务中心
中原信托	郑州	√	√	洛阳	财富管理中心
兴业信托	福州	√		华南、华东、华北、西南、西北、华中、东北、广东、浙江、江苏、四川、天津、山东、浙江	业务部门
华鑫信托	北京		√	浙江、陕西、深圳、天津	业务部
紫金信托	南京	√	√	南京、苏州、无锡	财富管理中心
		√		苏州	业务部门
五矿信托	青海			华东、西南	业务总部
中粮信托	北京		√	山东、湖北	总部
陆家嘴信托	青岛			深圳、苏州、杭州、济南、郑州、昆明、无锡	业务部门
万向信托	杭州	√	√	南京、广州、深圳	业务部门
				杭州、其他	财富中心

实际上，还有许多设立异地部门的信托公司并未在其年报中明确披露这些信息，只是以信托业务部1、信托业务部2……的形式表述，或者根本未披露。总体来看，目前大部分信托公司都已经或者正在尝试在多地设立业务部门，并在全国范围内开展业务，只是囿于资源、人才等多种因素的限制，真正发展为全国性信托公司的仍是少数。长远来看，随着信托行业转型升级的逐步升入，行业竞争加剧，行业分化也会逐渐显现，信托公司应当发挥自身的优势，明确自己的定位，向差异化和专业化方向发展。

三、行业转型路径与发展方向

2014年，信托行业已经正式踏上了转型之旅，从信托功能上投资类、融资类和事务管理类信托的三分天下，到集合资金类信托占比的日益提升，都显示出信托行业的转型已经初见成效。从行业内各家公司披露的年报来看，都提到经营环境变化背景下的创新与转型，并有近 40 家公司披露了信托业务创新成果和特色业务有关情况。总体上看，这些创新成果和特色业务既有对传统业务的升级，也有新业务领域的开拓，但都体现了信托公司提升主动管理水平，实现专业化和差异化发展的定位。

1. 传统业务升级方兴未艾

信托行业正处于转型升级的关键时期，财富管理和资产管理被认为是信托行业发展的最终方向，但是新业务体系的构建和新盈利模式的形成需要一定的时间，短期内传统业务的升级与新业务的拓展应同时进行。从行业内披露的年报来看，传统业务的升级和优化也是信托公司的创新成果之一，并且呈现出向基金化方向的趋势。许多信托公司创新政信合作模式，探索产业基金或城市发展基金模式，推动基金型信托产品的发展。例如，苏州信托成功推广了包括农园鑫、浒关新区等多个城镇发展基金，新增规模 10.8 亿元；百瑞信托发起设立了航空港产业基金、兰州新区产业基金。以房地产业为主要业务领域的杭工商信托积极推进城市发展基金、房地产基金，与优质房地产企业探讨房地产基金模式，并结合不同区域、城市的市场情况，与实力较强的交易对手展开并购基金的合作模式研究；交银信托设立了“交银国信·杭州东银投资合伙企业（有限合伙）投资集合资金信托计划”，对公司参与政府和社会资本合作（PPP）业务进行了有益探索。中融信托、建信信托、中航信托等信托公司也开展了股权投资基金、并购基金项目。除此之外，在信托资金的使用上，从债券融资向股权投资倾斜，从名股实债向真正的股权投资转移，也是信托传统业务升级的表现之一。

2. 证券投资类信托掀起高潮

随着资本市场的复苏，2014 年证券投资类信托实现较大规模增长，平安信托、陆家嘴信托、粤财信托等多家信托公司披露了在资本市场的创新成果。例如，粤财信托推出创新型阳光私募产品，联合广发证券推出私募工场计划，通过赛马机制培育优秀的私募产品管理人，并为优秀的私募产品管理人提供资金、研究等支持。平安信托的证券投资类信托业务获得多样化发展，安全垫私募产品、股指期货产品、夹层等产品大量发行，投资范围从美股、港股、大宗商品、高收益债券基金延伸至英股、汇率、房地产指数基金等。中融信托发行融港通集合资金信托计划，为投资者提供了投资港股的机会。2014 年多家信托公司推出的新三板信托产品也是信托行业向资本市场靠拢的表现。

然而，目前大部分证券投资类信托是以阳光私募的形式出现，信托公司仅是通道的角色，也就仅收取很低的通道费用，大部分利润被投资顾问所收取。其原因在于信托公司对证券投资类产品的主动管理能力不足，日益增长的业务规模并不能带来利润的增长。值得注意的是信托公司已经开始培养自己的团队和主动管理能力，例如，陆家嘴信托组建股权投资业务团队及投研团队，万向信托直接在证券基金业协会备案成为私募基金管理人，都是提升主动管理能力的体现。

3. 家族信托取得实质性进展

家族信托被公认为信托业务的新蓝海，然而，信托财产登记制度、税收制度等基础制度的不完善以及信用机制的缺失、人才的匮乏等，导致家族信托的发展缓慢且曲折。2013 年被称为家族信托元年，家族信托开始进入公众的视野，经过一年多的发展，从 2014 年年报来看，家族信托已经取得较大的进展。北京信托、建信信托、交银信托、外贸信托、兴业信托、上海信托、中融信托、中信信托、平安信托、四川信托、山东信托、紫金信托、江苏信托等公司的年报中均提到公司推出了家族信托产品或开始布局家族信托业务。

表 1－22　　2014 年年报中披露的家族信托产品

信托公司	信托产品	主要内容
兴业信托	“藏珑一号”家族信托计划	信托计划合同期限为 30 年，系本公司首单家族信托业务，通过信托平台为委托人实现财富保值增值、财富传承、财产隔离、信息保密等专业化、综合化财富管理服务
交银信托	“交银国信·瑞承 X 号财富管理单一信托”	首单家族信托产品，成立初始规模 1,000 万元人民币，总规模 3,000 万元人民币，期限 30 年。该产品充分考虑了客户在资产保值、资产传承和财富规划等各方面的需求，标志着家族信托业务的开拓取得了重要突破

续表

信托公司	信托产品	主要内容
山东信托	2014年8月27日推出第一单家族信托业务	家族信托业务开局良好，迅速积累客户资源，完善业务流程，在回归信托本源业务尝试上迈出坚实一步
外贸信托		自2013年发行国内首单私人银行家族信托以来，进一步扩大先发优势，截至2014年底已累计签约54单，信托规模达到8.27亿元
紫金信托	"紫金·私享"系列信托	为满足高净值客户定制化财富管理服务需要而设立。该产品结构设计灵活，单一委托人可根据资产状况进行信托财产的追加、赎回和期限调整。是紫金信托家族信托业务的雏形。"紫金·私享"系列信托财产范围广，涵盖了客户合法持有的现金、其他金融资产以及财产性权利等
中信信托	保险金信托，与信诚人寿合作	保险金信托实现了对投保人意志的延续，为投保人实现长期、个性化的诉求提供了有力保障，使保险的家庭财富传承效果更加显著，提升了对终端消费者的金融服务品质
江苏信托	2014年第一单家族信托	

4. 公益信托受到关注日趋增多

公益信托是符合信托本源的业务类型，也是监管鼓励的信托转型方向。在传统的基金会模式受到质疑的背景下，公益信托开始受到青睐，然而由于我国关于公益信托的法律法规尚不完善，相关的审批流程并不顺畅，公益信托在我国发展缓慢。但是，处于行业转型期的信托公司仍然在不停地探索公益信托新模式，2013年百瑞信托推出"百瑞仁爱·天使基金1号集合资金信托计划"，探索将信托投资收益捐赠于脑瘫儿童事业的类公益信托模式。2014年越来越多的信托公司关注公益，并推出公益信托计划，例如，国投泰康信托、国元信托、湖南信托、万向信托、上海信托、杭工商信托、江苏信托等披露的年报中均提到了公益信托的研究和相关公益信托的产品，其中部分信托公司对于发行公益信托产品进行了较为详细的介绍（见表1－23）。

目前来看，信托行业内从事公益的信托项目部分经过公益事业管理机构的审批，部分没有经过审批；部分项目本金可以赎回，信托财产收益捐赠于公益事业，部分项目是本金和收益全部捐赠于公益事业。

表1－23　　2014年年报中披露的公益信托产品一览表

信托公司	信托产品	运作模式	参与方
国元信托	国元爱心慈善公益集合资金信托计划	该产品为安徽省首个公益信托项目，投资起点为100元，首期募集资金人民币34.5万元整，期限两年，资金主要投放于金寨县长岭乡石冲小学、沙堰小学的校舍维修、场地硬化工程项目，以及沙堰小学贫困学生助学	公益事业管理机构：安徽省民政厅； 受托人：安徽国元信托 保管人：中国建设银行安徽省分行； 信托监察人：安徽中天恒律师事务所及周苏
湖南信托	湘信·善达农村医疗援助公益信托计划	向社会机构和个人募集公益资金，将资金用于援助湖南省武陵山片区、罗霄山脉等贫困地区乡镇卫生院及村级卫生室建设和医疗设备的配备，帮助和支持湖南省农村医疗卫生事业的发展，信托计划首期捐赠规模约1,000万元	公益事业管理机构：湖南省政府授权湖南省卫生和计划生育委员会 受托人：湖南信托 托管人：中国建设银行湖南省分行 监察人：天职国际会计师事务所湖南分所
杭工商信托	杭信·阳光1号建工地产欧美金融城投资项目集合资金信托计划	浙江省内首个带有“公益资金”设计的信托产品，2013年设立，满足信托计划所约定的公益资金提取的条件下，投资者需要将部分投资收益捐献出来，同时杭工商信托作为该信托的管理方也要将管理佣金中的部分捐献出来，共同成立一个公益基金，而计提的比率分别是0.2%和0.1%。 2014年完成公益资金提取及捐赠运用，分别用于小学“阳光浴室”、贫困儿童唇腭裂手术治疗项目、孤贫先天性心脏病患儿手术治疗等青少年助学与救助项目	

续表

信托公司	信托产品	运作模式	参与方
国投泰康信托	国投信托·仁爱壹号·员工爱心信托	作为国投信托推出的首个员工爱心信托——“仁爱壹号·员工爱心信托”，包括但不限于捐赠给上海真爱梦想公益基金会用于建设“梦想中心”、捐助贫困学生、奖励教师等。信托期限为长期，信托存续期间不定期进行开放，国投信托有限公司全体员工为发起人	已经向民政部门、监管机构提供了相关的材料
万向信托	万向信托—中国自然保护公益信托	该信托永久存续，规模由实际募集情况确定，在存续期间将动态变化，并开放接受委托人交付信托财产。信托财产不可赎回，无偿捐助中国境内自然环境和生态保护公益项目	咨询顾问：大自然保护协会（TNC）信托监察人：德勤华永会计师事务所北京分所担任 法律顾问：上海锦天城律师事务所
上海信托		发行公司首款公益类信托产品和首款外部资金参与的公益类信托产品，创设以信托架构参与公益事业的新模式	

5. 同业合作模式日新月异

加强与金融同业或其他机构的合作，创新合作模式也是信托行业创新点之一。从 2014 年年报来看，多家信托公司都提到深化与券商、基金、保险、银行以及其他机构的合作。例如，中航信托与宜信、格上理财合作小微金融系列产品，并在小额信贷集合信托计划的风险控制措施中引入第三方保险合作机制，启动了国内首例保险、信托、小额信贷三方商业合作模式，充分发挥多元制度的整合优势；浙金信托与浙江股权交易中心、保险公司、互联网金融服务商等机构合作，作为债券承销商和受托管理人，推出了“浙江网新联合工程有限公司 2014 年私募债券”、“浙江允升投资集团有限公司 2014

年私募债券”和“浙江湖州环太湖集团有限公司2014年私募债券”；爱建信托与上海证券有限责任公司、上海宝碳新能源环保科技有限公司合作成立“爱建信托·海证一号碳排放交易投资集合资金信托计划”；吉林信托与银行合作，引入TRS（Total Return Swap，总收益互换）这种信用衍生产品，用于分离和转移信用风险，以满足不同的市场需求；中信信托与保险公司合作推出业内第一单保险金信托等。

6. 现金管理类产品受到青睐

随着信托行业竞争的加剧，许多信托公司在原来资金池的基础上，开展了具有一定流动性现金管理类产品，例如，中信信托、北京信托、华宝信托、中航信托、上海信托、苏州信托等。这类产品的特色在于设置了较为灵活的申购、赎回机制，并且有的产品投资起点降到20万元，其收益又高于市场上的宝宝类产品，有一定的吸引力，不但可以扩大客户群体，而且可以培养潜在客户群体。有的现金管理类产品和信托产品可以相互转化，在信托产品空档期可以购买现金管理类产品，例如上海信托的现金丰利系列产品就采用这种设置，现金管理类产品和信托产品的相互转化可以增加客户黏性，培养稳定的客户群体。

表1-24　　现金管理类产品一览表

信托公司	产品	产品特点
华宝信托	现金增利集合资金信托计划	认购起点为20万元，5万元倍数递增，永久存续，每周二开放申赎，T+1确认份额/赎回到账，每日分配收益，转结信托份额再投资，不收取认购、申购、赎回费用。年化收益率4.7%—5.2%。投资范围：短期固定/浮动利率债、货币市场基金、信托计划受益权、银行存款/协议存款
中信信托	信惠现金管理型金融投资集合资金信托计划	期限20年，开放式，成立后有1个月的封闭期，封闭期后每日可以申购或赎回，申购T+1产生收益，赎回T+2日到账，不收取申购、赎回费用；每月20日结转份额；投资范围：包括资管产品、信托、票据，有投资比例的限制
北京信托	现金聚利1期集合资金信托计划	期限为10年，成立后30日的封闭期，封闭期满后第一周的周三和以后每两周的周三为开放日；个人投资者为300万元，受托人可以调整下限；“金额优先、时间优先”的原则

续表

信托公司	产品	产品特点
中航信托	天启328号天玑聚富集合资金信托	20万起购，每周三开放申购和赎回，T+1计息和到账，每月15日将收益转为本金再投资；受托人报酬为0.3%/年，每日计提，按季度支付；2014年持有年化收益率6.2443%；投资范围：银行存款、同业存单、债券逆回购、货币市场基金、债券基金、交易所及银行间市场债券及票据、低风险的固定收益类产品（包括固定收益信托、券商理财、银行理财产品、债权、附回购股权、附回购承诺的资产包）、法律法规允许投资的其他金融工具。信托计划存续期内开放时，认购/申购资金之和不满300万元的个人投资人人数达到50人时，由受托人按照"时间优先、金额优先"的原则接受申购
上海信托	现金丰利系列集合资金信托计划	首次加入的最低金额为人民币20万元，追加为5万元，均按照1万元的整数倍增加；开放式，投资者可以在工作日随时加入或退出，加入和追加实行T日计算收益，赎回资金预计可于T+1个工作日内划付，不收取任何手续费；现金丰利可以与其他信托产品相互转换。预期年化收益率4%—5.5%；投资范围：（1）金融同业存款；（2）期限在2年以内的短期固定利率债券，包括上市流通的短期国债、金融债、企业债、央行票据、商业银行次级债和企业短期融资券等等；（3）上市流通的浮动利率债券；（4）期限1年以内的债券回购；（5）货币市场基金；（6）期限6个月以内的银行定期存款、协议存款或大额存单；（7）为高资信等级的企业提供期限在6个月以内的短期流动资金贷款；（8）期限6个月以内的有银行回购承诺的资产包；（9）其他的剩余期限在3.0年以内的信托计划；（10）法律法规允许投资的其他流动性良好的短期金融工具
苏州信托	苏信财富·华冠H（稳健配置A）集合资金信托计划	期限20年，每日可以办理申购，每月5日、15日和25日为赎回开放日，预期收益率5.5%/年；投资范围：苏州信托设立的信托产品为主的稳健收益类金融产、受托人设立或主导的合伙基金产、金融市场低风险金融产品、非由受托人设立的稳健收益类信托产、资管产品等
厦门信托	泛亚一号集合资金信托计划	

7. 搭建信托产品流通平台

信托产品流动性不足一直是制约其发展的因素，从披露的2014年年报来看，信托公司在积极探索信托产品流动性机制。例如，华宝信托建立“流通宝”服务平台，改善信托产品的流动性；紫金信托开展信托收益权约定式回购业务，创新性地为客户设计了部分信托受益权的转让与约定式优先购买，在一定范围内解决部分信托受益权的流动性问题；上海信托成功推出“上海信托赢通转让平台”，积极打造信托产品的可流通二级市场，并探索将信托产品逐步由以往的非标产品向准标准化产品转型，成功将信贷类集合资金信托计划改造成准标准化产品。可以预见，在金融市场变革和信托行业转型过程中，增强信托产品的流动性，促使部分信托非标产品向标准化产品转型会是发展的趋势。长远来看，信托产品逐渐区分为固定收益类和权益类可能更符合市场需求，也有利于刚性兑付压力的化解。

8. 积极布局境外业务

随着高净值客户全球资产配置需求的增加以及资本市场的逐步开放，信托公司也开始积极布局境外市场，并积极利用自贸区的政策优势拓展境外业务。例如，中信信托在香港设立子公司、中融信托在香港和英属维尔京群岛设立子公司，布局境外资产管理业务；平安信托组建海外资本市场团队积极拓展海外市场投资业务、上海信托探索通过海外信托架构实现从在岸配置到离岸配置的跨越。与此同时，信托公司也积极申请境外理财相关业务资格并拓展相关业务，例如，兴业信托正式获批开办受托境外理财业务（QDII）资格以及2亿美元境外投资额度；中诚信托深圳前海的子公司获批合格境内投资者境外投资（QDIE）资格；华宝信托发行了境外上市公司员工持股信托计划，运用股权激励与QDII的合作，开辟了受托境外理财业务新的发展方向。

四、多视角看行业风险应对能力

（一）信托行业风险项目解析

随着我国经济进入新常态，信托行业面临转型压力的同时，也需要应对风险的逐步释放和化解难题。2014 年下半年以来，媒体网络和社会舆论对于信托风险项目的关注度较之前已经有所下降，这一方面表明公众对信托风险项目的认识已经逐步回归理性，对于十几万亿元的资产规模而言，存在很小部分的不良资产并非洪水猛兽；另一方面也说明整体经济进入下行周期，信托业数年的快速增长背后的隐患逐渐暴露出来，多数信托公司都存在不同程度的流动性风险。

1. 存在风险隐患项目规模和占比低

根据信托业协会发布的数据，截至 2014 年末，信托行业有 369 个项目存在风险隐患，涉及金融 781 亿元，占管理信托资产规模的 0.56%；截至 2015 年第 1 季度末，风险项目规模为 947 亿元，占信托资产规模的 0.66%，其中集合类占比 66%，单一类占比 31%。总体来看，信托行业整体风险可控，不会发生系统性风险，并且信托行业存在风险隐患项目占比低于银行业不良率水平。根据银监会公布的数据，我国银行业金融机构 2014 年末不良贷款率 1.64%，商业银行不良贷款率 1.29%；而 2013 年末时，银行业金融机构和商业银行的不良贷款率分别为 1.49% 和 1%。

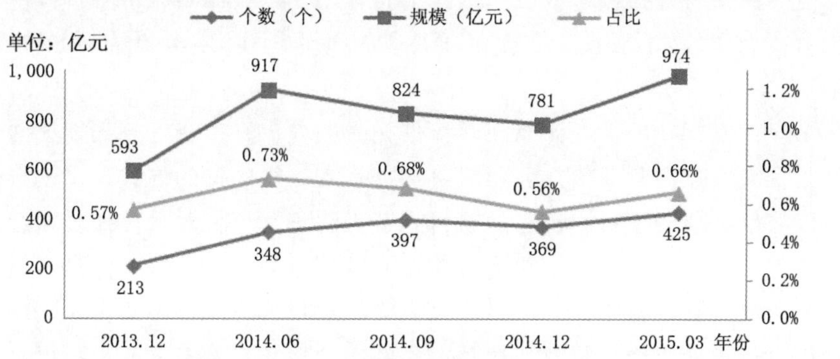

图 1－32　信托行业风险项目情况

数据来源：信托业协会公布数据，《2014 年信托行业监管工作报告》。

2. 多笔风险项目成功化解

根据银监会非银部发布的《2014 年信托行业监管工作报告》，2014

年共化解了包括诚至金开1号、超日太阳等多笔重点项目在内的142笔风险项目（含2013年的126笔和2014年新增的16笔），涉及金额374亿元。

监管部门先后开展全国范围信托公司的风险排查、通过现场检查、窗口指导等督促风险项目的化解，成立了信托风险处置工作组，建立了全国信托风险处置联系网，着重从风险识别化解、风险预案、风险处置、舆情监测等方面指导风险处置工作。可见，风险项目处置和化解已经引起监管部门的高度重视。

3. 风险处置方式多元化和市场化

对于存在风险隐患项目的，有不同的风险处置方式，但概括来看，有以下几类：

第一，提前终止信托计划。通常信托合同中都设置了提前终止条款，信托公司发现风险隐患，并且预见到可能出现违约风险时，经过权衡且条件允许时，有的选择提前终止信托计划，以避免造成、扩大损失或增加处置风险的难度。

第二，延长信托计划期限。延长信托计划需要按照信托合同的约定进行，有的需要召开受益人大会。延长信托计划期限可能是等待融资方恢复偿还能力，但更多情况下，是为了争取更多时间，以寻求更为妥善的处置方案。

第三，发行新的信托计划或转让信托受益权。许多融资方到期无法偿还借款时，会通过向其他信托公司或机构进行新一轮融资的方式，实现资金补充，以清偿之前的项目；也有的项目到期无法正常兑付时，信托公司会寻找接盘者，受让原受益人的信托受益权，实现项目的正常兑付，接盘者是资产管理公司或者其他机构。一些暴露出风险的项目最终就是因接盘者出现，而实现正常兑付投资者的收益。这种方式的问题在于，融资方要负担更高的成本，类似于滚雪球一样，资金成本越来越高。

第四，信托公司自有资金垫付。一些项目到期后，信托公司会以自有资金兑付投资者的本金和收益，实现所谓的刚性兑付。然后再处置项目的担保物，或者向担保人追偿等，实施通常意义上的风险项目处置。此种方式并不意味着完全亏损，只是要耗费一定的物力和人力。在极端情况下，也可能出现担保物价值贬损或无法处置、担保人无力清偿，该损失则由信托公司自己承担。

第五，以信托财产为限向委托人分配收益，要求融资方承担违约责任。包括采取担保措施、处置抵/质押物，提起诉讼或仲裁等。这实际上是正常的风险处置方式，但在刚性兑付的信托文化下，这种方式很少出现。然而，随着信托风险项目的增多，越来越多的信托公司开始采取诉讼、仲裁的方式处置风险，某种意义上，这也是一种进步的体现。

总体来看，信托风险处置的能力日益增强，风险处置方式也日趋多元化，并且在许多情况下，风险项目的处置综合运用了以上方式，或者在不同的阶段采用不同的方式，而非拘泥于单一方式，一成不变。随着信托行业资本实力的扩充、保障基金的实施，信托行业抵御风险的能力将进一步增强，信托行业不会发生系统性风险。

（二）自营信用风险资产不良率上升

经济下行压力持续增大，使信托行业面临的经营风险增大，信托公司的自营和信托不良资产都可能有所变化。从信托公司披露的2014年年报来看，直接披露信托资产不良率的公司很少，只有东莞信托披露信托资产不良率为0.98%，部分公司提到没有信托资产不良；自营信用风险资产不良都有披露。总体来看，2014年末存在自营信用风险资产不良的信托公司有30家。其中，吉林信托、华宸信托、新华信托自营不良资产率增长较快，如华宸信托自营不良资产达到1.5亿元，不良率由0.88%上升到50.82%；吉林信托从无到有，自营不良资产为8,987万元，占比达到35.25%；新华信托自营不良资产达到7.77亿元，不良率由12.22%上升到43.16%。自营不良资产都是历史遗留问题，基本呈现逐渐下降趋势，但是2014年部分信托公司却出现上升。

（三）信托诉讼案件增多

2014年年报中，共有23家披露了重大诉讼事项，共涉及案件60多起，从披露重大诉讼事项的信托公司数量和案件总数来看，与2013年并无太大变化。但是从新增诉讼案件数量和具体案件类型来看（具体见表1-25），呈现以下特点：第一，2014年新增重大诉讼事项（包括未决诉讼事项和已决诉讼事项）达到近40起，涉案总金额（包括申请执行）达到15亿元。无论诉讼事项个数还是规模均较以往年度有较大增加。第二，根据年报披露情况，2014年信托公司因为信托项目被委托人诉讼的案件有3起，较以往年度有较大的增加，这表明信托项目的风险处置方式已经开始向市场化、法律化的方向转变，信托项目的绝对刚性兑付模式已经有所改变。第三，2014年新增的案件中有10起是年度发生并终结的案件，但是多数终结的案件都要面对漫长的执行阶段。从披露情况来看，以往年度终结的案件许多仍处于执行阶段。第四，许多的被动管理类单一信托项目也走到了诉讼的程序，例如，媒体上已经有很多报道的湖南信托“淮南志高单一指定信托项目”等。

表1-25　2014年信托行业新增重大诉讼事项一览表

信托公司	年度发生未决诉讼事项	年度发生并终结诉讼事项
爱建信托	爱建-佳兆业杭州项目投资集合资金信托计划 融资方借款纠纷，已起诉	因股权受让被诉，原告因证据不足撤诉而终结
长安信托	新增强制执行案件4起，金额共7.0819亿元； 新增诉讼案件2起，均为信托业务被诉案件，金额共0.91167亿元	
东莞信托	公司发生的诉讼事项主要是不良贷款诉讼事项，新发生1项重大未决事项（0.1150亿元）	
方正东亚信托	方正东亚·楚凤2号艺术品投资集合资金信托计划） 起诉投资顾问，金额0.73074亿元	
湖南信托		淮南志高单一指定信托项目 2014年8月25日起诉，12月11日收到判决书，目前正处于执行阶段
华宝信托	2个信托计划涉及重大诉讼。融资方违约，对融资方以及担保方提起了诉讼。目前，本案正在进行审理	

续表

信托公司	年度发生未决诉讼事项	年度发生并终结诉讼事项
华宸信托	起诉：信托项目融资违约，金额1.4630亿元，目前处于强制执行阶段。 被诉：委托人要求兑付相应信托本金及收益，并赔偿逾期兑付的损失。目前正处审理过程中	信托融资项目纠纷，2014年2月24日向呼和浩特市中级人民法院提起诉讼，涉案金额合计约为0.6590亿元。 2015年1月16日取得胜诉判决
厦门信托	厦信稳利1207单一资金信托大鹏佳兆业项目 2015年1月16日提前诉讼，已进行财产保全，于4月底开庭	锦绣鹭鸟1303号中小企业贷款集合资金信托计划，于2014年12月向厦门仲裁委申请仲裁，胜诉，已向厦门中院申请强制执行
山东信托	3起未终结（是否年度发生未明确）	1起因借款人偿还全部贷款本金和利息已撤诉结案
山西信托		2014年4月21日，被动管理类信托项目按照委托人指示起诉，0.6亿元，12月26日取得胜诉判决，目前处于二审阶段。 2014年6月10日，向法院申请强制执行0.3亿元，目前处于强制执行阶段
陕国投信托		1起信托贷款项目申请执行，于2014年6月12日收到执行裁定书（发生时间未明确）
苏州信托	2起与房地产公司的信托债务纠纷，涉案金额分别为0.784亿元和1.5亿元（未明确是否当年发生）	
新华信托	起诉3起，均为信托业务下的债权纠纷，金额合计约6亿元，分别处于审理、起诉和立案阶段。 被诉2起。1起为劣后委托人请求返还信托资金及收益，约0.4070亿元；1起为信托业务下的股权转让纠纷，金额约0.5622亿元	2起信托业务下的合同纠纷，共计0.46亿元，已和解结案

续表

信托公司	年度发生未决诉讼事项	年度发生并终结诉讼事项
中泰信托	昆山玉成开发贷款单一资金信托 固有业务项下被诉案件	
中建投信托		共3起，其中2起被动管理类单一信托项目，申请仲裁并取得胜诉裁决；1起与交易对手债务纠纷取得胜诉判决
兴业信托	1起单一资金信托业务根据委托人要求提起诉讼，涉及本金0.6亿元及相应利息	
长城新盛信托	共3起，均为信托项目起诉事项，涉案金额约5.5亿元	
重庆信托	2起单一资金信托通道业务执行案件（金额分别为0.83亿元和0.67亿元）。目前在执行过程中	

总体上看，信托行业诉讼案件逐渐增多，并且年报中披露的仅仅是诉讼标的在0.1亿元以上的重大诉讼案件，实践中信托行业诉讼案件的数量和规模应当比年报中披露的更多。随着整个信托行业业务结构调整的逐步深入和业务转型创新的不断推进，信托风险项目的处置方式会逐渐成熟和完善，刚性兑付压力会逐步得到化解，会有越来越多的风险项目通过法律手段解决。这也提示信托公司在项目开展过程中，要注意在信托合同中将相关的责任予以明确，尽职尽责，切实履行受托人义务，做好风险防范。

2014年信托公司年报分析之二：信托业务篇

百瑞观点：

- 在经济下行和竞争加剧双重挑战下，信托业进入结构调整和转型发展期；
- 信托业务规模增速显著放缓，信托公司分化加速；
- 转型阵痛期，信托报酬率持续下降；
- 业务结构持续优化，逐渐从融资驱动向投资驱动转变；
- 主动管理能力不断提升，转型效应明显；
- 传统业务深耕细作，从粗犷发展向专业化运作转变；
- 创新力度加大，创新产品层出不穷。

一、从“高速增长”到“战略转型”

2014年是信托公司监管和发展转型并重的一年。在经济下行和竞争加剧的双重挑战下，信托业结束了2008年以来的高速发展期，进入到全面布局转型发展和行业监管重塑的“元年”。

（一）信托规模平稳增长，但增速持续放缓

根据68家信托公司2014年年报数据，截至2014年底信托资产规模已达到14.01万亿元[①]，较2013年增长了28.48%。以此计算，信托公司平均资产规模达到2,060亿元，较2013年增加了456亿元。行业中43家公司信托资产规模超千亿元，较2013年增加3家。从增速看，在2011年信托业务规模增速达到增长顶峰后，行业增速一直处于下行状态，2014年增速为28.48%，是自2009年以来增速最低的一年，预计未来信托资产增速仍将延续下行态势，现阶段信托业发展已经进入"新常态"是毋庸置疑的。

信托资产增幅放缓主要有以下几个方面原因：首先，信托行业内外部竞争日趋激烈。随着泛资产管理时代的不断演进，信托行业原有的制度红利逐渐式微，券商、基金子公司和保险等的监管政策不断放宽，强市场竞争对信托业传统的融资信托业务冲击效应明显加强；其次，弱经济周期、行业监管政策和其他宏观调控政策的影响下，信托公司传统主业增长乏力；最后，新业务仍需培育，对信托资产规模贡献有限。

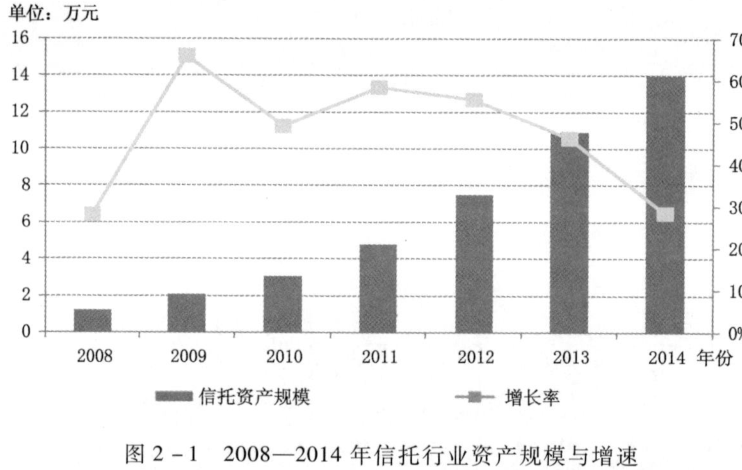

图2-1　2008—2014年信托行业资产规模与增速

① 如无特别说明，本章所引数据均来自信托公司公布的2014年年报。

（二）弱周期经济态势下，行业分化加剧

行业层面，68家信托公司中，共有54家信托公司在2014年实现了信托资产规模正增长，其中45家信托公司的信托规模增长在100亿元以上，21家增长在500亿元以上，有12家信托公司的资产增幅超过1,000亿元。2014年有25家信托公司的信托资产总额超过了当年的行业平均值，较2013年的18家增加7家。

在信托行业规模增速放缓的情况下，各信托公司规模增速开始分化。相较于2013年10家信托公司信托资产规模同比增长超过100%，2014年仅有万向信托、建信信托和上海信托的信托资产规模增速超过100%，其中万向信托同比增速为256.80%。值得注意的是，建信信托规模由2013年的3,258.16亿元增加到2014年的6,658.35亿元，同比增长104.36%，实现信托资产规模翻倍，体现出银行系信托公司在规模扩张上的优势；上海信托则由2013年的1,922.90亿元增加到2014年的3,863.69亿元，体现出较强的发展后劲，预计未来浦发银行整合完成后仍有较大的运作空间。

表2-1　2013—2014年信托业务规模前10名情况对比　单位：亿元，%

排名	2014年			2013年		
	信托公司	信托资产规模	占比	信托公司	信托资产规模	占比
1	中信信托	9,020.74	6.44	中信信托	7,296.61	6.69
2	中融信托	7,105.93	5.07	兴业信托	5,650.02	5.18
3	建信信托	6,658.35	4.75	中融信托	4,785.35	4.39
4	兴业信托	6,511.52	4.65	华润信托	3,643.04	3.34
5	外贸信托	5,434.57	3.88	中诚信托	3,572.11	3.28
6	华宝信托	4,914.63	3.51	建信信托	3,258.16	2.99
7	华润信托	4,719.79	3.37	外贸信托	3,173.77	2.91
8	华能信托	4,215.57	3.01	山东信托	2,994.21	2.75
9	平安信托	3,998.49	2.85	华能信托	2,985.68	2.74
10	交银信托	3,979.92	2.84	北方信托	2,942.32	2.70
合计		56,559.50	40.34		40,301.29	36.95

从管理规模看，68家信托公司中，信托资产规模超过2,000亿元的比去年增加6家达25家，其中仅中信信托和中融信托公司的信托资产规模超过7,000亿元。业务规模排名方面，中信信托蝉联信托资产规模冠军，年底信托资产规模为9,020.74亿元，占行业总规模的比例为6.44%，较2013年有所下降。信托业务规模前10名变化较小，华宝信托、平安信托和交银信托的业务规模迅速增长，跻身前10。排名前10家的公司信托财产规模总额从2013年的4.03万亿元增长至5.66万亿元，同比增长40.34%。集中度方面，2014年信托资产规模排名前10的信托公司管理的信托资产规模占全行业信托资产规模总额的比率有所提升，集中度从2013年的36.95%提升至40.34%。

（三）信托业务收入持续增长，但增速下滑显著

信托业务收入主要体现为信托公司从信托业务中收取的各项手续费及佣金收入，在信托资产规模增速放缓的大趋势下，信托行业收入增速也随之放缓。根据68家信托公司年报数据，2014年信托公司实现总收入960.45亿元，同比增长14.24%，其中信托业务收入656.40亿元，同比增长6.71%。受行业竞争加剧和业务转型影响，信托业务收入和总收入增速同比均大幅下降。从信托业务收入占比来看，2011年后信托业务收入占总收入比重波动较小。2014年信托业务收入占比从2013年的73.16%下滑至68.34%，我们认为主要有两个方面的原因：一是信托公司自有资金由过去主要投向债券产品或同业存款等风险较低的金融产品，转向越来越多加强对自有资金的投资管理，使得投资回报增加；二是信托资产增速持续放缓，增量效益贡献下滑。在行业原有业务增速放缓和新利润增长点未确立的背景下，信托业务收入占比可能将持续下降。

信托业务收入排名方面，行业前3名比较稳定，分别为中融信托、中信信托和平安信托，信托业务收入均在40亿元以上，遥遥领先于其他信托公司。其中，平安信托2014年信托业务收入达到41.23亿元，较2013年增长46.24%，行业排名也由2013年的第3名升至2014年的第2名。在排名前10的公司中，除中诚信托，中融信托和中信信托外的其他几家信托公司信托业务收入增长率均超过了行业均值，体现了良好的发展势头，其中增长幅度最高的是重庆信托，同比增长101.46%。从行业平均水平看，2014年行

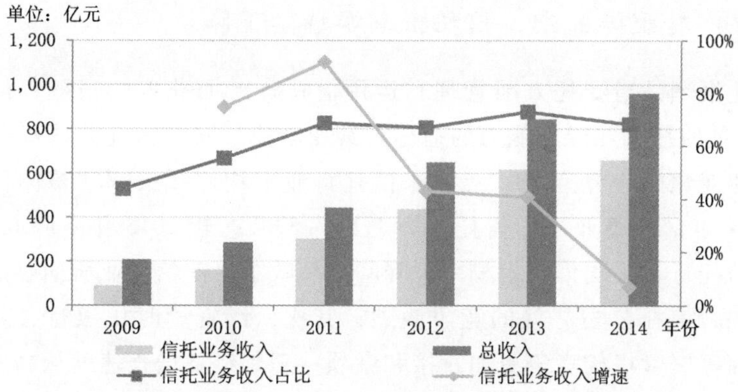

图2-2　2009—2014年全行业业务收入及其占比

业平均信托业务收入为9.65亿元，行业内两级分化现象依然严重，高于行业平均水平的有26家。

表2-2　　2013—2014年信托业务收入前10名　　单位：万元，%

排名	2014年			2013年		
	信托公司	信托业务收入	占比	信托公司	信托业务收入	占比
1	中融信托	439,032	79.61	中融信托	454,205	92.66
2	平安信托	412,258	72.46	中信信托	450,167	81.93
3	中信信托	402,035	70.94	平安信托	281,900	64.43
4	重庆信托	180,611	50.83	长安信托	197,425	84.71
5	长安信托	172,328	67.62	四川信托	190,572	91.14
6	四川信托	172,161	78.56	华融信托	176,576	90.28
7	华润信托	171,455	43.43	华润信托	172,266	88.07
8	安信信托	166,823	90.53	新华信托	171,811	94.11
9	华融信托	154,886	84.53	兴业信托	163,081	89.33
10	中诚信托	150,967	48.37	中诚信托	149,818	48.77
行业平均值		96,529	68.34		90,459	73.16

（四）转型阵痛期，信托报酬率持续下降

信托报酬是指受托人因管理和运用信托资产而获取的报酬，信托报酬率①是衡量信托公司经营能力的指标，其变动能反映出信托公司经营能力和行业整体变化的趋势。2012年以来信托行业平均信托报酬率整体呈下降趋势，2014年信托行业平均信托报酬率为0.53%，较2013年下降0.14个百分点。信托行业平均信托报酬率下降间接反映了目前信托业所面临的经营环境。首先，信托公司之间的竞争激烈；其次，泛资管时代银行、基金、保险、券商等资管机构竞争更加直接和激烈；三是经济增长速度从高速转向中高速，经济下行压力增大使实体经济领域的风险增多，信托产品风险暴露事件的舆论影响使投资者配置信托产品时趋于谨慎；四是2014年下半年以来股票市场好转，居民财富分配对信托等固收类产品的配置份额下降，导致信托公司固收类产品发行难度上升。

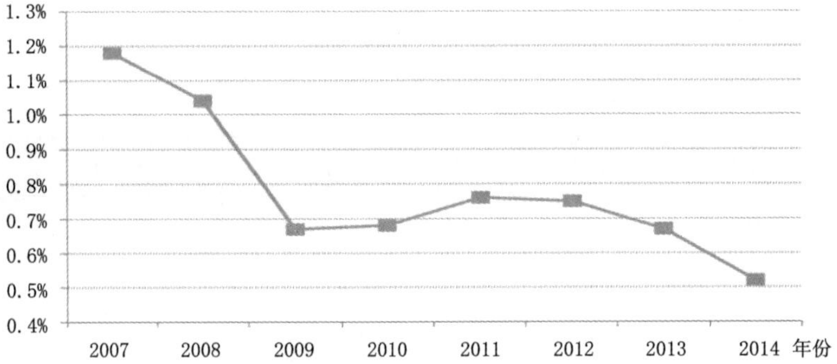

图2-3　2007—2014年信托行业报酬率走势

继2012年“资产管理新政”以来，商业银行、保险资产管理公司等资管计划的推出，全面开启了“泛资产管理时代”，资产管理和财富管理已成为券商、基金、银行、保险等金融机构业务竞争的主要市场领域。以券商资管为例，自2012年《证券公司客户资产管理业务管理办法》实施以来，券商资管业务呈现“疯长”，资管规模从2012年1.89万亿元增到2013年5.19万亿元，再到2014年末已接近7.95万亿元，其增长速度可谓惊人。

① 信托报酬率等于信托业务收入除以实收信托平均余额。

就在信托牌照优势渐失，券商、基金、银行、保险抢食资管领域的同时，另一个支撑信托业迅猛发展的重要因素——利率管制带来的政策红利也正在消融。2013年7月20日，央行决定全面放开金融机构贷款利率管制。其中被认为对市场影响最大的措施为：取消金融机构贷款利率0.7倍的下限，由金融机构根据商业自主原则自主确定贷款利率水平。在利率市场化的发展过程中，信托公司赖以存在的竞争优势将进一步收窄。在政策红利渐渐消融的大背景下，信托公司面临的不仅是行业内的竞争，还面临来自行业以外金融机构的强大竞争，这些都会拉低信托公司的信托报酬率，目前来看这些因素已经使得信托行业平均信托报酬率出现了小幅下降。

对比2012—2014年最近三个年度信托报酬率排名前10的信托公司，可以发现，第一，杭工商信托、新华信托、华融信托、爱建信托、东莞信托5家信托公司连续3年居前10名，具有非常高的稳定性，尤其是连续3年排名第1的杭工商信托，2014年信托报酬率为2.66%，在行业平均信托报酬率下降的大背景下依然保持较高水平，比排名第2的新华信托高0.78%，这可能与杭工商信托主动管理类项目较多有关。第二，2014年信托公司信托报酬率下降明显，2013年信托公司信托报酬率在2%以上的信托公司有4家，而2014年信托公司信托报酬率在2%以上的信托公司仅有浙工商信托1家；2013年排名第10的信托公司信托报酬率为1.6%，而2014年排名第10的信托公司信托报酬率为1.02%。第三，信托报酬率排名靠前的多是一些信托资产规模相对适中，同时注重收入质量的信托公司。从信托报酬率前10名公司中，只有安信信托和新华信托的资产规模排名靠前，其他报酬率较高的公司排名均比较靠后。而信托资产前10名的公司信托资产报酬率则正好相反，信托报酬率均较低。

表2-3　　2012—2014年信托报酬率前10名　　单位：%

排名	2014年		2013年		2012年	
	信托公司	信托报酬率	信托公司	信托报酬率	信托公司	信托报酬率
1	杭工商信托	2.66	杭工商信托	3.44	杭工商信托	2.65
2	华信信托	1.88	新华信托	2.19	华融信托	2.54
3	爱建信托	1.87	华融信托	2.09	爱建信托	2.24

续表

排名	2014年		2013年		2012年	
	信托公司	信托报酬率	信托公司	信托报酬率	信托公司	信托报酬率
4	东莞信托	1.82	爱建信托	1.85	新华信托	2.00
5	重庆信托	1.32	东莞信托	1.70	华信信托	1.88
6	华宸信托	1.31	苏州信托	1.70	苏州信托	1.75
7	新华信托	1.31	陆家嘴信托	1.61	东莞信托	1.68
8	华融信托	1.28	紫金信托	1.55	中融信托	1.63
9	国联信托	1.22	华信信托	1.47	浙金信托	1.63
10	安信信托	1.02	湖南信托	1.26	大业信托	1.60
行业均值		0.52		0.67		0.75

总体来看，在经济下行和竞争加剧双重挑战下，信托业进入结构调整和转型发展时期。本轮调整期，各信托公司都将面临增长失速、结构调整、转型阵痛的考验，信托业可能经历一次较大的行业调整。

二、业务结构持续优化，主动管理能力不断提升

（一）功能结构持续优化，转型发展已然开始

按照信托资产功能，信托可以分为融资类、投资类、事务管理类三种[①]。2014年1月国办下发的《关于加强影子银行业务若干问题的通知》（107号文）明确要求："金融机构之间的交叉产品和合作业务都必须以合同形式明确风险承担主体和通道功能主体，并有风险承担主体的行业归口部门负责监督管理，切实落实风险防控责任"，按照信托资产功能区分信托资产正变得越来越重要。

① 按照信托资产功能划分数据来源于信托业协会。

1. 融资类信托占比继续下降

融资类信托业务是指，以资金需求方的融资需求为驱动因素和业务起点，信托目的以寻求信托资金的固定回报为主，信托资产主要运用于信托设立前已事前制定的特定目的。融资类信托业务最大限度的发挥了信托公司投资范围灵活的优势，是信托公司最主要的业务收入来源。

截至2014年末，信托业融资类信托产品总额4.70万亿元，相比上一年下降9.71%，占比为33.65%；与2013年的49.15%相比下降15.50个百分点。自2014年第1季度以来，融资类业务占比降幅显著，从2011年第4季度到2013年第4季度，融资类业务占比一直维持在48%至51%之间，长期占据"半壁江山"，但自2014年第1季度以来该类业务占比进入下降趋势，从第1季度的43.94%降至第4季度的33.65%。

2. 投资类信托稳步提升

投资类信托业务是指，以信托资产提供方的资产管理需求为驱动因素和业务起点，以实现信托财产的保值增值为主要目的，信托公司作为受托人主要发挥资产管理人的功能，对信托财产进行投资运用的信托业务，如私募股权投资信托、证券投资信托等。

2014年，信托业投资类信托产品总额4.71万亿元，相比上一年增长32.76%；占比为33.70%，与2013年的32.54%相比增长1.17个百分点。图2-4显示，投资类信托规模占比近年来相对稳定，自2014年第2季度以来有小幅上涨，2014年第2季度末占比升至33.01%，第3季度末该类业务占比达到34.64%，第4季度该类业务占比达到33.70%，业务规模达到47,119.34亿元，较第3季度规模增长了4.85%。

3. 事物管理类信托实现跨越式增长

根据信托业协会定义，事物管理类信托主要是指委托人交付资金或财产给信托公司，指令信托公司完成信托目的，从事事物管理的信托业务。这类信托业务由委托人驱动，信托公司一般不对信托财产进行主动管理，包括家族信托等。

2014年，信托业事务管理类信托产品总额4.56万亿元，相比上一年增长112.43%；占比为32.65%，与2013年的19.70%相比增长12.95个百分点。与融资类信托业务相比，事物管理类信托更能发挥信托制度优势且顺应市场需求的事务管理类信托规模增速显著，2014年第2季度末事务管理类规模突破30,000亿元大关，增长到32,879亿元，占比随之增高到26.35%，2014年第3季度末该类业务规模35,553亿元，占比增至27.46%，而第4季度该类业务占比提升至32.65%，说明事务管理类信托越来越受到信托公司的重视。

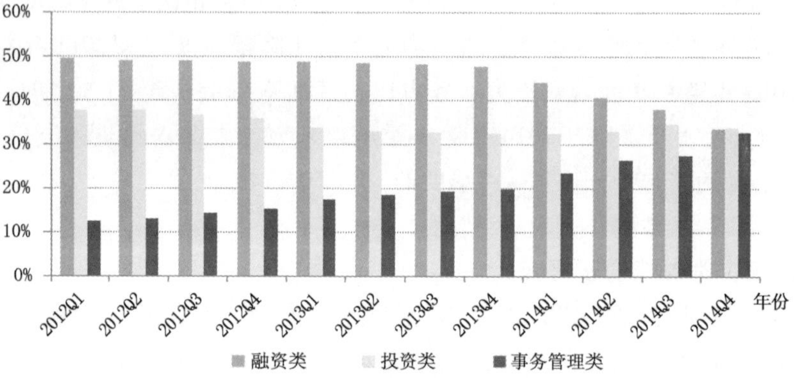

图2－4　2011—2014年信托功能结构变化趋势

图2－4数据显示，2014年是传统信托业务结构调整的重要时期，信托公司业务结构正朝着信托功能本源化的方向发展。此前融资信托业务一直是信托公司的主导业务，2014年信托公司传统业务结构发生了较为明显的变化，2014年第4季度融资类、投资类、事务管理类信托的规模占比分别是33.65%、33.70%和32.65%，真正呈现“三分天下”的局面，支撑信托行业过去几年高速增长的融资类业务占比进入了下降通道，与此同时，投资类业务和事务管理类信托的占比在稳步提升，以上两类业务能够较好地体现信托公司的资产管理能力和信托制度的本源优势，是推动信托行业未来发展的重要力量。

信托业功能结构的上述变化不仅反映了信托业开始主动适应中国金融体系新变化的大趋势，更是信托公司主动谋求转型的结果。面对大资管时代经营环境发生的重大变化，信托公司坚定战略转型，积极探索稳定盈利模式，并已呈现出较为清晰的差异化经营思路，就业内实践情况来看，大致可分为两大方向，即私募投行和财富管理。部分信托公司着手搭建各类资源平台，以吸附众多投资客户及产业方，进而获得投融资、事务管理等诸多业务机会，同时积极深入产业运营，以提高产品和服务质量；部分信托公司则向着专业财富管理机构方向转型，以客户需求为导向，致力于提供优质的产品组合和资产配置方案。

（二）主动管理能力提升，转型效应明显

按照来源划分，信托资产可分为集合资金信托、单一资金信托和管理财产信托。根据2014年年报数据，目前单一资金信托在信托资产中占比最重，为62.68%，虽然占比较以往年度有所下降，但仍是信托资产规模的主要构成部分。同期，集合资金信托规模占比小幅提升，从24.90%增至30.77%。此外，财产权信托规模比例从5.49%增长至6.55%。

1. 集合资金信托规模占比持续回升

68家信托公司年报数据显示，2014年信托业集合资金信托规模4.31万亿元，集合类信托规模在信托总规模中的占比提升至30.77%。从集合资金信托规模季度占比来看①，虽然2012年以来集合资金信托计划余额呈稳定增长趋势，但由于单一资金信托业务增长速度更快，2012年第2季度后，集合类信托资金余额开始下降。2013年第2季度，集合资金信托计划占比跌落至2012年第1季度以来的最低值。2013年第3季度以来集合信托规模余额占比出现回升趋势，2014年第3季度恢复到2012年第2季度水平。

截至2014年末，集合类信托规模排名前10的信托公司集合类信托产品余额占全行业的46.52%，除中信信托（20.01%）和建信信托（26.79%）外，其他8家信托公司集合类信托项目期末规模占比均高于行业平均值32.61%。

从表2-4可以看出，中融信托以集合信托资产规模3,710亿元延续行业第一的地位，集合信托资产规模占其信托资产规模的52.21%。2013年集合信托资产规模排名前10的信托公司有粤财信托、五矿信托和华宝信托等跌出前10；规模上，与2013年相比，2014年进入排名前10的信托公司，

① 集合资金信托季度余额数据来源于信托业协会，下同。

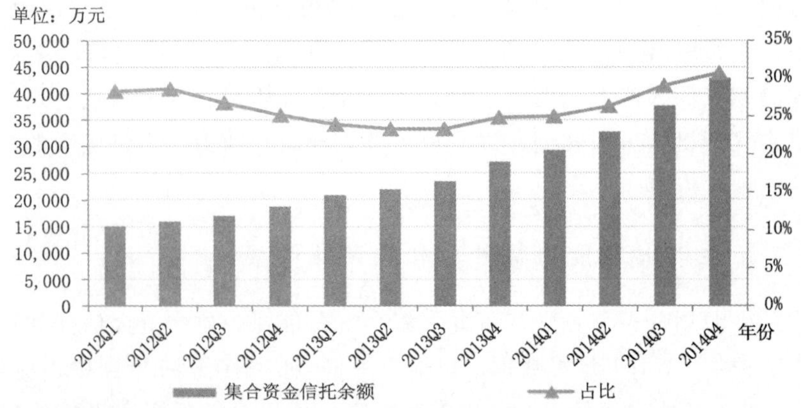

图2－5　2012—2014年集合资金信托余额变化

集合信托资产规模均在千亿元以上，而2013年仅有中融信托、外贸信托、华润信托、平安信托和中信信托5家集合资金信托规模在千亿元以上。

表2－4　　2013—2014年信托公司集合信托规模前10名情况　　单位：万元，%

排名	2014年			2013年		
	信托公司	集合类余额	占比	信托公司	集合类余额	占比
1	中融信托	37,103,376	52.21	中融信托	20,402,147	42.63
2	平安信托	27,996,923	70.02	外贸信托	16,571,824	52.21
3	外贸信托	24,646,031	45.35	华润信托	12,778,870	35.08
4	上海信托	18,098,033	46.84	平安信托	12,449,592	42.88
5	中信信托	18,048,749	20.01	中信信托	11,983,326	16.42
6	建信信托	17,838,569	26.79	粤财信托	9,252,879	40.32
7	华润信托	17,738,719	37.58	五矿信托	8,744,596	44.60
8	中海信托	14,847,265	47.25	上海信托	7,408,596	38.53
9	华能信托	14,044,315	33.32	建信信托	7,147,777	21.94
10	兴业信托	13,931,439	21.40	华宝信托	7,074,907	26.06
行业均值		6,338,350	32.18		3,972,680	24.85

2. 单一信托占比持续快速下降

单一资金信托一直是信托最主要的资金来源，其规模逐年上升，2012年末为51,022亿元，至2014年末，规模已经增至87,796.34亿元，较2013年末增长15.61%。但单一资金信托业务余额的占比整体呈下降趋势，从2012年末的68.30%下降至2014年末的62.68%。

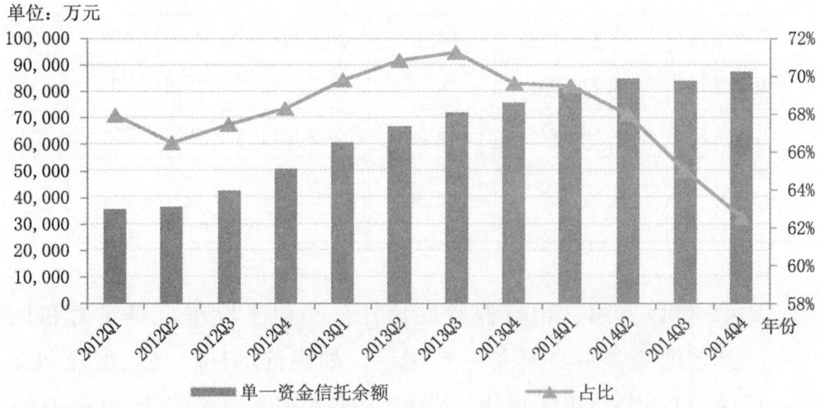

图2-6　2012—2014年单一资金信托变化趋势

2014年末，单一类信托规模排名前10的信托公司单一类产品余额占全行业的40.59%，除中信信托、外贸信托、华润信托和华能信托外，其他信托公司单一类信托项目期末规模占比均高于行业62.30%的行业平均值。整体上，2014年信托公司单一资金信托余额平均规模有所上升，但年占比整体有所下降。

表2-5　　2013年和2014年单一资信信托排名前10情况　　单位：万元，%

排名	2014年			2013年		
	信托公司	单一类余额	占比	信托公司	单一类余额	占比
1	中信信托	49,528,487	54.91	兴业信托	52,241,806	92.46
2	建信信托	48,740,317	73.20	中信信托	51,175,733	70.14
3	兴业信托	48,348,168	74.25	中诚信托	26,806,920	75.05
4	华宝信托	39,010,343	79.38	交银信托	26,337,671	94.09

续表

排名	2014 年			2013 年		
	信托公司	单一类余额	占比	信托公司	单一类余额	占比
5	交银信托	34, 810, 300	87. 46	北方信托	26, 049, 987	88. 54
6	外贸信托	28, 449, 042	52. 35	建信信托	25, 419, 314	78. 02
7	华润信托	27, 460, 375	58. 18	华润信托	23, 541, 543	64. 62
8	华能信托	25, 345, 884	60. 12	山东信托	23, 029, 699	76. 91
9	山东信托	25, 225, 035	76. 40	华能信托	20, 365, 702	68. 21
10	北方信托	23, 582, 928	86. 15	云南信托	20, 285, 276	90. 10
行业均值		12, 911, 226	62. 30		11, 168, 014	69. 45

从表 2－5 可以看出，银行控股的信托公司由于股东自身实力和良好的合作关系，开展通道类业务具备一定优势，如建信信托、兴业信托和交银信托的单一规模占比均在 70% 以上。虽然，监管部门长期倡导信托业回归业务本源，“受人之托，代人理财”，以集合类资金业务为主拉动主动管理型信托业务的发展，但就目前的形式来看，单一类信托仍然是信托资产来源的最主要构成部分。

3. 财产权信托占比小幅上升

财产权信托，也称为权利信托，是以财产权为信托财产所设立的信托关系。近年来，财产信托占比一直稳定在 3%—7%。2014 年财产权信托业务余额小幅上升，截至 2014 年末财产权信托业务余额为 9, 170 亿元，较 2013 年末增长 54. 05%。观察其季度变化，财产权信托在 2013 年前 3 个季度规模几乎没有变化，陷入增长停滞，2014 年后小幅回升，但财产权信托业务余额的占比依然较低。

2014 年末财产管理类信托规模排名前 10 的公司财产权信托业务余额占全行业规模的 66. 41%，行业财产管理类余额行业平均值和占比均较 2013 年有所提高。财产管理类规模最大为中信信托，余额为 2, 263 亿元，是行业平均值的 16. 78 倍。前 10 位中财产权信托业务余额占比最大的金谷信托，

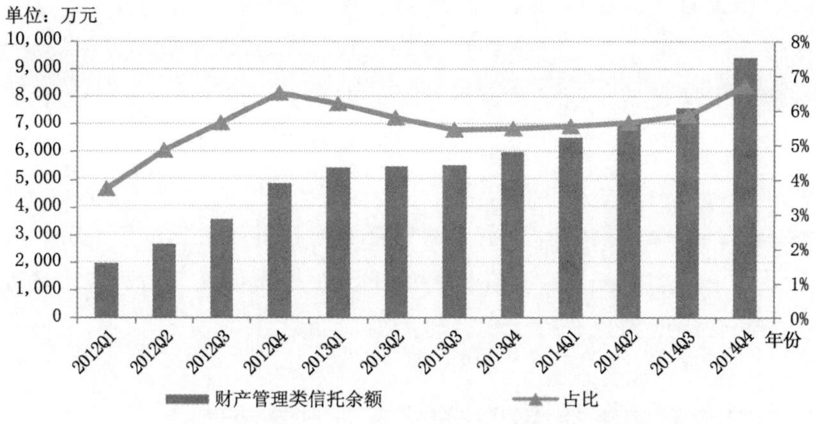

图 2-7　2012—2014 年信托行业财产管理类信托余额变化情况

占比为 27.76%；虽然兴业信托的总规模排名行业前 10，但财产权信托占比仅为 4.35%。

表 2-6　2013—2014 年信托公司财产管理类信托规模前 10 名情况　单位：万元，%

排名	2014 年			2013 年		
	信托公司	财产管理类余额	占比	信托公司	财产管理类余额	占比
1	中信信托	22,630,179	25.09	中信信托	9,807,020	13.44
2	中融信托	11,184,065	15.74	中融信托	8,339,783	17.43
3	中诚信托	5,972,726	19.12	中诚信托	3,768,243	10.55
4	英大信托	4,997,758	23.74	长安信托	3,621,105	16.7
5	中铁信托	3,125,797	14.82	华能信托	3,155,864	10.57
6	北京信托	2,916,063	18.04	英大信托	2,963,396	14.09
7	兴业信托	2,835,565	4.35	天津信托	2,461,548	24.74
8	华能信托	2,765,489	6.56	山东信托	1,801,783	6.02
9	金谷信托	2,457,839	27.76	北京信托	1,684,807	13.55
10	中建投信托	2,017,089	20.05	兴业信托	1,577,839	2.79
行业均值		1,348,611	5.52		875,424	4.67

随着中国富人阶层传承交班的时点到来，家族信托开始兴起，未来财产信托的需求将不断扩大。但财产信托的发展需要国家在信托财产登记制度、税收制度等上层建筑方面予以突破，降低市场交易成本。随着财产信托需求的进一步扩大和制度政策的改进，预计未来财产信托将会摆脱目前占比低位徘徊的局面。

整体看，以个人投资者为主导的集合类信托资产占比继续上升，而机构客户主导的单一类信托资产占比则持续下滑，表明信托业为适应市场变化而加快了主动管理能力提升的步伐，转型效应明显。

三、资金运用更加均衡，资产配置日趋合理

（一）信托资产运用分布与变动趋势

1. 信托资金运用更加均衡

根据信托资产的运用方式划分看，2014 年信托资产运用结构与 2013 年发生了较大变化，运用于金融资产的比例有了明显增加，可供出售金融资产和持有至到期投资均超过了长期股权投资比例。同时，以行业整体而言①，贷款及应收款依然是信托资产运用的首要方式，占比为 39. 20% ，较 2013 年下降 6. 27 个百分点。在其他几种运用方式中，占比分布基本均匀，表明信托公司目前仍然以融资类业务为主。此外，随着资本市场的转暖，金融类资产的配置明显增加，2014 年可供出售金融资产和持有至到期投资比例均已超过长期股权投资。

2. 信托资金运用方式变化趋势分析

（1）贷款及应收款占比依然较大。客户贷款是指核算信托项目管理运用、处分信托财产而持有的各项贷款。应收账款信托是基于委托人对于某个企业或者某些企业的应收账款债券作为信托财产设立的财产权信托。贷款及应收款是信托资产最为直接，也是信托资产运用比例最大的方式。2012—2014 年，信托资产以贷款及应收账款运用的规模分布为 3. 17 万亿元、4. 96

① 资产配置比例合计不等于 100 为四舍五入所致，下同。

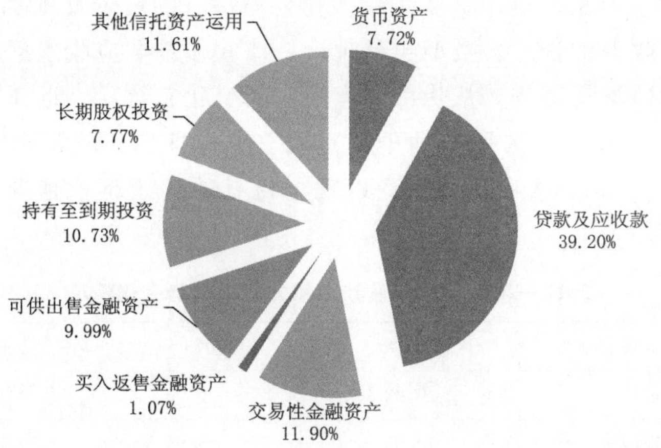

图2-8　2014年信托资产配置情况

万亿元和5.38万亿元，规模上呈稳步增长的趋势；占比方面，信托资产以贷款及应收款运用的占比呈波动下降趋势，从2012年的42.42%下降至2014年的39.20%。

（2）金融资产占比持续上升。信托资金运用于金融资产主要包括交易性金融资产和可供出售金融资产两部分。随着中国内地股票市场的转暖，信托资产运用于交易性金融资产和可供出售金融资产的占比也呈现出逐年上升的趋势，2012—2014年，信托资金用于金融资产的比例分别为16.72%、17.08%和21.89%；同时，近三年信托资金运用于金融资产的规模分别为1.24万亿元、1.80万亿元和3.01万亿元，呈逐年递增趋势。

（3）长期股权投资占比下降。长期股权投资理论上属于投资类信托的运用方式，但是鉴于股权投资的回报期限、收益水平的不确定性较大，决定了信托资产不可能大部分投入到这个领域。另外，由于信托公司与融资方可以在相关法律文件中约定股权回购，导致目前相当一部分长期股权投资信托项目属于“名股实债形式”。2012—2014年，长期股权投资信托规模分布为0.72万亿元、0.95万亿元和1.07万亿元，绝对规模呈逐年递增趋势；从占比看，信托项目长期股权投资比例呈逐年下降趋势，占比分别为10.01%、8.73%和7.77%。整体看，长期股权投资已不再是信托公司最主要的信托资金运用方式。将来，随着信托产品的创新以及个性化信托产品的出现，长期股权投资形式的信托资金运用方式占比可能会上升。

(4) 货币资金。货币资产是指信托公司持有的现金及将固定或可确定金额的货币收取的资产，类型包括现金、应收账款和应收票据以及准备持有至到期的债券投资等。从货币资产运用的变化趋势看，近3年信托资产以货币资产运用的比例呈波动下降趋势，从2012年的9.48%下降到了2014年的7.72%，表明信托资产以现金持有的形式越来越少，而是选择了主动运用。

表2-7　2012—2014年信托资产运用方式的趋势变化情况　单位：%

信托资产运用方式	2012年	2013年	2014年
货币资产	9.48	6.93	7.72
贷款及应收款	42.42	45.47	39.20
交易性金融资产	8.65	8.14	11.90
买入返售金融资产	0.91	1.14	1.07
可供出售金融资产	8.07	8.94	9.99
持有至到期投资	10.01	10.16	10.73
长期股权投资	9.69	8.73	7.77
其他信托资产运用	10.76	10.49	11.61

从实际操作层面来看，贷款及应收款、买入返售金融资产、可供出售金融资产、持有至到期投资等四种方式运用的信托资金，基本上可以归口为融资类信托资产。如果以融资类信托资产占比来看，2012—2014年此四种方式运用的信托资金量占总量的比例分别为61.41%、65.71%和60.81%，融资类信托资产占比占信托资产运用方式的大部分。造成融资类信托资产规模较大的主要原因有两点：一方面，融资类信托本身需求巨大。长期以来，我国处于金融抑制状态之中，以资本市场为主导的直接融资和以银行贷款为主导的间接融资，均无法充分发挥市场化的融资功能，导致大量优质企业和项目的融资需求不能从正常的资本市场和银行体系获得满足，而信托公司开展的融资类信托方式正好满足了这一需求。另一方面，融资类信托风险较小。近几年，信托公司的融资类信托交易对手主要是那些本来具备银行和资本市场融资资质而仅因为金融压抑而无法获得融资的优质企业和优质项目，因而，融资类信托的基础资产的微观风险较低；同时，这一期间，我国经济处

于长期的景气增长通道之中，融资类信托的基础资产的宏观风险也相对较小；再者，融资类信托一般要求有充足的抵质押物，因此其抵御风险的能力更强，信托资金更有保障。

从目前来看，融资类业务虽然占用净资本较多，但因该类业务一般要求有优质的抵押担保物和较低的质押率，对信托资金的保障程度更高，也更容易受到投资者认可，目前仍是信托公司的主要业务和收入来源。但从长远来看，信托公司未来必须回归本源，实现从主要从事信托贷款等债权融资业务的机构，向主要依托信托制度，面向高净值客户，向各类资金提供专业服务的资产及财富管理机构转型。在此过程中，融资类信托的作用将会被逐步弱化。

（二）信托资产投资领域分布与变化趋势分析

1. 信托资金投向的行业配置日趋合理

从信托资产行业投向领域分布来看，根据2014年信托公司年报业务数据，排在首位的工商企业是3.25万亿元，占比23.54%，其次是基础产业2.99万亿元，占比21.70%，排在最后的是房地产业1.30万亿元，占比为9.46%，市场变化对信托资产配置领域变化的驱动非常明显。

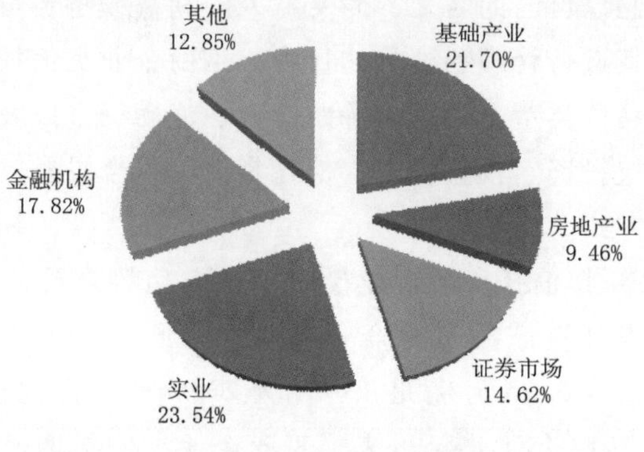

图2-9　2014年信托行业资产投向分布

2. 信托资金投向的行业变动趋势

从信托财产的运用领域来看，和2013年末相比，工商企业、基础产业、金融机构、证券市场和房地产业五大领域的投向占比顺序有所变化，并呈现如下特征：首先，基础产业和工商企业领域的信托资金配资比例同比大幅下降；其次，证券投资和金融机构领域信托资金配资占比大幅上升。这说明，信托公司以其“多方式运用、跨市场配置”的灵活经营体制，总能根据政策和市场的变化，适时调整信托资产的配置领域，2014年金融市场的转暖，信托资金配置与资本市场的资金占比有大幅上升。

表2-8　　2012—2014年信托资产投向领域的趋势变化情况　　单位：%

信托资产投向领域	2012年	2013年	2014年
工商企业	26.72	27.37	23.54
基础产业	25.39	25.46	21.70
金融机构	9.97	11.25	17.82
证券市场	11.51	10.68	14.62
其他	16.83	14.58	12.85
房地产业	9.57	10.66	9.46

（1）工商企业：增长放缓，占比下降。工商企业类信托是指委托人基于对信托公司的信任，将自己合法拥有的资金委托给信托公司，由信托公司按照委托人的意愿以自己的名义，为受益人的利益或特定目的，将资金投向工商企业，并对其进行管理和处分的行为。工商企业类信托的资金用途是为生产、服务和贸易等类型企业提供并购资金、流动资金以及项目资金的信托计划。可采用股权投资、权益投资、信托贷款、组合投资、其他投资、证券投资等多种投资方式。

从2012—2014年信托资产行业投向领域的趋势来看，工商实业领域已经连续3年成为信托资产投向的第一大配置领域。2014年末，信托资金配置工商企业的规模为3.25万亿元，占比为23.54%，占比较2013年有所下降。事实上，自2013年下半年以来，工商企业类信托增速明显放缓，尤其是2014年第3季度末，余额占比降至25.82%，为2012年第4季度以来最低点。工商企业类信托的发行规模与宏观经济形势紧密相连。国内外经济景气度、宏观大背景的走向、各行业政策都在很大程度上影响着工商企业的经营环境和发展前景；同时，国内财政政策、货币政策及传统融资渠道受抑制程度等，都是影响工商企业类信托市场景气度的重要因素。2014年，我国进入经济发展降速的新常态，受经济增速下降影响，工商企业信托占比出现下降也不足为奇。

整体看，现阶段通过信托融资的企业依然以大型企业为主，中小企业普遍存在着融资难问题。同时，政府为进一步解决中小企业融资难问题，出台了各种鼓励金融机构为中小企业服务的相关政策，而监管层也不断引导信托资金向实体经济转移。未来，伴随着直接融资比例的提高与利率市场化进程的加快，工商企业类信托将成为一个重要的载体，扩充企业的融资渠道，更好地服务实体经济的发展。

（2）基础产业：监管收紧，规模收缩。基础产业是指为社会生产和居民提供公共服务的物质工程设施，是用于保证国家或地区社会经济活动正常进行的公共服务系统。基础设施不仅包括市政建设，公路、铁路、能源、环保、水电煤气等公共设施，即基础建设，还包括了教育、科技、通讯、医疗卫生等社会事业。融资主体往往是具有高信誉级别或拥有政府背景的大型企业集团，所投资项目也多为投资者较为熟知的，服务社会的重点工程，产品本身附有政府信用或银行信用，即由政府做显性或隐性担保。

2014年，信托资产配资基础产业的规模为2.99万亿元，占比为21.70%，同比下降3.76个百分点。根据信托业协会公布的季度数据，2014年基础产业投向占比呈持续下降趋势，2014年第1季度占比为24.78%，第2季度占比为23.10%，第3季度占比为21.80%，第4季度占比为21.24%。虽然在余额规模方面高于去年同期水平，但在占比方面均低于去年同期水平，显示出基础产业信托受到监管政策和地方债务风险影响而进入调整中，规模有所收敛。

2014年，国家宏观政策对地方政府债务进行规范和约束，严控地方政府债务规模、控制风险使得部分省市对基础设施类高成本融资方式采取严格监管措施，是基础产业信托遇冷的主要原因。一方面，地方政府债务的甄别，以决定是否将地方政府融资平台债务纳入政府直接债务的口径，给以信政合作类为主要业务的基础产业信托模式带来挑战。另一方面，国务院43号文及财政部存量债务处置细则等相关政策的出台，也让未来的“城投牌照”比起先前大打折扣，融资平台企业债融资无论是规模还是比重均出现明显下降。政信合作的基础产业信托收益率下降，使得其对投资者的吸引力下降，而新的模式还在创造中，信托公司需要不断的探索和调整。

然而，长期看我国基础设施建设领域资金需求仍较大，信托的长期资产配置功能与基础产业投资所需资金的长期性有着较多的契合点，信托公司应创新业务模式，研发出贴近政策变化的信托产品，更好的为地方经济发展服务。我们认为，未来基础设施业务发展方向可以总结为三大类：一是通过PPP模式与地方政府开展深度合作；二是与地方政府合作设立产业基金，引导民资参与地方经济建设；三是围绕政府性平台公司开展全方位的金融服务，如政府BT应收款、污水处理等公用事业业务的资产证券化服务等。

(3) 金融机构信托呈上升趋势。2014年，金融机构是信托资产投向的第三大领域。与资金信托对工商企业和基础产业配置减少趋势不同，资金信托对金融机构的配置则呈现上升趋势。2014年末，信托资产对金融机构的运用规模为2.46万亿元，占比17.82%，同比上升6.57个百分点。信托资产对金融机构运用的增加，主要源于信托业强化金融协同、金融业投资及其资产运用波动不大和回报稳定等市场因素。

目前，信托在与银行类金融机构合作时，主动性较低，通道化现象明显。信托公司必须提高自身的产品创新和运作能力，发挥信托制度风险隔离和破产隔离机制在盘活不良资产、优化资源配置中的作用。风险隔离和破产隔离机制使信托在银信合作中能够实现多样化的应用，资产证券化业务便是上述机制的重要体现，信托也是我国资产证券化业务（尤其是信贷资产证券化）中特殊目的载体（SPV）最合适的参与者。资产证券化结构要求通过信托载体方式完成资产的风险隔离与资产独立，基于这一特征，信托公司纷纷参与其中并将其视为战略性业务，但目前信托公司在整个业务链条中仅处于风险隔离职责的信托通道地位，报酬率低，市场竞争激烈。究其原因则在于中国最初引入贷款抵押证券（CLO）概念时，根据海外经验将信托公司认定为壳公司通道。但与SPV海外壳公司相比，国内信托公司作为有资本金的实体公司，具有较强的资产管理能力，应在资产证券化链条中提供更多内涵丰富的服务。

(4) 证券投资实现较大幅度增长。2014年末，证券投资为资金信托的第四大配置领域。证券投资信托，是指资金投资于金融领域的信托，具体又分为投向股票市场、债券市场及其他金融产品等细类。2014年证券投资信托规模为2.02万亿元，较2013年增长3.94个百分点，其中，债券仍然是信托在证券投资市场上的主要投资工具，其次是股票与基金。证券投资信托与金融市场动态息息相关，2012年以来股票市场的持续低迷，使得证券市场占比在2013年下降到了10.68%，为近三年的最低值。自2014年下半年开始，受资本市场回暖影响，此前一直不温不火的证券投资类信托成为今年各类信托中的黑马。根据信托业协会数据，2014年第3季度末投向股票市场的证券投资类信托规模较第2季度末增加了894.56亿元。证券类信托发行数量上升的重要原因还包括：第一，随着信托产品业绩的坚挺，信托公司作为持有金融牌照的机构，获得了市场的认可。“信托公司的产品”比“私募机构的产品”更具有公信力。第二，从法律安排上，信托计划仍然优于私募证券投资基金。第三，股票市场“赚钱效应”的发挥，使得大批资金通过信托形式（尤其是伞形信托）进入股市。

中国多层次资本市场正处于发展建设阶段，市场容量和交易品种不断丰富。随着金融业一系列“简政放权”政策的实施，资产管理行业蓬勃发展，信托业也应顺势而动，在一级市场和二级市场中进行主动投资确是一种选择，而为资管机构提供第三方综合服务的“被动发起”业务也是一种选择，更是监管层鼓励并有意推动的信托转型方向之一。信托公司较早布局资本市场综合服务业务，不断顺应监管转型创新思路，定位于资产管理中的受托、募资、交易、清算和增值服务等环节，资本市场的发展也必将为信托行业带来更大的发展空间。

当前面临的主要问题是，在证券投资领域，信托公司对其他金融机构投顾的依赖性较强，而自身的主动管理能力偏弱，应加强在证券领域的投研能力；主要投资范围尚局限于股票、债券等市场，可以进一步开拓期权、期货等衍生品市场，完善投资领域。

（5）房地产信托：余额增长，占比下降。房地产信托一直以来都是信托公司的主要业务，也是信托公司业务收入的重要来源，相对收益较高，深受投资者青睐。但由于房地产信托的高风险性和房地产市场的高度敏感性，房地产信托特别受到监管层及外界的关注，针对房地产信托业务的政策也更为集中和严厉。因此，房地产信托业务的发展起伏也较大。

2013年以来房地产行业风险逐渐暴露，导致2014年房地产信托发行规模大幅缩减。2014年末，信托资金投向房地产领域的规模为1.30万亿元，占比为9.46%，占比较2013年下降1.20个百分点。自2012年开始，房地产信托占比一直稳定在9%—11%，2014年房地产信托占比下降至10%以下，说明在房地产系统性风险提高背景下，信托公司收紧对房地产企业的授信额度，业务开展趋于谨慎，同时风险暴露下发行难度也不断提高，从而导致该领域的信托资金配置比例下降。从中长期来看，随着住房供应不足局面的逆转及人口拐点的来临，房地产难以再现过去几年的爆发式增长，房企利润率水平将下行、超额收益收窄，对高融资成本的承受度也将降低，信托业在未来有可能会继续降低房地产信托在整个资金信托的占比。对于信托公司而言，房地产仍是核心业务领域和重要收入来源，不断提升专业能力，为房地产企业提供差异化的融资服务将是信托公司竞争的方向之一。目前，房地产信托融资的主要方式还是债务性融资，信托公司要守住、提高房地产领域业务收入，则需要不断培养主动管理能力，由"债权人"向"权益人"逐步拓展，通过夹层基金、并购基金等方式深入参与房地产业务的拿地、开发、运营管理、物业持有等阶段。此外，信托公司还要寻找从私募转向公募的机遇，如把握新一轮房地产信托投资基金（REITs）的试点，以及凭借资产证券化（ABS）的能力基础拓展商业房地产抵押贷款支持证券（CMBS）等证券化业务。

整体看，2014年度投向非实体经济部门的规模占比为32.44%（包括金融机构及证券投资）；投向实体经济部门的规模占比为67.56%（包括工商企业、基础产业等），信托业依然是实体经济的坚定支持者。

四、已清算信托规模创新高，收益率小幅下降

2014年，68家信托公司共计清算15,779个信托项目，比2013年增长31.72%。已清算的实收信托项目规模合计45,217亿元，较2013年增长40.14%，其中，已清算集合信托项目占比21.94%，已清算单一信托项目占比73.72%，已清算财产权类信托项目占比4.34%。已清算项目加权平均实际年化收益率为7.34%，较2013年的7.81%下降0.47个百分点。

（一）规模创历史新高

2014年已清算的各类项目规模均创历史新高。其中，已清算集合类信托规模9,919亿元，较2013年增长5.78%；已清算单一类信托规模33,334亿元，较2013年增长53.17%；已清算财产权类信托1,963亿元，较2013年增长74.33%。从绝对值来看，已清算单一类信托规模最大；从增长率来看，已清算财产权类信托项目增长速度最快。

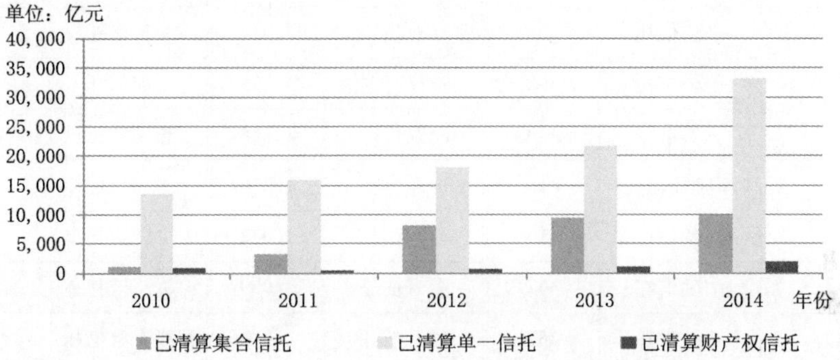

图2－10　2010—2014年已清算信托规模情况

从具体信托公司情况看，2014年兴业信托已清算信托项目个数排名行业第1，同时兴业信托已清算信托项目规模3,133亿元，排名行业第2。

表2－9　　2014年已清算项目个数和规模情况　　单位：个，亿元

排名	信托公司	已清算信托项目数量	信托公司	已清算信托项目规模
1	兴业信托	1,246	中信信托	3,899
2	粤财信托	634	兴业信托	3,133
3	中融信托	619	华能信托	2,086
4	山东信托	616	新时代信托	1,817
5	中信信托	569	长安信托	1,514
6	交银信托	535	平安信托	1,446
7	新时代信托	513	交银信托	1,343
8	国元信托	483	中融信托	1,335
9	长安信托	467	国元信托	1,334
10	中铁信托	446	云南信托	1,109
行业均值		202		580

从信托项目种类上看，2014年中信信托已清算信托项目中单一类项目规模最大，为3,174亿元。华能信托已清算集合类实收信托规模最大，为928亿元。中融信托已清算财产权类实收信托规模最大，为429亿元。

表2－10　　2014年已清算项目分类排名情况　　单位：亿元

排名	集合类		单一类		财产权类	
	信托公司	规模	信托公司	规模	信托公司	规模
1	华能信托	928	中信信托	3,174	中融信托	429
2	平安信托	531	兴业信托	2,912	中信信托	262
3	中信信托	462	新时代信托	1,398	华能信托	187
4	长安信托	449	交银信托	1,268	长安信托	180
5	新时代信托	419	国元信托	1,256	天津信托	83
6	外贸信托	415	云南信托	1,032	中诚信托	83
7	中融信托	307	渤海信托	999	方正信托	58
8	五矿信托	252	华能信托	972	国投泰康信托	55
9	昆仑信托	248	平安信托	915	渤海信托	50
10	中铁信托	247	长安信托	886	粤财信托	48
行业均值		127		427		25

（二）整体收益小幅下降，集合类信托收益创新高

就已清算信托项目而言，近3年已实现的年化综合实际收益率近年来一直相对平稳，处于6%—8%。2014年，行业已清算信托项目加权年化收益率为7.34%，较2013年有所下降，主要是由于已清算单一类和已清算财产管理类信托加权年化收益率下降所致。分种类看，近3年已清算集合类信托加权年化收益率逐年上升，2014年为9.31%；已清算单一类信托加权年化收益率波动下降，2014年为6.78%；已清算财产管理类信托的加权年化收益率波动上升，2014年为6.95%。已清算集合类产品收益率最高，我们认为，可能有以下几方面的原因：首先，集合类产品多由信托公司自主销售或外包第三方销售，需要给予客户较高的收益率才能吸引客户；其次，集合类产品大多投向房地产、基础产业领域，房地产企业和地方政府投融资平台普

遍能够承受较高的融资成本，客观上抬升了产品收益率。

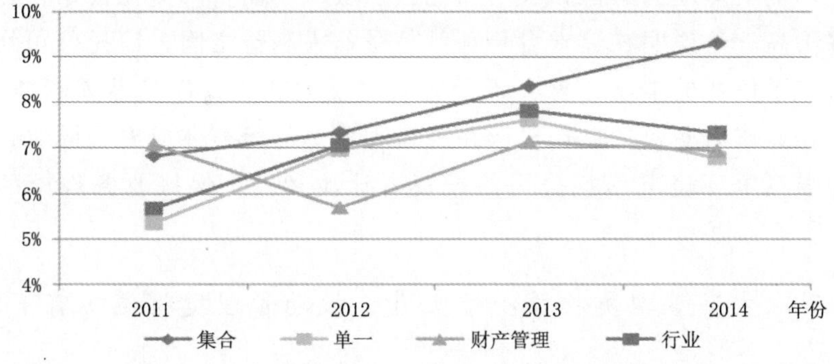

图 2-11　2011—2014 年已清算项目加权年化收益率

从具体信托公司看，2014 年已清算加权集合类加权年化收益率排名前 10 的，收益率均超过 10%，其中最高的国投泰康信托收益率高达 33.97%。已清算单一信托加权年化收益率仅有国联信托加权年化收益率超过 10.00%。已清算财产权类信托收益率超过 10% 的信托公司共 2 家，最高的为中原信托为 18.55%。

表 2-11　2014 年已清算信托项目加权年化收益率排名　单位：%

排名	信托公司	集合类	信托公司	单一类	信托公司	财产权类
1	国投泰康信托	33.97	国联信托	10.63	中原信托	18.55
2	平安信托	15.11	湖南信托	9.66	金谷信托	10.17
3	华融信托	13.62	杭工商信托	9.02	浙金信托	9.53
4	五矿信托	13.51	华信信托	8.94	紫金信托	9.50
5	杭工商信托	12.29	大业信托	8.57	山西信托	9.00
6	万向信托	11.78	五矿信托	8.46	中信信托	8.88
7	山东信托	11.58	重庆信托	8.16	百瑞信托	8.37
8	华宸信托	11.50	华宸信托	8.11	中融信托	8.29
9	新华信托	10.76	中原信托	8.08	长安信托	8.07
10	中原信托	10.25	华融信托	8.02	光大兴陇	7.81
行业均值		9.31		6.78		6.95

整体看，在行业竞争加剧的情况下，2014 年行业已清算信托项目收益率整体呈下降趋势。但相较于信托公司报酬率而言，信托公司整体收益水平并不高，这说明在追求自身利益与受益人利益之间，信托公司作为受托人恪守了信托的本质，忠实于受益人的最大利益，以受益人利益为先，表明信托业作为专业的信托机构在经营理念上已经整体成熟；同时，也体现出在强竞争环境下信托公司给投资者让渡利益，保持业务规模的经营策略。

（三）主动管理类收益小幅上升，被动管理类收益略有下降

从规模看，2014 年已清算主动管理类信托数量 8,816 个，已清算主动管理类实收信托规模 23,839 亿元，较 2013 年增长 16.82%。除其他类投资信托项目和股权投资类信托项目规模下降以外，其他主动管理类信托项目规模均实现了较大幅度增长，其中，证券投资类信托项目规模增长 67.01%，事务管理类信托项目规模增长 198.86%。2014 年，已清算被动管理类项目数量 6,887 个，已清算被动管理类实收信托业务规模 20,476 亿元，较 2013 年增长 82.41%。除证券投资和股权投资类以外，其他信托项目规模均实现了较大幅度的增长，其中事务管理类信托业务规模同比增长 163.94%。

总体而言，不论是主动管理类还是被动管理类，已清算融资类信托项目个数和规模均占绝对规模，融资类业务依然是行业的主要业务。同时，不论是主动管理还是被动管理，事务管理型信托业务规模均较 2013 年大幅增长。此外，随着证券市场的转暖，主动管理类证券投资信托规模大幅增长。

表 2-12　2014 年已清算信托业务分类情况　单位：个，亿元，%

分类		2014 年			2013 年		
		数量	信托规模	加权收益率	数量	信托规模	加权收益率
主动	股权投资	821	1,588	9.12	826	2,378	8.10
	其他投资类	818	1,484	8.33	543	1,517	8.37
	融资类	5,902	16,555	7.92	6,210	14,335	8.30
	事务管理类	584	1,306	7.61	230	437	6.32
	证券投资	691	2,906	7.27	598	1,740	4.10
	合计	8,816	23,839	7.93	8,407	20,407	7.89

续表

分类		2014 年			2013 年		
		数量	信托规模	加权收益率	数量	信托规模	加权收益率
被动	融资类	3, 112	8, 770	6. 56	1, 953	5, 294	7. 06
	股权投资	235	770	6. 24	159	827	7. 26
	证券投资	107	880	6. 09	100	1, 022	4. 55
	事务管理类	3, 302	9, 341	6. 08	1, 029	3, 539	5. 78
	其他投资类	131	715	2. 19	78	542	5. 80
	合计	6, 887	20, 476	6. 15	3, 319	11, 225	6. 38

从加权年化收益率看，2014 年主动管理类信托项目加权收益率为 7. 93%，较 2013 年略有增长；被动管理项目加权收益率较 2013 年下降 0. 23 个百分点。主动管理类信托项目中，2014 年股权投资类加权收益率为 9. 12%，较 2013 年增长 1. 02 个百分点；证券投资加权收益率为 7. 27%，较 2013 年增长 3. 17 个百分点；事务管理类信托加权收益率均较 2013 年有所增长；事务管理类信托加权收益率为 7. 61%，较 2013 年增加 1. 29 个百分点。2014 年，主动管理型证券投资信托收益率大幅提高，但相对其他信托项目而言，收益率仍较低。

整体而言，"泛资管时代" 的开启，使得其他金融产品对信托产品的替代性越来越强，提高主动管理能力，是保障客户财富可持续增长和信托公司核心竞争力的前提，同时也是信托公司资产管理专业能力的体现。

五、新增业务布局与信托业务转型

2014 年，随着宏观经济的持续下行和资管行业的竞争加剧，新增信托产在五大传统投资领域——工商企业、基础产业、证券市场、金融机构、房地产的配置上均出现了一些新的变化，其在一定程度上可能预示着信托业务转型和发展的新出路。

（一）新增规模创新高，增速放缓

2014 年，68 家信托公司共发行信托产品 21, 261 只，平均每月发行产品

1,771只，累计募集资金7.27万亿元，平均每月募集资金6,059亿元，全年发行产品数和募集资金额分别比2013年增长3.98%和7.92%。

新增业务增速方面，在新增业务规模不断创新高的同时，2011年以来信托业新增业务增速不断下降，从2011年的53.69%降至2014年的5.32%。2012年下半年开始，有关监管机构全面放开了资产管理市场，允许证券公司、保险公司、基金管理公司等资产管理机构开展与信托公司同质化的资产管理业务。2012年9月26日，证监会发布了新的《基金管理公司特定客户资产管理业务办法》，并于同年10月31日配套发布了《证券投资基金管理公司子公司管理暂行规定》；2012年10月12日，保监会发布实施了《关于保险资产管理公司有关事项的通知》、《关于保险资金投资有关金融产品的通知》、《基础设施债权投资计划管理暂行规定》和相应的实施细则，"泛资产管理时代"的竞争新格局正式开始。一方面，证券公司、保险公司、证券投资基金管理公司等资产管理机构开展与信托公司同质化的资产管理业务，对信托行业的通道类业务造成明显的"挤出"效应；另一方面，信托行业尚未找到新的增长点，导致新增业务规模增速大幅下降。

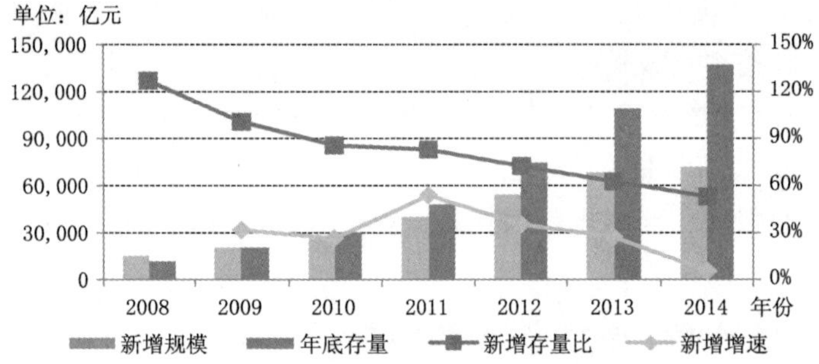

图2-12　2008—2014年新增信托规模与增速情况

新增存量比方面，2008年以来信托业务新增存量比呈现出持续下降的态势。2010年开始，年底存量信托业务规模开始大于当年新增信托业务规模，2014年底，存续信托业务规模比当年新增信托业务规模多出64,796亿元。在行业增速放缓和风险进一步暴露的背景下，大规模的存量业务为信托业务收入的放缓提供了缓冲，有利于行业转型升级。

（二）新增主动规模、新增增速和新增主动占比大幅下降

主动管理类信托主要是指在信托资产管理中，信托公司承担产品推荐、项目筛选、投资决策及实施等主要管理职责的信托。提升主动管理能力，是打造信托公司核心竞争力、实现内涵式增长的必由之路，主动管理类信托业务规模占比近年来一直被认为是信托公司转型是否成功的一项重要评价指标。自监管层2009年提出主动管理理念以来，信托公司也在不断加强自身的资产管理能力，大力发展主动管理业务。

新增规模方面，2010—2014年信托行业新增主动管理业务规模先升后降，并于2013年达到顶峰，当年新增规模为34,515亿元。2014年，信托全行业新增信托主动管理类31,593亿元，与2013年相比，新增信托业务中主动管理类信托业务规模同比减少2,922亿元，新增主动管理类规模占比下降至43.77%，较2013年下降6.59个百分点。多重压力之下，信托业新增主动管理规模增速不断下降。2011年以来，信托行业新增主动管理类信托业务规模增速一直处于下降态势，从2011年的49.73%下降至-8.47%。

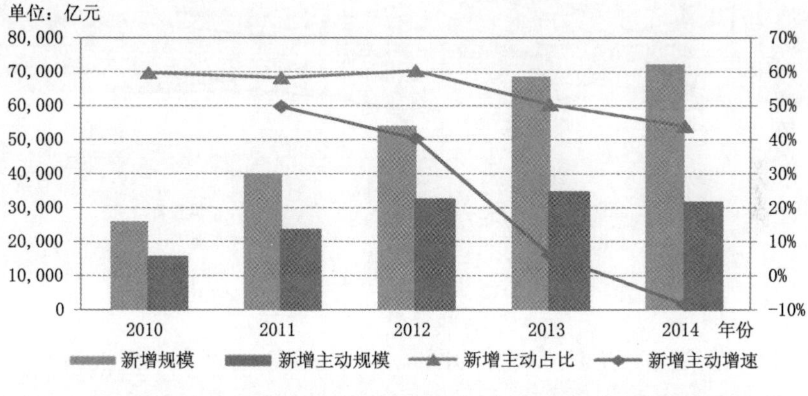

图2-13　2010—2014年新增主动管理类信托规模及增速

新增主动管理类信托规模下降，除去实体经济拖累主动管理类业务发展缓慢、信托项目成立具有偶然性等因素之外，还可能存在成本因素、人员素质因素等。与被动管理类项目相比，主动管理类项目占用的净资本较多，信托业规模在2014年创新高之后，许多公司已经逼近净资本约束上限，风险

计提相对较低的被动项目自然而然的成为首选。

（三）新增信托资金投向紧跟市场变化

从新增信托的资金配置领域来讲，信托公司以其“多方式运用、跨市场配置”的灵活经营体制，总能根据政策和市场的变化，适时调整信托财产的配置领域。2014 年信托公司新增业务资金配置领域表明，新增信托资金主要投向工商企业、基础产业、金融机构、证券投资和房地产五大领域①，但投资比重已有较大程度变化，市场环境和政策环境变化对信托资产配置领域变化的驱动非常明显。2014 年新增信托项目中流向基础产业的资金比例略有小幅增加，流向金融机构及证券市场（债券、股票及基金）的资金比例显著增加。资金信托对金融机构运用的增加，主要源于信托业强化金融协同、金融业投资及其资产运用波动不大和回报稳定等市场因素。资金信托对证券投资占比的提升，主要源于 2014 年资本市场投资价值的显现以及投资多元化资产配置需求等市场因素。

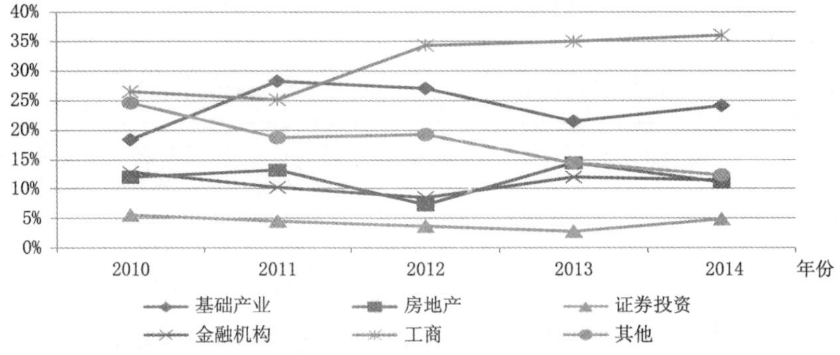

图 2 - 14　2010—2014 年新增信托资金运用变化情况

首先，在给投资者创造收益的同时，信托资金通过合理配置各类资产直接或间接地进入实体经济，有力地支持了经济发展。从新增信托资产配置情况来看，工商企业、基础产业是信托资金主要配置的两大类资产，共占 2014 年新增信托资金的 44.99%。

2011 年以来，工商企业一直是新增信托资金首要的配置领域，充分发

① 信托公司新增信托资金行业配置数据来源于信托业协会。

挥了信托行业服务实体经济和帮助中小企业发展功能。2011 年以来，工商企业保持其新增资金信托的第一大配置领域的地位，规模为 3.16 万亿元，占比为 23.49%。但是，占比在持续地下降，相比 2014 年第 1 季度末 27.85% 的占比，同比下降了 4.36 个百分点；相比 2014 年第 4 季度末 24.03% 的占比，环比下降了 0.54 个百分点。尽管我们还不能断言 2015 年第 1 季度中国实体经济出现了企稳的迹象，但至少可以说明信托公司在众多实体经济项目筛选中发挥出了自身积极的作用，为促进实体经济的增长做出了贡献。

2014 年，基础产业仍是新增资金信托的第二大配置领域，规模为 6,375.54 亿元，占比为 24.11%。2011 年以来，基础产业投向占比呈波动下降趋势，2011 年占比为 28.20%，2012 年占比为 27.08%，2013 占比为 21.54%，2014 年基础产业新增占比有所提升为 24.11%。基础产业投向占比下降，其原因主要是国家宏观政策对地方政府债务进行规范和约束，处于对地方债务危机的担忧，信托资金减少了征信合作业务，但长远看不会影响信托资金以适应性的有效创新方式介入基础产业建设。

其次，新增信托资金投向受市场环境和政策环境变化的驱动明显。2010 年以来新增信托资金配置到证券投资的占比一直下降，随着股票市场的转暖，2014 年新增资金信托配置到证券市场的比重开始上升。同时，配置到金融机构的资金呈现同类走势。

2014 年金融机构为新增资金信托的第四大配置领域。2014 年末，新增资金信托对金融机构的运用规模为 3,038.17 亿元，占比 11.49%。与证券投资信托 2014 年对工商企业和基础产业配置增长趋势不同，资金信托对金融机构的配置在 2014 年呈现下降趋势。相比 2013 年末 11.96% 的占比，环比下降 0.47 个百分点。新增资金信托对金融机构运用的减少，主要源于多层次资本市场的发展使得投资于金融机构的固定收益类产品的吸引力下降，信托公司此举顺应了市场的发展规律。

2014 年末，证券投资为新增资金信托的第五大配置领域。2014 年证券投资信托规模为 1,288.98 亿元，较 2013 年同比增长近 2 个百分点，其中，债券仍然是信托在证券投资市场上的主要投资工具，其次是股票与基金。自 2014 年下半年开始，受资本市场回暖影响，此前一直不温不火的证券投资类信托成为 2014 年各类信托中的黑马。截至 2014 年末，证券投资（债券）

信托规模约为551.50亿元，其在新增资金信托投向的占比为2.09%，较2013年末占比提升1.15个百分点；证券投资（股票）信托规模约为285.06亿元，其在信托资金投向的占比为1.71%，较2014年第1季度末占比提升0.26个百分点；证券投资（基金）信托规模为285.06亿元，其在信托资金投向的占比为1.08%，较2013年占比提升0.64个百分点。

金融市场业务最具发展潜力，此类业务刚性兑付压力小，但大多属于通道类业务，收入效应可能不明显。2015年，随着股市及债券市场的新一轮上涨潮，证券投资类信托将会有更多机会，预计新增规模会出现较大幅度的增长。而且伴随着大资管不断深入，市场竞争更加激烈。此外，金融机构领域的投向也在增多，多数体现在与银行等金融机构的通道业务上，规模上有可能继续做大。

最后，房地产领域风险积聚，新增信托资金配置下降。2014年，房地产依然是新增资金的第五大配置领域。2014年，信托资金投向房地产领域的规模为2,955.06亿元，占比为11.18%，占比较2013年的14.46%下降3.28个百分点。2014年以来，在高库存和融资紧的打击下，房屋销售和新开工数据持续恶化，房地产市场发展速度全面下滑。随着房价的回落，房地产投资的下滑压力将进一步增加。这将进一步刺激房地产市场的融资需求，同时也将加剧房地产信托市场的风险积聚。随着房地产市场处于深度调整周期的新常态，房地产领域的信用风险已经由潜伏期和偶发期进入到危险期和高发期，信托业在未来有可能会继续降低房地产领域的资金配置。

（四）新增信托业务规模排名情况

公司层面，2014年行业竞争的加剧使得部分信托公司信托业务的拓展受到了影响，没有一家信托公司新增业务规模突破4,000亿元。另一方面，2013年共有34家信托公司新增信托业务中主动管理类超过50%，2014年仅有26家信托公司主动管理类规模占比超过50%，其中，华能信托、东莞信托和杭工商信托新增项目全部为主动管理类。在这34家信托公司中，11家信托公司新增信托业务规模中主动管理类业务超过80%，8家信托公司主动管理类业务超过90%，其中华能信托新增主动管理类信托业务规模3,299亿元，行业最高。此外，这34家以主动管理类信托规模居多的信托公司中，仅有3家信托公司新增集合信托规模超过50%。值得注意的是，主动管理类信托不再以集合信托为主，信托公司对单一资金信托业在不断加强和履行管理职责，这些变化说明信托公司正逐渐提升主动管理意识和能力。

从排名看，2014年，中信信托新增业务规模3,772亿元，较2013年增长25.03%，排名行业第一。按资金来源分，新增业务中单一类项目规模1,573亿元，占比41.70%；新增业务按主动和被动管理划分，被动管理类项业务规模2,193亿元，占比为58.15%。此外，兴业信托、华能信托、中融信托等2014年新增信托业务规模仍然保持良好的增长态势，排名稳定，依然位居行业前10。

表2-13　2014年新增信托业务规模与主导类型　单位：亿元

排名	信托公司	2014年新增规模	主导类型	主/被动情况
1	中信信托	3,772	单一类	被动管理类
2	兴业信托	3,764	单一类	被动管理类
3	华能信托	3,299	集合类	主动管理类
4	云南信托	2,988	单一类	被动管理类
5	上海信托	2,914	单一类	主动管理类
6	中融信托	2,913	集合类	主动管理类
7	交银信托	2,384	单一类	被动管理类
8	平安信托	2,332	集合类	主动管理类
9	四川信托	2,220	单一类	被动管理类
10	江苏信托	2,087	单一类	主动管理类

2014年新增业务规模排名前10的信托公司中，以单一类被动管理类为主的信托公司占比50%，其中兴业信托和交银信托属于银行系信托公司，与银行合作的单一类被动管理类业务依然在新增业务中占据了较大比重，交银信托新增业务中单一类资金信托占比为98.30%。华能信托和平安信托排名前10，少数新增业务以集合类主动管理为主的信托公司，华能信托2014

年新增信托项目全部为主动管理类业务，其中集合类信托占比50.90%。平安信托2014年主动管理类信托项目占比97.77%，其中集合类信托占比为51.09%。

整体而言，根据经济环境变化和市场需求变化，2014年信托公司灵活地调整了新增信托资产配置，加快了转型步伐。

六、经济减速下的信托产品创新与转型

（一）经济减速下的信托产品创新

2007年“新两规”颁布以来，信托业在政策护航下高歌猛进，管理资产规模从2007年的9,400亿元到2014年的14.01万亿元，成为理财市场上一支快速扩张的主力军。这主要得益于四个最主要因素：一是信托公司对优秀人才的引进、管理水平的提升、软硬件设施的逐渐完备等自身努力；二是顺应了理财需求急速膨胀的时代大势，而在此背景下，近年来房地产投资遭遇国家调控、股票市场持续低迷、私募股权投资市场还没有发展起来、债券市场体量小且收益水平较低，因而信托产品这种高收益且“刚性兑付”的金融理财产品受到高端投资者的追捧；三是享有信托制度的专属红利；四是监管层对银行业持续的信贷管控加大了社会对信托投融资的需求。

然而，在复杂多变的内外部环境下，我国经济结束了近30多年的高速增长期，开始步入经济增速放缓的下行周期。经济下行压力加大，信托风险事件正逐渐传递到信托业，个别信托项目到期不能兑付逐渐增多，其中的原因：一是经济下行，微观主体信用风险加大；二是公司本身尽职管理不善，事前、事中和事后风险管理不到位。但信托公司的净利润、固有财产的规模呈现良好态势，并且由于监管部门长期以来对信托业实行信托赔偿准备金制度和净资本约束制度，信托行业的风险抵御能力也不断增强。虽然信托业发展的理财市场基础依然雄厚，但上述情况的变化使得信托公司不能再延续简单粗放的规模驱动信托经营模式，来抓住成长市场中的巨大未来发展机会，而是面临着向精细化、差异化、主动管理化的转型。

在这一背景下，信托业正变革图新，应对挑战，这从近几年信托业务的创新就可窥见一斑：在理论研究方面，2013年以来信托业将信托制度引入农村土地流转的研究、在“盘活存量，用好增量”政策背景下信托参与资产证券化的探讨、家族信托服务愈加庞大的高净值客户群的论证、对REITs操作的深入解剖，无不显现了业内嗅觉灵敏、顺势拓新的能力与趋向；在创新实践方面，2014年以来信托业务创新产品不断涌现。部分公司先行先试，积极拓展业务领域、转变经营思路，差异化经营轮廓初显。一方面，深入挖掘自身破产隔离、财产保全等制度优势，推出资产证券化、土地流转、新三板信托、家族信托等创新产品，积极布局未来发展前景良好、市场空间巨大的业务领域；另一方面，通过转变经营理念，提出消费信托概念，即以理财资金对接相关消费项目，创造性的通过促进销售帮助融资企业快速回款、降低营销成本、而不是以传统投融资方式为企业提供资金。

（二）结合自身优势，发展特色业务

经过多年的快速发展，信托业务产生了翻天覆地的变化，监管政策日趋严格细化，信托产品和业务模式等金融创新层出不穷。各家信托公司在一次次转型中摸索、前进，根据自身的经营实际和管理能力逐渐形成了自身的资源优势，业务风格逐渐显现。我们将在本章节中，以信托资金投向为划分依据，以资金投向的产品发行规模占比为量化依据，分析各家信托公司过去3年来的产品发行情况，试图呈现各家信托公司的业务风格偏好和业务重点。

我们对68家信托公司过去3年的信托类产品进行了梳理，以公司各资金投向产品占比（公司某类产品发行规模/信托资产规模）为指标，进行公司业务风格的分析。

1. 信托公司业务风格总体特征

我们对68家信托公司2014年的信托类产品进行了梳理，以信托公司某种产品资金投向占比为指标，占比最高的产品品类为公司的偏好产品品类。若公司的偏好产品品类占比>30%，则公司存在产品品类绝对偏好；否则，公司偏好分散投资。所得结论如表2-14所示：

表2－14　　信托公司产品偏好　　单位：%

信托公司	产品偏好	产品占比	信托公司	产品偏好	产品占比
天津信托	实业	78.51	华宝信托	证券市场	32.50
新时代信托	实业	70.92	外贸信托	证券市场	32.50
中泰信托	实业	69.25	英大信托	基础产业	61.74
安信信托	实业	66.18	爱建信托	基础产业	51.72
渤海信托	实业	62.24	紫金信托	基础产业	47.60
华鑫信托	实业	55.20	湖南信托	基础产业	46.12
华澳信托	实业	52.53	万向信托	基础产业	45.00
中铁信托	实业	48.66	交银信托	基础产业	40.83
国投泰康信托	实业	47.55	浙金信托	基础产业	40.59
山西信托	实业	46.79	国元信托	基础产业	39.93
西部信托	实业	46.71	陆家嘴信托	基础产业	38.07
国元信托	实业	41.07	中江信托	基础产业	37.67
民生信托	实业	37.07	中信信托	基础产业	36.84
中江信托	实业	36.38	中粮信托	基础产业	36.71
中航信托	实业	36.01	苏州信托	基础产业	35.79
长安信托	实业	35.46	华澳信托	基础产业	34.52
湖南信托	实业	33.99	新华信托	基础产业	32.55
中融信托	实业	32.26	华能信托	基础产业	32.30
华宸信托	实业	31.96	五矿信托	基础产业	32.28
厦门信托	实业	31.20	百瑞信托	基础产业	32.07
方正信托	实业	30.83	中航信托	基础产业	31.76
云南信托	实业	30.41	西藏信托	基础产业	30.33
昆仑信托	实业	30.03	陕国投	基础产业	30.28
杭工商信托	房地产	83.31	建信信托	金融机构	52.66
新盛信托	房地产	70.40	粤财信托	金融机构	41.52
浙金信托	房地产	37.37	西藏信托	金融机构	41.38
中海信托	证券市场	57.91	华宝信托	金融机构	39.70

续表

信托公司	产品偏好	产品占比	信托公司	产品偏好	产品占比
陕国投	证券市场	39.04	华润信托	金融机构	36.13
江苏信托	证券市场	38.67	外贸信托	金融机构	35.13
华润信托	证券市场	33.84	兴业信托	金融机构	34.40

根据统计，大部分公司都采取了将资源向一定类型的产品倾斜策略，具体表现为该类产品的发行规模占公司信托资产的比重超过30%。

2. 业务特征鲜明的信托公司分析

在前面的分析中，我们了解到信托公司在各类信托产品业务细分市场确实已形成了差异。由于信托项目的特殊性，信托项目投资者，应该充分了解每一家信托公司的业务特长和优势，了解其相关经验和经验的积累，在项目挑选过程中降低系统性风险。信托公司中一些公司近3年来均以某种类型的信托产品为绝对偏好，显示了较为鲜明的业务风格。

(1) 工商实业偏好较强的信托。近年来，信托资产投向工商实业领域呈现出稳定的上升趋势，尤其是2012和2013年工商实业信托资产占比稳居第一大信托资产投向领域，显示了信托行业顺应经济结构调整，加大了对实体经济的支持力度。公司层面，2014年共有23家信托公司信托资产配置工商实业领域的比例超过30%，表现出对工商实业一定的投资偏好。从投资占比看，天津信托、新时代信托、中泰信托、安信信托和渤海信托等5家信托公司的实业资产占比超过60%，形成了以实业领域为主的信托业务模式(见表2-15)。

表2-15　　工商实业信托产品偏好类前10情况　　单位：%

序号	信托公司	2012年	2013年	2014年
1	天津信托	43.81	46.29	78.51
2	新时代信托	84.54	77.97	70.92
3	中泰信托	33.48	58.72	69.25
4	安信信托	45.65	64.31	66.18

续表

序号	信托公司	2012 年	2013 年	2014 年
5	渤海信托	64.77	66.42	62.24
6	华鑫信托	45.47	52.13	55.20
7	华澳信托	49.23	58.82	52.53
8	中铁信托	17.18	39.53	48.66
9	国投泰康信托	34.14	42.47	47.55
10	山西信托	47.90	56.15	46.79

（2）基础产业信托较强偏好信托公司。所谓基础产业，主要包括两部分：交通、通讯、能源等公用工程设施；教育、文化、科学、卫生等公共服务领域。它们一般主要由政府投资，存在政府显性或隐性担保，安全性也相对较好。基础产业一直是信托公司的传统优势领域，2014 年信托资产投向基础产业规模为 6,375.54 亿元，占比为 24.11%。根据 68 家信托公司年报数据分析，英大信托、安信信托、爱建信托、资金信托、湖南信托等 10 家信托公司显示出较强的基础产业产品偏好。英大信托连续 3 年连续 3 年基础产业信托占比超过 60%，但占比呈逐年下降趋势。2012 年和 2013 年连续两年占比超过 50% 的紫金信托和万向信托，2014 年的占比分别降至 47.60% 和 45.00%。另外，交银信托发行的基础产业信托产品比重近 3 年来逐年上升（见表 2-16）。

表 2-16　基础产业类产品偏好变动情况　单位：%

序号	信托公司	2012 年	2013 年	2014 年
1	英大信托	82.40	76.25	61.74
2	安信信托	13.34	18.12	51.90
3	爱建信托	35.79	52.64	51.72
4	紫金信托	39.56	50.48	47.60
5	湖南信托	42.80	36.25	46.12
6	万向信托	—	50.07	45.00
7	交银信托	22.67	39.21	40.83

续表

序号	信托公司	2012年	2013年	2014年
8	浙金信托	32.46	33.43	40.59
9	国元信托	30.43	35.80	39.93
10	陆家嘴信托	69.31	48.99	38.07

英大信托依托股东背景优势，是典型的以基础产业投资为主导的信托公司，2014年其基础产业信托资产规模达1,299亿元，相比2013年的1,603亿元，下降304亿元；从占比看，2014年英大信托的基础产业占比为61.74%，较2013年的82.40%下降明显，但占比依然排名第1。整体看，无论从绝对规模还是相对占比看，英大信托的基础产业信托资产均在下降，反映出在地方政府债务清理和政府投融资平台公司信托风险逐渐暴露的背景下，英大信托的资产配置正转型。

（3）地产类偏好的信托公司。房地产业以往是信托资产的一个重要投资领域，主要是因为该行业利润较高，能为信托公司贡献较高的利润。2014年，在房地产信托风险接连爆发的情况下，大多数信托公司均减少了信托资金对该领域的资金配置，仅有杭工商信托、新盛信托和浙金信托3家信托公司显示出在房地产投资领域一定程度的偏好，这3家信托公司房地产投资占比均呈逐年上升趋势，其中杭工商信托2014年占比高达83.31%，体现了其对房地产信托鲜明的偏好和投资风格（见表2－17）。

表2－17　地产类信托偏好情况　单位：%

序号	信托公司	2012年	2013年	2014年
1	杭工商信托	70.92	75.44	83.31
2	新盛信托	56.03	58.74	70.40
3	浙金信托	13.50	29.62	37.37

杭工商信托连续3年的房地产信托占比超过70%，形成了以房地产领域为主的业务模式，同时以房地产为主的投资模式也是杭工商信托报酬率2013年和2014年连续排名行业第一的原因之一。长城新盛信托成立于2012年，近3年其房地产业务占比逐年增长，分布为56.03%、58.74%和

70.4%，数据显示长城新盛信托选择将房地产业务作为其重点开拓领域。值得注意的是，2013年以来房地产市场持续低迷，行业分化加剧，房地产信托风险项目也较以往暴露较多。以房地产为主要投资领域的信托业务模式，面临较大的业务集中度风险，同时对风险识别和把控能力要求较高。

（4）证券市场偏好较强的信托。华宝信托、华润信托、外贸信托、江苏信托、陕国投和中海信托，这6家均显示出在金融市场投资领域的偏好。2014年证券市场信托排名第1的为中海信托，占比为57.91%，且其证券市场信托占比呈逐年递增趋势，证券市场信托已成为中海信托的主导业务。此外，华宝信托、华润信托、陕国投近3年证券市场信托产品占比也逐年增加，显示出其对金融领域信托产品的强烈偏好。2012—2014年，证券市场表现低迷，信托资产配置到证券市场的比例较低，随着证券市场的转暖，未来信托资产配置到证券市场的比例可能会提升（见表2-18）。

表2-18　　证券市场偏好信托公司　　单位：%

序号	信托公司	2012年	2013年	2014年
1	华宝信托	17.53	20.88	32.50
2	华润信托	19.72	23.96	33.84
3	江苏信托	12.60	7.79	38.67
4	陕国投	23.92	41.29	39.04
5	外贸信托	42.76	40.25	32.50
6	中海信托	26.75	28.41	57.91

整体来看，各信托公司在自身的业务探索中逐渐形成了各自的风格特征。随着同业竞争加剧，经营风险加大，信托公司之间的竞争更加激烈，突出重点业务，形成差异化竞争优势，避免同质化竞争也是转型的一大方向。

七、经营展望

2014年，是中国经济新常态特征初步显现的一年，在经济新常态和金融新趋势的大背景和大环境下，信托业步入结构调整和转型发展期。与之前

5次行业调整不同，此轮信托业调整既有短期因素的扰动、中长期经济波动因素，也有信托业适应经济新常态的主动调整。未来三年，信托业资产规模增速可能会持续下降，居民资产配置可能逐步逃离信托市场。2015年是信托公司转型发展的关键之年，必须做好困难准备，做好形势应对。

（一）适应新常态，实现新发展

2015年是信托行业深刻认识新常态、逐步适应新常态、抓住新机遇实现新发展的关键一年，信托公司需要理清发展战略：一是，认清当前困难形势，主动转变发展观念，明确当前的发展主题是谋求新发展。二是，做好定位，明确发展目标，是资产管理公司还是财富管理公司，是仅专注房地产还是证券投资，需要有清晰的战略定位。三是，探索新的发展路径，解决现实状态通向未来目标的桥梁问题；最后是为转型发行储备诸如人才、风控等专业能力。

（二）转型发展，变中求新

转型发展不仅是业务创新，而最关键的是要提升发展质量，业务创新发展只是一方面，最为关键的是要夯实发展基础，解决过往发展过快所产生的矛盾和遗留问题。因此，信托公司需要依据市场竞争和发展转型需要，尤其是在管理效率和精细化发展上面，需要更高层次的提升，否则信托公司难以适应未来更为激烈的资管市场竞争。

（三）找准定位突出特色，推进转型发展

转型发展期，信托公司业务发展不能再重“量”轻“质”，而是需要培育自身的特色产品，发展专业化技术和能力，培育自身的核心产品线，这样才能有能力抵御弱经济周期对业务发展所带来的负面影响。这就要求信托公司做好细分市场地位和布局，以此形成市场核心竞争力；信托公司应深挖产品链金融、金融机构专业合作等模式的优势和潜力，以此实现自身业务特色发展。

（四）严控风险，为稳健发展保驾护航

风险控制是金融机构健康发展的重要一环，频繁爆发的项目风险无不与

低水平的风险管理相关，尤其是很多信托公司缺乏明确风险战略和风险偏好。因此，在风险暴露加速与转型发展的关键时期，风险管理更是至关重要。从稳健发展看，适应信托业新常态的发展战略，可能面临各种风险所产生的不确定性冲击，可能需要承担很多新风险，这就需要信托公司提前依靠风险管理专业团队做好应对措施，将风险承担水平限制在可承受范围内，提高战略执行的成功性，由此为股东创造更大价值。

2014年信托公司年报分析之三：自营业务篇

百瑞观点：

- 行业自营净资产首破3,000亿元，信托公司加速增资扩股
- 自营负债规模及比率略有上升，有望“发债”提高杠杆水平
- 行业自营收入显著提升，较2013年增幅逾三成
- 利息收入占比下降，投资收益占比增幅显著
- 行业自营业务收益率小幅提升，各家公司收益水平分化严重
- 费用支出持续走高，地方政府及央企控股公司费用相对较低
- 可供出售金融资产增幅显著，仍为金融机构最大投资领域
- 信托公司自营资产配置风格迥异，券商收益增幅最为显著

对自营业务的分析可从宏观和微观两个层面进行，宏观在行业，微观在具体的信托公司。在宏观层面，自营业务的杠杆比率、收入水平、资产配置战略等要素可以很好的反映全行业自营业务的综合经营情况、风险偏好和投资风向；微观层面，一家信托公司的自营业绩可以从侧面反映其资产管理的综合能力，很难想象一家无法管好自有资金的信托公司可以为客户带来长期

持久的价值回馈。本文基于宏观微观两个着眼点，从自营资产规模、负债比率、收益水平、费用以及资产配置五个方面对2014年信托行业的自营业务经营状况进行全面深入分析。总体来说，2014年信托行业自营业务收入增幅显著，收益率水平较2013年亦有小幅提升，但两极分化趋势显著。在自营收入结构方面，投资收益占比增幅显著，利息收入占比下降。资产配置方面，可供出售金融资产增幅最为显著，仍为金融机构最大投资领域。在长期股权投资方面，投资券商的收益十分抢眼，长期布局资本市场的信托公司获得了丰满回馈。

一、自营净资产与注册资本分析

（一）自营净资产稳步增长

根据公开披露年报的68家信托公司数据统计，截至2014年末，信托行业自营净资产规模合计3,197.24亿元，首次突破3,000亿大关，相比2013年末的2,548.57亿元增加648.67亿元，增幅为25.45%。2006年至2014年，全行业净资产规模及变化情况如下表3－1所示，从历史数据中可以看出，近年来信托公司的净资产一直处于稳步增长状态，其增速自2010年以来一直维持在25%左右。

表3－1　2007—2014年行业净资产规模及变化情况表　单位：亿元，%

年份	净资产	净资产变动额	净资产变动率
2007	732.47	225.58	44.50
2008	774.06	41.59	5.60
2009	1,014.29	240.23	31.00
2010	1,282.65	268.36	26.40
2011	1,630.6	347.95	27.10
2012	2,030.82	400.22	24.50
2013	2,548.57	517.75	25.49
2014	3,197.24	648.67	25.45

2007年至2014年，信托行业自营净资产增长趋势如图3－1所示。通过图形可以发现：2007年净资产增长高达44%，之后行业经过2008年的短暂调整再次进入稳步增长通道。2009年之后的行业自营业务发展，既没有表现为2007年的爆炸性增长，又没有如2008年一样停滞不前，而是保持稳步增长趋势。导致这一现象的主要原因有二：首先，信托行业近年来的盈利水平保持稳定增长态势，净资产积累速度平稳；其次，2010年颁布的《信托公司净资本管理办法》对信托公司的资本实力与经营规模的相对大小做出了规定，迫于业务发展需要，信托公司需要持续提升净资本实力。

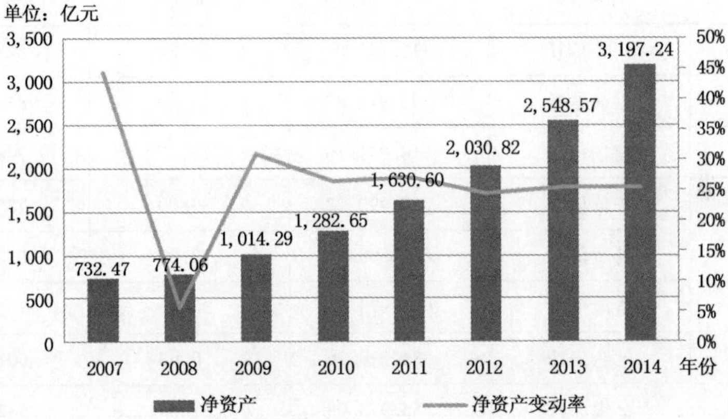

图3－1　2007—2014年信托行业净资产增长趋势

从具体信托公司来看，平安信托的净资本规模依然位居行业首位，凭借雄厚的注册资本与经营绩效，其净资产由2013年的171.34亿元增加至2014年的196.70亿元。中信信托2014年取得飞跃式发展，注册资本由2013年的12亿元增资至100亿元，自营净资产增至182.16亿元，与排名第1的平安信托之间的差距大幅缩小。截至2014年末，净资产超过50亿的信托公司有17家，相比2013年多了4家，表3－2中列出了这17家信托公司的净资产和注册资本规模。在17家公司中，建信信托的注册资本相对较低，为15.27亿元，其余信托公司注册资本均在20亿元以上。在68家信托公司中，长城新盛信托自营净资产规模仍然最小，为3.64亿元。

表3-2　　2014年自营净资产排名前12位的信托公司基本情况表

排名	信托公司	净资产（万元）	注册资本（亿元）	总资产（万元）
1	平安信托	1,966,971.11	69.88	2,130,809.19
2	中信信托	1,821,626.30	100.00	2,080,871.00
3	华润信托	1,368,856.04	26.30	1,505,556.83
4	中诚信托	1,281,282.90	24.57	1,428,678.41
5	重庆信托	1,271,025.01	24.39	1,644,623.92
6	兴业信托	1,107,009.90	50.00	1,162,804.13
7	中融信托	969,766.75	60.00	1,205,726.63
8	江苏信托	815,441.06	26.84	828,660.54
9	上海信托	795,927.87	25.00	855,857.32
10	建信信托	718,941.10	15.27	748,679.60
11	华信信托	717,999.27	33.00	755,570.67
12	外贸信托	651,809.56	22.00	672,169.75
13	华能信托	626,973.31	30.00	733,832.90
14	昆仑信托	584,270.76	30.00	601,991.02
15	交银信托	555,973.08	37.65	582,055.06
16	国投泰康信托	555,582.40	21.91	655,363.79
17	华宝信托	545,390.82	37.44	600,621.06

（二）信托公司加速增资扩股

根据公开披露年报的68家信托公司数据统计，2014年整个信托行业的注册资本加速提升，截至2014年年底增至1,389.05亿元，相比2013年末的1,142.65亿元增加246.40亿元，增幅21.56%。表3-3中列出了2007年至2014年全行业注册资本规模及变化情况，表中数据显示，2014年全行业注册资本增量为近八年之最，增长速度也处于近年高位。表3-3显示，2012年至2014年间全行业注册资本已连续三年维持加速增长态势，增速分别为12.44%、16.59%和21.56%。

表 3-3　2007—2014 年行业注册资本规模及变化情况表　单位：亿元,%

年份	注册资本	注册资本变动额	注册资本变动率
2007	485.34	40.00	8.90
2008	552.07	66.73	13.70
2009	601.01	48.94	8.80
2010	687.66	86.65	14.40
2011	871.50	183.84	26.70
2012	980.00	108.50	12.44
2013	1,142.65	162.65	16.59
2014	1,389.05	246.40	21.56

以 2010 年 8 月颁布的《信托公司净资本管理办法》为风水岭，过去八年信托公司注册资本的增长情况大致可以分为前后两个阶段，第一阶段是 2007—2011 年，其间信托公司注册资本增幅较缓，平均增速略高于 10%，第二阶段是 2011 年至今，4 年间信托公司注册资本的平均增速接近 20%。由此可见，《信托公司净资本管理办法》的颁布实施对于信托行业影响深远。该办法第一次将信托业务规模与公司的净资本实力直接挂钩，信托公司在业务发展的驱动力下持续增资扩股。图 3-2 中列出了信托行业过去八年间的注册资本增长趋势：

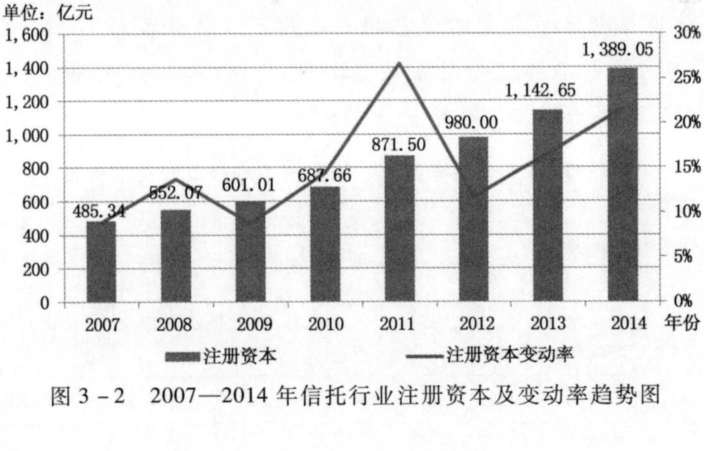

图 3-2　2007—2014 年信托行业注册资本及变动率趋势图

从具体信托公司来看，年报披露的数据显示，2014年共有18家信托公司选择增资扩股，占全行业的四分之一，虽然增资扩股的公司数量没有2013年多，但增资的总体幅度显著大于2013年。增资的公司分别是（按增资幅度排序）：中信信托、中融信托、陆家嘴信托、华宝信托、百瑞信托、民生信托、中原信托、国投泰康信托、厦门信托、万向信托、山东信托、四川信托、华融信托、安信信托、杭工商信托、天津信托、西藏信托和长安信托等。亦有多家公司明确提出了即将完成增资计划。

上述信托公司增资扩股主要有三种方式：引入新股东、原有股东出资与未分配利润转增注册资本。譬如，山东信托引入中油资产、国投信托引入泰康人寿作为战略投资者，民生信托、陆家嘴信托、厦门信托等则通过股东直接出资的方式增资扩股，而中信信托、中融信托、杭工商信托等则将部分未分配利润转增为注册资本。

以上增资公司中，增资数额最大的是中信信托，2014年10月其注册资本由12亿元增加至100亿元，增幅达7倍多，一举超过平安信托成为注册资本最大的信托公司。增资数额较大的还有中融信托、陆家嘴信托和华宝信托，中融信托注册资本增加44亿元；陆家嘴信托注册资本由不足11亿元增加至30亿元，华宝信托注册资本则从20亿元增至37.44亿元。

（三）自营净资产与注册资本增速趋近

根据公开披露年报的68家信托公司数据统计，可知2006—2014年全行业净资产及注册资本规模及变化情况（如表3-4所示）。对比发现，信托行业注册资本增速与净资产增速之间的差距近3年来持续收窄，自2012年到2014年间，两者增速之差分别为12.09%、8.90%和3.89%，这主要是因为注册资本近年来持续加速增长导致的。

表3-4　2006—2014年行业净资产、注册资本规模及变化情况表

年份	注册资本（亿元）	净资产（亿元）	净资产变动额（亿元）	净资产变动率（%）	注册资本变动额（亿元）	注册资本变动率（%）	净资产变动率与注册资本变动率之差（百分点）
2006	445.34	506.89	—	—	—	—	—
2007	485.34	732.47	225.58	44.50	40.00	8.90	35.52

续表

年份	注册资本（亿元）	净资产（亿元）	净资产变动额（亿元）	净资产变动率（%）	注册资本变动额（亿元）	注册资本变动率（%）	净资产变动率与注册资本变动率之差（百分点）
2008	552.07	774.06	41.59	5.60	66.73	13.70	-8.07
2009	601.01	1,014.29	240.23	31.00	48.94	8.80	22.17
2010	687.66	1,282.65	268.36	26.40	86.65	14.40	12.04
2011	871.50	1,630.60	347.95	27.10	183.84	26.70	0.39
2012	980.00	2,030.82	400.22	24.50	108.50	12.44	12.09
2013	1,142.65	2,548.57	517.75	25.49	162.65	16.59	8.90
2014	1,389.05	3,197.24	648.67	25.45	246.40	21.56	3.89

虽然近年来自营净资产和注册资本的增速趋于一致，但两者规模的绝对差额一直在持续增长。如图3-3所示，2006—2014年信托行业自营净资产与注册资本增长趋势显示两者之间差距呈扩大趋势，其主要原因在于：信托业源于外部增资的资本投入虽然在持续增长，而来自于信托公司内部积累的速度更快。

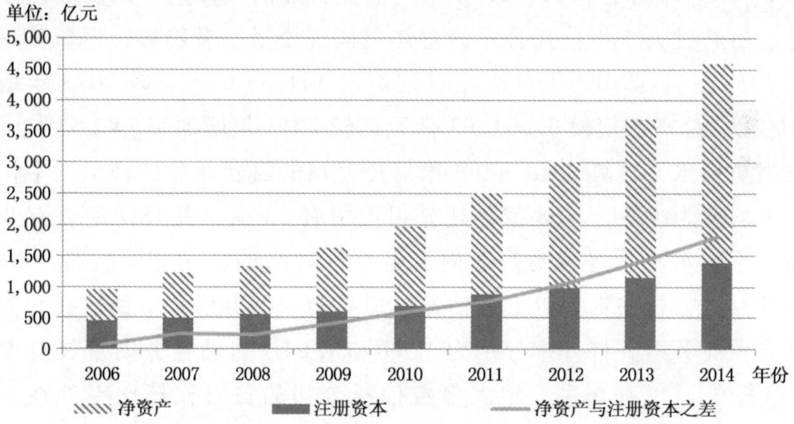

图3-3　2006—2014年信托行业自营净资产与注册资本增长趋势

在2014年信托行业新增的648.67亿元自营净资产中，有246.40亿元来自增资扩股，其余源自企业经营业绩，后者占比相对较大。

二、自营负债分析

（一）行业自营负债率略有上升但仍维持低位

2011—2014年，信托行业的自营总资产构成情况如表3－5所示。数据表明，过去四年全行业的自营负债率始终维持在11%左右，正负波动在0.5%以内，符合监管部门的一贯要求。2014年全行业自营负债率11.23%，略高于2013年的10.70%，但仍处于相对地位，与过去四年的平均水平持平。

表3－5　2011—2014年自营总资产构成情况表　单位：亿元,%

年度	净资产	总资产	负债	负债率
2011	1,616.96	1,815.77	198.81	10.94
2012	2,030.82	2,293.48	262.66	11.45
2013	2,548.57	2,854.06	305.49	10.70
2014	3,197.24	3,601.63	404.38	11.23

图3－4中列出了2011—2014年间信托行业的负债水平以及负债率的变化趋势。虽然过去3年信托公司的总体负债规模呈上升趋势，但负债率基本维持在11%左右。2013年负债绝对数额为404.38亿元，较2013年增长了98.89亿元，总资产规模3,601.63亿元，较2013年增加了747.57亿元。

根据负债水平计算2014年68家信托公司的自营业务杠杆率，中位数为1.10，平均值为1.14①。68家信托公司仅中有23家信托公司的自有业务杠杆率高于平均水平，这表明行业内自营杠杆较高的公司相对较少。2014年自营业务财务杠杆在1.5以上的信托公司有两家，分别是中铁信托和安信信托，其自营业务财务杠杆率分别为1.69和1.64。自营业务财务杠杆率超过1.3的信托公司仅有6家，绝大多数信托公司的自营杠杆比率处在1.0到1.2之间。68家信托公司中，2014年自营业务财务杆杠最低的是江苏信托，为1.02。

① 这里的自有业务杠杆率是指公司总资产与净资产的比例，该值越大说明财务杠杆越高。

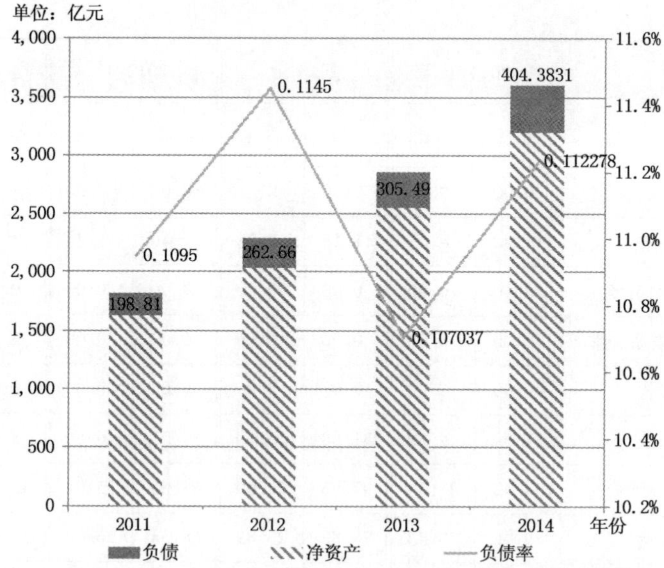

图3-4　2011—2014年信托行业自营总资产构成变化趋势图

（二）同业拆入小幅提升，但数额仍然较小

2007年实施的《信托公司管理办法》规定，“信托公司不得开展除同业拆入业务以外的其他负债业务”。根据年报披露数据进行整理，2011—2014年的信托行业自营负债项目构成如表3-6所示。数据显示信托公司过去3年没有使用除同业拆入业务以外的其他有息负债方式筹措自有资金。负债中占比较大项目主要是预收账款、应付职工薪酬、应付股利、递延所得税负债以及其他应付款等，这些项目主要是由公司经营、薪酬缓发、相关法规及结算程序等原因自然形成。

表3-6　2011—2014年自营负债项目金额及其占比　单位：亿元,%

负债项目	2014年		2013年		2012年		2011年	
	金额	占比	金额	占比	金额	占比	金额	占比
向中央银行借款	0.40	0.10	0.40	0.12	0.40	0.15	0.40	0.20
代理业务	0.16	0.04	0.16	0.05	0.16	0.06	0.00	0.00

续表

负债项目	2014年		2013年		2012年		2011年	
	金额	占比	金额	占比	金额	占比	金额	占比
同业存放款项	0.00	0.00	0.00	0	0.00	0.00	8.00	4.02
拆入资金	15.40	4.03	11.16	3.38	16.46	6.26	10.06	5.06
交易性金融负债	0.00	0.00	0.00	0.00	0.00	0.00	0.00	0.00
卖出回购金融资产款	0.00	0.00	0.00	0.00	0.00	0.00	3.10	1.56
短期借款	0.00	0.00	0.00	0.00	0.00	0.00	0.00	0.00
预收账款	37.50	9.82	31.68	9.60	17.23	6.56	8.83	4.44
应付职工薪酬	104.42	27.34	97.66	29.60	68.05	25.91	42.32	21.28
应交税费	89.46	23.43	78.82	23.89	68.34	26.02	53.84	27.08
应付利息	0.00	0.00	0.00	0.00	0.00	0.00	0.14	0.07
应付股利	19.39	5.08	1.82	0.55	3.44	1.31	2.72	1.37
其他应付款	41.16	10.78	47.55	14.41	35.37	13.47	39.19	19.71
预计负债	1.68	0.44	1.06	0.32	0.76	0.29	0.00	0.00
应付账款	0.03	0.01	2.32	0.70	0.03	0.01	0.03	0.02
递延所得税负债	39.15	10.25	14.56	4.41	15.94	6.07	9.24	4.65
其他负债	33.15	8.68	42.79	12.97	36.56	13.92	20.94	10.53

相比信托公司总资产，上述各负债项目总体金额不大。根据规定，信托公司可开展同业拆入业务，且同业拆入余额不得超过其净资产的20%。2014年全行业同业拆入资金15.40亿元，占总负债的比例是4.03%，较2013年上升了4.24亿元，但略低于2012年的拆入资金总额。同业拆入业务对于信托公司自营业务的杠杆水平具有较大影响，按照20%的上限进行测算，2014年末行业净资产3,197.24亿元，自营最多可以拆入资金639.45亿元，每家公司平均可拆入资金9.40亿元，2014年行业实际拆入的资金总量仅占上限额的2.4%，未来增长空间还很大。

此外，2014年信托行业预收账款为37.50亿元，较2013年提高了5.82

亿元；应付职工薪酬为104.42亿元，较2013年增长了6.76亿元；应交税费为89.46亿元，较2013年增加了10.64亿元；在所有负债科目中，延递所得税增长幅度最大，2014年全行业延递所得税规模39.15亿元，较2013年的14.56亿元增长了24.59亿元，增幅高达169%。

具体到各家信托公司而言，2014年自营业务杠杆率排名前十的信托公司的非自然负债主要项目如表3-7所示。表中数据显示，自有业务财务杠杆率最高的中铁信托负债30.49亿元，其中主要为预收账款22.19亿元。杠杆率第2高的安信信托负债11.49亿元，其中其他负债项3.64亿元。第3位的西藏信托，2014年负债5.28亿元，其中绝大部分是预收账款，规模3.60亿元。新华信托和吉林信托的其他应付款数额较大，分别为3.22亿元和8.06亿元。

表3-7　2014年自营业务杠杆率排名前10的非自然负债主要项目　单位：万元

序号	信托公司	负债	杠杆倍数	预收账款	其他应付款	其他负债
1	中铁信托	304,890.51	1.69	221,886.39		40,601.84
2	安信信托	114,930.68	1.64			36,360.57
3	西藏信托	52,810.81	1.42	36,006.96	85.00	
4	中海信托	141,013.18	1.37		4,699.39	
5	新华信托	91,869.82	1.33	23,373.29	32,153.24	
6	吉林信托	151,869.13	1.33	3,086.67	80,625.93	
7	重庆信托	373,598.91	1.29	55,340.11	6,678.11	
8	长安信托	120,959.71	1.29	20,498.13	6,302.97	
9	中融信托	235,959.88	1.24	1,874.11		2,823.13
10	浙金信托	16,327.64	1.24		3,811.96	178.93

（三）信托公司未来有望通过"发债"提升杠杆率，促进行业转型

由于《信托公司管理办法》中明确规定信托公司不得开展除同业拆入

以外的其他负债业务，信托公司的自营杠杆率多年来一直处在较低水平。表3-6显示，信托公司当前的自营负债大部分属于应付职工薪酬、应付税费、所得税延递以及其他应付款项，真正属于信托公司主动负债的同业拆入仅占全行业负债的4.03%。而同业拆入资金的期限一般比较短，主要适用于解决短期流动性缺口，很难运用于部分潜在收益较高的长期投资中，因此对于提升自营收入的作用并不明显。

随着2015年4月《信托公司条例（征求意见稿）》（以下简称《条例》）的下发，信托行业看到了“发债”融资的曙光。《条例》中将信托公司分为创新类、发展类和成长类，并规定创新类公司可以发行金融债券、次级债券。这一规定拓宽了信托公司的融资渠道，改善了信托公司的经营模式，可以进一步提升信托公司自营业务的盈利能力。保守估计，假设只有行业自营净资产排名前10的公司被定为创新类，那么当前创新类公司的净资产规模略超1,200亿元，假设按照50%净资产的发债上限测算，全行业可发行债券600亿元，约占目前行业净资产的20%，以目前全行业的自营业务收入水平测算，大约可以为全行业带来60亿元的毛利，扣除掉发行债券的费用和利息成本，估计可以使自营业务收入提升10个百分点。事实上，发债融资带来的“利好”远不止提升自营业务收入这么简单，信托公司可以通过融资加大杠杆进行战略投资或收购，拓展蓝海领域，促进行业转型。

与信托行业相比，券商的债券融资体系则领先很多。早在2004年，证监会就颁布了《证券公司短期融资管理办法》，允许证券公司以短期融资为目的，在银行间债券市场发行短融券，期限不超过91天。除此之外，证券公司还可在交易所发行证券公司债，此类债券的期限一般较长，与短融券形成互补。2014年证券公司发债规模出现了爆发式增长，全年发行债券突破5,000亿元，为证券行业创新业务发展做出了历史性贡献。2014年10月，证券会发布了《证券公司短期公司债券试点办法》，这意味着证券公司获准在机构间私募产品报价与服务系统发行短期公司债，证券公司的融资渠道进一步拓宽。

从证券行业发行债券的成功经验可以看出，有效利用资本市场的便利环境，通过发债进行融资，聚拢资金资源，发挥杠杆优势，对于一个行业的发展、壮大、开拓、创新具有十分重要的意义。

三、自营收益水平及结构分析

（一）自营收入增幅逾三成且占比小幅回升，行业集中度持续下降

2014年，信托行业自营业务收入继续保持良好增长态势，68家信托公司共实现自营业务收入295.13亿元，相比2013年的225.61亿元增长了69.52亿元，增幅为30.81%，高于2013年自营业务收入增速。表3-8归纳了2007—2014年信托行业自营业务收入及占比情况，可以发现三个特点：其一，自营业务收入占比较2013年有所提升，终止了多年来的持续下降趋势；其二，行业自营业务收入的平均值呈现加速增长态势，2014年68家信托公司平均实现自营业务收入4.34亿元，较2013年的3.31亿元提高了1.03亿元；其三，行业自营业务收入中位数始终低于平均值。

表3-8　2007—2014年信托行业自营业务收入及占比情况　单位：亿元，%

年份	合计金额	合计占比	平均值	中位数
2007	180.34	69.19	3.54	1.67
2008	86.00	48.95	1.69	0.76
2009	116.11	56.16	2.15	1.32
2010	127.36	44.47	2.32	1.37
2011	139.62	31.41	2.18	1.17
2012	184.57	28.43	2.80	1.78
2013	225.61	27.00	3.31	2.10
2014	295.13	30.56	4.34	3.06

注：自营业务收入来自报表附注收入结构表，等于收入合计减信托手续费收入、其他业务收入中计入信托业务收入部分之后倒挤出的余额；如果未披露收入结构表，信托手续费收入取值自有利润表中手续费及佣金收入，如四川信托、西藏信托；如果收入结构表中未披露信托手续费收入，或手续费及佣金收入与信托手续费收入金额相差较大，将前者金额视同后者。

图3－5为2007—2014年信托行业自营业务收入及占比情况，图中数据显示，自营业务在营业收入中的占比自2009年以来已经连续四年下降，并于2013年降至历史低位的27%，2014年全行业自营业务收入占比为30.65%，出现了显著的回升迹象，同时，信托公司自营业务收入的总量也呈现加速增长态势。在利率市场化、同业竞争加剧的大资管时代，传统信托业务面临着越来越多的挑战，信托公司通过提升自营业务的盈利能力可以在一定程度上对冲传统业务的下行压力。

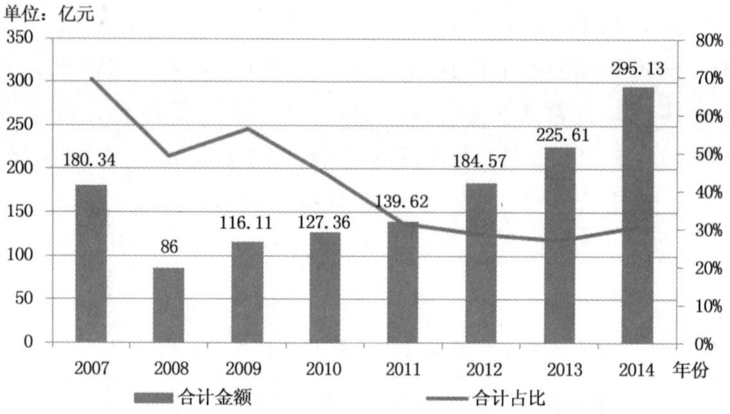

图3－5　2007—2014年信托行业自营业务收入合计及占比趋势

表3－8数据显示，2014年68家信托公司平均自营业务收入4.34亿元，较2013年的3.31亿元增加1.03亿元，增幅为31.12%。另外，自营收入的平均值较中位数高出1.28亿元，反映了自营业务收入具有较强的集中度，排名靠前的公司取得了较多的自营业务收入。

图3－6中列出了2007—2014年信托公司自营收入的平均值及中位数趋势。数据显示，2008年以来信托公司自营业务收入的均值和中位数基本保持了持续增长态势，近年来更是呈现出加速增长趋势，说明信托公司自营业务的盈利能力在持续增强。

通过对信托公司集中度进行测算，如表3－9所示，2014年信托行业自营业务收入集中度CR4、CR8、CR10分别为22.68%、39.03%、46.08%，较2013年均有不同程度的下降。

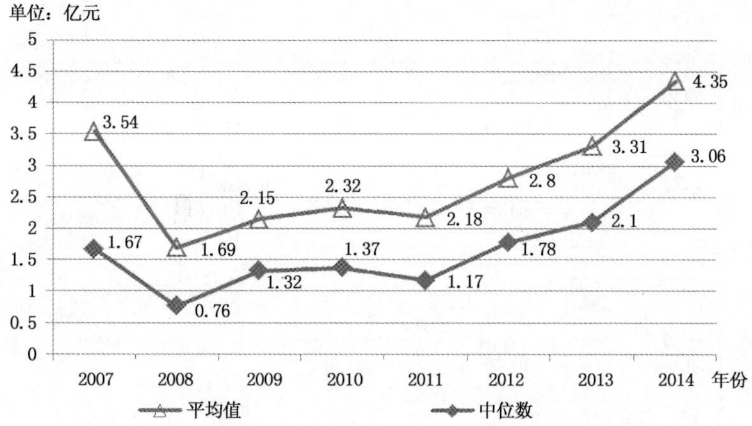

图3-6　2007—2014年信托行业自营业务收入平均值及中位数趋势

表3-9　　2007—2014年信托行业自营业务收入集中度趋势　　单位：%

年份	CR4	CR8	CR10
2007	33.98	52.31	59.21
2008	39.32	55.85	63.11
2009	34.26	50.45	56.10
2010	36.73	52.08	57.15
2011	33.46	51.75	56.93
2012	25.37	43.01	49.64
2013	24.17	40.96	47.17
2014	22.68	39.03	46.08

通过2007—2014年趋势对比可以看到，信托行业自营业务收入集中度在过去7年中基本呈现出逐渐下降的趋势（如图3-7所示），这表明信托行业的自营收入表现出多元化的发展趋势，很多信托公司的自营业务实力进步显著。

表3-10中列出了2014年自营业务收入总额及占比排名前10的信托公司。在68家信托公司中，2014年自营业务收入最高的是华润信托22.34亿元，重庆信托16.69亿元次之，中诚信托14.12亿元排名第3。中粮信托得益于不菲的投资收益，自营业务收入占比在68家信托公司中最高，为

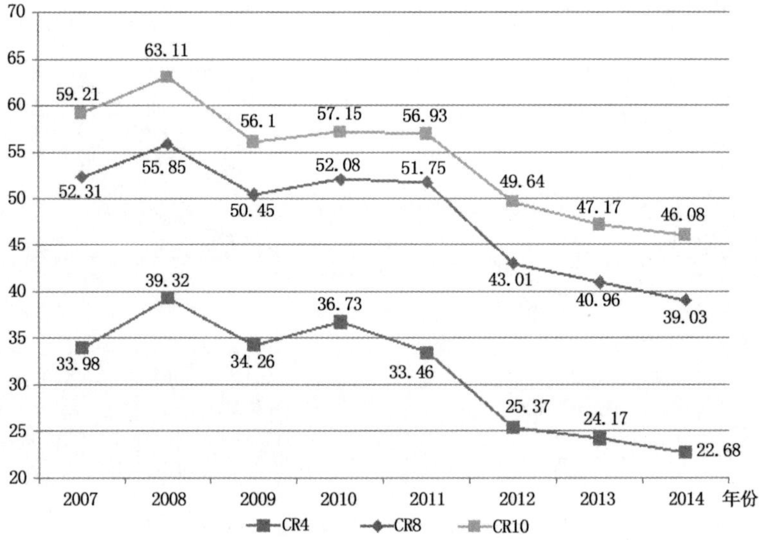

图3－7　2007—2014年信托行业自营业务收入集中度趋势

66.63%，江苏信托和西藏信托的自营收入占比也高于65%，分别排第2、3位，而华润信托的自营收入占比也比较高，为56.57%，排名第4。

表3－10　　2014年自营业务收入及占比前10名　　单位：万元，%

序号	信托公司	自营收入	占比	序号	信托公司	自营收入	占比
1	华润信托	223,363.13	56.57	1	中粮信托	38,448.48	66.63
2	重庆信托	166,899.04	46.97	2	江苏信托	91,883.25	65.95
3	中诚信托	141,150.80	45.23	3	西藏信托	50,364.16	65.07
4	平安信托	139,541.65	24.53	4	华润信托	223,363.13	56.57
5	中信信托	128,551.74	22.68	5	华信信托	128,438.83	55.91
6	华信信托	128,438.83	55.91	6	国联信托	29,542.00	50.66
7	华能信托	114,996.95	48.87	7	华能信托	114,996.95	48.87
8	上海信托	111,529.29	48.04	8	中泰信托	36,692.13	48.68
9	中融信托	106,766.00	19.36	9	上海信托	111,529.29	48.04
10	兴业信托	101,742.00	41.41	10	重庆信托	166,899.04	46.97

（二）利息收入占比下降，投资收益占比增幅显著

根据公布收入结构表的信托公司相关数据统计，如图3－8所示，2014年信托行业自营业务收入结构中，利息收入和股权投资收益仍然是信托公司最为重要的两项自营业务收入来源。信托行业实现的295.13亿元自营业务收入中，20.67%来自于利息收入，28.38%来自于股权投资收益，24.61%为其他投资收益，12.23%为证券投资收益，5.37%为公允价值变动收益，其余收入来自其他业务收入、投行业务收入、营业外收入等科目。

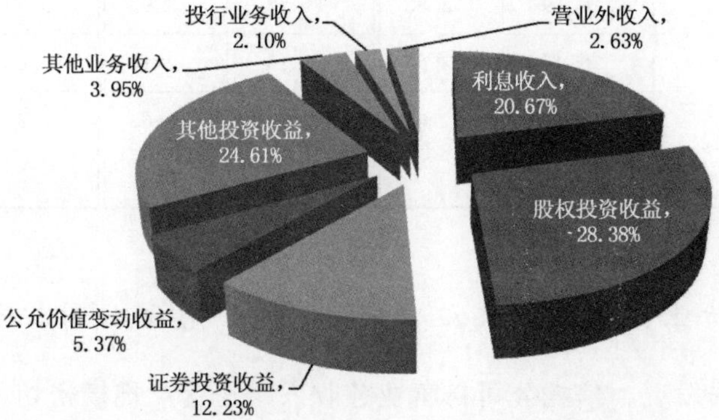

图3－8　2014年信托行业自营业务收入结构

从表3－11近两年信托行业自营业务收入结构对比可见，2014年利息收入60.21亿元，规模和2013年基本持平，但占比较2013年减少6.97个百分点；与之相对，公允价值变动收益和其他投资收益占比较2013年显著提升，其中，2014年全行业公允价值变动收益为15.65亿元，占比较2013年提高了4.10%，其他投资收益为71.69亿元，占比较2013年提高了4.82%。其余各科目的总体占比与2013年基本持平，其中营业外收入和其他业务收入占比小幅提升，股权投资收益、证券投资收益和投行业务收入占比小幅下降。

表3－11　　2013—2014年信托行业自营业务收入结构　　单位：亿元,%

收入类型	2013年		2014年		2014年变动	
	金额	占比	金额	占比	金额	占比
利息收入	59.28	27.64	60.21	20.67	0.92	－6.97
股权投资收益	61.06	28.47	82.65	28.38	21.59	－0.09
证券投资收益	29.84	13.91	35.62	12.23	5.78	－1.68
公允价值变动收益	2.74	1.28	15.65	5.37	12.91	4.10
其他投资收益	42.44	19.79	71.69	24.61	29.24	4.82
其他业务收入	8.19	3.82	11.52	3.95	3.32	0.13
投行业务收入	5.47	2.55	6.13	2.10	0.66	－0.45
营业外收入	5.33	2.48	7.66	2.63	2.33	0.14
合计	225.61	100	295.13	100		

（三）行业自营业务收益率小幅提升，各家公司收益分化严重

通过数据发现，信托公司自营业务收入与净资产规模密切相关，为消除规模大小对信托公司自营业务盈利水平的影响，本部分针对自营业务收益率进一步深入分析。本部分涉及的行业及公司自营业务收益率等于自营业务收入除以相应的净资产。

2014年，信托行业自营业务收益率与2013年基本持平，平均值为8.94%，比2013年的平均值8.85%小幅上升了0.09个百分点；行业中位数8.53%，较2013年的中位数7.81%上升了0.72个百分点，具体见表3－12。

表3－12　　2007—2014年68家信托公司自营业务收益率情况　　单位：%

年份	最大值	平均值	中位数	最小值
2007	76.67	29.83	23.73	0.75
2008	36.90	10.70	9.83	－5.91
2009	38.96	12.83	9.76	－3.62
2010	21.75	11.03	9.46	0.66

续表

年份	最大值	平均值	中位数	最小值
2011	26.89	8.03	7.96	-6.99
2012	33.63	9.64	9.27	0.57
2013	28.07	8.85	7.81	0.78
2014	40.05	8.94	8.53	-11.80

从 2007—2014 年信托行业自营业务收益率趋势图 3-9 来看，信托公司平均自营业务平均收益率相对比较稳定，自 2011 年以来基本维持在 8%—9% 的区间内，但最近几年“最大值—平均值—最小值”曲线呈现持续发散的趋势，68 家信托公司的自营收入水平差异较大。图 3-9 显示，这一趋势在 2014 年进一步加强，最大值和最小值在 2014 年分别为 40.05% 和 -11.8%。

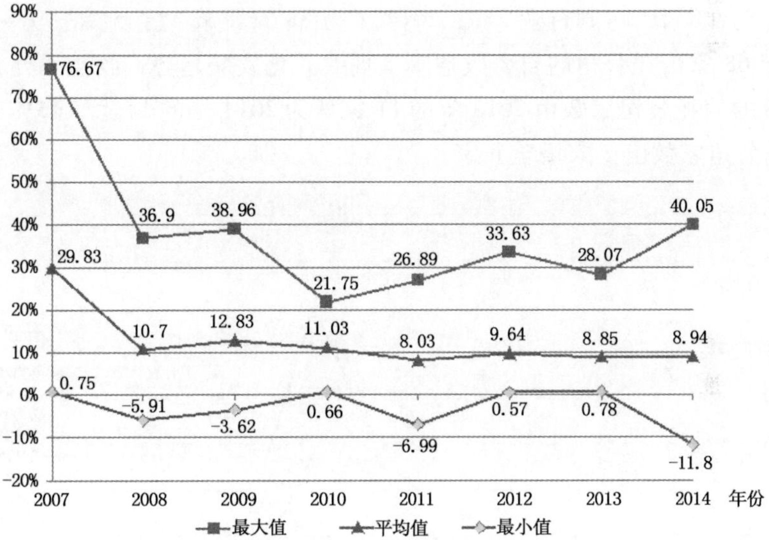

图 3-9　2007—2014 年信托行业自营业务收益率趋势

从表 3-13 中发现，大多数信托公司的自营收益率集中在 0%—15% 之间。2014 年仅有一家信托公司自营业务收益率超过 30%，为西藏信托，该公司 2014 年度的公允价值收益为 2.76 亿元，对自营业务的收入贡献较大。2014 年没有信托公司的自营收益率处在 20%—30% 之间。

表 3-13　2007—2014 年信托公司自营业务收益率区间分布

年份	30% 以上	20%—30%	15%—20%	10%—15%	5%—10%	0—5%	0 以下
2007	18	8	8	5	8	2	0
2008	2	4	7	10	15	9	4
2009	3	6	5	13	19	7	1
2010	0	2	5	17	26	5	0
2011	0	3	2	14	26	14	5
2012	1	1	5	20	29	10	0
2013	0	1	3	11	43	10	0
2014	1	0	6	14	38	8	1

从图 3-10 中发现，2014 年 68 家信托公司呈正态分布。与 2013 年的数据进行对比可以发现，处于 5%—10% 一档的公司数量在 2014 年有所减少，2013 年为 43 家，占到行业 2/3，2014 年为 38 家，减少了 5 家。另一方面，2014 年 68 家信托公司的自营收益率呈现差异化发展趋势，收益率处在 10% 到 15% 的信托公司家数由 2013 年的 11 家增为 2014 年的 14 家，15% 到 20% 的信托公司家数由 3 家增至 6 家。

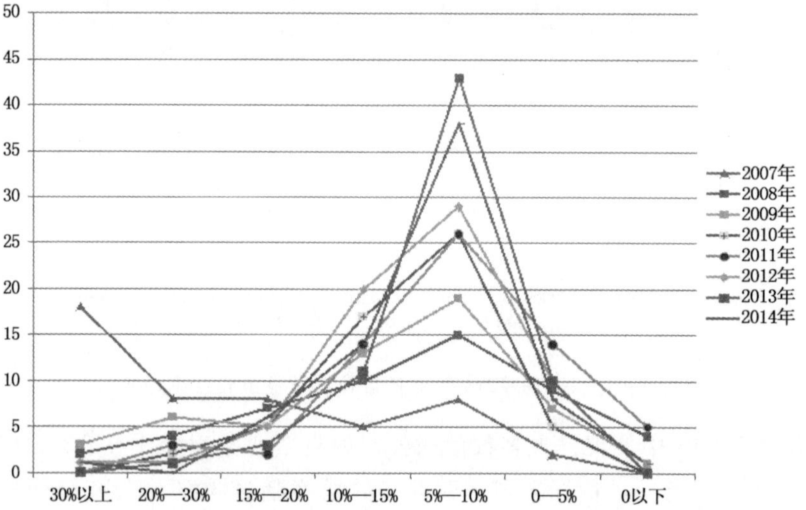

图 3-10　2007 年至 2014 年信托行业自营业务收益率区间分布

2014年，自营业务收益率均超过10%的信托公司共有21家，其中收益率排名前10的公司及其收入来源分布如表3-14所示。

表3-14　2014年信托行业自营业务收益率前10名及收入来源表　单位：万元

序号	信托公司	收益率	利息收入	股权投资收益	证券投资收益	公允价值变动	其他投资收益
1	西藏信托	40.05%	1,542.37	—	—	27,641.74	—
2	华能信托	18.34%	6,595.62	—	—	32,982.80	69,390.84
3	华信信托	17.89%	2,339.53	63,260.00	59,337.23	0.00	3,247.80
4	天津信托	17.45%	18,823.30	30,356.45	6,907.64	—	824.93
5	中海信托	16.74%	11,495.20	37,777.89	2,453.56	1,854.87	7,997.41
6	华润信托	16.32%	1,587.10	141,716.86	—	—	78,457.58
7	长安信托	16.13%	1,876.40	1,079.33	—	38,597.53	2,582.44
8	上海信托	14.01%	1,158.01	80,671.17	26,835.42	2,078.56	—
9	重庆信托	13.13%	35,761.97	60,395.21	14,193.76	-3,245.45	55,151.07
10	安信信托	11.44%	15,864.70	—	1,511.14	-62.52	—

其中，利息收入排名第1的是重庆信托，3.58亿元的总额远大于排名紧随其后的天津信托、安信信托和中海信托；股权投资收益排名第一的是华润信托，得益于国信证券挂牌深交所，华润信托2014年股权投资收益高达14.17亿元，远高于该科目排名靠前的另外几家公司，包括上海信托8.07亿元、华信信托6.33亿元以及重庆信托6.04亿元；证券投资收益排名前3的是华信信托、上海信托和重庆信托，其中华信信托和上海信托2013年在证券投资上的收益也排名前3，表明其在该领域具有一定的优势地位；其他投资收益排名靠前的是华润信托、华能信托和重庆信托。

四、费用收入比率分析

（一）业务及管理费持续走高

在营业成本中，业务及管理费弹性最大，可控性强，最能反映一家信托公司的经营管理水平，因此，自营费用的分析主要使用业务及管理费来进行替代分析。业务及管理费核算信托公司在业务经营和管理过程中所发生的各项费用，相当于非金融企业的销售费用和管理费用，主要包括折旧费、业务宣传费、职工工资、业务招待会议费、差旅费、聘请中介机构费、公杂费等。为了削减信托公司规模对业务及管理费的影响，在分析中还使用了业务及管理费除以营业收入后得到的收入费用比指标。

表3-15　2010—2014年信托行业业务及管理费情况　单位：亿元

年份	合计金额	最大值	平均值	中位数	最小值
2010	64.74	7.03	1.01	0.72	0.02
2011	102.91	13.42	1.61	0.98	0.12
2012	144.81	15.32	2.19	1.47	0.22
2013	182.92	18.52	2.69	1.90	0.40
2014	247.50	23.16	3.64	2.47	0.60

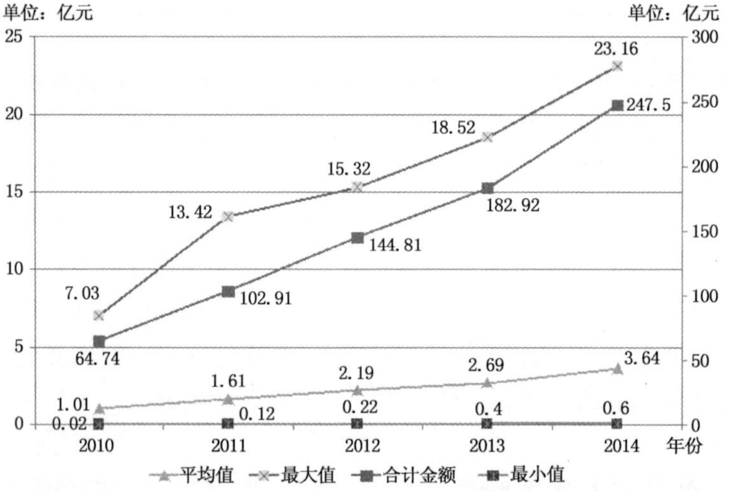

图3-11　2010—2014年信托行业业务及管理费趋势

由表3-15中列出了2010—2014年信托行业的总营业费用以及68家信托公司营业支出的最大值、平均值、中位数和最小值。从图3-11中过去几年行业营业费用支出的总体走势可以看出，2014 年信托行业的营业费支出呈现加速增长的态势，这可能与当前的“大资管”时代竞争加剧的宏观环境有关。2014 年信托行业业务及管理费合计金额 247.50 亿元，较 2013 年增长 65.58 亿元；68 家信托公司的平均值和中位数分别是 3.64 亿元、2.47 亿元，较 2013 年均有明显增加。

表 3－16 中列出了 2014 年度营业费用支出和费用收入比排在前 10 位的信托公司。其中，中融信托的营业管理费最大，为 23.18 亿元，收入费用比最高的信托公司则为华澳信托。总体来说，规模较大、人员数量较多的信托公司营业费用比较高；而民营资本控股的，或成立时间不长的信托公司费用收入比相对较高。

表 3－16　　2014 年信托行业业务及管理费及其占比前 10 名　　单位：万元，%

序号	信托公司	营业费用支出	信托公司	费用收入比
1	中融信托	231,813.01	华澳信托	56.57
2	平安信托	158,238.00	浙金信托	51.53
3	中信信托	116,507.46	新盛信托	49.32
4	长安信托	115,476.43	万向信托	45.41
5	四川信托	80,590.88	陆家嘴信托	44.91
6	兴业信托	64,926.29	民生信托	44.86
7	华能信托	61,729.77	华宸信托	44.44
8	华融信托	61,017.05	新时代信托	44.03
9	北京信托	50,872.23	长安信托	43.78
10	华润信托	49,480.59	中融信托	41.88

（二）地方政府及央企控股公司费用水平较低，民营资本控股费用较高

收入费用率指标从效率上看，并非越高越好，该指标越高说明获得同样的营业收入支出了更多的费用，因此在一定程度收入费用率越低越好。从

2014 年信托行业业务及管理费占比后 10 名（表 3－17）来看，国联信托、粤财信托、江苏信托 3 家公司收入费用率控制得很好，无论金额还是占比均排名靠后。对比表 3－16 和表 3－17 可以看出，地方政府或央企控股的信托公司总体来说比较重视成本控制，费用支出水平相对比较低，而民营资本控股的信托公司在费用方面倾向于采用相对激进的策略，比较重视激励机制建设，费用收入比也相对较高。

表 3－17　2014 年信托行业业务及管理费占比后 10 名　单位：万元，%

序号	信托公司	业务与管理费	信托公司	费用收入比
1	万向信托	14, 262. 63	山东信托	17. 96
2	中粮信托	14, 228. 94	中铁信托	16. 38
3	浙金信托	14, 152. 84	天津信托	14. 73
4	江苏信托	13, 988. 26	粤财信托	14. 69
5	吉林信托	13, 661. 38	重庆信托	14. 51
6	粤财信托	12, 381. 61	中诚信托	13. 61
7	光大信托	10, 386. 44	华润信托	13. 10
8	华宸信托	8, 457. 59	国联信托	10. 69
9	新盛信托	7, 205. 55	江苏信托	10. 04
10	国联信托	5, 987. 13	华信信托	7. 87

五、自营资产配置

（一）可供出售金融资产增幅显著，长期股权投资规模下降

根据年报披露，将 2014 年信托行业自营资产运用与投向分布情况总结如表 3－18 所示。2014 年 68 家公司中披露自有资产中固定资产项和买入返售金融资产的信托公司少于 5 家，在以下统计分析中将这两项归入到其他资产运用项中。自营资产运用方面主要分析货币资产、贷款及应收款、交易性金融资产、可供出售金融资产、持有至到期投资、长期股权投资、其他资产运用等。投向分布方面主要包括基础产业、房地产业、证券市场、实业、金

融机构、其他资产等。

表 3 - 18　　2014 年信托行业自营资产运用与投向分布情况表　　单位：万元，%

资产运用	金额	占比	投向分布	金额	占比
货币资产	4, 691, 522. 62	13. 68	基础产业	708, 314. 12	2. 41
贷款及应收款	5, 407, 799. 70	15. 77	房地产业	2, 588, 018. 51	7. 70
交易性金融资产	1, 860, 050. 08	5. 42	证券市场	5, 177, 964. 09	12. 18
可供出售金融资产	12, 546, 764. 37	36. 59	实业	2, 588, 044. 32	7. 40
持有至到期投资	1, 016, 312. 87	2. 96	金融机构	14, 461, 066. 67	39. 95
长期股权投资	5, 050, 622. 70	14. 73	其他资产	8, 770, 316. 99	30. 36
其他资产运用	3, 720, 652. 36	10. 85	合计	34, 293, 724. 70	100. 00
合计	34, 293, 724. 70	100. 00			

注：安信信托、华融信托、吉林信托、国民信托四家信托公司未披露自营资产运用及投向分布，在统计中忽略以上样本，取余下的 64 家信托公司为样本。

如图 3 - 12 所示，2014 年末信托行业自营资产运用方式中，可供出售金融资产 1, 254. 68 亿元，在所有资产运用方式中规模最大，占比 36. 59%；贷款及应收账款 540. 78 亿元次之，占比 15. 77%；长期股权投资规模 505. 06 亿元，占比 14. 73%；第四是货币资产 469. 15 亿元，占比 13. 68%。

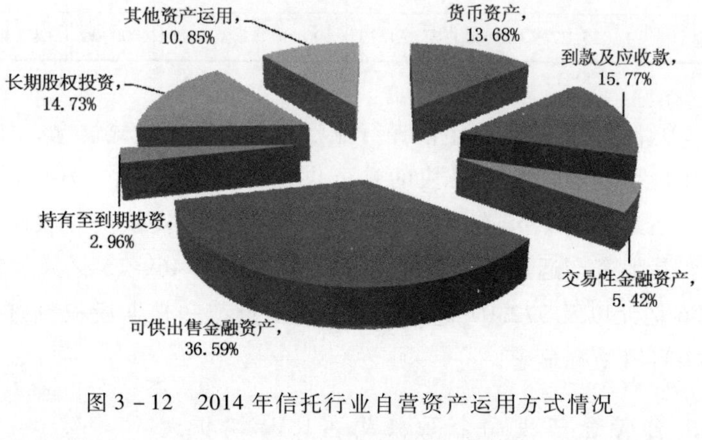

图 3 - 12　2014 年信托行业自营资产运用方式情况

表 3 - 19 数据显示，2014 年信托公司持有的货币资产在规模和占比上

均出现了显著下降，信托公司的风险偏好有上升迹象。2011—2013年，信托公司的货币资产规模一直处于上升趋势，但在2014年出现了扭转，该年末货币资产为469.15亿元，占比13.68%，相比2013年底的504.06亿元下降了34.89亿元。贷款及应收款在过去4年中保持稳定，占比为15%左右。长期股权投资规模和占比均持续下降，2014年底规模为505.06亿元，较2013年的521.19亿元下降了16.13亿元，占比14.73%，较2013年的19.02%下降了4.29个百分点。可供出售金融资产占比仍然位居第一且不断增长，规模为1,254.68亿元，占比36.59%。另外，其他资产运用的占比也相对较大，为10.85%，较2013年有显著上升。

表3-19　2011—2014年信托行业自营资产运用方式情况　单位：亿元,%

资产运用	2011年		2012年		2013年		2014年	
	金额	占比	金额	占比	金额	占比	金额	占比
货币资产	394.54	21.62	474.75	21.56	504.06	18.40	469.15	13.68
贷款及应收款	306.69	16.80	399.22	17.40	431.07	15.73	540.78	15.77
交易性金融资产	66.71	3.65	106.99	4.66	101.13	3.69	186.01	5.42
可供出售金融资产	432.50	23.70	543.21	23.68	831.23	30.34	1,254.68	36.59
持有至到期投资	65.12	3.57	101.35	4.42	130.33	4.76	101.63	2.96
长期股权投资	450.32	24.67	489.87	21.35	521.19	19.02	505.06	14.73
其他资产运用	109.39	5.99	178.84	7.80	159.96	5.84	372.07	10.85
自营资产总计	1,825.27	100.00	2,294.23	100.00	2,739.80	100.00	3,429.37	100.00

观察2010—2014年近5年信托行业自营资产运用方式情况，如图3-13所示。占比最大且增长速度最快的是可供出售金融资产，2014年规模首次突破千亿，达到1,254.68亿元。此外，货币资产、贷款及应收账款、长期股权投资和其他资产运用的规模相对较大，分别为469.15亿元、540.78亿元、505.06亿元以及372.07亿元，其中货币资产和长期股权投资规模有所下降，其余科目增幅显著。

（二）自营资产投向金融机构占比持续扩大

截至2014年末，信托公司自营资产中投向占比最大的依然是金融机构，

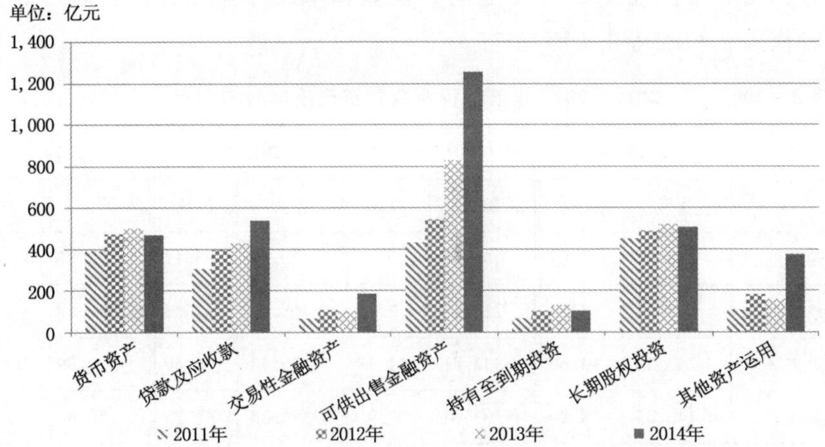

图 3-13　2011—2014 年信托行业自营资产运用方式趋势图

绝对金额为 1,446.11 亿元，占比为 39.95%，比 2013 年底的 47.01% 略有上升；如果不考虑其他资产分布，规模占比排在第 2 的投向是证券市场，规模 517.80 亿元，较 2013 年的 365.54 亿元有所增长，占比 12.18%；投向房地产业和实业领域的规模均为 258.80 亿元；投向基础产业的规模为 70.83 亿元，占比 2.14%（表 3-20、图 3-14）。

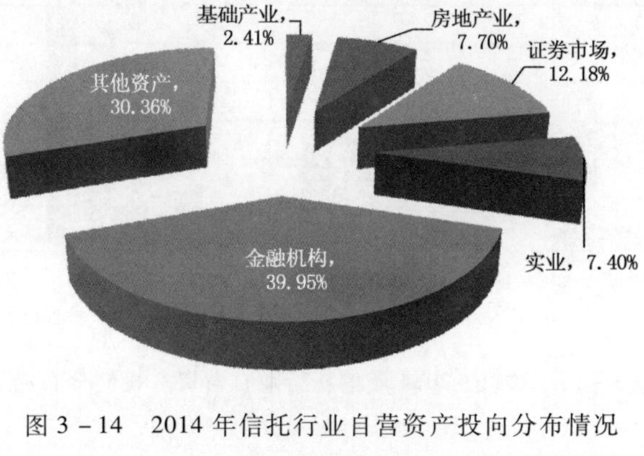

图 3-14　2014 年信托行业自营资产投向分布情况

根据 2011—2014 年信托行业自营资产投向分布情况表 3-20 以及图 3-15 所呈现出来的趋势，自营业务在金融机构上配置最多，连续四年一直稳定在 36% 之上；如果不考虑其他资产分布，投向证券市场的自营资产一直排名第 2，但 2014 年权重较 2013 年有所下降；房地产业的占比近年来比较稳定，始终维持在7%—8%之间；实业和基础产业领域占比较小，近年来两者权重之和维持在10%左右。

表3-20　2010—2014年信托行业自营资产投向分布情况　单位：亿元,%

投向分布	2011年		2012年		2013年		2014年	
	金额	占比	金额	占比	金额	占比	金额	占比
基础产业	45.88	2.64	66.06	2.41	70.17	3.19	70.83	2.41
房地产业	107.91	6.21	210.94	7.70	168.14	7.63	258.80	7.70
证券市场	253.71	14.60	333.81	12.18	365.54	16.60	517.80	12.18
实业	142.53	8.20	202.61	7.40	170.33	7.73	258.80	7.40
金融机构	692.37	39.85	1,094.50	39.95	815.22	37.01	1,446.11	39.95
其他资产	495.13	28.50	831.87	30.36	613.06	27.84	877.03	30.36
总计	1,737.53	100.00	2,739.81	100.00	2,202.47	100.00	3,429.37	100.00

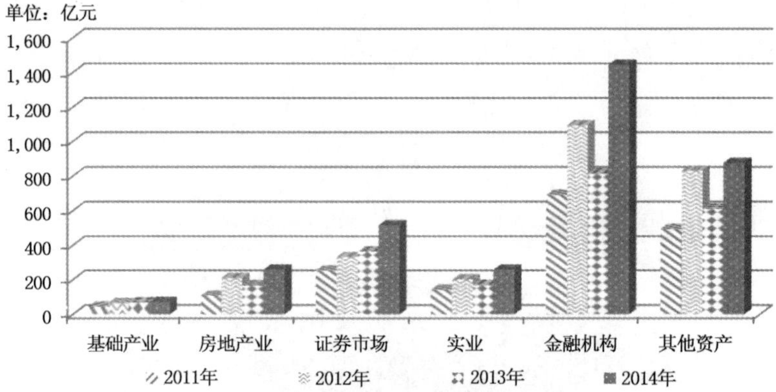

图3-15　2011—2014年信托行业自营资产投向分布趋势

（三）信托公司自营资产配置风格迥异

对比前文表3-10中自营收入排名靠前的十家公司分别是：华润信托、重庆信托、中诚信托、平安信托、中信信托、华信信托、华能信托、上海信托、中融信托、兴业信托等。而收益率排名靠前的公司分别是：西藏信托、华能信托、天津信托、中海信托、华润信托、长安信托、上海信托、重庆信托、安信信托、中粮信托等。以上公司的自营收入构成各不相同，大致可以分为三类：第一类以利息收入为主，如安信信托、中诚信托、中融信托等；第二类以股权投资和其他投资收益为主，如天津信托、华润信托、上海信托、重庆信托等；第三类以公允价值变动为主，如西藏信托、华能信托、长安信托等。

表3-21中列出了2014年信托行业自营资产配置在单一科目上的占比超过40%的信托公司，其中选取了贷款及应收账款、长期股权投资、证券市场三种运用方式。方正信托、交银信托、中建投信托等贷款及应收账款比例较大；江苏信托、华润信托等四家公司在长期股权投资上配置比例较大；中江信托、长安信托等多家公司则在证券市场上配置了过半的自有资金。

表3-21　2014年信托行业自营资产运用方式占比超40%的信托公司

单位：万元，%

序号	信托公司	贷款及应收款	占比	信托公司	长期股权投资	占比	信托公司	证券市场	占比
1	方正信托	314,694.25	89.57	江苏信托	622,142.01	75.08	中江信托	403,164.47	82.03
2	交银信托	470,335.73	80.36	华润信托	850,044.22	56.46	长安信托	350,155.46	64.51
3	中建投信托	351,242.22	74.38	国元信托	275,093.29	54.85	西部信托	107,981.18	54.17
4	中诚信托	880,698.12	61.64	中泰信托	182,054.65	48.01	中融信托	641,883.00	52.61
5	北方信托	187,691.38	50.17				华宸信托	53,068.97	51.07
6	天津信托	177,359.00	49.52				华鑫信托	167,329.88	50.88
7	爱建信托	178,012.04	46.77				东莞信托	172,015.84	50.75
8	陕国投	177,951.02	41.80				山东信托	205,716.98	45.27

需要指出，江苏信托、华润信托等公司主要参与的是金融机构的长期股权投资，例如江苏信托参股江苏银行，华润信托参股国信证券等，此类投资不受20%净资本要求的上限限制。

（四）参股金融机构的投资收益显著提升，投资券商收益增幅最为显著

从表3－22中可看出2008—2014年信托行业自营长期股权投资分布及其收益情况所呈现的趋势。信托公司参股金融机构的投资收益在2014年增幅显著。其中，投资银行的收益为22.77亿元，较2013年的20.24亿元有小幅提升，收益总额在各类金融机构中仍然位居第1，但参股银行的家数由2013年的41家下降为28家，参与股权投资的信托公司数量也从23家减少为15家，可见信托公司正在对银行股权进行系统权衡和区分对待，放弃部分质量较差的资产，继续持有或增持质量好的银行资产。2014年证券公司贡献的投资收益增幅最为显著，从2013年的8.79亿元增至2014年的21.03亿元，其中华润信托投资的国信证券一家就贡献了14.17亿元。此外，基金公司、投资创投公司及期货公司的收益也较2013年有显著提升，但与银行和证券公司的收益相比仍然较小。保险公司的股权投资收益仍然为负，这与保险行业商业周期的长期性有一定关系。

表3－22　2008—2014年信托行业自营长期股权投资分布及其收益情况

年度	参股情况	银行	证券公司	基金公司	创投公司	保险公司	期货公司
2014	信托公司数量（家）	15	18	25	18	11	8
	参股数量（家）	28	21	28	27	13	8
	投资收益（亿元）	22.77	21.03	10.78	9.29	－0.78	0.33
2013	信托公司数量（家）	23	25	26	17	13	7
	参股数量（家）	41	28	27	30	15	7
	投资收益（亿元）	20.24	8.79	8.79	1.19	－0.06	0.08
2012	信托公司数量（家）	23	24	23	17	13	7
	参股数量（家）	39	24	24	30	15	7
	投资收益（亿元）	13.44	8.46	8.65	4.74	－0.27	0.1
2011	信托公司数量（家）	22	27	20	15	12	7
	参股数量（家）	34	26	22	23	13	7
	投资收益（亿元）	9.91	9.63	10.37	0.62	0.01	0.09

续表

年度	参股情况	银行	证券公司	基金公司	创投公司	保险公司	期货公司
2010	信托公司数量（家）	21	26	17	11	11	8
	参股数量（家）	29	24	16	15	10	8
	投资收益（亿元）	6.55	17.58	11.99	0.251	0.9	0.1
2009	信托公司数量（家）	19	31	18	11	7	6
	参股数量（家）	25	32	17	14	7	6
	投资收益（亿元）	4.93	19.63	11.19	2.37	0.225	0.094
2008	信托公司数量（家）	16	31	19	10	2	6
	参股数量（家）	20	32	20	12	2	6
	投资收益（亿元）	3.76	17.65	13.3	0.868	0	0.026

具体到各家信托公司而言，还可以比较长期股权投资收益及其主要来源，统计数据显示，2014年有23家信托公司长期股权投资收益率在10%以上，其中有16家公司的收益率在15%以上，总体来说，2014年长期股权投资收益率较2013年有较大提升。表3-23列出了2014年股权投资收益率排名前10的信托公司，对比这10家信托公司的主要股权投资收益来源可以发现，绝大部分收益来自于银行、证券公司、基金以及资产管理公司等金融股权，其中银行类股权对总体收益的贡献明显变少，而证券、基金等金融股权在投资收益中的比重显著上升。

在以上10家公司公布的投资收益明细中（见表3-23），银行类股权资产主要有两项，分别是：华信信托持有的丹东银行股份有限公司17.15%股权，收益9,840.57万元；上海信托持有的上海浦东发展银行股份有限公司5.23%股权，收益6.44亿元。证券公司股权资产主要三项，分别是：华信信托持有的大通证券股份有限公司28.04%股权，9,219.43万元收益；上海信托持有的上海证券有限责任公司33.33%股权，1,599.98万元收益；华润信托持有的国信证券股份有限公司25%股权，14.17亿元投资收益，特别值得指出的是，此项资产的收益金额在信托行业自营持有的所有长期股权投资中是最高的。表3-23中列出的其余资产为基金公司、资产管理公司和信托公司的股权，其中收益金额较高的有天津信托持有的天弘基金48%股权，收益3.04亿元，中海信托持有的四川信托30.25%股权，收益3.34亿元。总体来说，一家信托公司对于证券市场投资多，对于证券公司、基金公司投资多，说明了该公司对于资本市场相对比较重视，能够较好地把握资本市场带来的历史性机遇。

表3-23　2014年长期股权投资收益率排名前10的信托公司情况　单位：万元，%

序号	信托公司	长期股权投资		投资收益	收益率	主要来源
		期初余额	期末余额			
1	天津信托	12,800.00	38,099.00	30,356.45	119.28	天弘基金管理有限公司，48%股权，3.04亿元收益
2	中融信托	7,511.00	5,316.00	3,001.00	46.79	新湖财富投资管理有限公司23.08%股权，2,937万元收益，其余收益细节未公布
3	华信信托	169,541.61	159,599.97	63,260.00	38.44	丹东银行股份有限公司17.15%股权，9,840.57万元收益；大通证券股份有限公司28.04%股权，9,219.43万元收益
4	中建投信托	903.29	1,390.06	414.26	36.13	国泰元鑫资产管理有限公司30%股权，414.26万元收益
5	上海信托	242,299.08	241,779.73	80,671.17	33.33	上海浦东发展银行股份有限公司5.23%股权，6.44亿元收益；上海证券有限责任公司33.33%股权，1,599.98万元收益
6	中信信托	178,190.38	88,506.96	38,889.65	29.16	信诚基金管理有限公司49%股权，4,412万元收益，其余收益细节未公布
7	厦门信托	61,198.00	53,295.00	16,179.00	28.26	厦门国际电力发展有限公司20%股权，9,561万元收益

续表

序号	信托公司	长期股权投资		投资收益	收益率	主要来源
		期初余额	期末余额			
8	中海信托	105, 398. 29	178, 934. 44	37, 777. 89	26. 57	中海基金管理有限公司 41. 59% 股权，1, 792. 14 万元收益；关联期货有限公司 39% 股权，754. 94 万元收益；四川信托有限公司 30. 25% 股权，3. 34 亿元收益
9	北京信托	32, 283. 00	10, 431. 00	4, 576. 00	21. 43	具体收益细节数据未公布
10	华润信托	640, 124. 58	850, 044. 22	141, 716. 86	19. 02	国信证券股份有限公司 25% 股权，14. 17 亿元投资收益

注：股权投资收益率 = 股权投资收益/年初与年末长期股权投资平均值。

事实上，表 3 – 23 中列出的信托公司不仅股权投资收益率在行业内处于领先水平，其股权投资的绝对收益也相对较高。在 10 家公司中，有 6 家公司的长期股权投资收益金额也位列 68 家公司中的前 10 位（如表 3 – 24 所示），这 6 家公司分别是：华润信托、上海信托、华信信托、中信信托、中海信托和天津信托。

表 3 – 24　2014 年长期股权投资收益金额排名前 10 的信托公司情况 单位：万元，%

序号	信托公司	长期股权投资收益	股权投资收益率	投资收益率排名
1	华润信托	141, 716. 86	19. 02	10
2	平安信托	98, 205. 95	15. 45	16
3	江苏信托	85, 045. 81	14. 49	17
4	上海信托	80, 671. 17	33. 33	5
5	华信信托	63, 260. 00	38. 04	3
6	重庆信托	60, 395. 21	17. 60	14
7	中信信托	38, 889. 65	29. 16	6
8	中诚信托	37, 902. 71	13. 77	20
9	中海信托	37, 777. 89	26. 57	8
10	天津信托	30, 356. 45	119. 28	1

附表

2014 年末信托行业自营资产金融长期股权投资及收益情况

（根据前 3 名或前 5 名长期股权投资明细整理列示）

单位：%，万元

一、信托公司参股银行

信托公司	参股银行情况	持股比例	投资收益	备注
（一）全国性股份制商业银行				
上海信托	上海浦东发展银行股份有限公司	5.23	64,410.97	
中原信托	光大银行股份有限公司	0.01	83.76	
（二）城市商业银行				
百瑞信托	郑州银行股份有限公司	3.17	1,722.99	
华信信托	丹东银行股份有限公司	17.15	9,840.57	股份由 18.48% 减少
吉林信托	吉林银行股份有限公司	1.42	800	
江苏信托	江苏银行股份有限公司	8.76	76,133.01	
平安信托	台州市商业银行股份有限公司	5.33		
山西信托	长治市商业银行股份有限公司	9.97	2,042.69	
陕国投	长安银行股份有限公司	0.06		
外贸信托	天津银行股份有限公司	0.14	89.1	
中航信托	景德市商业银行股份有限公司	9.52		
中铁信托	富滇银行股份有限公司	1.05		新增

续表

信托公司	参股银行情况	持股比例	投资收益	备注
中原信托	焦作市商业银行股份有限公司	6.00	2,026.36	股份由10.07%减少
中原信托	郑州银行股份有限公司	5.2	3,075.00	
重庆信托	重庆三峡银行股份有限公司	34.79	46,017.30	
（三）农村银行、村镇银行				
百瑞信托	兰考县农村信用合作联社	9.9		
百瑞信托	河南汴京农村商业银行股份有限公司	8	600	更名
北方信托	天津滨海农村商业银行股份有限公司	3.7		
北方信托	天津津南村镇银行有限责任公司	6.67	290	
国联信托	无锡农村商业银行股份有限公司	10	2,162	
国联信托	江苏宜兴农村商业银行股份有限公司	20	196	新增
吉林信托	九台农村商业银行	14.14	5,001	股份由15.57%减少
江苏信托	江苏民丰农村商业银行股份有限公司	6	1,853.96	
中航信托	南昌农村商业银行股份有限公司	4.91		股份由4.92%减少
中航信托	景德镇农村商业银行股份有限公司	8.25	671.67	
中航信托	吉安农村商业银行股份有限公司	4.5	270	
中航信托	新余农村商业银行股份有限公司	4.42	82.5	新增
重庆信托	合肥科技农村商业银行股份有限公司	24.99	10,312.86	

续表

二、信托公司参股证券公司

信托公司	参股证券公司情况	持股比例	投资收益	备注
北京信托	国都证券有限责任公司	9.9		
北京信托	长江证券有限责任公司	0.33	—	
国联信托	国联证券股份有限公司	26.801	18,831	
国元信托	国元证券股份有限公司	15.69	21,518.32	
华宝信托	华宝证券有限责任公司	40.5592	2,430.60	
华润信托	国信证券股份有限公司	25	141,716.86	股份由30%减少
华信信托	大通证券股份有限公司	28.04	9,219.43	
平安信托	平安证券有限责任公司	86.77		
陕国投	西部证券股份有限公司	0.61	—	
上海信托	上海证券有限责任公司	33.33	1,599.98	
上海信托	申银万国证券股份有限公司	1.31		
上海信托	国泰君安证券股份有限公司	1.31		新增
四川信托	宏信证券有限责任公司	60.38	4,236.61	
西部信托	西部证券股份有限公司	12.5	945	
新时代信托	新时代证券	12.971		
兴业信托	华福证券有限责任公司	4.3519	1,323	

续表

信托公司	参股证券公司情况	持股比例	投资收益	备注
英大信托	英大证券有限责任公司	3.82		股权由3.78%增加
中诚信托	国都证券有限责任公司	15.35	8,485.83	
中江信托	国盛证券有限责任公司	58.01	—	股份由49.67%增加
中融信托	江海证券经纪有限公司	2.1		
紫金信托	南京证券有限责任公司	0.38	36.4	

三、信托公司参股基金公司

信托公司	参股基金公司情况	持股比例	投资收益	备注
北方信托	长城基金管理有限公司	17.65	1,870.58	
长安信托	长安基金管理有限公司	40		
重庆信托	中国信托业保障基金有限责任公司	13.04		新增
重庆信托	益民基金管理有限公司	49		
国投泰康信托	国投瑞银基金管理有限公司	51	3,467.56	
华宝信托	华宝兴业基金管理有限公司	51	3,963.12	
华润信托	华润元大基金管理有限公司	51		
吉林信托	天治基金管理公司	61.25		股份由48.75%增加
平安信托	平安大华基金管理有限公司	60.7		
山东信托	泰信基金管理公司	45	—	

续表

信托公司	参股基金公司情况	持股比例	投资收益	备注
山西信托	汇丰晋信基金管理有限公司	51	148.64	
上海信托	上投摩根基金管理有限公司	51		
天津信托	天弘基金管理有限公司	48	30,356.45	
外贸信托	诺安基金管理公司	40	7,255.60	
外贸信托	宝盈基金管理公司	25	2,266.84	
五矿信托	中国信托业保障基金有限责任公司	4.35		新增
厦门信托	圆信永丰基金管理有限公司	51		新增
新华信托	新华基金管理有限公司	48	1,661.22	
粤财信托	易方达基金管理有限公司	25	16,041.60	
中诚信托	嘉实基金管理有限公司	40	26,173.19	
中海信托	中海基金管理有限公司	41.591	1,792.15	
中航信托	中国信托业保障基金有限责任公司	8.7		新增
中融信托	深圳市瑞源宝兴基金管理有限公司	49		
中泰信托	大成基金管理有限公司	48	5,856.00	
中铁信托	中国信托业保障基金有限责任公司	4.35		新增
中铁信托	宝盈基金管理有限公司	75	641	
中信信托	信诚基金管理有限公司	49	4,412.00	
中原信托	长城基金管理有限公司	17.65	1,870.58	

续表

四、信托公司参股期货公司				
信托公司	参股期货公司情况	持股比例	投资收益	备注
东莞信托	华联期货有限公司	44	2,143.66	
吉林信托	天富期货有限公司	55		新增
建信信托	建信期货有限责任公司	100		新增
外贸信托	冠通期货经纪有限公司	48.72	230.75	
兴业信托	兴业期货有限公司	29.7	127.65	新增
英大信托	英大期货有限公司	32.86	19.13	
粤财信托	河南万达期货	8.46		
中海信托	国联期货有限责任公司	39	754.94	新增
五、信托公司参股保险公司				
信托公司	参股保险公司情况	持股比例	投资收益	备注
爱建信托	天安保险股份有限公司	0.33		
北方信托	渤海财产保险股份有限公司	8		
国民信托	汇丰人寿保险有限公司	50		
国民信托	北京新域保险经纪有限公司	35		
吉林信托	中融人寿保险股份有限公司	20		
江苏信托	利安人寿保险股份有限公司	4.8	180.14	股份由6%减少

续表

信托公司	参股保险公司情况	持股比例	投资收益	备注
昆仑信托	上海大众保险股份有限公司	0.2		
山东信托	泰山财产保险有限公司	9.85		
陕国投	永安财产保险股份有限公司	2.29		
粤财信托	珠江人寿保险股份有限公司	8.89	-3,115.89	股份由20%下降
粤财信托	众诚汽车保险股份有限公司	13.79	-5,768.35	股份由20%下降
中泰信托	都邦财产保险股份有限公司	19.07	864.34	新增
中信信托	泰康人寿保险股份有限公司	8.8		

六、信托公司参股财务公司

信托公司	参股财务公司情况	持股比例	投资收益	备注
甘肃信托	金川集团财务有限责任公司	5	300	
国联信托	国联财务有限责任公司	20		
江苏信托	江苏省国信集团财务有限公司	13.33	1,989.64	
交银信托	中国航油集团财务有限公司	10		
交银信托	陕西煤业化工集团财务有限公司	10		
兴业信托	紫金矿业集团财务有限公司	5		
兴业信托	重庆机电控股集团财务有限公司	19	1,288.42	

七、信托公司参股创投公司

续表

信托公司	参股创投公司情况	持股比例	投资收益	备注
爱建信托	天堂硅谷银嘉股权投资合伙企业	17.46		新增
百瑞信托	百瑞创新资本创业投资有限公司	48	1,456.53	
百瑞信托	上海诚鼎创业投资有限公司	4.179		
北方信托	天津泰达科技风险投资股份有限公司	3.82		
湖南信托	湖南财信创业投资有限责任公司	40	2,572	
华润信托	深圳红树林创业投资有限公司	100		
华润信托	中粮成都沙河股权投资集合	70.12		新增
华润信托	创收一号	100		新增
江苏信托	江苏国投衡盈创业投资中心（有限合伙）	19.99	94.52	股份由20%下降
平安信托	深圳市平安创新资本投资有限公司	100	84,500.00	
山东信托	山东鲁信资产管理咨询有限公司	40		新增
新华信托	新华创新资本投资有限公司	100		
中诚信托	北京银汉兴业创业投资中心（有限合伙）	42.55		
中信信托	中信聚信（北京）资本管理有限公司	100		
中信信托	中信锦绣资本管理有限公司	40	1,582.60	
北京信托	中合供销股权投资基金管理有限公司	40		
建信信托	北京建信股权投资基金（有限合伙）	100		股份由45.25%增加

续表

信托公司	参股创投公司情况	持股比例	投资收益	备注
建信信托	北京建信财富股权投资基金（有限合伙）	31.17	1,042.63	
建信信托	北京金石农业投资基金管理中心	33	9.65	
建信信托	建信（北京）投资基金管理公司	100		
建信信托	建信财富（北京）股权投资基金管理公司	31.17	1,042.63	股权由80%减少
昆仑信托	国联产业投资基金管理公司	20.83	533.7	股权由49%减少
苏州信托	苏州苏信元和股权投资有限公司	42.86	-36	
中粮信托	中粮农业产业基金管理有限责任公司	50.2	—	
中融信托	深圳铧融股权投资基金管理有限公司	49	4	
中融信托	上海融欧股权投资基金管理企业	40	59	
中信信托	中恒聚信（南京）文化创意投资中心	99.9		

八、信托公司参股其他金融公司

信托公司	参股其他金融公司情况	持股比例	投资收益	备注
爱建信托	柏瑞爱建资产管理有限公司	38	-103.83	新增
爱建信托	上海正浩资产管理有限公司	12.75		
北方信托	长城嘉信资产管理有限公司	22	33.35	新增
北京信托	北京富智阳光投资管理有限公司	49		新增
杭工商信托	浙江蓝桂资产管理有限公司	100		
华融信托	新疆金新信托投资股份有限公司	0.9		

续表

信托公司	参股其他金融公司情况	持股比例	投资收益	备注
交银信托	交银国信资产管理有限公司	100		新增
平安信托	平安利顺国际货币经纪有限责任公司	67	1,407	新增
上海信托	香港申联投资发展有限公司	16.5	2,531.42	
兴业信托	兴业国信资产管理有限公司	100		
中诚信托	中诚资本管理（北京）有限公司	100		
中海信托	四川信托有限公司	30.2534	33,433.16	股份由30%增加
中建投信托	国泰元鑫资产管理有限公司	30	414.26	新增
中融信托	新湖财富投资管理有限公司	23.08	2,937	
中融信托	拉萨融正投资管理咨询有限公司	49		新增

九、信托公司参股非金融公司

信托公司	参股非金融公司情况	持股比例	投资收益	备注
北京信托	天津津京文化传媒发展有限公司	49		新增
杭工商信托	杭州迪佛通信股份有限公司	4.48		新增
四川信托	四川川信物业管理有限责任公司	95		新增
英大信托	山东阳谷电缆股份有限公司	11.32		新增
英大信托	山东玉泉集团股份有限公司	1.08		新增
厦门信托	厦门国际电力发展有限公司	20	9,561	新增
中诚信托	北京三侨物业管理有限责任公司	100		新增

2014年信托公司年报分析之四：人力资源篇

百瑞观点：

- 信托从业人员集中度保持较高水平，各公司用人策略差异较大
- 部分信托公司人员流失严重，各公司人力发展呈现两极分化
- 信托公司员工年轻化趋势明显，中青年员工成为主力
- 拥有博士学位的人数持续上升，硕士学历从业人员继续超过大学本科人员
- 40—50岁的高管仍是领导层的主力，30岁左右的高管人数稳步上升
- 信托员工数量和应付职工薪酬之间的相关系数最高
- 民企控股信托公司的多数增速指标优于央企和金融控股信托公司
- 员工增量与集合信托规模相关性较高，并推动各项业务快速发展
- 人均信托业务收入和人均集合信托收入持续增长

随着我国宏观经济下行和大资管时代的来临，信托业须转型迎接新常态，信托行业人力资源也进入新阶段。2014年信托从业人员继续保持两位数增长，但各信托公司员工数量两极分化严重，部分公司人员流失较多。从信托从业人员分布看，信托公司员工呈现高学历化和年轻化的趋势，高管虽仍以中年人为主力，但有越来越多三十多岁的年轻人走上领导岗位，这也是为了满足信托转型对创新型人才的需求。比较各家公司员工数量、增员速度与各类财务指标，我们发现员工数量众多的公司往往集合信托规模相关性较高，这充分说明员工数量和集合信托的规模在一定程度上可反映信托公司的经营实力。民企控股信托公司的各项增速指标优于央企控股和金融机构控股的信托公司，说明在充分激励体系下，员工增加更能促进业务快速发展。2014年，各信托公司逐步建立强有力的信托报酬体系和激励机制，人均集合信托规模和人均信托业务收入都稳步增长，这些都有利于支持信托公司战略经营目标的实现。

一、信托从业人员总体情况变化

（一）信托行业从业人数增速稳健

随着我国信托资产规模的不断扩大，信托公司在人力资本的投入逐步加大。2014年信托行业从业人员总数延续增长势头。截至2014年末，68家信托公司员工人数达到16,501人[①]，较2013年同期增长了15%。自2008年到2014年，信托行业从业人数一直维持两位数增长，历年增速分别达到15%、15%、28%、32%、22%、25%和15%，见图4－1。从以上数据可以看出，信托从业人员增速在2011年达到顶峰，近三年虽有所放缓，但仍然维持在较高水平。

通过研究信托公司平均员工数量，可以看出2008—2010年，信托公司平均员工增幅平稳，幅度维持在11%左右；在2011年，信托公司加大招聘力度，平均员工数量从2010年的113人增至145人，增幅达28%；2014年各家公司平均拥有243名员工，增幅15%，见图4－2。

① 在计算行业从业人数时，扣除在信托公司任职的外部董事、监事、独立董事等人员，对于信托公司的人员状况表据此做了调整。

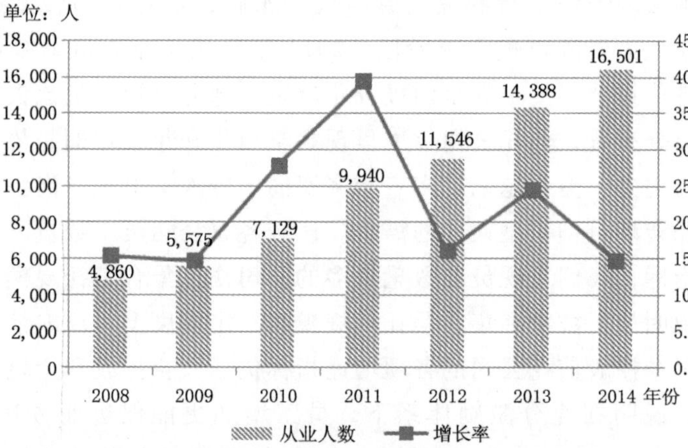

图 4-1　信托行业从业人数及其增长速率

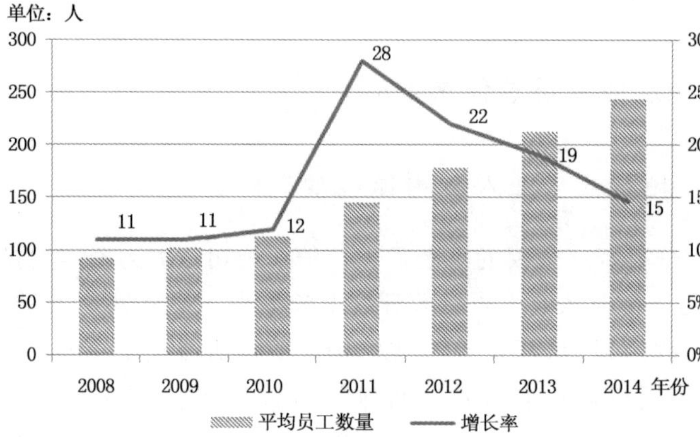

图 4-2　信托公司平均员工数量及其增长速率

数据显示，从业人员增速和信托业务收入增速之间存在较强的相关性（如图 4-3 所示），两者均在 2011 年达到峰值，并在以后的 3 年期里持续降低。除此之外，图 4-3 显示信托行业增员速度近年来一直低于信托业务收入增长率（仅 2009 年例外）。上述现象表明，大部分信托公司对于增员较谨慎，在信托业务收入下降的情况下，尽量控制员工增速。

事实上，与其他金融子行业员工数量对比后不难发现，信托公司的人员是十分精干的。根据 2014 年中国统计年鉴和其他政府机构公布的数据，

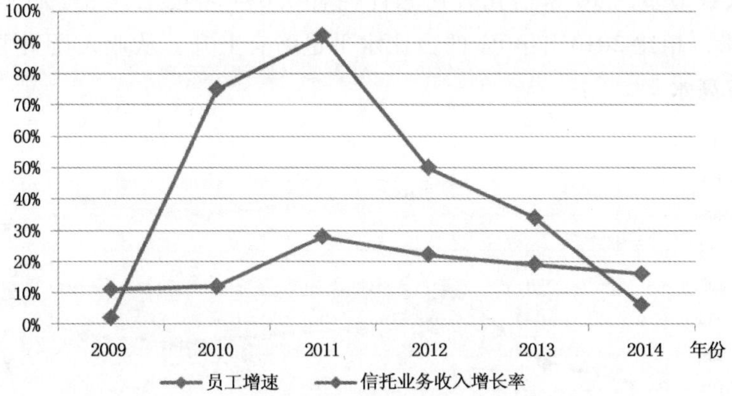

图4-3　员工增速和信托业务收入增长率对比图

2013年金融业从业人员为762.7万人：其中银行金融机构3,949家，从业人员355万人，占金融从业人员总数的46.6%；保险机构135家，保险系统职工人数为350万人；证券机构115家，从业人员共23万人，占比3%；信托公司68家，从业人员14,404人；公募基金91家，从业人数为11,114人；期货158家，从业人数为30,537人。以上数据显示，信托公司平均员工数量远远小于其他金融子行业（见表4-1）。

表4-1　　2013年部分金融子行业平均员工数量对比

项　　目	银行	券商	信托	期货	公募基金	资产管理公司
2013年机构数（家）	3,949	115	68	158	91	4
2013年总人数（万人）	355	23	1.4	3.1	1.1	0.83
2013年平均员工数（人）	899	2,000	212	196	121	2,020

数据来源：《中国金融年鉴2014》。

（二）从业人员集中度继续保持较高水平

信托行业从业人员集中度仍然保持较高水平。员工人数最多的3家信托公司分别是中融信托、平安信托和新华信托，其员工数量为1,820人、1,053人和752人。以上3家信托公司合计拥有员工3,425人，占2014年全行业从业人员的23%，较2013年22%的占比略有上升（见图4-4）。2014

年从业人数最多的10家信托公司总计拥有6,694名员工，占全行业从业人员的42%，相比2013年40%的占比水平也略有上升，从业人员集中度仍然维持在较高水平。

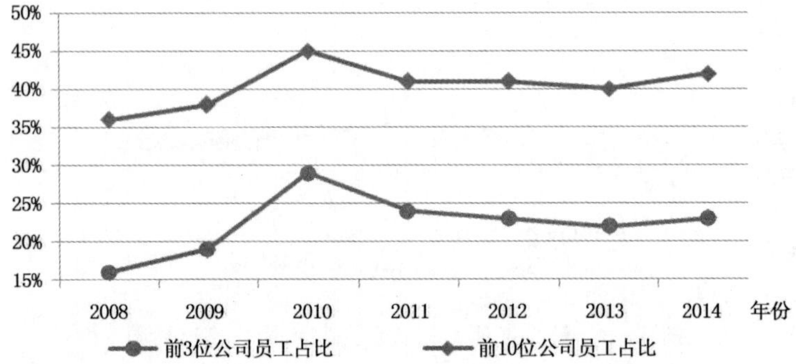

图4-4　员工数最多的信托公司人员占比状况

由人员数量最多信托公司的平均员工数与全行业各公司平均员工数之间的比例关系（见图4-5），也可以看出，信托行业从业人员集中度从2008年到2010年间逐渐加强，此后虽有回落，但近3年来一直保持平稳状态。前10名公司平均员工数接近行业平均水平的3倍，而前3名公司平均员工数维持在5倍水平。

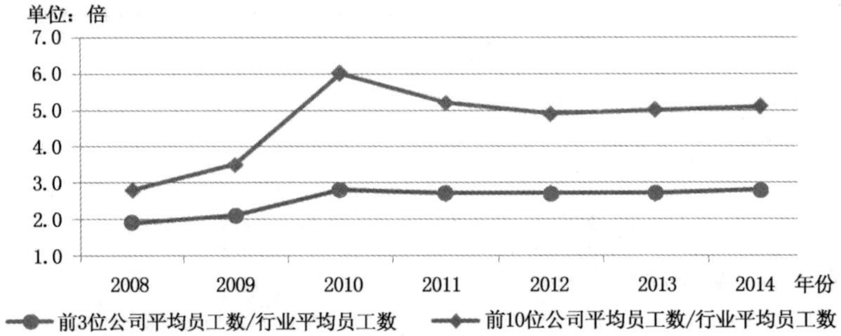

图4-5　从业人员行业集中度变化状况

值得注意的是，员工数量排在第一梯队的信托公司自2009年以来未曾变动，中融信托、平安信托、中信信托，就员工数量而言优势很明显。有关各公司人员变动的详细情况，请参考下文分析。

（三）各家信托公司用人策略不同，员工数量呈差异化发展

通过比较各家信托公司自2008年以来的人员变化情况，可以发现，各家公司的用人策略和员工数量呈现差异化发展。图4-6展示了2010年到2014年的5年时间里，68家信托公司的增员数量分布情况。

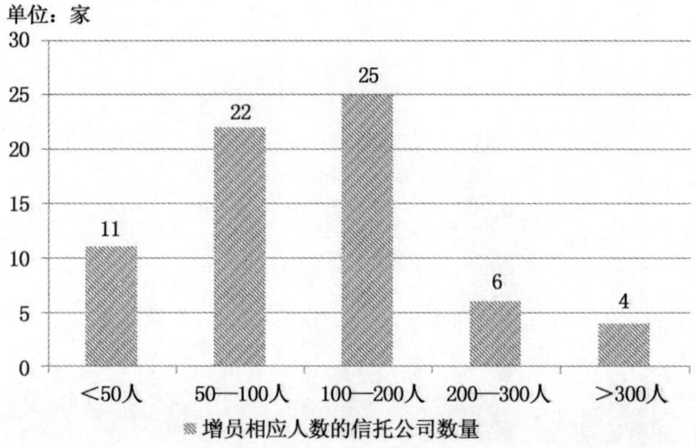

图4-6　2010—2014年各家信托公司增员数量分布图

从图4-6中不难看出，大多数信托公司5年间的增员数量处在50—200人范围内，有10家公司增加员工超过200人，另外11家公司增加员工少于50人。在68家信托公司中，中融信托的用人策略最为激进，5年间合计增员1,032人，天津信托用人策略最为保守，增员6人。表4-2中列示了5年间增员数量最多的10家信托公司。

表4-2　2010—2014年增员最多的信托公司排名　单位：人

排名	信托公司	员工增量	排名	信托公司	员工增量
1	中融信托	1,032	6	新华信托	286
2	四川信托	752	7	中信信托	270
3	长安信托	385	8	陆家嘴信托	261
4	兴业信托	358	9	方正信托	230
5	五矿信托	295	10	外贸信托	223

通过表4－2，可以看出，诸如中融信托、中信信托等知名度较高的信托公司出现在列表中，说明新增员工数量可以在一定程度上反映信托公司的综合实力。

另一方面，通过计算2010—2014年各家信托公司人员数量的年化复合增长率，按照增速高低可以将68家信托公司分为5档，如图4－7所示。

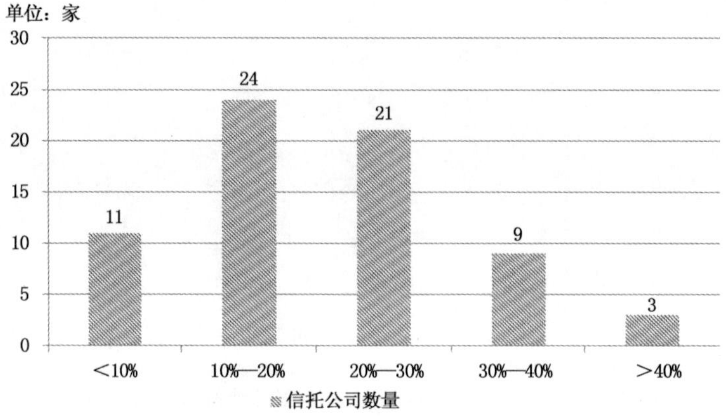

图4－7 2010—2014年各信托公司员工数量复合增长率分布图

由图4－7可见，大多数信托公司增员速度低于30%，只有12家公司的员工增速高于30%。其中有33家信托公司的员工数年化复合增长率超过20%。在这33家公司中有些是设立新的分支机构，对人员的需求量很大，因此表4－3中仅列示了其余10家增员最快的信托公司。

表4－3　　2010—2014年增员最快的信托公司[①]排名　　单位：%

排名	信托公司	年化增速	排名	信托公司	年化增速
1	新盛信托	84	6	陆家嘴信托	35
2	华澳信托	50	7	中泰信托	34
3	兴业信托	39	8	安信信托	33
4	国民信托	38	9	华融信托	33
5	长安信托	36	10	四川信托	31

注：① 2010—2014年信托公司增量以经营期限达到三年或三年以上的公司作为统计对象。

在以上 10 家公司中，新盛信托、华澳信托、兴业信托、国民信托、长安信托也是人员增量绝对值最大的公司，而新盛信托更是以 84% 的爆炸式发展速度位列第 1，原因是该公司 2011 年末成立，运营时间不长，急需补充人员扩大规模。

2014 年度，各家信托公司的人才策略依然存在较大差异。图 4 - 8 显示了 68 家信托公司该年度的人员变动分布情况。

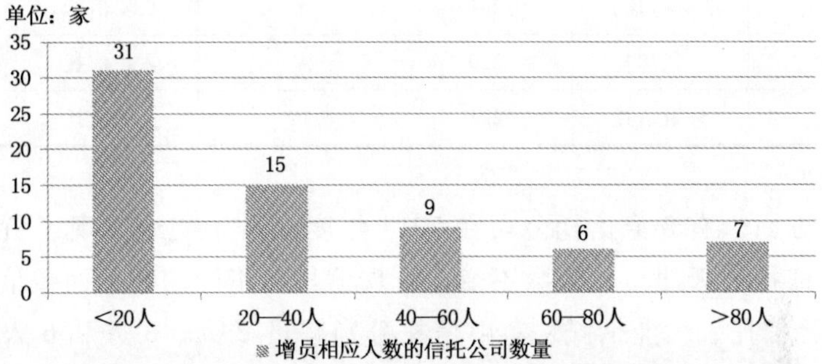

图 4 - 8　2014 年各家信托公司增员数量分布图

可以看出，2014 年度增员数量超过 80 人的信托公司有 7 家，分别是四川信托、中融信托、平安信托、兴业信托、中铁信托、陆家嘴信托、长安信托，其中增员数量最多的是四川信托，2014 年新增员工 320 人，远远超过排名第 2 的中融信托（增加 200 人）。2014 年增员数量超过 60 人的信托公司总共有 13 家，在新增员工最多的 10 家信托公司中，四川信托、中融信托自 2010 年以来的新增员工数量一直处于行业领先位置（见表 4 - 4），说明这些公司在 2014 年仍秉持较为激进的人才战略。

表 4 - 4　　2010—2014 年和 2014 年新增员工最多的信托公司　　单位：人

2010—2014 年增员排名	信托公司	员工增量	2014 年度增员排名	信托公司	员工增量
1	中融信托	1,032	1	四川信托	320
2	四川信托	752	2	中融信托	200
3	长安信托	385	3	杭工商信托	152
4	兴业信托	358	4	平安信托	147

续表

2010—2014年增员排名	信托公司	员工增量	2014年度增员排名	信托公司	员工增量
5	五矿信托	295	5	兴业信托	144
6	新华信托	286	6	中铁信托	113
7	中信信托	270	7	陆家嘴信托	107
8	陆家嘴信托	261	8	长安信托	105
9	方正信托	230	9	方正信托	82
10	外贸信托	223	10	上海信托	70

另一方面，有8家信托公司在2014年度人员未变或出现了负增长，其中，北方信托和天津信托人数不变，百瑞信托、华能信托和西藏信托都减员1人，国元信托、大业信托、粤财信托分别减员2人、3人和6人。而华能信托和新华信托减员力度更大，分别达到34人和120人。信托公司人员流失，尤其是信托骨干人员流失的主要原因：一是随着资管业务开放，一些基金子公司、券商、保险业和互联网金融行业纷纷开出高薪以招揽人才，互联网金融行业甚至加股权激励吸引人才。二是随着越来越多的地产、政信、矿产信托陷入兑付危机，信托公司开始重视风控，风控部门的话语权提高，风控措施越来越严厉。

总之，人员增量变化较大的公司近年来基本维持了自身的人才发展策略，各家公司根据自身状况主动选择了用人战略，但各家信托公司的员工数量呈现两极分化的发展态势。

二、信托从业人员结构分析

（一）信托公司员工年轻化趋势明显，20—40岁员工成为主力军

近几年来，随着信托资产规模的不断扩大，信托行业人员快速增长，信托公司员工年轻化趋势十分明显。2014年报中，68家信托公司中有59家公布了员工年龄结构。按照年龄结构计算，已公布的59家信托公司共有员工

15,421人，其中30岁以下的年轻员工为6,010人，占比39%；30—39岁的成熟员工为6,367人，占比41.3%；40岁以上的资深员工为3,044人，占比19.7%。

从图4-9中可以看出，信托公司2014年从业人员中，“30岁以下”仍然是占比为39%，较去年基本持平；其次是“30—39岁”的年龄组人员，占比较2013年上升两个百分点；占比最低的是“40岁以上”年龄组，其占比延续了以往年度持续下降的态势。这说明，信托公司吸纳越来越多的年轻人员加入，30多岁有一定工作经验积累的青壮年成为信托公司的业务主力军。

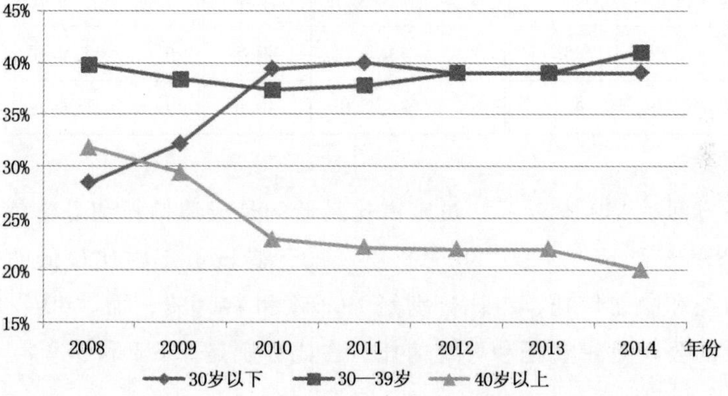

图4-9　2008—2014年信托业年龄结构分布图

具体到各个信托公司，“30岁以下”员工数超过平均水平36.9%的公司有中航信托、粤财信托、中融信托、华融信托等30家；“30—39岁”年龄组人数超过平均水平39.6%的公司有平安信托、爱建信托、华鑫信托等36家；“40岁以上”年龄组人数超过平均水平23.5%的公司有山西信托、天津信托、中江信托等24家（如表4-5所示）。

表4-5　信托公司年龄结构表（部分）　单位：%

序号	信托公司	30岁以下占比	序号	信托公司	30—39岁占比	序号	信托公司	40岁以上占比
1	中航信托	79.9	1	平安信托	56.4	1	山西信托	56.9
2	广东粤财信托	76.5	2	爱建信托	55.1	2	天津信托	54.9

续表

序号	信托公司	30岁以下占比	序号	信托公司	30—39岁占比	序号	信托公司	40岁以上占比
3	苏州信托	70.6	3	华鑫信托	54.5	3	国元信托	50.9
4	华宝信托	49.2	4	中诚信托	54.0	4	北方信托	45.9
5	中融信托	49.1	5	方正信托	53.5	5	厦门信托	45.7
6	五矿信托	48.8	6	陆家嘴信托	52.5	6	西部信托	44.9
7	华融信托	47.9	7	华能信托	52.0	7	江苏信托	43.5
8	兴业信托	47.7	8	华润深国投	51.5	8	英大信托	41.7
9	上海信托	45.9	9	华澳信托	49.5	9	中江信托	34.1
10	四川信托	45.6	10	国民信托	49.5	10	兴陇信托	34.0

另一方面，“30岁以下”员工占比最低的是天津信托和爱建信托，占比分别是18.3%和17.7%；“30—39岁”的年龄段员工占比最低的公司是广东粤财信托和中航信托，占比分别是19.6%和14.6%；而“40岁以上”占比数最低的公司是中航托和粤财信托，占比分别是5.6%和3.9%。

（二）博士人数持续上升，硕士从业人员继续超过大学本科

2014年，68家信托公司全部公布了员工的学历结构表。与信托业整体人数快速上升相呼应，高学历人员的数量不断增长。其中，博士人数从2008年的111人增加到379人，在信托从业人数中的占比为2.3%；硕士人数从2008年的1,423人增加到7,642人，在信托从业人数中的占比持续上升，由2008年的29.3%增长至2014年的46.2%，并且硕士人数超过本科人数，成为信托行业的主力军；本科人数则从2008年的2,340人增加到2014年的7,367人，占比则由2008年的48.2%下降至2014年的44%，与2013年占比基本持平，2014年本科人数占比较硕士人数占比少2%；专科及其他学历也从2008年的986人增加至1,347人，在信托从业人数中的占比持续下降，由2008年的20.3%降到2014年的8%（见表4-6）。

表 4 - 6　　　　2008—2014 年信托从业人员学历结构表　　　　单位：人

<table>
<tr><th>年份</th><th>2008</th><th>2009</th><th>2010</th><th>2011</th><th>2012</th><th>2013</th><th>2014</th></tr>
<tr><td>总人数</td><td>4, 860</td><td>5, 575</td><td>7, 129</td><td>9, 940</td><td>11, 546</td><td>14, 404</td><td>16, 753</td></tr>
<tr><td>博士</td><td>111</td><td>123</td><td>164</td><td>237</td><td>287</td><td>339</td><td>379</td></tr>
<tr><td>硕士</td><td>1, 423</td><td>1, 847</td><td>2, 488</td><td>3, 621</td><td>4, 865</td><td>6, 539</td><td>7, 642</td></tr>
<tr><td>本科</td><td>2, 340</td><td>2, 655</td><td>3, 432</td><td>4, 388</td><td>5, 155</td><td>6, 317</td><td>7, 367</td></tr>
<tr><td>专科</td><td rowspan="2">986</td><td rowspan="2">950</td><td>829</td><td>940</td><td>880</td><td>988</td><td>1, 112</td></tr>
<tr><td>其他</td><td>216</td><td>254</td><td>359</td><td>221</td><td>235</td></tr>
</table>

注：2008—2009 年专科及其他学历未做进一步区分。

从 2008—2014 年信托行业学历百分比堆积图 4 - 10 可以更直观地看出：第一，拥有硕士、博士学位的员工已成为信托公司的主力军，占到总人数的近一半；第二，有博士学位的人数维持了稳步增长态势，占比趋于相对稳定状态；第三，有硕士学位的人数继续超过本科从业人员，说明高学历人员已成为信托公司人才战略重点；第四，专科和其他学历人员在信托公司人员的占比不断下降。

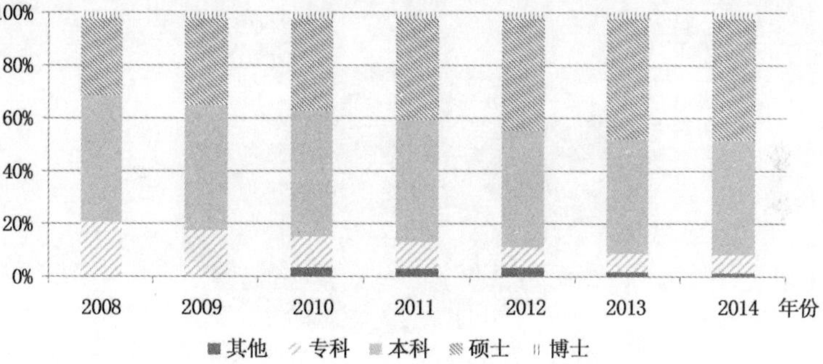

图 4 - 10　2008—2014 年信托行业学历百分比堆积图

从信托行业硕博人数占比来看（如图 4 - 11 所示），代表较高学历水平的硕博人数从 2008 年的 1, 534 人（行业占比 31. 6%），增加到了 2014 年的 8, 021 人（行业占比 47. 9%）。说明信托公司作为人力资本密集型的行业对专业知识的要求不断增加。

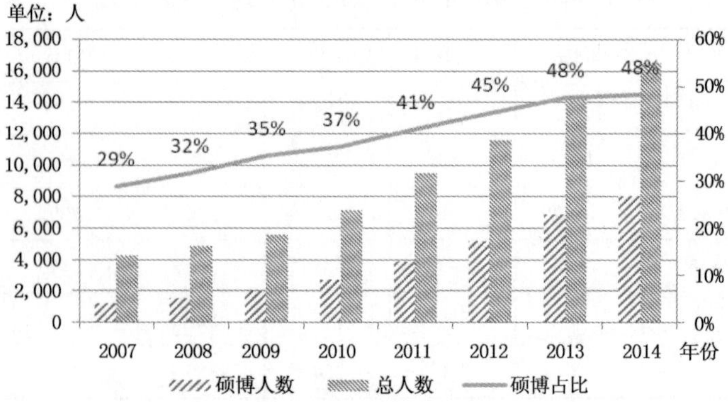

图4－11　信托行业硕博人数占比变化图

（三）信托业务人员占比持续上升，凸显信托主业地位

2014年，共有62家信托公司公布了员工的岗位结构表，这62家公司共有员工16,038人，其中，董监高人员591人，自营业务人员1,025人，信托业务人员9,042人，其他人员5,380人。信托业务人员占比达到56.4%，成为行业的主导力量（如图4－12所示）。

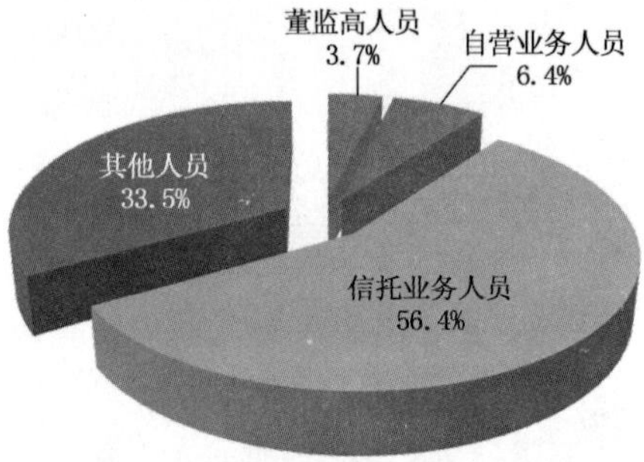

图4－12　2014年信托行业人员分布图

1. 董监高人员情况

从行业发展情况来看（见表4－7），2008年以来，董监高人数一直保持小幅上升趋势，董监高人员的增加，符合银监会提出的形成科学的公司治理机制，从而形成各司其职，形成运行有效、制衡有效、激励有效、约束有

效的良性机制。从年报公布的数据来看，62 家信托公司董监高的平均人数为 10 人，各家公司董监高人数差异较大，其中新华信托、中融信托、新时代信托、中信信托人数最多，分别是 23 人、20 人、16 人、15 人；西藏信托最少，为 3 人。

图 4 - 13 列示了信托行业高级管理人员的年龄分布。具体而言，30—39 岁的信托公司高管人数最多的是安信信托、新华信托，都是 3 人，40—49 岁的信托公司高管人数最多的是中粮信托、长安信托和百瑞信托，分别是 9 人、8 人、8 人，50—59 岁的信托公司高管人数最多的是陕国投信托共 6 人。

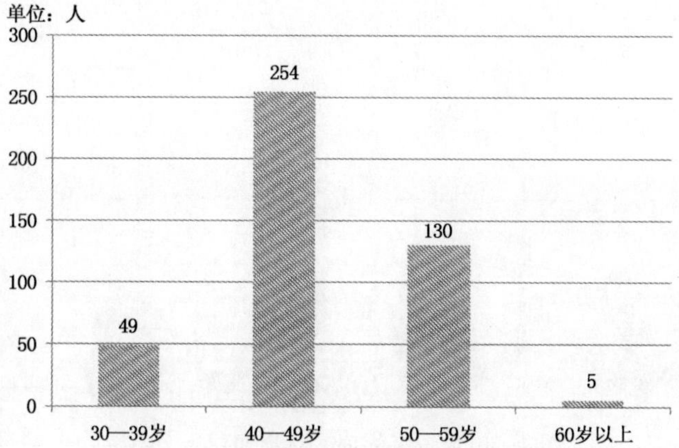

图 4 - 13　高级管理人员年龄结构分析

数据来源：2014 年年报（除华宸信托未公布）。

从年龄结构看，40—41 岁和 50—59 岁的高管占到整个年龄结构的 87.7%，但 30—39 岁的高管所占比例在逐渐提高，2014 年占比达到 11.2%。统计数据显示，有 35 家信托公司拥有至少一名 30 岁左右的高管，占 67 家信托公司数量的一半多，这些年轻的高管主要任职于副总经理（总裁）职位，个别任职于总经理或总裁、总经理（总裁）助理，这其中最年轻者为 32 岁，有两位分别为 36 岁和 38 岁人士任职总经理（总裁）职位。信托公司未来转型需要更多年轻高管的上任，希望能够为信托业的未来增添更多活力和智慧。

需要注意的是，高管的变动在近两年也较为频繁。图 4 - 14 列示了

2012 年 6 月到 2014 年 6 月，信托公司高管离职原因分析。可以看出，公司内部调动和换届导致的高管变动在所有变动的信托公司中比例最大。因为这都属于公司正常调动、任命，是为了契合公司的发展方向和内部管理，因此对信托公司无较大影响，但管理风格上可能会有所变动，需要一个适应过程。因退休、死亡、身体健康等其他原因，会给信托公司带来一定的不利影响，因为信托公司需要在短时间内寻找到合适的继位者，还要兼顾高管缺失带来的管理上的缺失。也有个别变动是因接受调查和被撤职，这会给信托公司造成声誉风险。除了负面影响外，跳槽和被同行挖角骨干人员占一定的比例，这些都须引起信托公司领导和股东的注意。

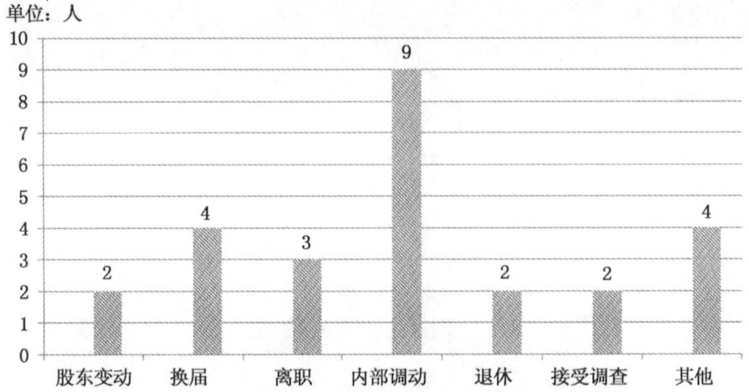

图 4-14　高级管理人员离职原因分析

注：其他包括死亡、撤职、身体原因、开业上任等原因，统计时间为 2012 年 6 月至 2014 年 6 月。

数据来源：新浪财经，http：//finance. sina. com. cn/trust/20140620/173919477190. shtml。

2. 自营业务人员情况

由表 4-7 可见，2014 年自营业务人员的数量与 2013 年相比上升较快，增幅为 36.3%。但从岗位比例（见图 4-15）来看，自营业务人数占比出现略有上升。62 家信托公司公布的数据显示，自营业务人员的人数从 1—148 人不等，平均人数为 17 人。其中，四川信托和平安信托自营从业人员最多，分别为 148 人和 136 人；国联信托、苏州信托、大业信托、中海信托人数都是 1 人。信托公司的业务主要有信托资产管理业务和自营业务，从自营资产和信托资产的对比看，自营资产远远小于信托资产，相应的人员配备也较少。

表 4－7　2008—2014 年信托行业从业人员岗位分布　单位：人

岗　位	2008 年	2009 年	2010 年	2011 年	2012 年	2013 年	2014 年
董监高人员	331	359	419	420	530	608	591
自营人员	515	479	468	490	590	752	1, 025
信托人员	1, 819	2, 379	3, 542	4, 448	5, 910	7, 331	9, 042
其他	1, 358	1, 497	1, 865	2, 582	3, 517	4, 518	5, 380
合计	4, 023	4, 714	6, 294	7, 940	10, 547	13, 209	16, 038

3. 信托业务人员

由表 4－7 可见，信托业务人员的数量增长较快，从 2008 年的 1, 819 人上升至 2014 年的 9, 042 人，增长了近 5 倍。从岗位比例（图 4－15）来看，信托业务人员在整个行业中的占比一直处于上升势头，2014 年信托业务人员占整个行业人员的 56. 4%，是信托公司主要的人员构成部分。从 62 家信托公司公布的数据来看，中融信托、平安信托、中信信托和四川信托的业务人员最多，分别是 1, 332 人、724 人、399 人和 314 人，上述公司的信托业务收入在信托业的排名也都高居前列；西藏信托、国联信托业务人员最少，分别是 30 人和 29 人。信托业务人员的快速增长和其业务扩张相一致，反映了行业对于信托主业的重视和信托主业的快速发展。

4. 其他人员

由表 4－7 可见，其他人员数量从 2008 年的 1, 358 人上升至 2014 年的 5, 380 人；从 62 家信托公司公布的数据来看，中融信托、长安信托、四川信托的其他人员最多，分别为 560 人、294 人和 279 人；中江信托和安信信托的其他人员最少，分别是 3 人和 2 人。

为了深入分析信托行业后台人员对前台业务人员的支持力度，可以将信托从业人员和自营从业人员作为业务人员，而“其他”作为职能人员（不含高管），二者的比值“业务/职能人员比”表示信托公司中每个职能部门人员可以支撑的业务人员数量。由图 4－16 可以看出，2007 年以来，该比

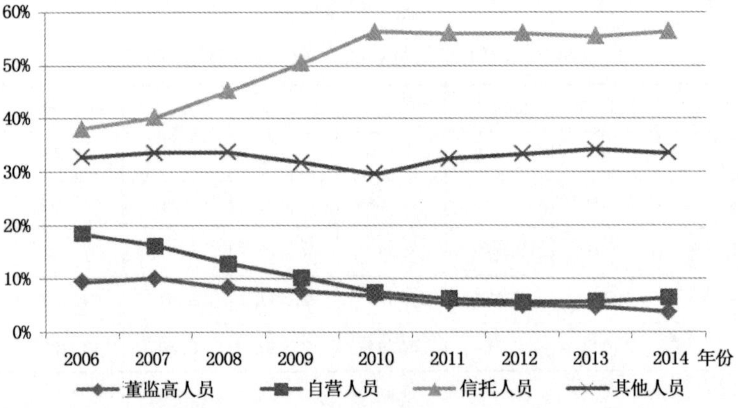

图 4－15　2006—2014 年信托行业从业人员岗位比例分布图

值的走势是先升后降，2010 年达到峰值 2.15，2013 年和 2014 年该比值分别是 1.79 和 1.87。这说明信托业务开展过程中，自营和信托等前台业务人员获得财务、风控等中后台人员的支持力度还在下降，未来信托公司后台人员配置仍须加强。

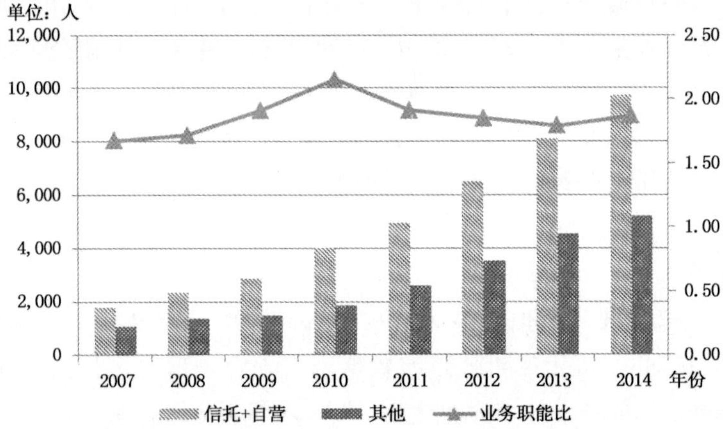

图 4－16　信托行业业务/职能人员比例走势

从人员需求看，我们需要关注两方面，一方面，信托公司目前对于信托业务人员，包括财富管理人员的需求非常大，特别是财富管理人员，由于信托业的价值链专业分工性水平还较差，各个信托应根据自身比较优势，选择信托业务链条中的一个或者多个环节，开展业务发展，而不是非要做到面面俱到。另一方面，信托公司还应该加强研发力量的重视程度，根据年报统计数据，设立类似研究发展部等部门的信托公司近 50 家，还有 18 家左右没有设立类似机构，即使设立了研究发展部门等类似机构的公司在发挥其力量方面可能还有挖潜机会。未来研发作为信托公司组织学习能力的一个重要方面。

三、员工数量和财务指标、业务规模间的关系

（一）员工数量与应付职工薪酬、信托净利润相关度较高

通过对 2014 年数据进行系统性测算，我们发现在年报公布的所有财务指标中，应付职工薪酬与信托公司员工数量间的正相关性最强，其相关系数高于信托公司总收入和总资产，甚至高于信托净利润和信托业务收入（见图 4－17）。

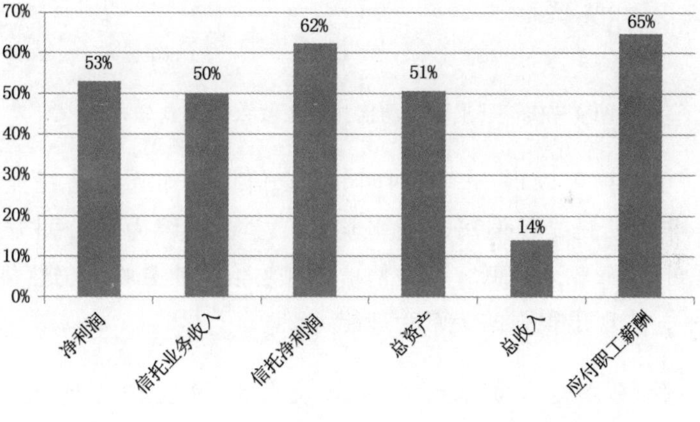

图 4－17 员工数量与财务指标间的相关性对比图

图 4－17 显示，2014 年信托公司员工数量和应付职工薪酬之间的相关系数高达 65%，高于员工数量与总收入、总资产的相关性。与此同时，员工数量与信托净利润的相关性也高于员工数量和净利润之间的相关性。这一现象暗示着目前信托行业的三大特征：第一，信托行业重视薪酬激励，应付职工薪酬和员工数量相关性之高充分说明该情况。第二，信托业务收入在总

收入中的占比较高，信托业务已成为信托公司的主营业务。第三，多数从业人员从事信托主营业务，员工数量与信托净利润相关性较高，说明此类业务同质性较强。

值得注意的是，员工数量多寡和收入水平高低之间并无绝对关系，但两者在统计学意义上的确存在较强的相关性。图4－18列示了公布相关数据的68家信托公司的人员数量与信托业务收入的散点分布情况。

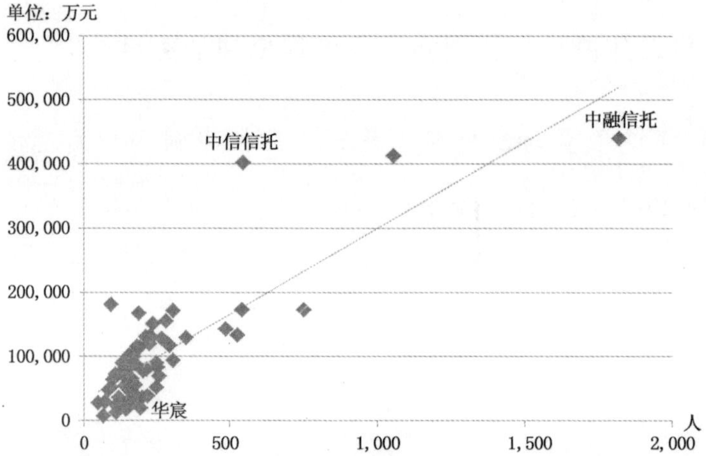

图4－18　员工数量与信托业务收入的散点分布图

经过简单测算可以得出，2014年68家信托公司人均信托业务收入为428万元。华宸信托显著偏离行业平均值，主要是因为该公司开业时间较短，人均信托业务收入较低，而中信信托人均信托业务收入仍然显著高于行业平均水平，体现出很强的经营管理能力。

（二）信托公司人员数量与集合类信托规模相关度较高

通过上文分析，我们得知各公司员工数量和信托业务收入之间存在较强的相关关系。数据显示，员工数量与信托业务规模间的相关性为50%，其中主要的原因是单一信托业务规模与员工数量之间关系不大（见图4－19）。

图4－19对比了四个统计口径的信托计划规模与员工人数间的相关性，从中不难看出，2014年存量集合信托规模对于员工数量的解释程度最高，两者间的相关性达到75%，而解释程度次高的是新增集合信托规模，其解

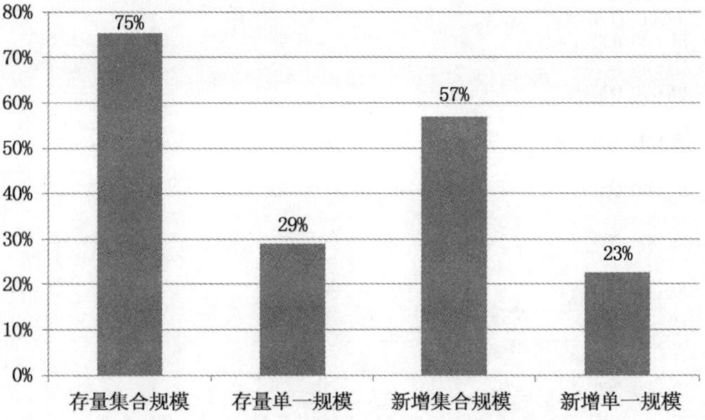

图4－19　员工数量与信托业务规模间的相关性

释程度为57%。与之相对，存量单一信托规模、新增单一信托规模和员工数量间的相关性比较弱，分别为29%和23%。这一现象说明，对于各家信托公司来说，集合信托是人力密集型业务，从尽职调查、合规风控和后期管理等各项环节均需相关人力投入。而单一信托业务作为通道业务，不需要投入太多人力，因此与员工数量关系不大。

与信托业务收入类似，员工数量和集合信托规模之间虽然没有绝对的正比关系，但两者在统计学意义上的确存在较强的相关性。图4－20中列示了68家信托公司的人员数量与存续集合信托规模的散点分布图。

年报数据显示，2014年全行业的人均存续集合类信托规模为177.7万元/人。从图4－20中不难看出，大多数信托公司的人均集合类信托规模处在行业平均水平附近。

总之，员工数量在一定程度上可反映信托公司的综合实力。一些具有较高的品牌知名度和市场影响力的信托公司能吸引更多的优秀员工加入，真正实现"强者恒强"的目标。

四、员工增量和业务发展速度间的关系

（一）规模效应是吸引人才的核心要素

上文针对员工数量和信托公司经营状况间的相关性做了静态分析，本部

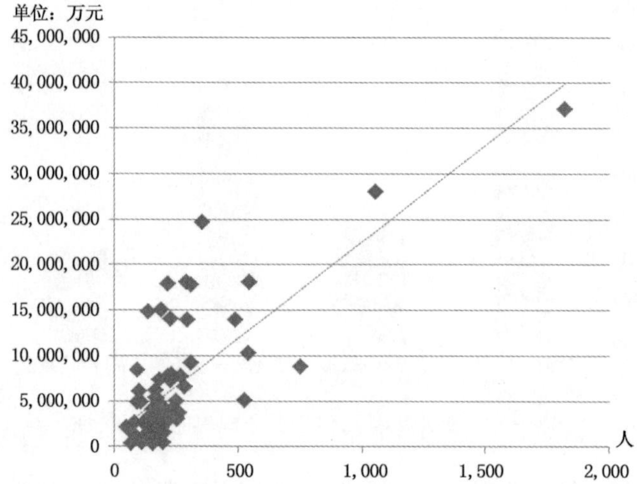

图 4－20　员工数量与集合类信托规模的散点分布图

分重点探讨员工增量与信托公司各类财务指标之间的动态关系。首先，我们计算了 2014 年 68 家公司员工增量和 2013 年各项指标之间的关系（如表 4－8 所示），以便了解决定信托公司增员规模的核心要素。

表 4－8　　2014 年员工增量和 2013 年各项指标间的相关性　　单位：%

指标名称	相关系数	指标名称	相关系数
员工基数	45	净利润	5
信托业务收入	41	存量集合规模	28
总收入	38	存量单一规模	19
信托净利润	37	新增集合规模	24

从表 4－8 中不难看出：第一，员工基数对于新增员工数量的解释程度最高，达到 45%。第二，信托业务收入对于增员数量也有重要影响，两者间的相关性为 41%，这说明信托业务收入越大的公司员工增幅也可能越大。值得指出的是，净利润对于新增员工数量的解释程度较差，这在一定程度上说明该项指标与公司的人员增量水平相关度不高。

与 2013 年员工增量和 2012 年各项指标间相关性比较，员工增量和员工基数之间的相关性由 78% 下降至 45%，信托业务收入相关性也由 65% 下降到 41%，主要由于新华信托、华能信托和四川信托情况变化较大，新华信托 2014 年减员 120 人，华能信托减员 34 人，而四川信托则增员了 320 人。如果 68 家信托公司扣除上述三家重新进行相关性测算（如图 4－21 所示），员工基数由 45% 增至 60%，信托业务收入则由 41% 增至 50%，总收入由 38% 增至 44%，信托净利润也由 37% 增至 44%，这说明 2014 年新华信托、华能信托和四川信托情况变化对 2013 年的各项指标影响较大。

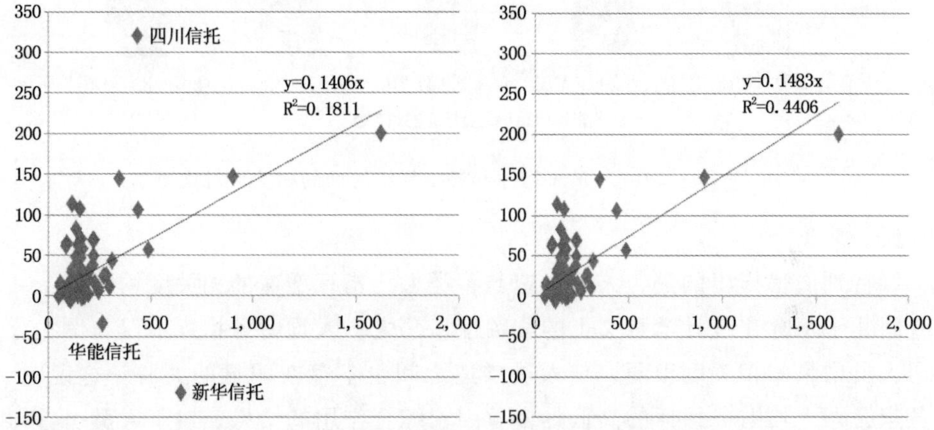

图 4－21　2014 年员工增量和 2013 年员工基数的相关性

通过上述相关数据分析，得出下列结论：集合信托业务规模和总收入较大的公司由于业务发展需求，人员增量也相对较大。另一方面，随着更多新员工的加入，实力雄厚的信托公司影响力将更加强大。

（二）信托公司员工增速和信托业务收入增速成正比关系

通过对 2014 年信托公司的主要财务数据进行测算，我们发现员工增速和集合信托规模增速间的相关度最高（如图 4－22 所示），这充分说明信托公司的增员速度可在一定程度上反映其集合信托规模的增长速度；另一方面也说明在信托公司业务同质化的背景下，信托公司业务竞争越来越激烈，信托业务收入增速进一步放缓。

从图 4－22 中不难看出，集合信托规模增速和人员增速间的相关性较高，为 32%。信托业务收入增速对人员增速的解释效果次之，两者相关性为 24%。相比之下，总收入增速、净利润增速与人员增速间的相关度则比

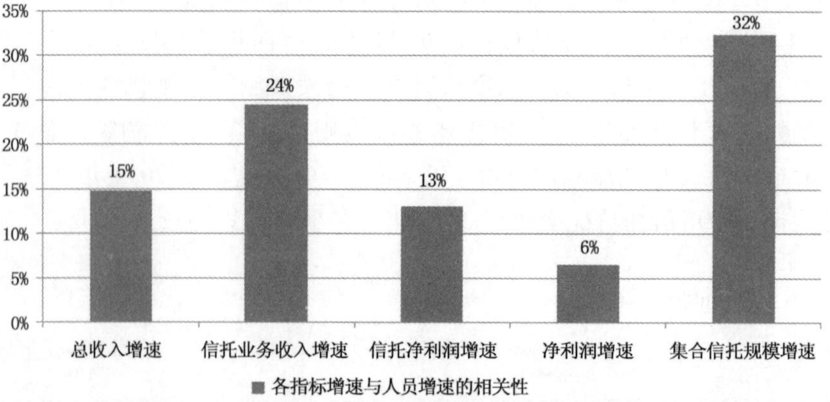

图4－22　2014年员工增速和各指标增速间的相关性对比图

较低。

特别值得指出的是，人员增速与各类人均指标增速的相关度均很低，两者间几乎不存在统计学意义上的相关性。总之，人均财务指标不仅与信托公司人员增量间相关度很弱，与人员增速之间也不存在明显的关联。这说明，各家公司人均财务指标的高低是多重因素综合作用的结果，对于人员引进与否，各家信托公司采取不同的策略。

（三）员工增量与信托公司股权结构之间的关系

伴随着信托业的规范发展，信托公司的股权结构也日益多样化，大致分为金融机构控股的信托公司、央企控股的信托公司、民企控股的信托公司、地方政府控股的信托公司和外资控股的信托公司。本文将从央企控股、金融机构控股和民企控股的角度分析员工增加和股东结构之间的关系。本文新增员工是2013年新增员工数，员工的增加对2014年各项财务指标的增速产生一定影响，下面我们进行相应分析。

表4－9　　2014年央企控股信托公司一览表　　单位：人，%

序号	信托公司	新增员工	人员增速	信托净利润增速	集合信托规模增速
1	华能信托	113	76	49	122
2	外贸信托	76	32	80	49

续表

序号	信托公司	新增员工	人员增速	信托净利润增速	集合信托规模增速
3	五矿信托	63	30	58	59
4	华宝信托	46	19	131	30
5	中航信托	33	18	53	44
6	昆仑信托	29	13	28	-14
7	华鑫信托	27	23	42	71
8	英大信托	23	19	4	55
9	百瑞信托	20	13	43	44
10	中海信托	17	15	96	174
11	中粮信托	16	16	-13	-6
12	国投信托	12	12	24	-21
13	中铁信托	11	10	44	12

从上表可看出，央企中新增人数最多的是华能信托，达到 113 人，人员增速达到 76%，信托业务增速达到 5%，信托净利润增速达到 49%，集合信托规模增速达到 122%。在央企控股的信托公司中，华宝信托的信托净利润增速最高，达到 131%，而集合信托规模增速最高的是中海信托，达到 174%。

表 4-10　　2014 年民营企业控股信托公司一览表　　单位：人，%

序号	信托公司	新增员工	人员增速	信托净利润增速	集合信托规模增速
1	四川信托	99	30	43	78
2	新华信托	68	12	59	-19
3	安信信托	62	61	73	32
4	国民信托	54	68	381	33
5	云南信托	52	63	108	136
6	爱建信托	50	48	95	61
7	新时代信托	38	19	36	-8

注：本统计民营企业数据不包括民生信托，因其 2013 年刚成立，并且 2012 年无年报。

从上表可看出，民企中新增人数最多的是四川信托，达到99人，人员增速达到30%，信托净利润增速达到43%，集合信托规模增速达到78%。在民企控股的信托公司中，国民信托的信托净利润增速最高，达到381%，云南信托也达到108%，而集合信托规模增速最高的是云南信托，达到136%。新华信托增员68人，集合信托规模增速降了19%，净利润降了80%，说明人员增加但业务规模下降较多。

表4-11　　2014年金融机构控股信托公司一览表　　单位：人，%

序号	信托公司	新增员工	人员增速	信托净利润增速	集合信托规模增速
1	兴业信托	109	46	19	420
2	平安信托	68	8	66	125
3	中泰信托	65	66	78	16
4	中信信托	52	12	99	51
5	华融信托	48	29	101	40
6	中诚信托	46	26	84	-20
7	建信信托	41	28	173	150
8	中建投信托	40	38	40	40
9	新盛信托	37	185	230	-18
10	交银信托	31	24	85	208
11	大业信托	22	29	87	69
12	金谷信托	0	0	-13	-40

本统计金融机构控股信托公司的数据不包括光大兴陇，因其2014年刚成立，并且2013年无年报。

从表4-11可看出，金融机构控股的信托公司中新增人数最多的是兴业信托，达到109人，人员增速达到46%，信托净利润增速达到19%，集合信托规模增速达到420%。在金融机构控股的信托公司中，建信信托的信托净利润增速最高，达到173%，而集合信托规模增速最高的是兴业信托，达到420%。

表4-12　　2014年三类信托公司之间的比较　　单位：人,%

序号	信托公司类型	平均新增员工	平均人员增速	平均总收入增速	平均信托业务收入增速	平均信托净利润增速	平均净利润增速	平均集合信托规模增速
1	央企控股	38	23	13	6	49	14	48
2	民企控股	61	43	16	20	114	29	45
3	金融机构控股	47	41	8	4	87	4	87

从整体看，民企控股的信托公司增员最多，平均新增员工为61人，比央企控股较央企控股信托公司多61%，平均人员增速达到43%，但从整体业务发展来看，民企控股的信托公司总收入平均增速达到16%，信托业务收入平均增速、信托净利润平均增速、净利润平均增速和集合信托规模平均增速分别达到20%、114%、29%和45%，尤其净利润平均增速远远高于央企控股和金融机构控股的信托公司，说明在民企控股的信托公司激励体制下，人员的增加更能促进业务快速发展。

五、人均财务指标概览

（一）人均信托业务收入实现个位数增长，少数公司偏离平均水平

2014年年报数据显示，68家信托公司实现人均信托业务收入427.5万元，较2013年上涨0.2%。事实上，2010年和2011年是信托行业飞速发展的黄金时期，在业务规模急速膨胀，收入水平迅速提高的刺激下，全行业从业人员增速也达到了近年来的最高水平。图4-23显示，2014年信托公司人均信托业务收入下滑较多，主要由于信托业务转型和人员增加等因素。

上文分析中提到，各家公司的人均信托业务收入还是存在较大差异，2014年人均信托业务收入最高的信托公司是重庆信托1,901万元，最低的是吉林信托91万元。年报中披露相关信息的各家公司人均信托业务收入分

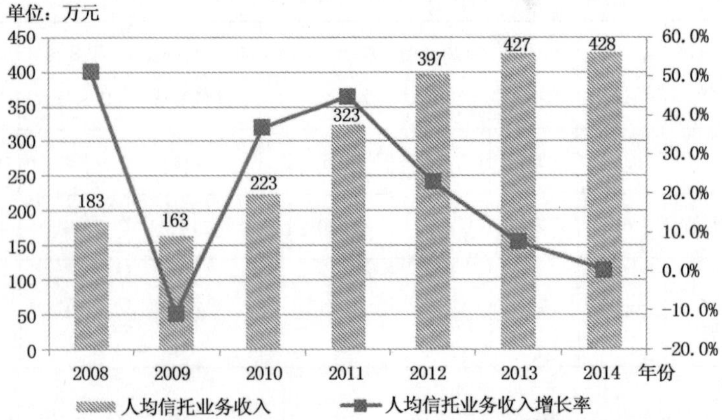

图4-23　2008—2014年人均信托业务收入

布如图4-24所示。

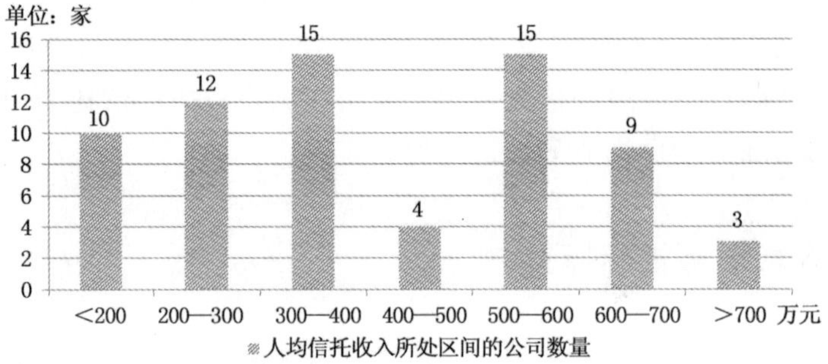

图4-24　2014年人均信托业务收入分布图

从上图中可以看出，大多数信托公司人均信托业务收入处在300万—600万元区间，超过700万元和小于200万元的公司分别有3家和10家。

在人均信托业务收入方面，重庆信托以1,901万元位居行业首位，依次是安信信托、中信信托和北方信托，人均信托业务收入都超过了700万元（见表4-13）。

排在前10位的信托公司中，中信信托是近年来增员较多，2010—2014年的中信信托增员270人，其中2014年人员增长56人，在增员的情况下，中信继续保持较高的人均信托业务收入，表现出较好的综合经营能力。北方信托和渤海信托两家公司则拥有单一信托规模较大，在全行业处于较高水平，由于单一信托计划不需要过多的人力投入，所以以上两家公司人均收入水平较高。重庆信托、江苏信托和天津信托属于近年来增员幅度最小的信托公司，自2010年以来分别增员28人、25人和6人，估计由于股东或其他客观原因限制在编员工数量。中诚信托近年来增员幅度处在行业中上游，并保持较高的人均收入水平，属于综合经营管理能力较强的公司。

表4-13　人均信托业务收入情况表　单位：万元

序号	信托公司	人均信托业务收入	信托收入排名	总收入排名	信托资产规模排名
1	重庆信托	1,901	4	5	35
2	安信信托	850	8	66	34
3	中信信托	739	3	2	1
4	北方信托	738	29	21	17
5	苏州信托	659	35	38	46
6	渤海信托	639	23	31	27
7	天津信托	635	28	21	33
8	中诚信托	632	10	6	14
9	中江信托	625	20	30	22
10	粤财信托	622	40	44	26

（二）人均集合信托规模继续快速增长，各家公司增速相差较大

近年来，信托公司人均集合信托规模增长迅速。2008年末，全行业人均集合信托规模仅有2,967万元，到2014年末达到了26,373万元，六年时间增长了九倍多。图4-25显示，人均集合信托规模增速在2010年达到峰值106%，此后虽然有所回落，但近两年增速稳定，2014年人均集合信托规模增速为36.5%，较2013年的18.9%增幅较大。2013—2014年，人均集合信托资产增长率不断上升，主要是由于集合信托资产的增长迅速，对信托资

产规模的贡献度不断提高。而相应的单一信托资产规模在2014年的占比出现了下降趋势。

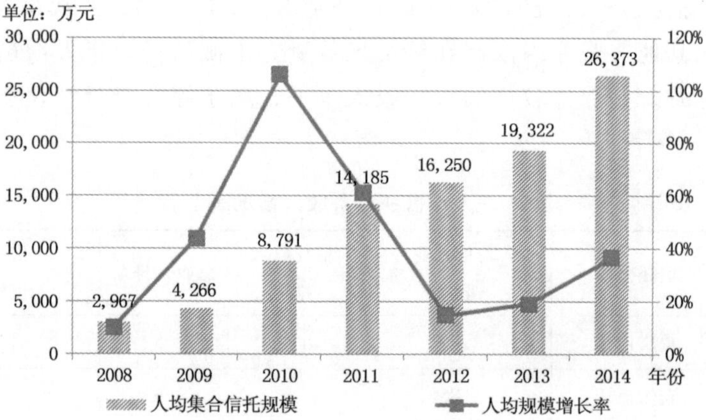

图4-25　人均集合信托规模、信托资产规模走势图

中海信托以107,588.9万元的人均集合信托资产规模位居榜首。平安信托的集合信托规模是单一信托规模的2.7倍。从人均管理集合信托资产规模的情况看，人均水平高的信托公司，多数信托公司的集合信托资产排名靠前，说明信托公司正朝向“做强做大”的目标前进。

表4-14　信托公司人均集合信托资产规模　单位：万元

序号	信托公司	人均集合信托资产	集合信托资产排名
1	中海信托	107,588.88	8
2	重庆信托	88,617.77	15
3	建信信托	81,828.30	6
4	外贸信托	69,621.56	3
5	上海信托	62,407.01	4
6	华能信托	61,597.87	9
7	粤财信托	59,288.02	23

续表

序号	信托公司	人均集合信托资产	集合信托资产排名
8	华润信托	57, 406. 86	7
9	大业信托	50, 684. 52	29
10	五矿信托	47, 213. 78	11

在排名前10的信托公司中，粤财信托、重庆信托近年来增员较小，其年报中披露的员工数量不包括外包人员，所以人均集合信托规模偏高。而外贸信托、华润信托、中海信托和建信信托近年来增员较多，同时保持了较高的人均集合规模，说明以上公司的经营管理能力较强。

2014年信托公司年报分析之五：客户服务篇

百瑞观点：

- 2014年信托业为客户创造净利润达9,967亿元，并保持了稳定增长
- 信托项目收入的主要来源依旧是利息收入和投资收益，但集中度有所分散
- 稳定的信托销售净利率增长巩固了信托业在客户利益分配方面的优势
- 信托项目收入增长，支出减少，客户服务费金额上升但增速放缓
- 推广致力于客户投资理财需求的资产管理类业务是信托业转型的重点
- 需要教育客户提高风险意识，消除“靠政府”和“刚性兑付”等中国式投资依赖性
- 加强信托公司品牌建设是在市场竞争中获得客户关注和认可的有力方式
- 聚焦高净值客户的家族财富管理业务是回归信托本源的关键

- 消费信托的兴起有利于解决客户痛点，推广普惠金融
- 公益信托和基金会的结合将有利于赢得客户诚信，助力慈善事业
- 互联网思维和信托制度的融合将提高客户服务的广度和深度，实现互利共赢

2014 年末，信托行业管理的资产规模将近 14 万亿元，信托资产规模和收入保持增长的同时，大资管时代下制度红利的逐步消失，使得信托公司纷纷积极推进业务创新和转型，加强风险把控。同时，“受人之托，代人理财”的信托本源，使得信托业需要不断改进和完善客户服务模式，从而提高营销能力，助力信托公司的转型和可持续性发展。

一、提升资产管理能力，为客户创造价值，平稳增长

2014 年，信托行业资产规模为 13.98 万亿元，比 2013 年增长了 28%，但增速与近 5 年来平均 50% 以上的速率相比已呈明显放缓趋势。

（一）信托项目净利润额达到 9,967 亿元

2014 年，信托项目净利润达到了 9,967 亿元，对比 2013 年的 6,274 亿元，增长约 58.87%，增幅比例与 2013 年基本相同。作为规模第二大的金融子行业，2014 年信托业在适应监管体系重大调整的背景下，资产规模增速下降、同业竞争加剧，自身转型发展迫在眉睫。预计在监管趋严、政策红利减退、行业竞争和创新金融模式等多重压力之下，未来几年信托公司将告别前几年的高速增长，转而进入稳步增长和转型创新的阶段，为行业的可持续性发展蓄力（见表 5-1）。

表 5-1　　2009—2013 年信托公司客户收益及其分配　　单位：亿元，%

年度	信托净利润	可供分配的信托利润	本期已分配信托利润	期末未分配信托利润	信托利润分配率
2009	913.12	957.53	768.03	189.49	84.1

续表

年度	信托净利润	可供分配的信托利润	本期已分配信托利润	期末未分配信托利润	信托利润分配率
2010	1, 397. 29	1, 585. 64	1, 247. 52	338. 11	89. 3
2011	1, 606. 6	1, 942. 66	1, 950. 37	-7. 71	121. 4
2012	3, 960. 35	3, 893. 11	3, 537. 67	490. 45	89. 3
2013	6, 273. 66	6, 474. 81	6, 004. 09	732. 53	95. 70
2014	9, 966. 69	10, 461. 09	8, 483. 15	2, 330. 32	85. 11

从2009—2014年，信托公司向客户分配的信托利润（不含受托本金）及其分配率趋势图（见图5-1）可以看出，信托项目净利润和当前已分配信托利润在2014年继续保持了稳定增长，但增幅相对2013年已有明显回落。

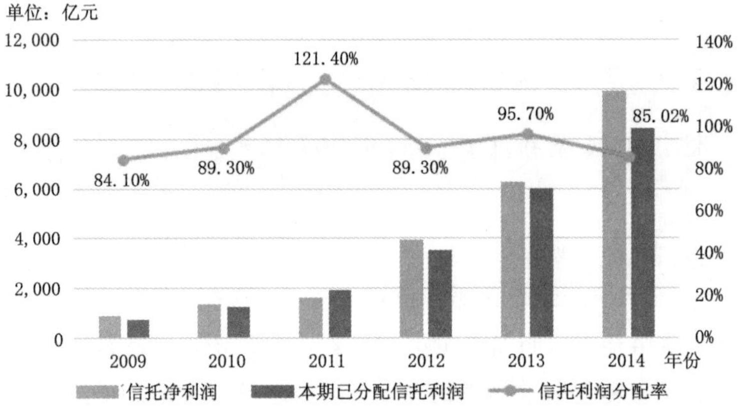

图5-1　2009—2014年信托公司客户收益及其分配率趋势

从分配方面分析，2014年度信托公司向客户实际分配信托利润为8,483亿元，比2013年增长31.0%，还有2,330亿元未分配信托利润。2014年的信托净利润分配比约为85%，除去2011年由于超额分配了往年累积的未分配利润，高达121.4%的分配率外，与过往五年情况类似。

2014年的信托项目净利润增长率为58.87%，与2013年的增长幅度（58.41%）相比基本持平，略有增长。但随着信托现有业务存量和新增业务数量的下降，导致本年度信托资产规模增长率仅为28.5%，较2013年46%的增长幅度下降较大。在68家信托公司中有20家信托项目净利润为负增长，28家信托资产规模呈现负增长。这一方面是受信托资产增速放缓和增量效益下滑影响；另一方面信托报酬率也呈现下降之势；同时可能与部分项目风险逐步显现有关。由于信托计划周期多为一年或一年以上，而信托计划收入与利润均按照权责发生制计入财务报表，据此预计，随着大资管时代背景下基金子公司、券商资管计划，乃至通过互联网众筹模式拆分转让金融产品收益权等同业竞争的不断加剧，以及《信托公司条例（征求意见稿）》中拟对信托公司按照财务情况、内部风控等标准进行分类等监管举措，2015年信托项目净利润总额增速也许会继续有所下降，甚至出现未来信托项目的净利润增长率低于信托资产规模增长率的可能性（见图5-2）。

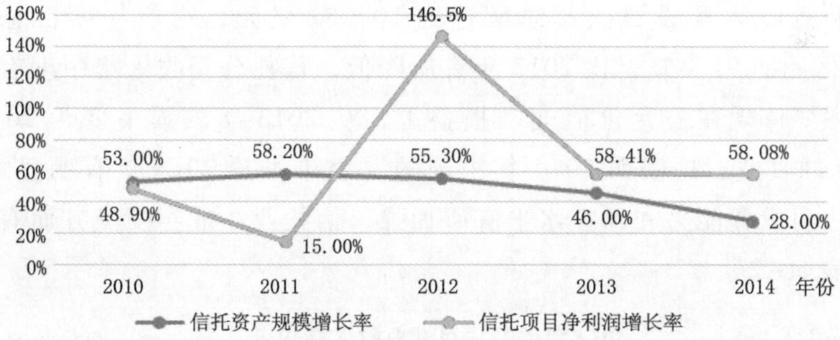

图5-2　2010—2014年信托规模增长率与信托项目净利润增长率对比

2014年，信托项目净利润占信托资产规模的比例为7.1%（如图5-3所示），保持了2011年以来的持续上升趋势，但与2014年中国500强企业1.36%的资产利润率相比，信托行业7.1%的数值依旧是一个较高的资产收益水平。

（二）信托项目收入主要来源仍为贷款利息和投资收益

如信托项目营业收入结构表所展示，利息收入和投资收益作为贷款和投资两种主要资产运用方式所产生的收益，依旧是构成信托公司收入的主要来源，分别占比49.6%和41.8%，相比2013年，利息收入占比有所下降，投资收益占比有所上升，这也符合监管导向鼓励信托资产减少贷款方式，扩大投资运用比例，加强信托公司自身可持续资产管理能力的意向，

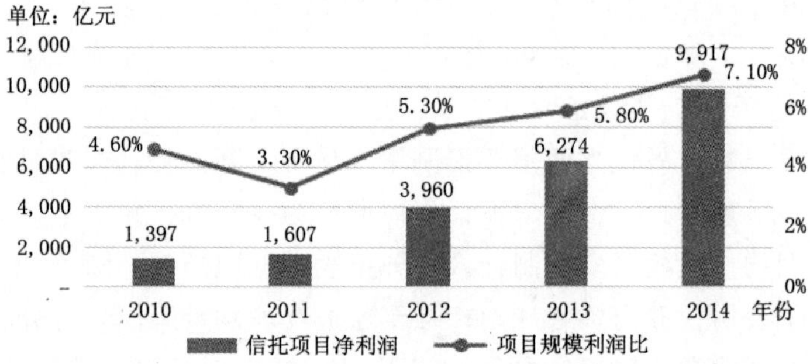

图5-3　2009—2014年信托项目规模利润比率走势

充分利用信托贷款与投资具有转化的特点，通过夹层融资等方式使信托公司在同业竞争中占据优势，并应对利率市场化的冲击。2014年，信托公司贷款利息收入和投资收益总额达到10,252亿元，占信托项目总收入11,216亿元的91.4%，比2013年有所降低，信托公司收入集中度有所分散。这主要体现在公允价值变动损益上，从2013年的损失变为2014年557亿元的收益。这表明2014年中国的二级市场较2013年有明显恢复，且信托公司投资能力和风控水平有所加强，信托业在证券投资方面有所盈利（见表5-2）。

表5-2　　2014年信托项目营业收入结构表　　单位：万元,%

类　　别	金额	占　　比
利息收入	55,652,839	49.62
投资收益	46,863,147	41.78
公允价值变动损益	5,617,631	5.01
租赁收入	70,022	0.06
汇兑损益	-9,662	-0.01
手续费及佣金收入	38,952	0.03
财务顾问收入	505	0.00
其他收入	3,926,619	3.50
营业收入合计	112,160,053	100.00

（三）信托项目整体销售净利率水平较高

信托作为一种特殊的资产管理法律制度，本着“受人之托，代人理财”的原则，通过信托公司发行的信托计划持有委托人资产。信托计划本身作为一类特定的法律结构，具有自主独立管理、运用信托财产的特性，但不是独立的法人纳税主体，故本身税收负担较少，除去必要的运营管理成本以外，信托项目整体的利润率水平较高，委托人可以获得更多的投资收益。

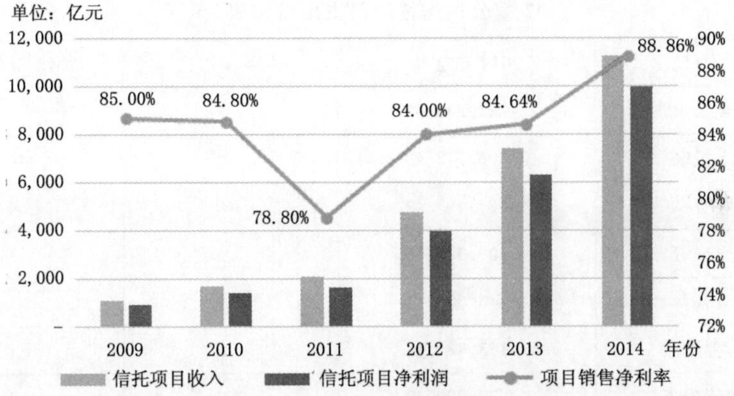

图5-4　2009—2014年信托项目销售净利率水平

从图5-4可看出，除2011年销售利润为78.80%以外，其余几年均稳定在近85%，2014年更是增长为88.86%。远高于其他行业的销售净利率，说明信托公司能够有效的将绝大部分项目收入转化为投资收益，实现委托人/受益人的利益最大化。

二、信托项目收入增长，支出减少，客户服务费金额上升

从支出角度看，2014年信托项目支出合计1,126亿元，占信托项目收入的10%，项目支出总体水平和上两年15%—16%相比有明显下降。客户服务费总额继续上升，体现了信托公司对于开拓客户市场、提高客户服务水平的一贯重视。

（一）信托项目支出结构情况

在68家信托公司信托项目损益表中，有37家信托公司列出8项明细，分别为：营业税金及附加、受托人报酬、托管费、投资管理费、销售服务费、交易费用、资产减值损失和其他费用；部分公司列出4项明细，分别是营业税金及附加、业务及管理费、资产减值损失和其他业务成本；其他公司未列出任何明细，仅以“营业支出”或“营业费用”等一级会计科目进行列表（见表5－3）。

表5－3　　37家公司信托项目支出结构表　　单位：万元，%

项　目	2014年金额	2014年占比	2013年占比
营业税金及附加	31, 281. 55	1	1
受托人报酬	2, 806, 743. 18	45	44
托管费	587, 199. 42	10	9
投资管理费	109, 361. 46	2	5
销售服务费	445, 588. 14	7	7
交易费用	123, 425. 12	2	1
资产减值损失	29, 099. 41	0	0
其他费用	2, 036, 236. 80	33	33
支出总额	6, 168, 934. 09	100	100

从绝对额看，受托人报酬达到281亿元，是信托项目支出中最大的一项，也是信托公司信托业务收入的主要来源。2014年，受托人报酬在支出总额中占比与2013年相比，略有增长，约为45%；占比第二大项的其他费用则与2013年数据相仿，为33%，但由于大部分信托公司未披露其他费用额的构成，此项包括在支出未细分时的业务管理费，也不排除受托人报酬等项目被计入了其他费用。2014年，已按照上述8项明细披露信息的37家信托公司总计实现信托业务收入为317亿元，其中受托人报酬占比88%。

从图5－5中可见，2014年在信托项目支出中，受托人报酬占比45%，排名第1；其他费用占比33%，排名第2；托管费和销售服务费分别占10%和7%，依旧是信托项目支出的重要组成部分；投资管理费占比从2013年的5%下降到2014年的2%，这也显示出随着金融同业竞争压力的加大，信托公司对投资者的让利；而营业税金及附加、交易费用和资产减值损失则占比较小。

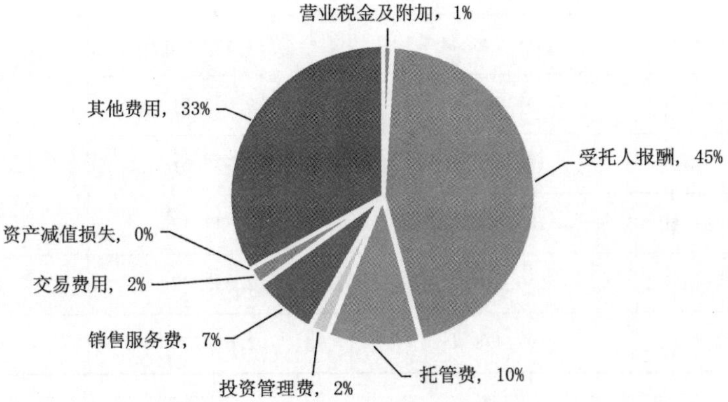

图5-5　2014年信托项目支出结构

（二）营业税金及附加

总体来看，营业税金及附加项在信托项目支出中占比较小，全行业累计仅为11亿元，占信托项目支出总额比例约为1%。其中主要原因是信托项目作为一个“载体”或“通道”，并非代议纳税法人主体。从公司角度来看，英大信托营业税金及附加一项达到了4.2亿元，占该公司信托项目支出的35%，占全行业营业税金及附加总额的38%。由于各公司仅披露了营业税金及附加的应税金额，故对于英大信托明显高于同行业其他公司的营业税及附加项原因的推测，可能与其管理资产中集合信托规模占比较低有关（仅占6.61%）（见表5-4）。

表5-4　信托项目营业税金及附加　单位：万元，%

序号	信托公司	信托项目支出总额	营业税金及附加	税金占比
1	英大信托	120,917.77	42,114.44	35
2	华润信托	287,688.88	19,428.27	7
3	北京信托	207,703.77	14,349.66	7

续表

序号	信托公司	信托项目支出总额	营业税金及附加	税金占比
4	中信信托	706, 268. 85	13, 825. 61	2
5	外贸信托	318, 279. 44	11, 322. 32	4
6	中诚信托	234, 999. 54	9, 073. 01	4
7	金谷信托	112, 250. 76	3, 975. 61	4
8	中海信托	183, 062. 61	3, 347. 12	2
9	粤财信托	160, 840. 02	2, 832. 77	2
10	上海信托	197, 438. 45	2, 614. 39	1

（三）受托人报酬支出

受托人报酬支出是信托项目支出的主要组成部分。2014年，中融信托的信托项目受托人报酬支出依旧为全行业最高，达到37.8亿元，受托人报酬占其信托项目支出的比例为38%，高于行业平均值30%。受托人报酬超过10亿元的信托公司数量从2013年的6家增长到了10家，分别为中融信托、外贸信托、安信信托、中航信托、新华信托、厦门信托、北京信托、上海信托、重庆信托和山东信托。这表明随着信托资产规模的不断扩大，受托人报酬也有了相应的增长（见表5－5）。

表5－5　信托项目受托人报酬支出　单位：万元，%

序号	信托公司	信托项目支出总额	受托人报酬	受托人报酬占比
1	中融信托	991, 143. 72	377, 896. 83	38
2	外贸信托	318, 279. 44	306, 957. 12	96[①]
3	安信信托	288, 573. 23	163, 782. 17	57
4	中航信托	314, 574. 98	143, 020. 70	45
5	新华信托	206, 626. 24	139, 193. 42	67

续表

序号	信托公司	信托项目支出总额	受托人报酬	受托人报酬占比
6	厦门信托	133, 714.00	133, 714.00	100②
7	北京信托	207, 703.77	122, 676.65	59
8	上海信托	197, 438.45	115, 082.18	58
9	重庆信托	158, 603.09	108, 296.87	68
10	山东信托	289, 487.58	101, 751.08	35

注：①外贸信托由于披露数据形式有其他公司有所不同，在信托支出项中，并没有列出“受托人报酬”，其披露的明细为“业务及管理费”，这里可能包含了受托人报酬及其他相关类型的费用。此处采用“业务及管理费”数据代替“受托人报酬”，因此造成受托人报酬占信托项目支出比较高，为96%。

②厦门信托披露的数据在信托支出项中，并没有列出“受托人报酬”，其披露的明细为“信托费用”，这里可能包含了受托人报酬及其他相关类型的费用。此处采用“信托费用”数据代替“受托人报酬”，因此造成受托人报酬占信托项目支出为100%。

在受托人报酬与信托业务收入的比较中体现出，如浙金信托，信托项目支出共计约3亿元，其中受托人报酬1.27亿元，而信托手续费收入达到2.3亿元，说明信托财产以外收取的信托手续费收入是比较多的（详见表5－6）。

表5－6　信托业务收入与信托项目报表中受托人报酬的比较　单位：万元，%

序号	信托公司	信托业务收入	信托项目列支受托人报酬	受托人报酬列支占比
1	中航信托	128, 307.53	143, 020.70	111.5
2	新华信托	132, 697.35	139, 193.42	104.9
3	云南信托	46, 728.55	47, 397.44	101.4
4	安信信托	162, 277.89	163, 782.17	100.9
5	中泰信托	38, 679.62	38, 940.99	100.7
6	山东信托	101, 686.95	101, 751.08	100.1

续表

序号	信托公司	信托业务收入	信托项目列支受托人报酬	受托人报酬列支占比
7	西部信托	29, 075. 93	29, 075. 93	100. 0
8	国元信托	66, 697. 16	66, 696. 35	100. 0
9	华宸信托	12, 238. 29	12, 217. 47	99. 8
10	万向信托	18, 569. 68	18, 491. 04	99. 6
11	建信信托	80, 727. 33	80, 299. 00	99. 5
12	紫金信托	35, 493. 04	35, 303. 76	99. 5
13	苏州信托	71, 798. 00	70, 725. 94	98. 5
14	国联信托	28, 767. 00	28, 040. 00	97. 5
15	粤财信托	63, 432. 53	61, 210. 91	96. 5
16	天津信托	90, 237. 37	87, 069. 80	96. 5
17	上海信托	120, 036. 57	115, 082. 18	95. 9
18	中粮信托	19, 259. 11	18, 272. 25	94. 9
19	北京信托	129, 895. 00	122, 676. 65	94. 4
20	百瑞信托	100, 664. 04	94, 992. 32	94. 4
21	金谷信托	56, 309. 66	52, 870. 45	93. 9
22	华鑫信托	65, 681. 67	59, 730. 34	90. 9
23	国民信托	38, 724. 66	34, 979. 25	90. 3
24	陆家嘴信托	70, 003. 00	63, 214. 14	90. 3
25	国投泰康信托	55, 059. 23	48, 864. 22	88. 7
26	湖南信托	70, 132. 00	61, 869. 00	88. 2
27	中融信托	439, 032. 00	377, 896. 83	86. 1
28	杭工商信托	80, 607. 00	67, 421. 00	83. 6
29	交银信托	88, 077. 44	71, 034. 91	80. 7

续表

序号	信托公司	信托业务收入	信托项目列支受托人报酬	受托人报酬列支占比
30	中原信托	114, 256. 52	91, 118. 67	79. 7
31	华能信托	120, 219. 55	92, 584. 53	77. 0
32	方正信托	131, 671. 11	87, 438. 76	66. 4
33	大业信托	52, 056. 28	33, 807. 45	64. 9
34	民生信托	33, 663. 54	21, 156. 30	62. 8
35	中建投信托	77, 461. 20	47, 546. 80	61. 4
36	重庆信托	180, 611. 15	108, 296. 87	60. 0
37	浙金信托	23, 152. 67	12, 674. 26	54. 7

绝大多数信托公司由于信托业务收入还可能来源于投资银行业务收入或者以超额浮动收益等形式体现，信托业务收入是高于信托项目利润表中列示的受托人报酬数字的。但个别公司，如中航信托和新华信托等，信托项目利润表中列示的受托人报酬要高于公司的信托业务收入，可能是由于该公司自有资金参与投资了信托项目，而在核算时计入了自有业务收入等统计方法差异原因造成的。

（四）托管费

托管费是信托财产中的一个重要支出项目，由合格的商业银行来对信托计划进行保管，不同信托产品的托管费率也有所不同。2014年，共有37家信托公司在信托项目中列支了托管费用，平均每家信托公司的托管费用达到1.59亿元，比2013年的1.44亿元提高了10%。但由于保管服务内容的差异，不同信托项目的费用收取也存在差异。2014年，中融信托以8.7亿元排名首位，大幅超过其他信托公司。由于近年来托管费用的不断上升，前10名信托公司的托管费占行业托管费的比例从2013年的62.9%略有下降到了2014年的60.8%，但集中度依然较高（见表5－7）。

表 5－7　　2013 年和 2014 年信托公司托管费排名　　单位：万元

序号	信托公司	2014 年托管费	信托公司	2013 年托管费
1	中融信托	86, 608. 36	兴业信托	69, 401. 53
2	中航信托	43, 788. 64	中融信托	55, 342. 01
3	山东信托	39, 598. 30	山东信托	31, 503. 09
4	华能信托	31, 114. 18	中航信托	30, 586. 88
5	国元信托	30, 773. 18	华能信托	28, 154. 22
6	上海信托	29, 110. 43	国投信托	25, 391. 76
7	云南信托	26, 695. 91	中泰信托	23, 174. 31
8	建信信托	25, 033. 89	国元信托	21, 495. 10
9	湖南信托	25, 030. 00	方正信托	21, 023. 49
10	方正信托	19, 173. 54	上海信托	20, 828. 66
	前 10 名占比	60. 8%	前 10 名占比	62. 9%

托管费是衡量信托公司托管水平的一个重要指标。对于信托公司而言，集合资金信托是必须采用合格商业银行进行保管的，而单一资金信托和财产权信托则没有保管要求，但是部分单一资金信托会应委托人要求采取银行保管方式，在银信合作中采用保管方式银行可将部分利息收入转化为非利息收入。总体来讲，采用集合资金信托规模来估算托管费率会产生高估现象，而采用全部信托资产规模来估算托管费率又会产生明显的低估现象。但由于托管费主要是集合信托项目的支出，因此用集合信托资产规模来估算可能更加接近实际情况数值。

图 5－6 显示，2011 年是信托托管费率近几年来的最低点，按照全部信托资产规模来估算只有 0. 07%，之后两年有所回升，2013 年达到了 0. 10%，2014 年则回落到了 0. 09% 的水平；如果按照更加接近实际情况的集合信托资产规模来进行估算，则加权平均托管费率从 2011 年 0. 25% 的最低点上升到了 2013 年的 0. 40%，2014 年，受金融界激烈的同业竞争影响，可供信托公司选择的托管银行越来越多，托管费率回落到了 0. 28%，趋于接近基金行业 0. 25% 的托管费率水平。

同时，随着我国的金融制度改革，商业银行的转型压力也在进一步加

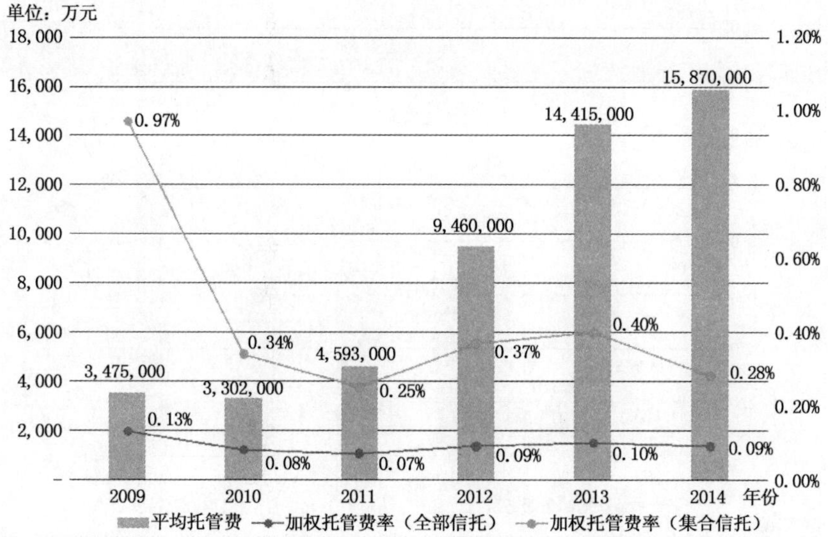

图5-6　2009—2014年信托项目托管费率测算

大，不消耗资本、不占用资金的资产托管业务开始成为各家银行布局的重点业务之一，全能型的专业托管银行也在随之出现，比如托管业务规模已经突破6,000亿元的民生银行。数据显示，2014年末，全行业资产托管规模达到了54万亿元，增速为54%。因此预计未来几年，信托项目托管费不会出现明显上升的趋势。

（五）销售服务费

根据2014年披露的数据明细，共有32家信托公司列出了销售服务费一项，通过信托项目支付的销售费用共计达44.56亿元，平均每家支付1.39亿元，与2013年数据基本持平，对应集合信托资产规模为19,672.5亿元，销售服务费占集合信托资产规模的比例为0.23%，与前两年相比有明显下降。但各信托公司间的销售费用差距极大。

销售服务费用的增长主要与信托资产规模以及销售服务费率的增长相关。从图5-7中可以看出，信托公司支付的销售服务费从2009年起一直增长较快。2009年，统计范围内的信托公司平均支付销售服务费仅为1,058万元，2014年则达到了1.39亿元，是2009年的13.16倍，但2014年较2013年增幅明显减小。

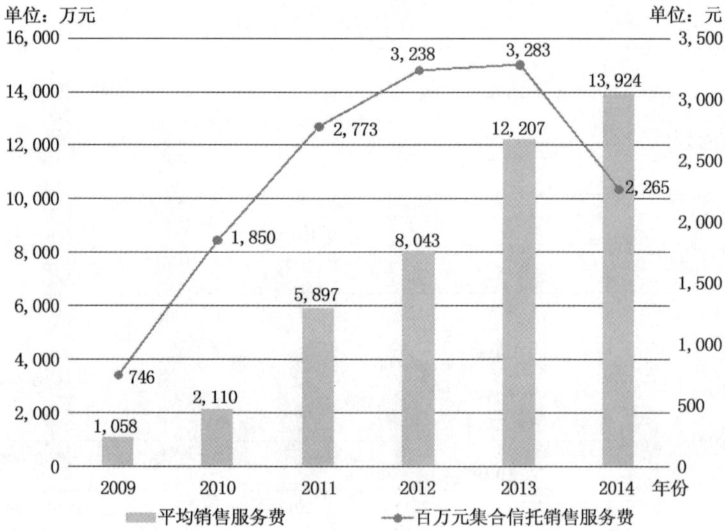

图5-7　2009—2014年信托项目销售服务费

从销售费率来看，这里采用每百万元集合资金信托计划支付的销售服务费作为参照标准。2009年，每百万元集合资金信托计划支付的销售服务费仅为746元；到了2013年，每百万元集合资金信托计划支付的销售服务费上涨到了3,283元。然而2014年则出现了大幅下降，仅为2,265元。

一般而言，信托公司集合资金信托规模越大，所产生的销售费用也就越大；而信托公司的品牌越好，所消耗的销售费用也相对越少。然而，有些信托项目为了规避较为敏感的销售服务费，并未将其计入信托项目账目，而是直接通过融资方支付给相关代销机构。对此，监管部门已经提出，要规范产品营销，禁止委托非金融机构以提供咨询、顾问、居间等方式直接或间接推介信托计划，切断第三方风险向信托公司传递的渠道，避免法律风险。

从表5-8中可以看出，2014年在信托公司支付销售服务费用最多的是中融信托，从2013年排名第28的1,543万元猛增到14.83亿元，比2013年第1名华能信托的7.32亿元翻了一倍，这与中融信托大幅增资44亿元，业务迅猛发展相吻合，该公司2014年集合资金信托计划总额达到3,710亿元，增长82%，每百万元集合资金信托计划支付的销售服务费达到3,998元，超出行业平均水平77%；华能信托以6.06亿元位居2014年的第2，比2103年下降一位；方正信托以3.71亿元依旧位居第3。2014

年销售服务费排名前10的信托公司中，有7家与2013年相同，中融信托2012年排名第5，2013年跌至第28后，2014年猛然占据榜首，与其近两年的大幅调整销售团队战略有关；2013年排名第2的兴业信托2014年并未披露具体列支，其总体信托项目支出高达48.5亿元，为全行业第3；2013年排名第9的国民信托2014年下跌至了第22位；而中建投信托和重庆信托排进了前10位。

表5-8　　2014年信托公司销售服务费前10名

序号	信托公司	销售服务费（万元）	集合信托规模（万元）	销售服务费/集合信托规模（%）	百万集合信托销售服务费（元）
1	中融信托	148,351.94	37,103,376	0.40	3,998
2	华能信托	60,641.64	14,044,315	0.43	4,318
3	方正信托	37,126.73	7,960,345	0.47	4,664
4	大业信托	35,766.42	4,815,029	0.74	7,428
5	中航信托	22,444.34	7,670,802	0.29	2,926
6	中泰信托	21,634.02	2,859,247	0.76	7,566
7	新华信托	19,736.97	5,046,111	0.39	3,911
8	陆家嘴信托	15,556.66	3,674,338	0.42	4,234
9	中建投信托	13,265.46	3,684,973	0.36	3,600
10	重庆信托	12,385.81	8,418,688	0.15	1,471

从销售费率上看，排名前10的信托公司的销售费率除第十位的重庆信托外，都远超行业平均值0.23%。

（六）投资管理费

2014年共有26家信托公司在年报中披露了投资管理费一项，总计金额达到18.4亿元，比2013年比较有大幅增长，在信托项目支出中占比1.63%，相比2013年的7%，有明显减弱。在全部披露投资管理费的信托公司中，东莞信托以7.4亿元位居榜首，占全行业投资管理费的40%，且该公司的投资管理费率也达到了32.6%，而投资管理费率第二高的湖南信托仅为8.8%，投资管理费收入排名第2的中融信托投资管理费率仅为0.6%。由此可见，各信托公司的投资业务收益模式具有很大不同。比如东莞信托业务中100%为主动管理型，可能需要聘请专业的投资顾问，所需费用较高，而其他公司一般的投资收益主要来自证券等常规投资，所需消耗的投资管理费用较低（见表5-9）。

表5-9　　2014年信托公司投资管理费前10名　　单位：万元，%

序号	信托公司	投资管理费	投资收益	投资管理费/投资收益
1	东莞信托	74,231	227,585	32.6
2	中融信托	20,960	3,424,251	0.6
3	粤财信托	20,534	1,184,215	1.7
4	交银信托	15,471	369,843	4.2
5	湖南信托	13,136	149,659	8.8
6	北京信托	11,554	852,575	1.4
7	西部信托	9,386	256,604	3.7
8	云南信托	7,137	881,330	0.8
9	天津信托	4,802	179,657	2.7
10	中建投信托	2,166	139,750	1.5
	合计	179,377	7,665,467	2.34

三、建立客户服务模式及体系的“新常态”

在行业增速放缓、同业竞争加剧、结构调整加快、风险逐渐显现的信托业“新常态”下，中国信托行业进入了新一轮的调整周期。经济社会和科技发展所带来的新业务机会，居民财富增长所带来的财富管理需求等机遇与制度红利逐渐消失，金融市场竞争激烈，监管日趋严格等多方面挑战并存，因此，“练好内功，实现转型”是信托公司平稳度过调整期的必然选择。

进一步了解分析不同潜在信托客户的需求，是助力信托公司顺利转型的关键组成部分。客户选择信托产品的动机随着社会的发展在不断改变，从看重相对较高收益的理财型信托增值服务，到侧重保持财产安全独立性的保值服务，再到利用信托破产隔离功能，实现财富传承的个性化服务。这种客户需求的转变和发展无疑也示意着信托行业发展的潜在市场。

（一）合作机构客户构建可持续盈利模式

以银行为首的机构客户依旧是信托公司最重要的客户资源，但是银信合作的方式方法会随着市场的变化而有所发展。需要从传统的息差模式转变为资产管理模式，从固定的预期收益率模式转化为浮动的风险定价模式。因此，倾向于满足投资者投资理财需求的资产管理类业务逐步取代满足企业融资需求的类债业务将会是信托公司转型的重点。资产管理类业务可以通过项目投资、PE股权投资、并购投资等方式来支持实体经济的发展。

由于传统债权融资类信托产品设有固定的预期收益率和赎回期限，而资产管理类信托产品不再设预期收益率和具体的存续周期，这也有利于引导投资者从“刚性兑付”的理财思维模式转变为更加健康的“买者自负”的理性投资行为。

另外，传统的债权融资业务多针对某单个融资主体甚至某特定项目，投向十分集中，其收入主要来源于企业支付的融资成本和投资者收益之间的利差，在享有较高收入的同时也存在较高的风险；而资产管理业务通常采取基金模式，资金可以分别投向多个不同的主体，其收入主要来源于固定费率的佣金以及超额收益的分成，虽然收入相对较低，但却大大降低了所需承担的风险，更加有利于信托与机构客户建立可持续的合作模式。

同时，由于基金、券商资产管理业务的竞争，银信通道类业务已经越来越受到挤压，监管部门对三方销售的限制也使得信托募资渠道变窄，虽然信托公司都在积极拓展直销客户，但为了缓和募资压力，通过机构客户渠道，比如信托公司对非银行类机构客户包括上市公司、国企以及财务管理公司和保险公司等的挖掘与合作尤显重要。主动管理类型的产品研发，为特定大客户定制相应产品将会成为信托公司转型发展的主要方向之一。

（二）为高净值客户打造综合资产配置服务平台

目前信托公司的财富管理中心更多的扮演了信托产品销售平台的角色，没有体现其为中高端客户提高“综合资产配置”服务平台的应有作用。而且，信托公司对第三方理财公司和银行渠道的募资依赖性依旧明显。

随着经济的发展，我国中高端客户群的综合素质和要求也在不断提高，也对信托公司传统的经营理念和客户服务模式提出了挑战。信托公司的财富管理中心完全可以在推介信托公司发售的产品以外，组合提供其他金融机构的相应金融产品，合理地对客户资产进行配置。从而保持信托产品发行的连续性，减少资金闲置，降低风险，通过多元化的产品来满足客户的多种需求，使投资者在获得相应的理财增值利益以外，其对家庭生活、教育、医疗、日常消费和财富传承甚至公益方面的需求也可得到满足。这样，信托公司才能够实现聚拢吸引中高端客户的目标。

同时，由于部分信托项目对付风险的显现，银行加强了对信托产品代理推介的管理，加上白白“流失”的三方销售费用，信托公司更加应该意识到建立自身客户资源网络的重要性。这不仅仅包含扩充直销人员，增加销售网点，而更应该从公司管理、产品开发、产品发行等各个方面进行改进与创新，从客户财富管理角度去研发和发行新的信托产品，更加全方位的为信托客户和投资者服务。

（三）教育引导投资者

信托公司在以刚性兑付换取快速增长之后，已经进入了一个全新的发展阶段。回归“受人之托，待人理财”的信托本源，倡导“卖者尽责，买者自负”的投资理念将使信托业在风险处置的意义上步入市场化的正轨。正如《信托公司集合资金信托计划管理办法》中，对于合格投资者的描述为“能够识别、判断和承担信托计划相应风险的人”。

然而，对投资者的教育及保护问题是一个信托行业不可忽视的系统工程。这需要信托公司与监管机构协同合作，充分尽责并接受市场的检验，加强对投资者的教育，普及正确理性的风险收益投资观念。

由于信托的私募属性，信托行业对投资者的教育相对困难。需要通过监管部门所认可的渠道，集合银监会、行业协会以及各大信托公司三方的力量，承担起信托业发展中所必须的责任和义务。

信托公司对于投资者教育可以通过以下一些渠道展开，比如开展定期讲座，利用信托公司网站、微信等宣传平台普及信托常识，以及适合普通投资者阅读的普及型书籍等，不能把投资者教育仅仅作为推动信托产品销售的一部分。信托公司可以借鉴证券行业在投资者教育方面的心得，通过专款、专人和专门机构，形成体系化的教育措施及评估体系。从而使投资者更加透彻的了解种类多元化，创新模式相对复杂的信托产品。

同时，应该结合政策法规和社会舆论，让投资者充分认识到风险在哪里，消除其“靠政府”和信托公司“刚性兑付”等中国式投资依赖性。

（四）注重信托品牌化建设，赢得客户信任

根据2014年8月银监会下发的《信托公司监管评级与分类监管指引》（以下简称《指引》）以及相关细则，将品牌建设、舆情管理也纳入了考核指标。尽管《信托公司集合资金信托计划管理办法》第八条规定信托公司不得公开宣传推介信托产品，但这并不影响信托公司的品牌化建设。

从客户的角度分析，某第三方咨询公司的调查研究表明，目前50%以上的高净值客户在选择财富管理机构时，最为看重其机构的品牌和信任度。尤其在金融界同业竞争日趋激烈的背景下，信托产品的稀缺性已在逐渐消失。因此，信托公司更应该通过品牌效应在市场竞争中获得投资者的关注和认可，助力信托公司的真正转型。

充分利用网络力量，尤其是移动互联网，在树立信托公司品牌形象，提升客户体验方面有很大的益处。截至2014年底，已有过半数信托公司在微信平台认证了服务号或订阅号，通过及时传递公司和产品资讯，大大增加了客户黏性和对信托公司整体运营状况的了解。

另外，2014年中国信托业年会上，银监会主席助理杨家才表示，信托公司可以通过上市、引进外资来做大资本。这同时也有利于信托公司在客户心中树立更加透明、更可信任、更加专业的品牌形象。通过上市，信托公司不仅可以为业务拓展筹集大量资金，加快公司向私募股权投资（Private Equity，以下简称“PE”）、产业投资信托等创新业务领域的转型和规模化发展；在上市以后，信托公司的经营运作将完全置于市场的监督之下，这对于确保信托业务的规范运作，强化信托公司履行受托管理的职责，赢得投资者

认可都具有极为重要的作用。

同时，上市将更有利于信托公司与国内外大型投资者的交流，有助于引入战略投资者，提升股东背景的多样性，优化股权结构，推动信托和创新性业务发展，更好地了解客户需求。

四、开发投资需求，为客户而变

随着我国高净值客户的财富管理需求的日渐多元化，信托产品也需要从由融资需求带动的简单高收益信托理财产品向由客户需求驱动的能够为客户提供资产配置、财富传承等增值服务的综合财富管理计划来转变。同时，学习国际领先资产管理公司经验，引进先进的管理模式与经营理念为客户服务，实现国际化发展以及"资产管理型"平台是信托公司发展的方向。

如何将"市场开发意识"与"客户意识"理念在信托公司的业务中落实是实现信托行业在"新常态"下的稳健发展的关键。转型方向主要包括：家族财富信托、消费信托、公益信托等。而这也成为监管层的鼓励方向。

在客户服务方面信托公司可以借鉴比如诺亚财富等中国新一代的综合金融服务提供商的成功经验。在全国范围内布局分支机构，形成财富管理、资产管理、投资银行、互联网金融等多条业务线，为高净值客户提供财富管理、海外资产配置、高端保险、教育、医疗、艺术品投资等全方位的综合金融服务。从服务单一的高净值客户，逐渐形成家族办公室，并通过互联网金融产品服务广大白领客户。同时，通过在香港设立子公司，为大陆客户提供双币种的资产配置能力。以信托公司多年积累的高净值客户为基础，提供全方位的综合金融服务。

（一）聚焦高净值人群，规划财富传承——家族信托

随着中国高净值人群的增长，财富管理业务的需求和总体市场容量也在不断扩大。波士顿咨询公司（BCG）发布的《2014年全球财富报告》中揭示，中国过去五年私人财富增长步伐加速，私人金融财富规模仅次于美国。胡润百富与民生银行联合发布的《2014—2015中国超高净值人群需求调研

报告》中显示，中国超高净值人群已经从看重创富阶段的财富保值增值以及简单的投融资需求，逐渐发展转变为寻求风险分散、配置跨境资产以及财富传承等方面。

家族财富管理业务其实是信托业的本源。相比欧美发达国家，尤其是以家族财富保管传承为主的英国信托业相比，目前我国信托业发展还基本处于由受托人主动发起，以财富保值增值为主要目的的相对初期阶段，直到 2012 年平安信托才成立了国内第一单家族信托。近几年，一些具有创新精神和市场敏感性的信托公司开始逐步从客户角度考量投资人资产的配置，试水家族信托业务，并积极获取合格境内机构投资者（Qualified Domestic Institutional Investor，以下简称 QDII）牌照，组建海外资产配置投研团队，满足客户在风险偏好、破产隔离、流动性、财富传承及财产多元化配置的个性化需求。从而向以财富传承为主要目的被动发起型信托转型，以便真正发挥信托制度在财富管理、财富传承方面的优势。然而“目前国内家族信托领域面临的最大挑战其实是观念的挑战”[①]，这其实是考验信托公司专业能力和客户服务水平的关键。

2014 年底信托业年会上，家族财富管理信托首次被杨家才助理和李伏安主任讲话中分别强调，并认为以财富传承为目的设立的家族信托是信托业发展的最高阶段。银监会下发的《关于信托公司风险监管的指导意见》(即“99 号文”）中，关于推动信托公司业务转型中也明确提出了探索家族财富管理，为客户量身定制资产管理方案。随着信托登记制度、财富子公司等制度的完善，以及境外市场的逐步打通，财富管理业务将逐渐成为了信托公司转型的重要方向之一，也使越来越多的信托公司成立财富管理公司。

在《理财周报信托竞争力报告》中可以看到，综合排名前 20 位的信托公司都已设立了自己的财富管理中心，而且多数公司都已将财富中心布局到本部以外的全部一线城市，并逐渐向二、三线城市拓展。比如，平安信托、中融信托等大型信托公司目前正在逐步扩大多城市的直销渠道和网络，在减弱由于第三方渠道禁销后信托产品募资速度减慢影响的同时，也可以更好的为高净值客户服务。

① 引自平安信托第一位私人财富团队总监刘莹。

根据监管导向，以及高净值客户人群的迅速增长和金融改革的进一步深化，预计客户的高端理财需求和相应的家族财富管理业务将在未来两三年内得到快速发展，而相应的法律法规也将会逐步完善。

信托公司在面对客户时不应该仅仅注重宣传家族信托的收益和投资对象、风险等专业化财富管理服务，更应该把其从传统信托产品的意义上解脱出来，通过信托的手段提供给客户一个综合的家庭财富解决方案，比如提供针对子女教育、投资收藏、高端运动、另类投资等多方面的增值服务，同时从家族财富的保值增值延伸到资产隔离、利益分配甚至公益慈善等方面。对财富理解的概念层面，也可以从目前以金融资产为主，发展并包括客户名下的不动产物业、公司股权和艺术品等另类资产。为客户提供高品质以及无可取代的专业金融服务，在高端人群中树立信托的品牌形象和口碑，把简单的信托销售概念转化为长期的一站式客户资产管理服务。

在这个信托业的转型期和家族信托业务的起步阶段，信托公司所面临的困难也不少，尤其是针对高端客户的家族办公室需要耗费的大量人力资源。面对这个众口难调的情况，以及我国家族信托发展的现状，信托公司可以借鉴台湾发展家族财富管理信托的进程，从相对标准化的家族资产管理服务开始，逐步发展到定制化家族信托、境外信托以及最终的家族办公室。比如，中融信托的承裔泽业标准化家族信托产品，这很可能开辟一条适合中国家庭信托发展的新途径，也为日后的定制化服务打下良好的客户基础并积累市场经验。

（二）把脉客户痛点，推广普惠金融—消费信托

消费信托，即“理财＋消费”的概念，是以商品或者服务的消费权益为主要投资标的的信托计划，集合了理财和消费的双重特性。与传统的投融资集合资金信托完全不同，其初衷主要不是资金的增值，而是为了满足投资客户在资金保值同时的消费需求。

在目前互联网、移动互联网消费时代的背景下，消费信托的意义已经远远超过其本身的金融属性，更多的是基于客户需求的产业属性，有利于信托公司的业务战略转型并且与互联网金融接轨。

同时，为客户提供的消费信托产品也可以满足对不同客户群多元化定制化的服务需求，增加客户的信任和黏性，为信托公司品牌经营拓展渠道，甚

至为私人财富管理和家族办公室业务奠定基础。消费信托在产业和客户两端都可以发挥与其他信托业务的联动，使得信托公司更好的为客户提供丰富的信托产品与服务，提升信托公司的整体效益。

目前已经发起的消费信托项目涉及养老、教育、旅游等诸多产业。比如长安信托与中国电信合作的消费信托，把手机和话费作为信托产品的收益返还给投资客户；北京信托的养老消费信托，客户通过放弃货币类收益，可“免费”入住养老公寓，并获得一系列养老消费权益；还有中信信托的“一千零一夜”旅游信托产品，一年 1,001 元的出资可以换来在指定的四个旅游城市的高级酒店里享受一晚的住宿服务。

（三）赢得客户诚信，助力慈善事业——公益信托

与传统的向基金会捐赠相比，公益信托和公益目的信托可接受管理的财产范围更广，财产管理过程中也无需缴纳税费，且具有严厉的外部监督和完善的信息披露机制，运营成本较低，每年的捐赠款项使用额度也可以灵活制定。而公益目的信托的投资范围最广，在资产保值增值方面具有最大优势，可以通过投资运作，将信托收益作为每年的对外捐赠，能够有效降低本金的消耗速度，从而使有限的善款发挥其最大的作用。

从参与性角度看，公益信托在信托合同中会规定详细的救助范围和方式，信托公司可以通过客户维护活动的方式为客户提供参与或深入了解公益项目的机会。既实现了维系客户的目的，又提升了客户在公益项目中的参与性，同时有利于引导客户进一步了解公益资金的使用情况，从而增强对信托公司和所支持项目的信任度。对于公益性社会团体，捐赠客户则可以通过设立或加入专项基金的方式更多地参与对捐赠资金的管理。

同时，也可以通过公益信托和基金会相结合的模式，各司其职，充分发挥信托公司的专业化投资优势，为基金会资产实现保值增值，使有限的善款能够可持续的发挥效用。这种方式也可以满足捐赠客户的多样化需求，使其可以灵活决定所捐赠财产的数量和比例，更方便的实现对个人财产的管理。从而在满足客户赡养、继承等私人目的的同时，实现一定的公益目的。这样灵活多样的信托设计，十分有利于吸引和拓展更广泛的客户群体助力公益事业，让更多的富人和机构愿意选择加入公益目的信托作为管理财富和参与公益的手段。

（四）集合网络优势，实现合作共赢——互联网+信托

2014年3月5日，李克强总理在政府工作报告中提出："促进互联网金融健康发展"。在此背景下，银行、证券、基金、保险等传统金融行业都在积极结合互联网来寻求创新发展和转型，电子商务、IT和移动互联网企业等也在摸索新的商业模式，使得金融和产业的界限逐渐变得模糊。而相对门槛较高、流动性较差的信托业在普惠金融的发展环境下寻求突破也是大势所趋。

"互联网+信托"的模式将成为未来信托行业改革发展的一个重要方向，促使信托公司为客户提供数字化服务，通过微博、微信、客户端APP等网络渠道加强对产品的信息披露、查询以及信托公司品牌的营销。与传统金融产品相比，互联网金融在包括产品数据、客户数据、市场数据等的大数据资源辅助下，可以大大提高运营效率，降低成本并提高客户黏性，实现薄利多销，然后将节省的费用反哺客户，令产品和服务更具竞争力。

但是受制于监管规定，目前传统信托产品销售还必须执行线下面签。不过2014年，信托公司也纷纷开始研发创新型的互联网信托产品，比如中信信托通过与互联网公司合作，推出了"众筹+电影+消费信托"的模式，试水完全互联网化的信托产品。通过把互联网和金融因素有机整合，打通客户需求端和产品供应端的信息壁垒，在合法合规的前提下，从产品设计、市场营销、资产管理、客户服务等方面推动信托的业务转型。

波士顿咨询公司董事经理何大勇在《互联网金融生态系统2020：新动力、新格局、新战略》的报告中将基础设施、平台、渠道和场景认为是互联网金融的四个制高点。其中"场景"便是金融生活化以及以客户为中心的核心体现。能够绑定客户的生活场景，使其与金融产品结合，便是传统金融机构创新的突破口。同时，互联网的数据化基础也可以为信托公司提供更好的风险控制平台，为项目中后期管理、创新产品研发以及与机构客户合作提供保证，丰富产品种类和服务领域。

将"受人之托，代人理财"的信托制度与互联网开放、跨界、合作的思维模式相结合，通过多渠道的整合，借助不同机构的长处，提升专业财富管理及服务能力，与合作伙伴实现共赢，低成本快速的将新产品推向市场和

客户是信托业拥抱互联网金融时代的必要手段。互联网广阔、流动、及时的本质很适合作为交易流通的平台，信托业可以借助互联网建立全国统一的信托受益权交易流通平台，从而解决长期以来制约信托业转型与发展的流动性缺乏问题。金融产品的流通性决定着其具有的价值，越容易流通的财产其价值就越高，而具有流动性的前提则是要证券化。因此，只有建立了信托登记制度，信托受益权才能够在一个安全、稳定的法律框架下实现证券化的高度分散和流通。如何通过立法建立完善的信托登记制度，实现各信托公司、各地的信托信息登记中心与全国信托流转平台的无缝对接，是信托业急需解决的问题。

2014年信托公司年报分析之六：创新业务篇

百瑞观点：

- 宏观经济下行、资管竞争加剧、金融自由化改革是信托转型的大背景
- 经济转型、资管竞争和金融自由化既是转型压力来源，更蕴含创新方向
- “99号文”、信保基金及“八项责任”标志着信托监管导向的重要改变
- 各家信托公司加强创新转型研究，加快结构转型步伐
- 培养资产证券化、流动性管理、主动投资等能力才能将研究化为现实
- 信托业转型十大战略主题，批量复制业务机会蕴含其中
- 一枚硬币的两面：资产管理与财富管理
- 信托回归本源：服务信托与投资信托的勃兴
- 转型的载体：专业子公司是信托公司创新转型的重要平台
- 信托触网：无法独善其身，莫如自我革命

一、创新转型的动因：中国信托业创新转型的背景、压力

截至2014年年底，中国信托业信托资产总规模达13.98万亿元，虽在总数上继续保持上升态势，但规模增幅已明显回落。自2008年以后，支撑信托业高速增长的主导业务模式是具有私募投行性质的融资信托业务，而该业务主要由宏观经济快速增长（房地产市场繁荣与地方政府基础设施投资大）、制度红利（信托牌照价值及金融分业经营）、金融压抑（利率非市场化及“刚性兑付”）三大因素造就。上述信托业特有的市场机会在经济下行、资管竞争加剧、金融自由化深入的背景下已经难以为继。2014年成为信托业监管体系重大调整的一年，也是各家信托公司着力转型发展的一年。宏观经济、大资管竞争和金融自由化既是信托业转型的压力来源，其中更蕴含着信托公司创新转型的方向。

（一）“三期叠加”的宏观经济

宏观经济是指国民经济的总体状况及其经济活动和运行状态，2014年中国宏观经济全面向“新常态”转换已成为各界共识。其中对信托业影响最显著的变化是房地产市场进入调整期，由其带动的投资增长明显下滑，经济下行压力明显增大。而“新常态”正是“三期叠加”的直观反映——经济增长的换挡期、结构调整的阵痛期、前期刺激政策的消化期。“三期叠加”的直观表现为经济增长率降为7%左右，结构调整与发展方式逐步深化，“4万亿元刺激政策”的“副作用”逐渐显现等。从经济本源看，中国经济长期以来依靠的新增劳动力增长、投资刺激、生产率提高这三大因素支撑正发生显著变化——中国人口红利逐年缩减，投资已造成部分产能过剩，国内一般生产技术逐步接近发达国家水平。从货币角度看，截至2014年年底，广义货币（Broad Money，M0，M1，M2，M3均是用来反映货币供应量的重要指标，M2反映现实和潜在购买力，若M2增速较快，则反映投资和中间市场活跃）余额高达122.84万亿元，而国内的大类资产市场则呈现出一种相互“竞争”的此消彼长结构：股市、银行间市场、地方融资平台、房地产市场、债券市场等“大水池”共同“竞争”M2，持续数年的“股债双熊”及房地产繁荣正式在2014年宣告结束，资金大量流向资本市场的趋

势明显。综上因素，通过信托途径的私募借贷有所减少且风险逐步增加显现。未来，结构优化与技术创新将是“新常态”下中国经济新动力所在，而改变原有业务结构、创新金融服务方式也必然是信托业转型的不二选择。

（二）“大资管”造成竞争加剧

“大资管”是对目前中国资产管理行业环境的一种泛指，具体是指金融监管的不断放开使得资产管理行业进入了一个竞争、创新、混业经营的新发展阶段。资产管理行业主要基于资金供需双方之间信息不对称、风险偏好不同等因素而产生，缺乏资产管理经验的资产所有者为实现资产保值增值，将资产委托给专业资管机构代为管理。信托作为一种特殊的财产管理制度和法律行为，特有的资产隔离与跨市场投资等优势使其天然就是资管市场的重要一角。但是，2012年各监管部门陆续推出新政，如证监会券商资管新政、期货公司资管政策与放宽公募基金投资范围，保监会的保险资管新政等，使中国资产管理行业进入了全面竞争的时代。信托拥有的制度红利被日益削弱，受到较大冲击的通道业务多借道证券公司和基金子公司。商业银行、基金、券商、保险、信托等各类机构均发力资产管理业务。而信托的主要竞争对手各有优势，银行在客户资源端、券商在投研能力及资本市场方面、保险在资金募集方面、基金在股权投资方面等具有较深积累。未来，“大资管”竞争加剧背景下，信托必须立足于“多机构、多市场”之间的合作，着力探索资本市场、国企混改、境外投资等新型领域，为客户提供多样化产品。

（三）金融自由化改革逐步深化

“金融自由化”最早是美国经济学家麦金农与爱德华·肖在20世纪70年代，针对发展中国家普遍存在的金融市场不完全、资本市场严重扭曲和政府对金融干预较多等状况提出的。中国目前正处于金融自由化改革的关键时期，主要变现在：第一，政府逐步在放松对金融机构的干预以及对金融市场的限制；第二，逐步放松对利率和汇率的管制使之市场化，使利率能反映资金供求，汇率能反映外汇供求；第三，促进金融混业经营、业务范围自由化及金融机构准入自由；第四，逐步开放对跨境资本自由流动的限制。目前，中国金融市场存在着一定程度的金融失灵，主要表现为："钱荒"、银行不良资产、或明或暗的"刚性兑付"等，上述现象使得社会无风险收益率高企，风险定价不能显现，资金无法实现高效利用。而中共十八届三中全会《关于全面深化改革若干重大问题的决定》中更是为金融改革梳理了图景：建立私营金融机构；发展资本市场；加快利率自由化；向市场化汇率迈进；提高资本项目可兑换性；建立存款保险制度；建立基于市场的退出机制。上述改革浪潮将深刻影响信托公司的盈利模式、组织构架以及未来战略，加强境外投融资布局、打破刚性兑付等成为转型的重要前提。

综上，宏观经济下行、资管竞争加剧、金融自由化改革等三大因素决定了信托业过去的私募融资市场正呈现需求递减、风险递增的趋势。而在理财市场与资管市场远未饱和的情形下，信托公司要抓住经济结构调整、行业竞合以及资本流动打开的契机。信托公司必须敢于面对大环境的改变，建立鼓励创新的内部机制，大力开拓创新业务，促进行业转型。

二、创新转型的方向：中国信托业转型的政策与理论研究

如前所述，信托业在外部面临着"经济增长换挡期、结构调整阵痛期、前期刺激消化期、利率市场化推进期、资产管理扩张期"的大环境，内部则面临传统产品"高收益、低风险"、发展路径"冲规模、轻管理"、业务结构"重信贷、重通道"的困扰。在"内忧外患"的背景下，上至监管机构、下至信托公司及第三方机构都针对创新转型进行了深度研究，前后出台了多项重磅文件及研究报告，以下选取具有代表性的进行分析。

（一）监管机构关于转型的导向性政策

整体来看，2014年是信托业监管思路重大调整、监管措施频现的一年。2014年4月8日，中国银监会出台了《关于信托公司风险监管的指导意见》（下称"99号文"），其中明确了信托业转型发展五个定位：一是发展目标定位，即推动信托公司发展成为风险可控、守法合规、创新不断、具有核心竞争力的现代信托机构；二是发展路径定位，即在总体原则上坚持风险防范化解与推动转型发展并重，在具体方法上综合运用市场机制、法律手段等解决问题、化解风险，为转型发展创造空间和条件；三是功能定位，"受人之

托、代人理财”的金融功能；四是业务定位，即将资产管理、投资银行、受托服务等多种业务有机结合，走差异化发展道路；五是服务定位，即服务投资者，服务实体经济，服务民生。“99号”文被誉为史上最严的信托业监管文件，核心还是防范风险与创新转型，其中提出的设立专业子公司、并购业务、信贷资产证券化、家族财富管理等方向已逐渐成为各家信托公司布局的重点。①

2014年12月13日，酝酿已久的《信托业保障基金管理办法》（以下简称《办法》）由中国银监会和财政部联合发布实施，中国信托业保障基金（以下简称保障基金）及中国信托业保障基金有限责任公司于同月19日联袂宣告成立。《办法》明确，信托业风险处置应按照卖者尽责、买者自负的原则，发挥市场机制的决定性作用，防范道德风险。保障基金主要由信托业市场参与者共同筹集，用于化解和处置信托业风险的非政府性行业互助资金。《办法》规定，保障基金可在五种情形下进行救助：一是信托公司因资不抵债，在实施恢复与处置计划后，仍需重组的；二是信托公司依法进入破产程序，并进行重整的；三是信托公司因违法违规经营，被责令关闭、撤销的；四是信托公司因临时资金周转困难，需要提供短期流动性支持的；五是需要使用保障基金的其他情形。设立保障基金公司和保障基金，一方面将提高整个信托行业的安全等级和消化风险能力，另一方面会对信托业务模式和盈利模式产生深刻影响。

中国银监会主席助理杨家才在2014年12月19日的“2014中国信托业年会”上发表重要报告，在2013年会提出完善信托业治理体系的“八项机制”建设工作的基础上提出了“八项责任”——即受托责任、经纪责任、维权责任、核算责任、机构责任、股东责任、行业责任和监管责任，要求信托公司要适应新常态，实现发展质量和效益同步提升，更好的服务经济社会大局。②“八项责任”对“八项机制”及“99号文”的具体解释和深化细化，监管部门希望通过促进信托公司上层基础设施及合规体系的完善，为信托业未来创新转型找到内生动力，从而继续发挥信托的制度优势。

① 《中国银监会办公厅关于信托公司风险监管的指导意见》，http：//www.cbrc.gov.cn/gov-View_ 69DB963082914C498028012863245973.html。

② 杨家才：《杨家才在2014年中国信托业年会上的讲话》，http：//www.cbrc.gov.cn/chinese/home/docView/4EC5066C876A4AFB822DB16FF2564D52.html。

综上，“99 号文”、信保基金及“八项责任”标志着信托监管导向的重要改变，整个监管思路与体系从注重效率向注重风险防范方向过度，从促进基本信托业务拓展向促使改革创新方向转移。

（二）信托公司有关创新转型的理论研究成果

中融国际信托前董事长刘洋在《新常态下资管机构将迎五大突破》一文中从五个角度阐释了资管行业如何在“泛资管时代”实现变革突破：首先，国企改革让全社会共享改革红利，资管机构能够引领社会资本参与国企改革；其次，“PPP（Public - Private - Partnership 即公私合作模式）模式”发展为金融机构带来广阔的业务投入空间；第三，不断完善的多层次资本市场体系为资管业务发展带来新的机遇；第四，并购重组成为未来各行业的新热点；最后，居民财富增长带来财富管理新需求。其中强调出了信托最为关注的大类资产市场：国企混改、新政信合作、资本市场、股权直投市场等。①

方正东亚信托联合第一财经研究院发布《2014 年信托行业年度报告要点》，其中总结了 2014 年信托行业八大关键词：13 万亿、99 号文、八项责任、保障基金、监管评级、登记流通、伞型信托、通道业务，而在产品创新方面则重点分析了消费信托、养老信托等产品。外贸信托研究院在《2014 年度研究报告：新常态新机制下的发展路径探索》中分析了外贸信托以事务性信托为主，兼顾私募投融资业务的四个重要领域：银行领域着力拓展公募和私募资产证券化；资本市场领域致力于成为优秀的证券信托综合服务商；实体经济领域突出小微金融、房地产和基础设施业务；财富管理领域逐步从卖产品转向为委托人配置产品实现过渡。

综上，各家信托公司在改革转型战略方面基本形成共识：未来必须加快结构转型步伐，逐渐减少对通道业务的依赖，加强主动管理型业务的发展，大力发展资产管理类业务，着重探索并购、资本市场、消费金融、互联网金融等。

① 刘洋：“新常态下资管机构将迎五大突破”，http：//www.xtxh.net/xtxh/discuss/21580.htm。

（三）第三方机构的关于信托转型的研究

包括中国信托业协会、智信网等第三方机构在信托行业发展转型的研究方面也颇多建树。中国信托业协会专家理事周小明认为，“2014年4月8日银监会99号文明确提出了信托业转型发展的目标和路径。2014年是信托行业全面布局转型发展的元年。信托业主要业务数据发生了较大的结构性变化，信托规模再创历史新高，业务结构继续优化，系统风险可控，行业发展平稳，转型态势良好，同时，信托业也面临着增幅放缓、业绩下滑、个案风险增加等方面的挑战。”[①]

普益财富在《2015集合信托市场转型初探：定增和三板业务或兴起》一文中认为“2015年信托业务的转型有两个比较明显的突破口：一是定向增发业务，二是新三板市场。”智信资产管理研究院则认为，信托业未来的发展之路不外乎三种形式——专业精品投行、大类资产管理和高端财富管理。

2014年7月8日，中国信托业协会组织编写的《中国信托业发展报告（2013—2014）》在北京正式发布，其中涉及创新转型的描述如下：信托公司要从融资方的融资需求切换到投资方的投资需求上来，更多地立足于委托端客户的理财需求开发、设计相适应的信托产品。[②] 信托行业需要重新建构业务模式，打造新的业务能力，并进行相应的组织变革。同时，信托业已经建立了比较健全的组织体系、控制体系、流程体系和激励约束机制，初步锻造了从融资到投资到服务的风险管理能力、投资管理能力和客户服务能力，积累了包括投资端客户、交易端客户和合作端客户在内的庞大客户群体，打造了一支近2万人的行业从业团队，为信托行业的转型打下了基础。

理论研究必须服务于实践，上述监管机构、信托公司及第三方机构的研究都为信托业转型描绘了蓝图。所有的创新都必须坚持金融的本质，即不同时间、不同空间的现金流交换、价值交换。信托业要在文化层面打破单纯的

① 周小明：“2014年度中国信托业发展评析——转型发展中的结构之变”，http：//www.xtxh.net/xtxh/analyze/23010.htm。

② 中国信托业协会：《中国信托业发展报告（2013—2014）》，http：//www.xtxh.net/xtxh/topic/17.jspx。

抵押、借贷等简单方式，培养资产证券化、资金错配、流动性管理、主动投资等核心能力，才能将研究的描述化为现实。

三、创新转型的方法与路径：探索中的信托创新转型十大战略主题

信托业传统业务主要集中在房地产、政府平台及其他市场三块，在房地产结束了“黄金十年”，政府平台风险集聚以及经济下行中一般工商企业难以承受高融资成本的局面，各家公司都在积极探索创新转型的新产品、新思路、新领域。以下着重分析探索中的信托业转型十大战略主题，希望未来其中能够产生批量复制的业务机会。

（一）兼并重组

兼并重组是盘活企业资产的重要途径，多采用现金收购或股权收购方式。目前，中国并购的数量剧增，并购金额也持续增大，参与并购的金融机构及产业方日益增多。信托业传统以债务融资为主。因此，加强探索与资本市场相关的，债务融资与股权投资相结合的兼并重组市场具有重要的战略意义。兼并重组的核心是从结构层面改变一家公司的资产价值、股权结构、治理结构，投资后通过投后管理提升公司价值。2014年3月，国务院出台的《关于进一步优化企业兼并重组市场环境的意见》也为做大做强兼并重组市场创造了良好的政策环境。首先，兼并重组市场机制进一步完善，表现为行政审批事项逐步减少，审批效率不断提高，市场壁垒逐步消除。其次，政策环境更加优化，表现为有利于兼并重组的财税、金融、土地等配套政策进一步完善。信托公司经过多年积累，在资本实力、产业资源与产业能力等方面已为参与兼并重组打下较好基础。

信托参与兼并重组大致有三种模式：一是发放并购贷款，这属于信托传统领域，各公司开展已较多。信托公司在尽职调查并购项目基础上，更关注收购方的抵质押充足度、企业资质、担保信用等因素。二是信托与收购方共同成立新公司或者并购基金，相关方共同寻找并购标的，以股权形式投资标的，达到条件后由收购方买断或上市退出。目前多家公司通过合作成立股权投资基金参与，譬如百瑞信托与融和控股及前海金控共同成立前海基金管理

公司参与清洁能源项目的并购兼并业务。三是信托公司自身作为并购主体开展股权投资和兼并业务，这要求机构具有极高产业识别和判断能力，信托公司参与还较少。

（二）上市定增

上市公司定向增发信托是通过信托募集资金投资于上市公司在一级市场非公开发行的新股。定向增发一般是上市公司向符合条件的少数特定投资者非公开发行股份的行为。参与企业上市定向增发是信托公司的传统业务，但一直以来占比不大。从占主导地位的私募融资业务角度来看，定向增发对信托吸引力较大：与传统股权投资相比，上市定增的投资过程类似私募非标债券投资；定增投资后，信托公司获得的股票或质押权流动性比一般股权好，更易获得公开价格。目前，中国资本市场，尤其是创业板及新三板等市场均迎来定增高峰，这些市场融资能力相对有限，特别需要信托机构的融资配套。信托介入上市定增的途径较多：或以自有资金参与；或以优先级参与结构化定增；或以创设股权投资基金收购标的资产，定增后装入上市公司。（根据相关法规规定，信托公司作为发行对象，只能以自有资金认购，因此，信托公司直接作为发行对象受到很大限制，现在市场上发行的定向增发信托产品一般是借助有限合伙平台、基金专户或券商定向资产管理计划进行投资。）定向增发信托一般存在如下风险，投资对象风险、锁定期流动性风险、股票锁定期和解禁后破发风险等。针对以上风险，该类产品一般通过结构化、补仓线设置、保证担保等风控措施进行防范。[①]

定增的优势是增发的股票一般比市价有两三成的折让，安全垫比较厚；另外股票本身容易处置，可以通过大宗交易转让，或者由大股东作回购承诺。但信托以募集资金参与定增的，为数并不多。根据万德数据，从2011年至2014年10月，名称中含有“定增”或“定向增发”的信托产品仅有100只。最早一款是“广发证券定向增发1号信托”，受托人为中海信托，募资规模1.5亿元，期限、投向均无法查证。外贸信托是最为积极的发行

① “各路资管机构参与定增模式全解：‘收益互换’新玩法淘金”，《21世纪报道》，http：//www.howbuy.com/news/2014-11-07/2712583.html。

人，100只产品中独占51款，组织了“证大金羊”、“华基丰泽”、“人合安泰”等系列发行的产品。

（三）新三板

自2014年股转系统面向全国运行之后，不仅挂牌公司快速激增，覆盖面不断扩大，也表现出较大的市值潜力，引得各路资本纷纷拼抢先机。在信托之前，对资本市场嗅觉更为敏感的基金、私募、券商、PE操刀的新三板资管产品早已呈现井喷之势。2014年5月，宝盈基金子公司推出的“宝盈中证新三板1期资管产品”半年获得50%的收益，多家公募基金的新三板产品规模也接近或超过1亿元。资本市场目前的结构性机遇对与信托转型非常重要，与券商、私募等机构相比，信托在这一领域并不具备传统优势，但对于刚刚起势的新三板，因为起点相同因此适合信托适时介入。除了切入资本市场之外，为相关企业提供包括并购在内的更多金融服务也是信托介入新三板领域的重要目的。

目前，中建投信托推出的新三板类信托产品最多，大致可分为三种类型：其一为私募基金合作模式；其二为券商合作模式；其三则为PE+券商的双投顾结构化产品模式。中建投之外，中信信托也开始在新三板投资领域展开布局，“中信·道域1号新三板金融投资集合资金信托计划”由上海道域资产管理中心担任投资顾问，产品期限设定为2+1年，主要采用竞价交易及协议交易的方式参与新三板投资。除此之外，也仍有多家公司开始酝酿相关项目落地。截止目前，已经落地的新三板项目中，信托公司仍未扮演绝对主导的角色，投资标的选择和策略主要还是由投资顾问操刀，但信托拥有一票否决权。而信托公司正逐步自建专门的投资团队，以对投顾的操作进行监督。

（四）PPP（Public - Private - Partnership）

根据《关于推广运用政府和社会资本合作模式有关问题的通知》要求，政府和社会资本合作模式（PPP）是在基础设施及公共服务领域建立的一种长期合作关系。其模式是由社会资本承担设计、建设、运营、维护基础设施的大部分工作，并通过“使用者付费”及必要的“政府付费”获得合理投资回报；政府部门负责基础设施及公共服务价格和质量监管，以保证公共利益最大化。43 号文规定的政府融资平台清理大限步步临近，政信业务也走到了不能回避的转弯路口，未来政府类业务运作将如何为继，成为了业内普遍关心的热点话题。对于信托公司而言，PPP 被普遍认为存在诸多业务机会。

2014 年 6 月，五矿国际信托有限公司、沈抚新城管委会、中国建筑一局（集团）有限公司共同注资成立项目公司，注册资本 10 亿元，其中五矿信托为项目公司控股方，投资标的为包括河道治理、土地平整、环境绿化等在内的综合性片区建设项目。政府按约定承担特许经营权、合理定价、财政补贴等相关责任，但不对债务进行兜底。其中，信托公司扮演的角色，类似于“服务总包商”，将整个项目的建设周期，按不同环节进行切割，选择本身就有很强资信优势的建设商予以分包，并形成一个无缝的完整闭环。该项目是一项标准 PPP 合作模式，符合 PPP 两个核心要点：一是投资标的物为需要特许经营的政府公共项目；二是政府在其中承担有限责任，不做兜底。但上述框架设计基本完成，推动过程中尚未实质性落地。未来，PPP 模式中，信托公司仍是最契合的运作主体。首先对于这类资金需求较大的公共项目，通过信托可以很好地引入社会资本，而对于信托而言，政府的特许经营项目在整个社会经济体中的实际收益其实最高，能够匹配信托资金端的需求。①

（五）ABN（Asset - Backed Notes）

银监会框架下的信贷资产证券化试点重启以来，信托作为 SPV（Special Purpose Vehicle，特殊目的公司，以下简称 SPV）的信贷资产证券化业务已经呈现常态化发展趋势。2014 年，银行间市场共发行 66 单信贷资产支持证券，总规模已经达到 2,820 亿元。未来，随着信贷资产证券化备案制和信托资产支持证券发行注册制的施行，各家信托公司“抢滩”信贷资产证券化业务的热情“更浓”，银行、财务公司、甚至汽车金融公司都纷纷开始资产证券化业务资格的申请，该市场日渐繁荣。相比之下，保监会和证监会也对证券化业务进行松绑，分别在 2014 年的 7 月 28 日和 11 月 19 日发布了《项

① “信托分羹 PPP 路径猜想：五矿信托解析试水样本”，《21 世纪报道》，http：//business. sohu. com/20141219/n407089319. shtml。

目资产支持计划试点业务监管口径》和《证券公司及基金管理公司子公司资产证券化业务管理规定》。基金子公司、保险资管、券商资管等机构也逐步进入该市场。

除积极参与信贷资产证券化业务外，信托公司还应该拓展其他三类资产证券化业务：证监会主导的券商资产证券化、交易商协会主导的资产支持票据（ABN）、私募发行资产证券化产品。信贷资产证券化的发起机构主要是政策性银行、商业银行、金融租赁公司、汽车金融公司、资产管理公司等金融企业，信托公司目前是其中的法定受托人。券商资产证券化的融资主体主要是非金融类企业，其中的SPV是由券商的资管计划担任。这里面涉及一些法律瑕疵，主要是券商的资管计划无法真正实现信托的破产隔离功能。目前，主要是一些政府投融资平台公司在发行ABN产品。据悉，已有北京信托等公司正积极运作，准备近期在银行间市场推出信托型ABN产品。信托型ABN使得信托公司可以通过银行间交易商协会的渠道，把其原来非标准化信托产品，转化成标准化的产品，然后在银行间市场进行转让，增加信托公司产品的流动性。

（六）对冲基金

对冲基金是多个投资人将资金聚在一起从事证券投资的一种商业结构。其与共同基金（或称公募基金）的主要区别在于：其一，对冲基金只能向合格投资者发售，而共同基金可以向大众销售；其二，对冲基金投资时采用的杠杆倍数可以高于后者，投资策略也更为灵活。早期对冲基金主要通过做多具体标的（例如个股）并做空整体市场（例如股指）的方式来控制风险，对冲基金也因此而得名。现今的对冲基金使用多元化的投资策略，其中很多策略并不采用长短仓的方式来对冲风险。目前，中国资本市场繁荣、投资标的多样化、衍生品创新涌现以及理财需求旺盛，都在以与美国之前相似的方式推动中国对冲基金行业的发展。多家信托公司在积极开拓与资本市场相关联的业务，但由于受到各种客观因素的制约，直接培养自己的投资顾问团队对于绝大多数信托公司来说还显得不太现实。因此，多个管理人模式（Manager of Managers，以下简称MOM）、基金中的基金（Fund of Funds，以下简称FOF）等业务模式成为了信托公司进军资本市场时的自然选择。MOM，顾名思义，就是基金经理的经理，实质上就是通过筛选多个投资顾问共同管理资金，以期达到分散风险的目的。显然，对于MOM的管理者来说，最核心的能力就是遴选投资顾问和对冲基金产品（也就是私募产品）的能力。实际上从2012年开始，私募就已开始通过信托平台发行量化对冲产品。

2012年12月20日，“中信盈融达量化对冲1期管理型金融投资集合资金信托计划”成立，该信托计划中的投资顾问为盈融达投资（北京）有限公司，中信信托作为受托人。2014年6月17日，该款产品发行了第七期。7期管理型金融投资信托，这是一只由中信信托与盈融达投资合作推出的信托产品。未来，对冲基金还将是各家公司在资本市场进行创新布局的重点领域。

（七）消费信托

消费信托以商品或者服务的消费权益为主要投资标的的信托计划，对于投资人来说表现为投资权益和消费权益的结合体。集合了理财和消费双重特性，初衷主要是为了满足投资者的消费需求。在消费信托的消费权益生产端，信托公司可以通过合作设立消费品供应商公司深度参与产业前端，进而逐步掌握大消费行业（食品、医药、家电等）的运作模式和商业逻辑，同时紧跟消费行业的市场动态和把控消费行业的市场前景。通过直接参与大消费行业的运作可以加深对行业的理解，这将大大增加信托公司未来参与消费行业的私募股权投资、并购等资本运作的成功几率。

信托公司还可以在设计消费信托时附赠实物期权，比如首单中信嘉丽泽消费信托嵌入原价优先购买指定地产期权，有利于加速中信嘉丽泽周边的去地产化。因为在生产消费信托权益的过程中尤其是服务类消费信托，通常都是搭建一整套消费服务系统，通过嵌入其他消费服务或者商品（不在消费信托的消费权益范围内），这将有利于其他配套消费服务或者商品的销售，进而直接增加整体的收益。

（八）境外业务

尽管资本项下人民币可兑换尚未完全放开，但人民币国际化及资本开放将是难得的历史机遇，信托公司正加快抢滩海外市场。人民币在岸市场与离岸市场不断深化，跨境投融资业务整体呈现出规模不断扩大、产品加速创新的特征。在深圳前海新区，可以开展跨境人民币贷款、境外人民币放款（外债宏观审慎管理试点业务）、合格境外有限合伙人（Qualified Foreign Limited Partner，以下简称 QFLP）、合格境内投资者境外投资（Qualified Domestic Investment Enterprise，以下简称 QDIE）等业务。境外业务既可以使信托公司更好地服务家族信托和高净值客户的多样化理财需求，进行海外资产配置，也可以打通境外低成本融资渠道，使信托在激烈的资管竞争市场中占得先机。

中诚信托子公司深圳前海中诚股权投资基金管理有限公司就获得了首批 QDIE 资格，并获得相应投资额度（1 亿美金额）以拓展海外资产配置领域。根据深圳金融办消息，第二批资格审批将于 6 月启动，第三批的资格申请已进入材料申报阶段。中信信托全资子公司——中信聚信（北京）资本管理有限公司投资设立的聚信海荣，于 2015 年 2 月获得批准从事人民币境外直接投资、人民币海外贷款业务。信托可通过子公司试点参与境内机构在人民币在岸市场融资、到境外投资的模式，以及境内机构在人民币离岸市场融资、到境外投资的模式等。未来，信托将逐步在“跨境人民币贷款、境外人民币放款、QFLP、QDIE、跨境人民币双向资金池”等各项创新试点业务方面寻求突破，对优质的海外项目进行投资，更好的服务客户的同时以分享全球化带来的盛宴。

（九）新经济领域投资

新经济领域包括但不限于“智慧城市”等城市管理信息化建设、新能源、新材料、绿色食品、技能环保等。目前传统商业和传统制造业的发展格局已经趋于定型，但是在现代服务业、高新技术产业等新经济领域，如新能源、新材料、健康产业、软件产业、楼宇经济、都市工业等新兴产业还存在着很大的发展空间。信托必须抓住这一机遇，明确新的产业定位，调整产业布局，率先介入上述行业才能实现未来的加速发展。2014 年，新一代信息技术、生物、节能环保以及新能源等新兴产业领域 18 个重点行业规模以上企业主营业务收入达到 15.9 万亿元，利润总额 1.2 万亿元，同比增长 13.5% 和 17.6%，明显高于工业平均水平。信托公司能够参与到的是相对比较成熟的、风险不大的，同时资金需求量比较大的，需要进行技术升级和改造的领域。

（十）消费金融

消费金融公司在西方国家以及亚洲地区比如日本、台湾等已经形成成熟的运作模式，在个人信贷领域，具有与信用卡业务、商业银行个人贷款业务三分天下的重要地位，市场份额接近 30%，对解决民众日常消费需求和提升消费水平具有重要作用。与商业银行个人消费类信贷产品、信用卡业务相比，消费金融审批更灵活、手续相对简便、客户覆盖面更广，能够使更多的消费者享受到便捷的金融服务。

对于信托公司而言，参与设立消费金融公司，不仅可以获得投资收益，与消费金融公司之间的业务合作也可以带来共赢。例如，早在 2010 年捷信消费金融有限公司成立之初，外贸信托就开始与其进行业务合作，推出了“汇金”系列消费信贷集合资金信托计划，将信托业务成功拓展至个人消费领域。截至 2013 年 6 月底，“汇金”系列消费信贷集合资金信托计划和两个交易对手合作发行了三个子系列：外贸信托·汇金 1 号消费信贷项目集合资金信托计划、外贸信托·汇金 2 号消费信贷集合资金信托计划 42 期（捷信消费贷款项目）、和汇金 3 号消费信贷集合资金信托计划（维视消费信贷系列融资项目），其中，汇金 1 号系列已发行 2 期，汇金 2 号系列已发行 41 期，汇金 3 号已发行 3 期。

四、转型的成果：创新业务典型案例

根据 2014 年 68 家信托公司的年报，各家公司均结合自身股东背景、资源禀赋、业务积累，主动寻求业务转型，主要创新在以下方面：新三板信托、PE 投资、资产证券化、家族财富管理、受托境外理财业务、土地信托、消费信托、养老信托、公益信托等。以下介绍在 2014 年引起较大反响的新三板信托、消费信托和海外对冲基金项目。

（一）新三板信托

随着新三板市场的崛起，一些信托公司开始借道新三板进入资本市场，典型的如中建投信托、中信信托、中融信托和中航信托。中建投信托目前已经发行了6款新三板信托，中信信托和中融信托各发行1款新三板信托。四川信托、中航信托等也在布局新三板业务，在不久的将来会有多只新三板集合资金信托产品落地。以下以中建投信托的两个产品为例进行分析：

1. 第一支信托选择的投资节点是挂牌后做市前入股，具体要素如下：

（1）产品名称：中建投·新三板投资基金3号（东海天堂一期）集合信托计划。

（2）信托计划管理人：中建投信托有限责任公司。

（3）产品期限：约20个月。

（4）发行时间：2015年3月16—18日。

（5）认购起点：人民币100万元起。

（6）投资顾问：浙江天堂硅谷资产管理集团有限公司；东海证券创新产品投资有限公司（简称东海创新投，是东海证券的全资子公司）。

（7）受益权分类：优先级信托受益权规模3,300万元，劣后级信托受益权规模1,700万元，比例不高于2∶1。

（8）投资管理：信托计划项下设投资顾问委员会，由天堂硅谷及东海创新投共同组成的投资顾问委员会，根据会议决议向中建投信托提供投资、退出及其他重大事项的建议。受托人设投资决策组，投资决策组基于投资顾问委员会的建议进行审核，受托人并保留对投资建议的否决权。

（9）信托资金退出方式：参与公司主要为券商亲拟做市公司，以获得明确的退出渠道，参与价格原则上与做市库存股价格趋同。退出方式则以做市交易退出为主，竞价交易、并购/转板为辅。

2. 中建投信托的第二只产品选择的投资节点是正式做市后从做市商手中购买股份，项目具体要素如下：

（1）项目名称：中建投·新三板投资基金集合信托计划1号。

（2）信托计划管理人：中建投信托有限责任公司。

（3）产品期限：2+1+1（年）。

（4）投资顾问：上海鼎锋资产管理有限公司。

（5）受益权分类：合格投资者认购信托的A类份额，鼎峰资产也就是该信托的投资顾问认购B类份额，项目退出后，优先返还各类受益人全部本金，然后是各类受益人基准投资收益8%/年，最后再分配剩余投资收益。其中，当年化收益达8%但低于10%时，受托人收取超过年化8%的部分作为业绩分成；如年化收益超过10%以后，则受托人收取收益的20%业绩分成。

（6）信托资金运用方式：所募资金直接或间接投资于已挂牌的新三板股权、定增、优先股、可转债等，主要投向TMT、大消费、大健康、高端装备等领域，并限定单一主投项目不超过总规模的30%，投资项目原则上已做市或有明确做市意向的公司。

总体上看，信托公司对于新三板发展的敏感度和对项目的掌控力较弱，主要还是依靠外部投资顾问，未来应当利用信托交易结构灵活的优势，不断提升对资本市场的判断能力和资产管理能力。此外，新三板还存在交易不够频繁、风险较高等问题，相关机制有待进一步完善，信托公司参与新三板要注意风险的防范和控制。

（二）消费信托

中信信托于2013年11月推出的国内首单消费信托，其模式已经涉及关键的三方：即消费者（投资者）、信托公司、银行和消费品供应商。对消费者来说，保证金部分管理在信托公司一方面可以保证资金安全，另一方面资金在信托公司管理下可以增值。银行针对客户群体挖掘客户需求，并针对目标客户进行营销。信托公司从需求出发，发行信托产品，让投资者获得消费权益，从而整合理财需求和消费需求。消费品供应商通过信托公司的权益采购，扩大自己的销售份额。该信托计划大致模式如图6-1所示。

2014年9月21日，中信信托、百度金融、中影股份及德恒律所联合发起“百发有戏”电影大众消费互联网服务平台。首单互联网消费信托选择文化产业作为突破口，挖掘电影产业的“消费+金融”双重属性。该信托产品将电影《黄金时代》及其周边产品的消费权益纳入信托范围，有兴趣的消费者通过参与“百发有戏”平台的预售或团购获得电影票、影院卡等实物、服务或媒体内容形式的消费权益。

该产品是第一单互联网消费信托，同大多消费信托一样，百度消费权益信托也体现为财产权信托和资金信托的结合。在“百发有戏”平台中，消费者获得相关消费权益后，将消费权益注入百度消费权益信托项目，由中信信托对消费权益进行集中管理。中信信托作为独立第三方，将发挥信托财产的独立性和破产隔离方面的独特功能，为消费众筹项目增信，同时进行监督

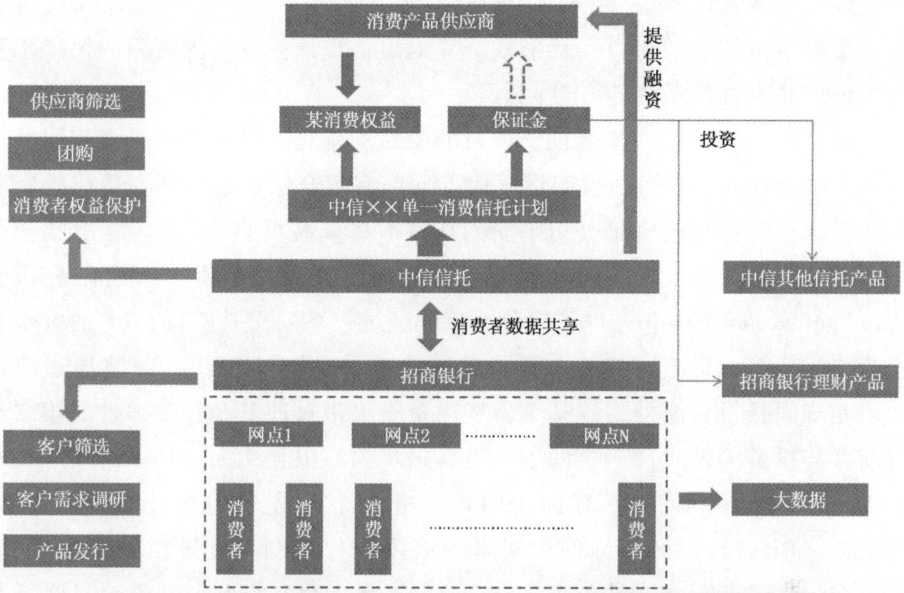

图6-1　消费信托计划运行模式

管理，确保资金专项运用，间接实现了对消费权益的保障性监控。信托设立后，百度将向信托不断注入新的消费权益，同时信托财产中也不断有消费权益被实现，即信托财产不断新增和实现。每次向信托财产做追加的消费权益内容及形式虽不一样，但其实质皆为消费者从百度平台所购得的某项消费权益，需要由消费权益的提供方提供，属性具有一致性。

消费者与服务提供者之间的消费权益关系处于不对等的地位，信托介入以后，可以连接资金端和消费端，并且可以保护消费者的权益，这就是消费信托的本质。百度作为互联网平台，可以有效的传播产品信息，为更多的公众认知，有效地将互联网与消费信托进行连接，即所谓的互联网消费信托。

（三）平安信托海外对冲基金投资项目

2014年8月，平安信托发行了一只有限合伙产品"海汇元声"，募集资金规模3亿元，专项投资于海外对冲基金。信托公司主导的一款离岸投资产品，在法律、风控、合规等方面进行较大幅度的创新。与市场常见的境外对冲基金投资方式不同，平安信托的这一模式实现了——投资者以人民币投入，最终本金与收益将以美元形式结算退出。境外投资要求更强的风险承受力，该产品投资门槛为600万元。

平安信托海外对冲基金投资项目的交易安排是：平安德成投资有限公司作为一般合伙人（GP），发起设立海汇元声有限合伙企业。平安德成投资有限公司为平安信托全资子公司平安创新资本99%控股持有。

该有限合伙企业中，境内投资者作为海汇元声的出资人（有限合伙契约，Limited Partnership，以下简称LP）。经过一系列交易安排，LP的资金兑换为美元出海，资金再借道海外投资的特殊承载体（SPV），最终通过海汇元声实现间接投资海外指定基金。境内资金借道对冲基金投资海外的模式与目前参与投资境外对冲基金的主渠道合格境内有限合伙人（Qualified Domestic Limited Partner，以下简称QDLP）相比，交易架构区别较大。所谓QDLP，即上海自贸区实施的合格境内有限合伙人制度。按相关操作要求，参与QDLP试点的境外对冲基金需在上海注册一只联络基金，由这只联络基金完成募资并结汇美元，再将资金委托给境外对冲基金，投向境外二级市场。由于QDLP属于境内LP资金结汇投向境外二级市场，在资金结汇返还境内期间，除了按境外国家税法需征收利得税与资产转移税，LP还得依照国内税收规定缴纳所得税。因此，虽然通过这一途径，境内出资人（LP）可以顺利对接境外市场，但也面临双重征税的尴尬，其中就包括海外投资缴利得税，资金返回国内缴20%的所得税。而海汇元声的特点是，境外投资主体设立在避税区开曼群岛，可以规避海外税负，和做资产独立运营安排。海汇元声的投资期限暂定为1年零4个月，经营期限根据实际清算分配情况稍长于海外指定基金的投资期限。推介材料显示，该基金成立至今，年化净回报9.53%，年化波动率仅3.37%，历史最大净值回撤-5.3%。从这一产品的交易结构来看，尽管平安信托担任主导方，但这单项目中资金最终对接的海外基金也扮演了至关重要的角色。①

交易过程中，境内投资者出资成为海盛新博有限合伙企业的出资人（LP），并将人民币资金存入境内合作方银行做保证金；合作方银行开立保

① 宋佳燕："平安信托探路对接海外对冲基金600万高门槛"，21信托研究院，http://zixun.zhongsou.com/faster/24/a37e57d6354e6bf5336ce503060f83db.html。

函，由其境外分支机构提供贷款给海盛新博在开曼群岛设立的子公司进行海外投资。内保外贷模式在资金回流环节，面临诸多结汇审批风险。相比之下，QDLP 产品在资金回流结汇环节拥有“便利通道”。因为 QDLP 产品被允许“事先结汇、事后备案”。信托境外投资理财未来将会是一个大趋势。因为随着金融的全球化以及资本市场的开放，金融机构纷纷开始布局海外市场；而且，信托客户多为高净值客户，在全球范围内进行资产配置的需求较为强烈，未来此类业务的创新将更加广泛。

五、转型的再思考

业内普遍认为信托业未来将向投资银行业务、资产管理业务、财富管理业务和专业化受托服务四大方向进行转型，而信托公司也将逐步由单一理财产品提供商向综合金融服务商转变。在此过程中，把握资产管理与财富管理的双重属性，促进服务信托与投资信托的发展，通过专业子公司进行创新转型试点，并着力拓展互联网金融与信托的结合。

（一）一枚硬币的两面：资产管理与财富管理

过去支撑信托行业高速增长的主导业务模式——具有私募投行性质的融资信托业务，是由于“金融压抑”、经济增长和制度红利等复合因素造就的，这是信托行业的特殊市场机会。随着未来因经济下行、竞争加剧、金融自由化改革等因素，信托行业过去发展所依托的私募融资市场，将呈现需求递减、风险递增、竞争加剧的趋势。因此，虽然理财市场未来仍然处于成长周期，但信托行业要抓住未来发展机会，业务转型不可避免。面对市场的变化，当前很多信托公司都启动了业务转型。在资产管理领域，信托公司正尝试基金化投资产品，如 TOT（Trust of Trusts，即信托中的信托）、TOF（Trust of Fund，即基金中的信托融资方式）、FOF 等，在财富管理领域，发展企业年金信托、消费服务信托、私人财富管理信托、家族信托等一系列全新功能的信托产品和信托服务。基于资产管理方向与财富管理方向其实是一枚硬币的两面，无非是重新选择理财业务链上的站位：

第一，基于传统私募投资银行角度的业务优化与提升，在更高的风险管理标准下，继续满足企业和项目的融资需求。在私募融资市场上，目前的特点是供过于求，所以需要业务优化与提升。

第二，基于资产管理角度的业务转型，即创建和管理特定投资策略驱动的组合管理产品，以满足投资者多样化的理财需求。在资产管理市场上，目前的特点是供不应求，所以值得大力开拓。

第三，基于财富管理角度的业务转型，为高净值个人/机构客户提供个性化的资产配置和保障、传承、慈善等方面的辅助服务，以满足高端客户的个性化财富管理需要。在财富管理市场上，目前的特点是供给缺失，所以值得长远布局。

（二）信托回归本源：服务信托与投资信托的勃兴

信托产品的本源功能非常丰富。从功能上来看，信托产品可以分为两大类：一类为理财信托，一类为服务信托。而理财信托从运用方式和风险偏好看，又可以分为固定收益偏好的融资信托和浮动收益偏好的投资信托。过去，由于特殊的历史机遇，信托行业主要发展了理财信托中具有固定收益偏好的融资信托业务，最高的时候比例达到了 70% 以上，而忽略了具有浮动收益偏好的投资信托，服务信托则基本缺失。

从未来发展的角度看，信托行业将会深挖信托制度的本源价值，不断进行产品创新，提供功能多元化的信托产品。这一趋势已经日益明显。从近年看，融资信托比例不断下降，投资信托比例和服务信托比例不断上升。可以预见，在不远的将来，“融资信托”、“投资信托”和“服务信托”必将呈“三足鼎立”之势；而从更长远的角度看，投资信托和服务信托将取代融资信托，成为信托行业未来发展的主导产品。

（三）转型的载体：专业子公司是信托公司创新转型的重要平台

2014 年 12 月 19 日，杨家才主席助理在“2014 年信托年会”上明确提出打造新型信托业的“八项责任”，其中在机构责任部分指出：“在业务细分领域，可以通过深化改革，设立全资专业子公司做专做精。比如家族信托子公司、并购信托子公司、海外信托子公司、专业销售子公司”。成立子公司做专做精既是信托公司的机遇，也是为了更好地进行主动管理和风险控制而需履行的机构责任。由于信托公司传统业务增速放缓，鼓励信托公司成立子公司成为了监管机构支持信托公司持续稳定发展的重要战略举措。目前中融、中诚、中信、上海、兴业等信托公司抓住机遇先后成立了子公司，开展专业化的主动管理类投资与跨境投融资等业务。成立子公司在专业化管理，向服务信托转型，拓展高收益项目，提升主动管理能力和风控能力等方面均具有重要战略意义。

（四）信托触网：无法独善其身，莫如自我革命

自2012年“互联网金融元年”以来，互联网、电商巨头竞先涉足金融领域，推出眼花缭乱的互联网金融创新产品，在方便人民生活、提供更多金融产品选择的同时，也对传统金融行业带来革命性的改变。互联网金融凭借互联网方便快捷的优势，利用对大数据的收集和分析来开发产品，构建自身的商业模式。其实践主要集中于三个方向：渠道网络化、交易电子化和信用数字化。渠道网络化主要是传统金融渠道虚拟化，有效整合交易、支付、理财等业务，利用互联网为客户提供一体化多样化金融解决方案，如中航信托的在线销售业务等。交易电子化主要是第三方支付与虚拟货币。第三方支付主要有收单业务（银联在线）、在线支付（支付宝）以及预付卡业务三种模式。支付是互联网金融行业中成熟度最高的市场，其战略价值主要在于两点，一是信用体系，二是沉淀资金，这两点是互联网金融向传统金融业务渗透的重要筹码。信用数字化是通过大数据完成信用体系的搭建，通过自身的信用体系实现对金融产品的嫁接。信用的数字化革新了传统的金融中介及货币发行体系，实现对金融生态圈的重构，是对传统金融体系的颠覆和重塑。其主要模式是P2P（Person to Person，即个人与个人间小额信贷交易）、P2B（Person to Business，即个人对非金融机构企业的贷款模式）、众筹、供应链金融等。

信托业涉足互联网金融也是基于互联网在信息处理、支付和资源配置方面的优势。但由于信托高端私募产品性质，投资数额大，不能公开宣传，需要投资者面签合同等特征阻碍了信托的互联网化。但是，在网络借贷与众筹日益改变甚至颠覆传统的债券和股权投融资模式的“互联网+”时代，信托再也无法独善其身，必须加入自我革命的行列。通过互联网金融实现弯道超车的尝试主要有以下几方面：网上信托产品展示和服务渠道；平台型战略，借助第三方平台或自建平台。资产端的互联网化，通过互联网来聚拢客

户，募集项目资金。如果侧重于资产端的互联网化（譬如众筹），信托可借助自身私募投行的优势，发挥项目搜集、交易结构设计、尽职调查、风险控制等方面的专业能力。

综上，信托作为一种独特的法律安排，既能融资又能投资，并且能灵活对接货币、资本市场、产业等三大市场。在国外，信托已有 3,800 年的历史，将个人财产、金融资产等委托给信托公司进行管理已成为普遍现象。但在中国，自 1979 年恢复业务以来信托业先后经过五次较大的整顿，其发展经历着螺旋上升的过程，信托资产规模相比 GDP 尚有巨大可提升空间。随着中国信用基础的逐步增强，相关制度建设的逐渐完备，信托能够应用空间将更加广阔，而信托创新将会随着人们需求的变化而不断向前发展。

附　　表

2014 年末信托公司注册资本排名 / 232
2014 年末信托公司净资产排名 / 233
2014 年信托公司总收入排名 / 234
2014 年信托公司信托业务收入排名 / 235
2014 年信托公司净利润排名 / 236
2014 年信托公司资本利润率排名 / 237
2014 年信托公司信托报酬率排名 / 238
2014 年信托公司人均净利润排名 / 239
2014 年末信托公司信托资产规模排名 / 240
2014 年末信托公司集合类信托资产规模排名 / 241
2014 年末信托公司单一类信托资产规模排名 / 242
2014 年信托公司已清算集合类信托项目收益率排名 / 243
2014 年信托公司已清算单一类信托项目收益率排名 / 244
2014 年信托公司新增信托资产规模排名 / 245
2014 年信托公司新增集合类信托资产规模排名 / 246
2014 年信托公司新增主动管理型信托资产规模排名 / 247

附　表

2014年末信托公司注册资本排名

单位：亿元

排名	信托公司	注册资本	排名	信托公司	注册资本
1	中信信托	100	35	天津信托	17
2	平安信托	69.88	36	中航信托	16.864852
3	中融信托	60	37	中建投信托	16.6574
4	兴业信托	50	38	吉林信托	15.96
5	交银信托	37.647059	39	建信信托	15.2727
6	华宝信托	37.44	40	粤财信托	15
7	华信信托	33	41	北京信托	14
8	爱建信托	30	42	山西信托	13.57
9	华能信托	30	43	长安信托	13.46022857
10	昆仑信托	30	44	万向信托	13.39
11	陆家嘴信托	30	45	国联信托	12.3
12	江苏信托	26.83899	46	陕国投信托	12.14667354
13	华润信托	26.3	47	东莞信托	12
14	上海信托	25	48	方正信托	12
15	四川信托	25	49	湖南信托	12
16	中海信托	25	50	苏州信托	12
17	中原信托	25	51	新华信托	12
18	中诚信托	24.57	52	新时代信托	12
19	重庆信托	24.3873	53	紫金信托	12
20	厦门信托	23	54	中江信托	11.55789134
21	中粮信托	23	55	光大兴陇信托	10.181905
22	百瑞信托	22	56	北方信托	10.009989
23	华鑫信托	22	57	国民信托	10
24	金谷信托	22	58	云南信托	10
25	外贸信托	22	59	杭工商信托	7.5
26	国投泰康信托	21.90545454	60	安信信托	7.07955931
27	渤海信托	20	61	西部信托	6.2
28	国元信托	20	62	华澳信托	6
29	民生信托	20	63	华宸信托	5.72
30	山东信托	20	64	中泰信托	5.166
31	五矿信托	20	65	西藏信托	5
32	中铁信托	20	66	浙金信托	5
33	华融信托	19.828863	67	大业信托	3
34	英大信托	18.217545	68	新盛信托	3

附　表

2014年末信托公司净资产排名

单位：万元

排名	信托公司	净资产	排名	信托公司	净资产
1	平安信托	1,966,971.11	35	渤海信托	368,437.80
2	中信信托	1,821,626.30	36	爱建信托	360,924.13
3	华润信托	1,368,856.04	37	厦门信托	348,061.00
4	中诚信托	1,281,282.90	38	中泰信托	344,316.83
5	重庆信托	1,271,025.01	39	陆家嘴信托	343,101.01
6	兴业信托	1,107,009.90	40	中粮信托	340,104.03
7	中融信托	969,766.75	41	天津信托	339,199.18
8	江苏信托	815,441.06	42	新时代信托	331,684.69
9	上海信托	795,927.87	43	金谷信托	330,258.23
10	建信信托	718,941.10	44	苏州信托	329,883.91
11	华信信托	717,999.27	45	民生信托	325,248.57
12	外贸信托	651,809.56	46	国联信托	321,010.00
13	华能信托	626,973.31	47	北方信托	320,609.74
14	昆仑信托	584,270.76	48	东莞信托	319,889.75
15	交银信托	555,973.08	49	中原信托	317,775.75
16	国投泰康信托	555,582.40	50	华鑫信托	313,116.94
17	华宝信托	545,390.82	51	方正信托	304,537.90
18	华融信托	496,216.07	52	新华信托	275,148.82
19	五矿信托	486,899.91	53	湖南信托	251,133.00
20	国元信托	483,390.27	54	山西信托	188,694.48
21	中航信托	474,838.94	55	安信信托	180,463.73
22	吉林信托	461,274.13	56	国民信托	179,223.90
23	北京信托	459,453.67	57	杭工商信托	167,652.00
24	中江信托	448,598.63	58	西部信托	166,619.67
25	中铁信托	441,853.13	59	光大兴陇信托	165,770.00
26	英大信托	440,363.22	60	紫金信托	163,411.36
27	山东信托	434,943.26	61	云南信托	161,694.40
28	中建投信托	428,862.65	62	万向信托	150,109.70
29	长安信托	421,849.92	63	西藏信托	125,747.27
30	四川信托	388,707.24	64	大业信托	107,205.16
31	中海信托	383,861.88	65	华澳信托	101,852.84
32	陕国投信托	381,387.39	66	华宸信托	92,640.18
33	百瑞信托	372,056.03	67	浙金信托	68,179.29
34	粤财信托	370,243.40	68	新盛信托	39,086.60

附 表

2014 年信托公司总收入排名

单位：万元

排名	信托公司	总收入	排名	信托公司	总收入
1	平安信托	568, 906. 71	35	国元信托	103, 686. 14
2	中信信托	566, 737. 71	36	新华信托	100, 221. 86
3	中融信托	551, 463. 00	37	华鑫信托	99, 951. 77
4	华润信托	394, 818. 21	38	英大信托	99, 231. 29
5	重庆信托	355, 304. 68	39	苏州信托	97, 663. 00
6	中诚信托	312, 105. 98	40	湖南信托	93, 110. 00
7	长安信托	254, 853. 24	41	杭工商信托	92, 994. 00
8	兴业信托	245, 665. 00	42	爱建信托	86, 075. 13
9	华能信托	235, 302. 04	43	陆家嘴信托	85, 798. 00
10	上海信托	232, 168. 89	44	陕国投信托	83, 547. 90
11	华信信托	229, 725. 23	45	粤财信托	83, 413. 36
12	四川信托	219, 156. 85	46	国投泰康信托	80, 731. 92
13	外贸信托	200, 170. 84	47	厦门信托	78, 075. 00
14	安信信托	184, 274. 78	48	金谷信托	76, 155. 62
15	华融信托	183, 221. 14	49	东莞信托	75, 845. 17
16	北京信托	175, 691. 00	50	中泰信托	75, 371. 75
17	中航信托	170, 379. 33	51	新时代信托	71, 061. 33
18	方正信托	163, 424. 23	52	大业信托	60, 678. 47
19	五矿信托	154, 597. 63	53	山西信托	59, 245. 51
20	建信信托	149, 904. 92	54	国联信托	58, 309. 00
21	中铁信托	149, 292. 00	55	中粮信托	57, 707. 59
22	天津信托	148, 686. 75	56	云南信托	56, 514. 33
23	中海信托	143, 539. 77	57	紫金信托	51, 421. 36
24	昆仑信托	141, 733. 19	58	民生信托	46, 841. 09
25	江苏信托	139, 323. 16	59	国民信托	46, 253. 69
26	中原信托	139, 252. 81	60	华澳信托	45, 172. 00
27	山东信托	136, 658. 00	61	西部信托	40, 037. 74
28	百瑞信托	135, 952. 71	62	万向信托	31, 600. 75
29	华宝信托	135, 501. 92	63	光大兴陇信托	29, 525. 53
30	北方信托	124, 891. 58	64	浙金信托	29, 257. 55
31	中江信托	123, 645. 60	65	西藏信托	28, 584. 09
32	渤海信托	121, 930. 56	66	吉林信托	20, 091. 87
33	交银信托	121, 473. 44	67	华宸信托	19, 498. 62
34	中建投信托	116, 425. 53	68	新盛信托	14, 609. 06

附 表

2014年信托公司信托业务收入排名

单位：万元

排名	信托公司	信托业务收入	排名	信托公司	信托业务收入
1	中融信托	439, 032. 00	35	中建投信托	77, 461. 20
2	平安信托	412, 258. 22	36	英大信托	76, 081. 97
3	中信信托	402, 035. 04	37	苏州信托	71, 798. 00
4	重庆信托	180, 611. 15	38	湖南信托	70, 132. 00
5	长安信托	172, 328. 46	39	陆家嘴信托	70, 003. 00
6	四川信托	172, 161. 06	40	国元信托	66, 697. 16
7	华润信托	171, 455. 08	41	华鑫信托	65, 681. 67
8	安信信托	166, 823. 85	42	粤财信托	63, 432. 53
9	华融信托	154, 885. 84	43	东莞信托	56, 818. 49
10	中诚信托	150, 967. 35	44	金谷信托	56, 309. 66
11	兴业信托	142, 422. 00	45	国投泰康信托	55, 059. 23
12	新华信托	132, 697. 35	46	大业信托	52, 056. 28
13	方正信托	131, 671. 11	47	新时代信托	51, 956. 91
14	北京信托	129, 895. 00	48	爱建信托	49, 490. 56
15	外贸信托	128, 950. 83	49	江苏信托	47, 432. 19
16	中航信托	128, 307. 53	50	云南信托	46, 728. 55
17	中铁信托	127, 359. 00	51	厦门信托	46, 155. 00
18	华能信托	120, 219. 55	52	陕国投信托	44, 758. 13
19	上海信托	120, 036. 57	53	国民信托	38, 724. 66
20	五矿信托	116, 737. 52	54	中泰信托	38, 679. 62
21	中江信托	115, 589. 93	55	山西信托	38, 138. 08
22	中原信托	114, 256. 52	56	华澳信托	36, 120. 00
23	山东信托	101, 686. 95	57	紫金信托	35, 493. 04
24	渤海信托	101, 621. 03	58	民生信托	33, 663. 54
25	百瑞信托	100, 664. 04	59	西部信托	29, 075. 93
26	华信信托	99, 845. 14	60	国联信托	28, 767. 00
27	华宝信托	93, 544. 02	61	西藏信托	27, 041. 72
28	昆仑信托	90, 270. 39	62	光大兴陇信托	24, 634. 62
29	天津信托	90, 237. 37	63	浙金信托	23, 152. 67
30	北方信托	90, 091. 97	64	中粮信托	19, 259. 11
31	交银信托	88, 077. 44	65	吉林信托	19, 160. 96
32	建信信托	80, 727. 33	66	万向信托	18, 569. 68
33	杭工商信托	80, 607. 00	67	华宸信托	12, 238. 29
34	中海信托	79, 297. 36	68	新盛信托	7, 072. 90

附　表

2014 年信托公司净利润排名

单位：万元

排名	信托公司	净利润	排名	信托公司	净利润
1	中信信托	278,568.76	35	北方信托	56,401.82
2	重庆信托	243,204.49	36	英大信托	56,311.32
3	中融信托	241,308.19	37	粤财信托	55,202.44
4	华润信托	235,093.04	38	湖南信托	53,868.00
5	平安信托	219,045.78	39	华鑫信托	52,298.99
6	中诚信托	213,401.25	40	国投泰康信托	50,953.49
7	华信信托	168,040.05	41	苏州信托	49,443.67
8	上海信托	160,704.59	42	厦门信托	47,479.00
9	兴业信托	138,382.58	43	杭工商信托	46,418.00
10	华能信托	128,239.93	44	爱建信托	45,496.70
11	外贸信托	121,656.14	45	东莞信托	42,205.42
12	江苏信托	115,225.17	46	国联信托	42,034.00
13	四川信托	102,499.47	47	中泰信托	40,506.35
14	安信信托	102,352.79	48	西藏信托	37,316.45
15	中海信托	97,254.36	49	陆家嘴信托	35,795.30
16	长安信托	95,959.48	50	陕国投信托	35,063.18
17	中铁信托	94,263.71	51	中粮信托	31,640.72
18	中航信托	90,966.97	52	新时代信托	29,484.07
19	北京信托	90,757.88	53	大业信托	29,316.15
20	五矿信托	87,980.23	54	吉林信托	26,775.82
21	方正信托	85,908.53	55	紫金信托	26,510.62
22	建信信托	85,320.03	56	云南信托	25,661.75
23	中原信托	80,696.69	57	民生信托	18,743.97
24	昆仑信托	79,060.80	58	西部信托	18,695.54
25	天津信托	77,734.30	59	国民信托	17,784.89
26	百瑞信托	74,795.12	60	华澳信托	15,200.99
27	山东信托	73,720.04	61	山西信托	14,808.56
28	华融信托	70,162.59	62	光大兴陇信托	14,509.79
29	国元信托	66,803.96	63	万向信托	12,912.83
30	华宝信托	62,295.29	64	新华信托	10,584.49
31	交银信托	60,528.16	65	金谷信托	10,256.99
32	中江信托	60,494.40	66	浙金信托	7,789.95
33	渤海信托	59,146.79	67	新盛信托	5,051.41
34	中建投信托	58,910.06	68	华宸信托	2,938.98

附　表

2014 年信托公司资本利润率排名

单位：%

序号	信托公司	资本利润率	排名	信托公司	资本利润率
1	安信信托	76.89	35	云南信托	17.01
2	中铁信托	50.21	36	华鑫信托	16.78
3	四川信托	45.56	37	粤财信托	16.01
4	西藏信托	37.07	38	华澳信托	16.00
5	方正信托	32.89	39	国元信托	15.44
6	杭工商信托	32.17	40	江苏信托	15.11
7	大业信托	31.00	41	中建投信托	15.04
8	中原信托	29.98	42	中江信托	14.68
9	中融信托	28.38	43	东莞信托	14.58
10	华信信托	27.00	44	国联信托	14.36
11	天津信托	25.99	45	英大信托	14.08
12	长安信托	25.57	46	昆仑信托	14.00
13	中海信托	25.44	47	民生信托	13.71
14	湖南信托	24.60	48	爱建信托	13.45
15	华能信托	22.46	49	新盛信托	13.37
16	重庆信托	22.21	50	华宝信托	13.08
17	百瑞信托	22.04	51	中泰信托	12.97
18	上海信托	21.87	52	建信信托	12.68
19	中航信托	21.19	53	国投泰康信托	12.31
20	北京信托	20.93	54	浙金信托	12.12
21	陆家嘴信托	20.67	55	平安信托	11.90
22	外贸信托	20.56	56	西部信托	11.78
23	山东信托	19.84	57	交银信托	11.50
24	五矿信托	19.35	58	国民信托	10.20
25	苏州信托	19.19	59	陕国投信托	9.52
26	北方信托	18.97	60	中粮信托	9.24
27	厦门信托	18.38	61	光大兴陇信托	9.23
28	华润信托	18.20	62	万向信托	8.99
29	中诚信托	17.89	63	新时代信托	8.97
30	中信信托	17.84	64	山西信托	8.07
31	紫金信托	17.40	65	吉林信托	6.77
32	兴业信托	17.39	66	新华信托	3.44
33	渤海信托	17.21	67	华宸信托	3.29
34	华融信托	17.07	68	金谷信托	3.14

附　表

2014年信托公司信托报酬率排名

单位:%

排名	信托公司	信托报酬率	排名	信托公司	信托报酬率
1	杭工商信托	2.66	35	紫金信托	0.59
2	华信信托	1.88	36	中江信托	0.59
3	爱建信托	1.87	37	昆仑信托	0.52
4	东莞信托	1.82	38	江苏信托	0.52
5	重庆信托	1.32	39	万向信托	0.51
6	新华信托	1.31	40	渤海信托	0.5
7	华宸信托	1.31	41	中信信托	0.49
8	华融信托	1.28	42	中泰信托	0.47
9	国联信托	1.22	43	中诚信托	0.45
10	安信信托	1.02	44	厦门信托	0.45
11	湖南信托	1.00	45	外贸信托	0.44
12	苏州信托	0.99	46	陕国投信托	0.43
13	百瑞信托	0.94	47	新盛信托	0.42
14	中原信托	0.93	48	华鑫信托	0.41
15	浙金信托	0.92	49	华润信托	0.41
16	北京信托	0.91	50	国元信托	0.37
17	平安信托	0.84	51	北方信托	0.37
18	方正信托	0.81	52	吉林信托	0.36
19	中铁信托	0.80	53	光大兴陇信托	0.36
20	中融信托	0.80	54	新时代信托	0.33
21	中航信托	0.80	55	华能信托	0.33
22	陆家嘴信托	0.79	56	山东信托	0.32
23	中建投信托	0.78	57	中粮信托	0.31
24	华澳信托	0.76	58	粤财信托	0.3
25	大业信托	0.76	59	交银信托	0.3
26	长安信托	0.75	60	英大信托	0.27
27	五矿信托	0.72	61	兴业信托	0.27
28	四川信托	0.70	62	泰康国投信托	0.25
29	西部信托	0.69	63	华宝信托	0.25
30	天津信托	0.68	64	云南信托	0.21
31	山西信托	0.63	65	建信信托	0.21
32	民生信托	0.63	66	中海信托	0.17
33	上海信托	0.62	67	西藏信托	0.14
34	金谷信托	0.60	68	国民信托	0.13

附　表

2014年信托公司人均净利润排名

单位：万元

排名	信托公司	人均净利润	排名	信托公司	人均净利润
1	重庆信托	2,615.10	35	中建投信托	334.72
2	江苏信托	1,458.55	36	中江信托	327.00
3	华信信托	965.75	37	厦门信托	321.00
4	中诚信托	915.89	38	昆仑信托	318.79
5	西藏信托	910.16	39	大业信托	308.59
6	华润信托	773.33	40	杭工商信托	294.00
7	中海信托	725.78	41	华融信托	287.55
8	国联信托	651.69	42	爱建信托	282.59
9	上海信托	631.45	43	东莞信托	271.22
10	安信信托	578.26	44	紫金信托	243.22
11	天津信托	551.31	45	平安信托	223.63
12	中信信托	539.86	46	中粮信托	222.41
13	粤财信托	530.79	47	中泰信托	216.03
14	华能信托	502.41	48	华宝信托	211.53
15	中原信托	464.44	49	长安信托	194.30
16	山东信托	460.75	50	云南信托	184.62
17	苏州信托	458.80	51	陆家嘴信托	173.76
18	方正信托	440.56	52	四川信托	171.12
19	中铁信托	439.00	53	陕国投信托	149.52
20	百瑞信托	436.12	54	吉林信托	136.61
21	外贸信托	435.91	55	中融信托	136.57
22	建信信托	418.24	56	西部信托	125.90
23	国元信托	417.52	57	新时代信托	117.47
24	湖南信托	414.00	58	民生信托	116.06
25	英大信托	413.04	59	万向信托	110.37
26	国投泰康信托	407.63	60	国民信托	109.45
27	渤海信托	403.73	61	光大兴陇信托	93.01
28	北京信托	394.00	62	山西信托	85.11
29	中航信托	380.61	63	华澳信托	84.00
30	北方信托	378.54	64	新盛信托	77.71
31	华鑫信托	358.21	65	浙金信托	73.49
32	交银信托	356.82	66	金谷信托	55.00
33	五矿信托	355.66	67	华宸信托	27.73
34	兴业信托	337.82	68	新华信托	15.81

附　表

2014年末信托公司信托资产规模排名

单位：亿元

排名	信托公司	信托资产总计	排名	信托公司	信托资产总计
1	中信信托	90,207,415.56	35	重庆信托	15,071,664.11
2	中融信托	71,059,273.05	36	国投泰康信托	14,663,403.23
3	建信信托	66,583,532.90	37	华融信托	14,500,148.30
4	兴业信托	65,115,171.72	38	昆仑信托	14,164,489.13
5	外贸信托	54,345,654.39	39	百瑞信托	13,853,262.47
6	华宝信托	49,146,270.91	40	方正信托	13,814,039.04
7	华润信托	47,197,866.96	41	中原信托	12,966,217.03
8	华能信托	42,155,687.70	42	陕国投信托	12,428,737.29
9	平安信托	39,984,860.55	43	厦门信托	11,539,444.00
10	交银信托	39,799,220.09	44	中建投信托	10,060,290.13
11	上海信托	38,636,864.03	45	陆家嘴信托	9,556,429.82
12	山东信托	33,018,995.47	46	苏州信托	8,937,666.51
13	中海信托	31,425,074.00	47	金谷信托	8,852,316.12
14	中诚信托	31,230,786.54	48	大业信托	8,673,298.11
15	长安信托	28,166,302.65	49	华信信托	8,114,147.36
16	中航信托	27,806,914.78	50	中泰信托	7,606,244.72
17	北方信托	27,373,852.02	51	中粮信托	7,214,009.98
18	云南信托	27,011,227.95	52	国民信托	7,144,293.84
19	四川信托	26,980,502.33	53	湖南信托	6,751,447.00
20	五矿信托	26,640,712.05	54	吉林信托	6,535,739.63
21	西藏信托	25,628,415.20	55	西部信托	6,519,083.37
22	中江信托	21,976,295.37	56	民生信托	6,376,692.77
23	渤海信托	21,661,733.45	57	爱建信托	6,030,599.49
24	中铁信托	21,090,823.00	58	光大兴陇信托	5,771,524.00
25	英大信托	21,048,988.89	59	万向信托	5,714,760.82
26	粤财信托	19,780,661.77	60	紫金信托	5,205,298.47
27	新华信托	18,278,321.92	61	山西信托	5,205,007.00
28	江苏信托	17,434,667.98	62	东莞信托	4,382,573.17
29	新时代信托	16,734,888.95	63	华澳信托	4,375,830.49
30	国元信托	16,419,585.38	64	国联信托	4,351,445.00
31	北京信托	16,162,672.31	65	杭工商信托	2,840,661.00
32	华鑫信托	16,081,516.53	66	浙金信托	2,479,791.53
33	天津信托	15,438,501.00	67	新盛信托	1,708,970.25
34	安信信托	15,115,116.24	68	华宸信托	695,794.64

附　表

2014 年末信托公司集合类信托资产规模排名

单位：万元

序号	信托公司	集合类信托资产	排名	信托公司	集合类信托资产
1	中融信托	37, 103, 376. 37	35	中建投信托	3, 684, 972. 57
2	平安信托	27, 996, 923. 30	36	陆家嘴信托	3, 674, 338. 02
3	外贸信托	24, 646, 031. 07	37	新时代信托	3, 212, 373. 53
4	上海信托	18, 098, 033. 23	38	天津信托	3, 211, 084. 71
5	中信信托	18, 048, 749. 16	39	厦门信托	3, 210, 654. 00
6	建信信托	17, 838, 568. 58	40	安信信托	3, 134, 730. 73
7	华润信托	17, 738, 718. 82	41	陕国投信托	3, 019, 816. 75
8	中海信托	14, 847, 265. 00	42	东莞信托	3, 001, 061. 96
9	华能信托	14, 044, 314. 57	43	中泰信托	2, 859, 247. 15
10	兴业信托	13, 931, 439. 00	44	杭工商信托	2, 668, 077. 00
11	五矿信托	13, 928, 064. 84	45	江苏信托	2, 553, 145. 59
12	长安信托	10, 314, 973. 12	46	爱建信托	2, 540, 320. 17
13	华宝信托	9, 222, 440. 62	47	紫金信托	2, 485, 459. 00
14	四川信托	8, 841, 786. 78	48	湖南信托	2, 288, 518. 00
15	重庆信托	8, 418, 688. 15	49	北方信托	2, 261, 850. 48
16	方正信托	7, 960, 345. 28	50	山西信托	2, 251, 454. 00
17	北京信托	7, 680, 946. 31	51	国元信托	2, 228, 756. 63
18	中航信托	7, 670, 801. 89	52	西藏信托	2, 141, 587. 37
19	中江信托	7, 320, 728. 04	53	民生信托	2, 016, 607. 81
20	中铁信托	7, 191, 009. 00	54	万向信托	1, 703, 804. 08
21	华融信托	6, 497, 171. 33	55	华澳信托	1, 473, 696. 00
22	山东信托	6, 125, 499. 08	56	国联信托	1, 456, 007. 00
23	粤财信托	6, 047, 378. 17	57	英大信托	1, 390, 544. 25
24	华鑫信托	5, 386, 318. 53	58	金谷信托	1, 341, 563. 81
25	百瑞信托	5, 265, 044. 31	59	国民信托	1, 333, 787. 55
26	新华信托	5, 046, 110. 86	60	渤海信托	1, 318, 591. 40
27	昆仑信托	4, 959, 360. 16	61	西部信托	994, 322. 42
28	苏州信托	4, 897, 793. 05	62	国投泰康信托	993, 646. 45
29	大业信托	4, 815, 029. 05	63	浙金信托	863, 709. 00
30	交银信托	4, 795, 038. 65	64	中粮信托	662, 181. 96
31	华信信托	4, 433, 510. 14	65	吉林信托	459, 557. 96
32	中原信托	4, 334, 615. 06	66	华宸信托	373, 403. 06
33	中诚信托	4, 131, 803. 30	67	光大兴陇信托	300, 377. 55
34	云南信托	4, 029, 350. 98	68	新盛信托	291, 303. 43

附　　表

2014 年末信托公司单一类信托资产规模排名

单位：万元

排名	信托公司	单一类信托资产规模	排名	信托公司	单一类信托资产规模
1	中信信托	49, 528, 487. 17	35	陕国投信托	9, 374, 459. 02
2	建信信托	48, 740, 316. 82	36	昆仑信托	9, 071, 041. 06
3	兴业信托	48, 348, 168. 00	37	中原信托	8, 223, 080. 59
4	华宝信托	39, 010, 342. 63	38	百瑞信托	8, 175, 916. 04
5	交银信托	34, 810, 299. 86	39	厦门信托	8, 013, 641. 00
6	外贸信托	28, 449, 041. 68	40	华融信托	7, 226, 941. 76
7	华润信托	27, 460, 374. 93	41	重庆信托	6, 432, 504. 01
8	华能信托	25, 345, 883. 80	42	陆家嘴信托	5, 882, 091. 80
9	山东信托	25, 225, 035. 31	43	国民信托	5, 810, 506. 29
10	北方信托	23, 582, 927. 59	44	吉林信托	5, 681, 804. 07
11	西藏信托	23, 486, 827. 83	45	方正信托	5, 656, 050. 70
12	中融信托	22, 771, 831. 32	46	北京信托	5, 565, 663. 23
13	云南信托	22, 493, 799. 58	47	西部信托	5, 523, 636. 78
14	中诚信托	21, 126, 257. 59	48	光大兴陇信托	5, 316, 434. 47
15	中航信托	19, 659, 535. 02	49	金谷信托	5, 052, 913. 01
16	渤海信托	19, 387, 551. 80	50	中粮信托	4, 753, 867. 07
17	上海信托	18, 730, 015. 92	51	中泰信托	4, 557, 371. 54
18	四川信托	18, 138, 715. 55	52	湖南信托	4, 447, 789. 00
19	长安信托	16, 094, 524. 39	53	中建投信托	4, 358, 228. 26
20	中海信托	14, 926, 576. 00	54	民生信托	3, 845, 867. 53
21	江苏信托	14, 881, 522. 39	55	苏州信托	3, 630, 974. 65
22	英大信托	14, 660, 686. 84	56	华信信托	3, 539, 689. 12
23	中江信托	14, 383, 517. 16	57	大业信托	3, 484, 867. 44
24	国元信托	13, 754, 081. 77	58	万向信托	3, 427, 522. 17
25	新时代信托	13, 470, 543. 39	59	爱建信托	3, 153, 831. 75
26	粤财信托	13, 086, 773. 93	60	山西信托	2, 948, 462. 00
27	新华信托	12, 495, 316. 72	61	华澳信托	2, 902, 135. 00
28	国投泰康信托	12, 478, 188. 29	62	国联信托	2, 890, 821. 00
29	五矿信托	12, 303, 749. 36	63	紫金信托	2, 632, 464. 72
30	安信信托	11, 756, 419. 47	64	浙金信托	1, 570, 582. 19
31	中铁信托	10, 774, 017. 00	65	东莞信托	1, 326, 122. 33
32	天津信托	10, 453, 356. 74	66	新盛信托	1, 084, 065. 95
33	平安信托	10, 407, 159. 18	67	华宸信托	322, 391. 58
34	华鑫信托	9, 685, 195. 45	68	杭工商信托	172, 584. 00

附　表

2014年信托公司已清算集合类信托项目收益率排名

单位：%

排名	信托公司	已清算集合类项目收益率	排名	信托公司	已清算集合类项目收益率
1	国投泰康信托	33.97	35	华信信托	8.94
2	平安信托	15.11	36	天津信托	8.93
3	华融信托	13.62	37	爱建信托	8.9
4	五矿信托	13.51	38	国元信托	8.89
5	杭工商信托	12.29	39	山西信托	8.87
6	万向信托	11.78	40	粤财信托	8.87
7	山东信托	11.58	41	民生信托	8.87
8	华宸信托	11.50	42	陕国投信托	8.83
9	新华信托	10.76	43	新时代信托	8.71
10	中原信托	10.25	44	湖南信托	8.62
11	百瑞信托	10.18	45	中泰信托	8.52
12	中诚信托	10.08	46	陆家嘴信托	8.48
13	新盛信托	9.95	47	云南信托	8.46
14	江苏信托	9.94	48	中江信托	8.42
15	华鑫信托	9.86	49	中铁信托	8.42
16	安信信托	9.85	50	北方信托	8.19
17	方正信托	9.81	51	中融信托	8.09
18	华能信托	9.76	52	厦门信托	8.07
19	吉林信托	9.74	53	上海信托	8.05
20	浙金信托	9.69	54	建信信托	7.94
21	大业信托	9.68	55	光大兴陇信托	7.92
22	中粮信托	9.62	56	华宝信托	7.9
23	四川信托	9.61	57	中建投信托	7.79
24	苏州信托	9.61	58	交银信托	7.7
25	西部信托	9.59	59	昆仑信托	7.62
26	渤海信托	9.58	60	重庆信托	7.5
27	西藏信托	9.47	61	金谷信托	7.39
28	东莞信托	9.44	62	英大信托	7.32
29	国民信托	9.39	63	长安信托	7.2
30	国联信托	9.16	64	外贸信托	7.1
31	中航信托	9.10	65	紫金信托	7.1
32	北京信托	9.08	66	兴业信托	7.07
33	华澳信托	9.02	67	华润信托	6.43
34	中信信托	9.02	68	中海信托	未公布

附 表

2014年信托公司已清算单一类信托项目收益率排名 单位：%

排名	信托公司	已清算单一类项目收益率	排名	信托公司	已清算单一类项目收益率
1	国联信托	10.63	35	陕国投信托	7.22
2	湖南信托	9.66	36	中江信托	7.13
3	杭工商信托	9.02	37	华能信托	7.08
4	华信信托	8.94	38	平安信托	7.06
5	大业信托	8.57	39	江苏信托	7
6	五矿信托	8.46	40	民生信托	7
7	重庆信托	8.16	41	紫金信托	6.89
8	华宸信托	8.11	42	华润信托	6.87
9	中原信托	8.08	43	东莞信托	6.8198
10	华融信托	8.02	44	中融信托	6.81
11	北京信托	8.00	45	陆家嘴信托	6.81
12	中航信托	7.84	46	华鑫信托	6.8
13	西藏信托	7.81	47	苏州信托	6.68
14	百瑞信托	7.72	48	中粮信托	6.68
15	方正信托	7.72	49	中铁信托	6.64
16	四川信托	7.72	50	建信信托	6.6005
17	爱建信托	7.64	51	国元信托	6.56
18	新华信托	7.63	52	粤财信托	6.56
19	安信信托	7.61	53	长安信托	6.5386
20	光大兴陇信托	7.59	54	中诚信托	6.53
21	天津信托	7.59	55	云南信托	6.49
22	外贸信托	7.56	56	兴业信托	6.4
23	金谷信托	7.46	57	山西信托	6.39
24	新时代信托	7.44	58	昆仑信托	6.29
25	万向信托	7.37	59	中建投信托	6.29
26	国民信托	7.36	60	国投泰康信托	6.28
27	西部信托	7.34	61	英大信托	6.27
28	渤海信托	7.32	62	上海信托	6.19
29	北方信托	7.30	63	中信信托	6.06
30	华澳信托	7.29	64	华宝信托	5.82
31	厦门信托	7.29	65	新盛信托	5.75
32	浙金信托	7.28	66	交银信托	5.69
33	中泰信托	7.23	67	山东信托	5.61
34	吉林信托	7.22	68	中海信托	未公布

附　表

2014年信托公司新增信托资产规模排名　　单位：万元

排名	信托公司	新增信托资产规模	排名	信托公司	新增信托资产规模
1	中信信托	37,721,222.84	35	重庆信托	7,086,189.05
2	兴业信托	37,639,314.00	36	安信信托	6,812,386.74
3	华能信托	32,987,686.86	37	陕国投信托	6,694,511.73
4	云南信托	29,882,879.93	38	建信信托	6,682,650.45
5	上海信托	29,144,642.31	39	北京信托	6,542,081.37
6	中融信托	29,131,349.81	40	中原信托	6,495,031.94
7	交银信托	23,837,367.26	41	中粮信托	6,109,800.00
8	平安信托	23,322,964.92	42	百瑞信托	6,013,049.90
9	四川信托	22,203,725.98	43	中泰信托	5,817,218.29
10	江苏信托	20,865,838.53	44	中建投信托	5,459,883.14
11	外贸信托	20,441,668.31	45	厦门信托	5,414,743.00
12	中海信托	19,451,993.60	46	金谷信托	5,365,368.44
13	新时代信托	18,905,668.81	47	吉林信托	5,350,658.60
14	西藏信托	18,688,295.36	48	苏州信托	5,331,450.91
15	长安信托	17,139,256.31	49	国民信托	5,299,099.13
16	五矿信托	15,862,307.28	50	万向信托	5,081,497.89
17	中航信托	14,381,621.04	51	英大信托	4,591,143.12
18	中铁信托	13,912,679.00	52	民生信托	4,409,337.05
19	渤海信托	13,883,993.10	53	陆家嘴信托	4,336,621.00
20	华润信托	13,857,368.00	54	爱建信托	4,039,775.52
21	山东信托	12,874,725.00	55	西部信托	3,988,613.47
22	华融信托	12,190,031.82	56	华信信托	3,717,965.00
23	中江信托	10,419,602.98	57	紫金信托	3,144,346.84
24	大业信托	10,279,600.00	58	湖南信托	2,882,696.00
25	国元信托	10,128,647.82	59	光大兴陇信托	2,144,443.80
26	天津信托	9,909,794.18	60	国联信托	1,638,645.00
27	方正信托	9,754,389.90	61	昆仑信托	1,592,530.66
28	北方信托	9,621,742.00	62	东莞信托	1,420,545.02
29	华宝信托	9,159,327.56	63	浙金信托	1,375,430.00
30	中诚信托	8,717,684.92	64	华澳信托	1,250,200.00
31	粤财信托	8,500,684.94	65	杭工商信托	1,019,064.00
32	新华信托	8,372,345.65	66	山西信托	530,005.00
33	国投泰康信托	8,031,352.32	67	新盛信托	449,500.00
34	华鑫信托	7,404,594.38	68	华宸信托	319,240.00

附　表

2014 年信托公司新增集合类信托资产规模排名

单位：万元

排名	信托公司	新增集合类信托资产规模	排名	信托公司	新增集合类信托资产规模
1	华能信托	16, 791, 144. 48	35	中建投信托	2, 355, 822. 50
2	中融信托	12, 885, 320. 84	36	云南信托	2, 279, 348. 92
3	平安信托	11, 914, 890. 03	37	华宝信托	1, 992, 827. 57
4	上海信托	11, 854, 159. 54	38	西藏信托	1, 935, 295. 87
5	中海信托	10, 958, 854. 53	39	中泰信托	1, 900, 650. 29
6	外贸信托	8, 982, 353. 77	40	爱建信托	1, 740, 327. 27
7	四川信托	8, 542, 241. 58	41	万向信托	1, 598, 099. 30
8	兴业信托	8, 381, 872. 00	42	陕国投信托	1, 577, 479. 93
9	中信信托	8, 015, 571. 56	43	天津信托	1, 511, 170. 00
10	五矿信托	7, 622, 571. 38	44	民生信托	1, 438, 242. 00
11	大业信托	7, 363, 200. 00	45	粤财信托	1, 402, 045. 82
12	华润信托	6, 963, 229. 00	46	昆仑信托	1, 342, 530. 66
13	方正信托	6, 339, 224. 58	47	东莞信托	1, 286, 660. 00
14	长安信托	5, 380, 271. 00	48	新华信托	1, 266, 247. 73
15	重庆信托	4, 720, 492. 05	49	紫金信托	1, 265, 117. 74
16	建信信托	4, 668, 105. 66	50	湖南信托	977, 169. 00
17	华融信托	4, 631, 965. 63	51	杭工商信托	975, 150. 00
18	中铁信托	4, 349, 182. 00	52	渤海信托	893, 228. 40
19	中诚信托	4, 004, 312. 24	53	北方信托	677, 453. 00
20	新时代信托	3, 830, 918. 00	54	国民信托	592, 000. 15
21	交银信托	3, 761, 647. 93	55	英大信托	589, 839. 00
22	中航信托	3, 680, 291. 04	56	华澳信托	581, 223. 00
23	北京信托	3, 412, 485. 49	57	安信信托	516, 766. 00
24	华鑫信托	3, 298, 262. 77	58	中粮信托	486, 000. 00
25	中江信托	3, 247, 548. 78	59	浙金信托	475, 060. 00
26	中原信托	3, 029, 519. 47	60	金谷信托	440, 288. 00
27	苏州信托	2, 886, 277. 56	61	西部信托	432, 406. 00
28	百瑞信托	2, 882, 322. 45	62	国联信托	322, 635. 00
29	厦门信托	2, 609, 960. 00	63	山西信托	269, 041. 00
30	国元信托	2, 573, 634. 82	64	国投泰康信托	261, 950. 00
31	华信信托	2, 462, 110. 00	65	光大兴陇信托	163, 603. 00
32	山东信托	2, 446, 095. 00	66	华宸信托	113, 240. 00
33	江苏信托	2, 407, 673. 00	67	吉林信托	104, 740. 00
34	陆家嘴信托	2, 358, 036. 00	68	新盛信托	59, 900. 00

附　表

2014 年信托公司新增主动管理型信托资产规模排名

单位：万元

排名	信托公司	新增主动管理型信托规模	排名	信托公司	新增主动管理型信托规模
1	华能信托	32, 987, 686. 86	35	厦门信托	2, 767, 683. 00
2	平安信托	22, 802, 690. 92	36	北京信托	2, 631, 203. 99
3	江苏信托	20, 524, 798. 58	37	中建投信托	2, 439, 839. 85
4	上海信托	17, 037, 531. 48	38	万向信托	2, 256, 767. 22
5	中信信托	15, 787, 013. 62	39	陕国投信托	2, 200, 391. 74
6	中融信托	15, 614, 267. 53	40	民生信托	2, 175, 523. 04
7	长安信托	15, 244, 965. 68	41	山东信托	2, 111, 820. 00
8	兴业信托	9, 696, 697. 00	42	湖南信托	2, 061, 586. 00
9	华润信托	8, 919, 076. 00	43	华鑫信托	2, 017, 546. 27
10	方正信托	7, 124, 665. 90	44	粤财信托	1, 973, 908. 48
11	四川信托	6, 581, 021. 90	45	英大信托	1, 766, 771. 13
12	中海信托	6, 525, 312. 47	46	天津信托	1, 670, 170. 00
13	中原信托	6, 215, 251. 00	47	昆仑信托	1, 472, 338. 66
14	重庆信托	5, 986, 353. 05	48	华宝信托	1, 462, 894. 75
15	五矿信托	5, 891, 409. 53	49	东莞信托	1, 420, 545. 02
16	中泰信托	5, 667, 309. 29	50	中粮信托	1, 393, 200. 00
17	外贸信托	5, 468, 077. 72	51	中诚信托	1, 338, 383. 18
18	新华信托	5, 045, 071. 20	52	爱建信托	1, 307, 251. 02
19	华融信托	4, 924, 451. 15	53	西部信托	1, 296, 606. 00
20	建信信托	4, 816, 554. 66	54	紫金信托	1, 266, 096. 60
21	中航信托	4, 272, 812. 89	55	安信信托	1, 051, 695. 74
22	苏州信托	4, 147, 293. 47	56	杭工商信托	1, 019, 064. 00
23	大业信托	3, 933, 400. 00	57	交银信托	871, 437. 07
24	国投泰康信托	3, 902, 759. 00	58	浙金信托	811, 630. 00
25	新时代信托	3, 830, 918. 00	59	国联信托	620, 135. 00
26	云南信托	3, 597, 853. 92	60	华澳信托	611, 223. 00
27	金谷信托	3, 459, 677. 02	61	国民信托	592, 000. 15
28	渤海信托	3, 449, 862. 70	62	北方信托	552, 994. 00
29	中江信托	3, 285, 141. 78	63	吉林信托	406, 040. 00
30	百瑞信托	3, 229, 978. 45	64	华宸信托	285, 240. 00
31	国元信托	3, 188, 701. 04	65	山西信托	277, 841. 00
32	中铁信托	3, 168, 462. 00	66	光大兴陇信托	163, 603. 00
33	华信信托	2, 957, 465. 00	67	新盛信托	59, 900. 00
34	陆家嘴信托	2, 879, 866. 00	68	西藏信托	0. 00

第二部分

信托研究

泛资管格局下土地流转信托研究*

一、引言

（一）研究背景和研究意义

1. 研究背景

在我国金融业"分业经营、分业监管"的体制下，银行、保险、信托、证券、基金等金融同业在资产管理市场中，业务经营被限定在一定的范围内，这为信托公司在特定细分市场的竞争中提供了制度优势和先发优势。但自 2012 年下半年起，特别是 2013 年以来，监管层对保险、券商、基金在资产管理业务政策上的大幅度松绑，使其也可以更多地以经营信托业务的方式，开展与信托公司同质化的资产管理业务，这预示着"泛资产管理"时代已经到来。信托公司的制度红利逐渐消失，在资产管理领域面临着严峻挑战。信托公司只有瞄准方向、把握机遇、积极推动业务转型，才能开创中国信托业的新局面。

深化农村土地经营制度改革是党的十八届三中全会提出的全面深化经济体制改革的重点之一。2014 年中央一号文件指出，深化农村土地制度改革，稳定农村土地承包关系并保持长久不变，鼓励有条件的农户流转承包土地的

---

* 本文为河南省金融学会 2014 年度重点金融科研课题成果。

经营权，加快健全土地经营权流转市场；同时提出，加快农村金融制度创新，强化商业金融对“三农”和县域小微企业的服务能力。2013年5月6日，国务院总理李克强主持召开国务院常务会议，研究部署2013年深化经济体制改革重点工作时提出，提高城镇化质量，推进城镇化，发展现代农业，规范发展债券、股权、信托等投融资方式。2013年4月初，中国银行业监督管理委员会主席尚福林发表题为《坚持“四个导向”实现金融创新》的文章指出，金融创新要主动响应经济结构调整、城镇化、“三农”等重点领域的金融需求，创新和推广林权、农村土地承包经营权、宅基地使用权等抵质押担保方式。从高层不断释放的政策信号可以看到，加快农村土地经营制度改革和完善农村金融服务体系是未来改革的发展方向。作为金融体系重要组成部分的信托公司，应在城镇化和新农村建设背景下，挖掘潜在的巨大机遇，借助政府力量推动相关信托业务发展，同时为推进新型城镇化建设贡献自己的力量。市场上刚刚兴起的土地流转信托就是信托公司加入农村土地市场的良好机遇。

2. 研究意义

土地是农村最主要的生产要素之一。在市场经济中，生产要素必须是流动的，农村的土地资源必须流动起来，而且城市和农村要建立平等的要素交换关系，这标志着农村社会主义市场经济体制的进一步建立和完善。信托具备独特的金融特征与灵活的资金运用方式，可以有效推动农村土地流转，增加农民财产性收入，为“三农”建设提供优质的金融服务。在泛资管格局下，农村土地信托流转制度研究有较强的理论意义和实践意义。

（1）理论意义。农村土地承包经营权流转是国家对农村土地利用制度的重大创新，入股、信托、代耕、反租倒包等流转方式已被采用，但并未能解决农村土地规模化经营面临的资金难题。土地信托流转是金融资源与土地资源的结合，对这一课题展开研究有利于探索农村土地承包经营权信托流转的模式、其可能遇到的制度障碍以及解决机制，这对于农村土地承包经营权流转理论研究的完善有重要的意义，只有成熟且完善的理论研究才可以为实践运作提供有益的指导。

（2）实践意义。农村土地信托制度的建立为农村土地资源提供了一个新的交流平台，一方面农户能够在一个公平、公开的市场环境下对其所拥有的土地承包经营权进行自由交易，使土地资源的市场效用得到最大程度的发挥；另一方面，农民摆脱了承包土地的束缚，可以进城务工或自己创业，有效地避免了土地撂荒现象的发生。因此，为了更好地保护农户的土地承包经营权、实现土地资源的价值，在我国建立农村土地信托机制、构建土地信托市场成为了一种必然选择。本课题的研究以探索土地承包经营权信托流转的模式为目的，对于加快农村土地市场化流转、增加农民财产性收入、维护农村社会稳定具有重要意义。

（二）主要研究内容和创新之处

1. 主要研究内容

（1）农村土地信托流转的内涵

土地信托，一般是指土地所有权人（委托人）为有效利用土地，提高不动产的开发与经营效率，而将土地信托予土地信托机构（受托人），由受托人利用其专业规划与管理，将开发经营的利润作为信托受益分配金交付给受益人。在我国，由于土地的所有权只能归国家和集体享有，其他主体可以通过一定的方式取得土地使用权，因此，土地信托在我国具有不同的含义。我国农村土地信托制度应该是指土地承包经营权信托，即在坚持农民集体所有权和土地承包权不变的前提下，农村土地承包方基于对受托人的信任，将其土地承包经营权转移给受托人，由受托人按承包方的意愿，以自己的名义为承包方的利益进行管理或处分的行为。

土地承包经营权流转的目的是规模化经营、提高生产效率，而规模化经营面临的首要问题是资金紧缺。作为农村土地流转制度的创新，土地承包经营权信托可以较好地解决资金问题，而且信托独有的财产隔离功能可以维护农民的利益，确保土地承包经营权的安全和稳定。

（2）土地信托流转的前提性问题——土地承包经营权的设立和登记

土地承包经营权流转的前提是坚持农村土地承包经营制度不动摇，其实现途径是土地承包经营权的确权登记。开展土地承包经营权确权登记可以使流转更加规范，近几年开始实施的确权登记试点工作实际上就是在为流转打基础。土地承包经营权的登记与土地承包经营权的设立密切相关。《中华人民共和国物权法》（以下简称《物权法》）规定，土地承包经营权自土地承包经营权合同生效时设立，互换、转让时未经登记，不得对抗善意第三人。

该规定明确了土地承包经营权的“登记对抗主义”变动模式，本课题将结合变动模式对土地承包经营权流转的影响，分析该模式的利与弊，进而提出修改完善的建议。

（3）农村土地信托流转的模式

实践中有不同的土地信托流转模式，中信信托有限责任公司（以下简称“中信信托”）采用的是引入第三方机构模式，即农民将土地经营权交给信托公司，信托公司再委托专业的农业产业公司经营。北京国际信托有限公司（以下简称“北京信托”）采用的是“土地合作社”+“专业合作社”的双合作社设计，即将拟进行信托的土地经营权确权到村民，再由村民以其土地经营权入股“土地合作社”，“土地合作社”作为委托人以土地经营权在北京信托设立财产权信托。此外，还有政府主导土地流转的“益阳模式”、“沙县模式”等。对这些模式面临的问题以及带来的效益进行分析研究，在此基础上设计土地信托流转的模式更具有实用性和有效性。

（4）土地信托流转当前面临的问题

土地承包经营权流转的目的是通过规模化经营提高生产效率，而规模化经营面临的首要问题是资金紧缺。作为农村土地流转制度的创新，土地信托可以较好地解决资金问题，而且信托独有的财产隔离功能可以维护农民的利益，确保土地承包经营权的安全和稳定。然而，土地信托在我国属于新的尝试，如何设计交易结构、协调各方利益，如何在信托登记制度尚不健全的情况下，突破法律上的障碍等一系列问题亟待解决。

2. 创新之处

（1）对实践中刚刚兴起的农村土地信托流转进行深入系统的理论研究，分析土地承包经营权信托可能遇到的法律上的障碍和解决路径，并结合实际案例介绍土地承包经营权信托的运作机制以及风险防范措施。

（2）在对实践中已有的农村土地信托流转案例进行充分调研的基础上，分析各种模式的利弊以及制度上的障碍，并结合现行法律法规、政策以及理论研究成果进行研究，探索符合政策要求、可以最大程度维护农民利益、实现各个参与方共赢的市场化的农村土地信托流转模式。

(3) 研究农村土地信托流转市场的法律规制，从程序保障机制、中介机构的制度约束、争端解决机制、农村社会保障机制等不同角度诠释如何对土地承包经营权流转市场进行法律规制，保障农村社会的稳定和土地承包经营权流转的顺利进行。

(三) 研究思路和研究方法

在研究思路上，遵循从实践到理论、从具体到抽象的路径。首先，研究土地承包经营权信托的前提性问题——确权登记，并通过实地调研，了解土地承包经营权流转在现实中的运作状况及存在问题；其次，围绕实践中的问题，结合现行法的有关规定，分析土地承包经营权信托的法律性质和效力，并深入研究土地承包经营权信托这一创新模式面临的法律障碍和解决路径；再次，研究土地承包经营权流转市场的法律机制，为土地承包经营权信托奠定坚实基础；最后，根据本课题的研究成果和实践调研结果，提出土地承包经营权信托立法完善的建议。

在研究方法上，一是实证分析的方法，调查研究土地承包经营权信托在实践中存在的问题；二是逻辑分析的方法，分析、研究相关的法律、法规和学说争议，研究土地承包经营权信托与其他流转方式之间的区别；三是比较法的方法，将有关国家和地区关于土地流转的立法及理论学说与我国的相关制度进行比较，探寻可资借鉴的经验。

二、农村土地信托流转的内涵和价值

(一) 农村土地信托流转的内涵

土地信托（Land Trust）是指土地所有人将土地信托给受托人，由受托人对土地进行专业规划与管理，将开发经营的利润作为信托收益分配给受益人的制度。在我国，土地的所有权只能归国家和集体享有，其他主体可以通过一定的方式取得土地使用权，因此，土地信托在我国具有不同的含义。由于我国农村土地实行集体所有制，农户对土地仅享有使用权（宅基地使用权、土地承包经营权），而不享有所有权，所以我国的农村土地信托就是指农户以土地使用权为信托财产设立的信托，包括土地承包经营权信托和宅基地使用权信托。2013 年 10 月 10 日，中信信托首单土地流转信托落地安徽省宿州市，使农村土地流转信托成为社会各界关注的焦点。有观点认为，土地流转信托是农村土地流转制度的创新①；亦有观点认为，土地流转信托应慎行，短时期内不宜大规模推广②；还有观点认为，现行政策法律体系下，土地流转信托能走多远？值得深思③。由于目前实践中主要是围绕农用地流转开展的土地信托，主要涉及土地承包经营权的流转问题，因此媒体和网络讨论的“土地流转信托”主要是指“土地承包经营权信托”。我国农村土地信托制度中所指的信托应该是土地承包经营权信托，即在坚持农民集体所有权和土地承包权不变的前提下，农村土地承包方基于对受托人的信任，将其土地承包经营权转移给受托人，由受托人按承包方的意愿，以自己的名义为承包方的利益进行管理或处分的行为。

表 1　　土地信托类型及比较

信托类型	信托财产	解决问题	适用领域
农用地流转信托	农地经营权/土地承包经营权	解决土地抛荒问题，解放农村劳动力	农村土地的规模化和集约化经营
宅基地流转信托	农村宅基地使用权	盘活农村土地，增加农村财产性收入	城中村或城市郊区农村宅基地的使用与管理
建设用地使用权信托	城市建设用地使用权	解决旧城改造面临的资金难题	旧城改造、保障房和廉租房建设

（二）土地信托流转的法律性质和应遵循的原则

1. 土地信托流转的法律性质

土地信托流转主要针对土地承包经营权信托，从法律上看，土地承包经营权信托是土地承包经营权流转的一种方式。《物权法》第一百二十八条规

① 蒲坚：《解放土地：新一轮土地信托化改革》，中信出版社 2014 年版，第 220 页。

② 徐天晓：“土地流转信托第一单落地宿州”，《证券日报》2013 年 10 月 18 日。

③ 楼建波：“农地流转信托：摸索潜行”，《英大金融》2014 年 1 月刊。

定，土地承包经营权人依照农村土地承包法的规定，有权将土地承包经营权采取转包、互换、转让等方式流转。《中华人民共和国农村土地承包法》（以下简称《农村土地承包法》）第三十二条规定，通过家庭承包取得的土地承包经营权可以依法采取转包、出租、互换、转让或者其他方式流转。《中华人民共和国农村土地承包经营权流转管理办法》（以下简称《农村土地承包经营权流转管理办法》）第十五条规定，承包方依法取得的农村土地承包经营权可以采取转包、出租、互换、转让或其他符合有关法律和国家政策规定的方式流转。土地承包经营权信托属于以"其他符合有关法律和国家政策规定的方式"流转，从这个意义上看，土地承包经营权信托有物权法依据。

表 2　　土地承包经营权流转方式一览表

土地承包经营权流转方式	转包	出租	互换	转让	入股①	其他方式②
物权法（2007）	√		√	√		√
农村土地承包法（2009）	√	√	√	√		√
农村土地承包经营权流转管理办法（2005）	√	√	√	√	√	√

注：① 承包方之间可以自愿将承包土地入股发展农业合作生产，但股份合作解散时入股土地应当退回原承包农户。

②《农村土地承包经营权流转管理办法》中是"其他符合有关法律和国家政策规定的方式"。

2. 土地信托流转应遵循的原则

作为土地承包经营权流转方式的一种，依照有关法律、行政法规等规定，土地信托流转应遵循以下原则：

第一，土地承包经营权的主体不得改变。2013 年 12 月 23 日至 24 日，中央农村工作会议在北京举行。会议指出，坚持家庭经营基础性地位，农村集体土地应该由作为集体经济组织成员的农民家庭承包，其他任何主体都不能取代农民家庭的土地承包地位，不论承包经营权如何流转，集体土地承包权都属于农民家庭。

第二，承包地的用途不得改变。依照《物权法》第一百二十八条和

《农村土地承包法》第三十三条规定，土地承包经营权流转不得将承包地用于非农建设、不得改变土地的农业用途。《农村土地承包经营权流转管理办法》第十二条也规定，受让方应当按照有关法律、法规的规定保护土地，禁止改变流转土地的农业用途。

第三，流转期限受限。土地承包经营权作为用益物权，是有期限的物权。依照《物权法》第一百二十六条和《农村土地承包法》第二十条的规定，耕地的承包期为 30 年，草地的承包期为 30 至 50 年，林地的承包期为 30 至 70 年。从理论上看，期限届满，用益物权即消灭，因此土地承包经营权流转的期限以承包期的剩余期限为限。《物权法》第一百二十八条规定，流转的期限不得超过承包期的剩余期限，《农村土地承包法》第三十三条第三项也有类似规定。

第四，自愿流转原则。《农村土地承包法》第三十三条第一项和第三十四条规定，承包方有权依法自主决定土地承包经营权是否流转和流转的方式。《农村土地承包经营权流转管理办法》第六条也规定，承包方有权依法自主决定承包土地是否流转、流转的对象和方式。任何单位和个人不得强迫或者阻碍承包方依法流转其承包土地。《国务院办公厅关于妥善解决当前农村土地承包纠纷的紧急通知》（国办发明电〔2004〕21 号）第五条进一步明确指出，严格禁止违背农民意愿强迫流转承包地，强迫农民流转承包土地的，流转关系无效。

（三）农村土地信托流转的价值

土地承包经营权流转的目的是通过规模化经营提高生产效率，而规模化经营面临的首要问题是资金紧缺。作为农村土地流转制度的创新，土地承包经营权信托可以较好地解决资金问题，而且信托独有的财产隔离功能可以维护农民的利益，确保土地承包经营权的安全和稳定。

1. 农村土地信托流转是金融服务于“三农”的体现

党的十八大对三农问题作了重要的阐释，为贯彻落实党的十八大、十八届三中全会精神和国务院的决策部署，积极顺应农业适度规模经营、城乡一体化发展等新情况新趋势新要求，进一步提升农村金融服务的能力和水平，实现农村金融与“三农”的共赢发展，2014 年 4 月 20 日，国务院办公厅发布《关于金融服务“三农”发展的若干意见》（国办发〔2014〕17 号），提出深化农村金融体制改革、大力发展农村普惠金融、创新农村金融产品和服务方式等。2014 年 4 月初，银监会主席尚福林在文章《坚持“四个导向”实现金融创新》中指出，金融创新要主动响应经济结构调整、城镇化、“三农”等重点领域的金融需求。农村土地信托流转是信托制度与农村土地流转制度的结合，是金融服务于“三农”的良好体现，也是创新农村金融服务、实现普惠金融的体现。

表 3　有关农村土地流转的法律法规、政策文件

政策文件	文件名称	主要内容
2014 年中央一号文件	《关于全面深化农村改革加快推进农业现代化的若干意见》（2014 年 1 月 19 日）	深化农村土地制度改革，构建新型农业经营体系，加快农村金融制度创新，健全城乡发展一体化体制机制，改善乡村治理机制。在落实农村土地集体所有权的基础上，稳定农户承包权、放活土地经营权，允许承包土地的经营权向金融机构抵押融资
2013 年中央一号文件	《关于加快发展现代农业进一步增强农村发展活力的若干意见》（2012 年 12 月 31 日）	提出要创新农业生产经营体制，稳步提高农民组织化程度。努力提高农户集约经营水平，大力支持发展多种形式的新型农民合作组织
十八届三中全会		鼓励承包经营权在公开市场上向专业大户、家庭农场、农民合作社、农业企业流转，发展多种形式规模经营

2. 农村土地信托流转是农村土地流转制度的创新

从法律性质上看，农村土地信托是农村土地流转的一种方式，是传统的流转方式，如转包、转让、出租、互换等流转方式之外的一种新流转方式。可以认为，土地信托流转是土地流转中的一项制度创新，是深化农村土地经营机制的必然需求，也是促进土地使用权规范有序流转的必由之路。农村土地信托流转的有效推行必将对新农村建设产生深远的影响。

3. 农村土地信托流转有利于增加农民的财产性收入

农村土地信托制度的建立为农村土地资源提供了一个新的交流平台，农

户能够在一个公平公开的市场环境下对其所拥有的土地承包经营权进行交易，使土地资源的市场效用得到最大程度的发挥，提高农民的财产性收入。随着城市化进程的加快，越来越多的农村青壮年劳动力外出务工，留守在农村的人口越来越少，且人口以老年人、妇女和儿童为主。农村主要劳动力的流失导致大量土地撂荒现象的发生。农村土地信托流转使农民摆脱了承包土地的束缚，在避免出现土地撂荒现象的同时，安心地进城务工或自己创业，为自己争取更好的经济和生活条件。

4. 农村土地信托流转可以有效地实现规模化经营

土地信托流转中的受托人可以利用自身的优势对土地资源进行统一集中经营，以最小的投入实现产出效益的最大化。这在一定程度上有利于实现农村土地的专业化和规模化经营，充分发挥土地资源的利用效益，实现增值。因此为了更好地保护农户的土地承包经营权、实现土地资源的价值，在我国建立农村土地信托机制、构建土地信托市场是一种更优选择。此外，农村土地信托流转形成的规模经营能够为农民创造新的工作机会，有效地解决了农民背井离乡谋工作带来的一系列社会问题。

三、实践中不同土地信托流转模式分析

农村土地信托流转顺应了我国农村土地流转市场的现实需要，近几年来，在我国一些地区的土地流转中相继出现了土地信托模式。例如，2008年湖南省益阳市的沅江草尾镇启动试点土地流转的“益阳模式”，浙江省绍兴县在柯桥镇先锋村等四个村先后建立了土地信托服务站，开展建立健全土地使用权流转机制的试点。这些地区的试点工作为构建我国农村土地信托流转制度提供了宝贵经验，但由于土地信托服务站并非独立运营的市场化的组织，并不能实现财产的隔离，也不能为农村土地的规模经营提供资金支持。如何实现农村土地信托流转的市场化是需要进一步探索的问题。2012 年以来，随着泛资产管理业务的竞争加剧，信托业务的转型与创新成为信托公司改革的重点，与金融服务“三农”、普惠金融的思路相契合，信托公司开始尝试土地流转信托。2013 年 10 月 10 日，中信信托首单土地流转信托落地安徽宿州，使农村土地流转信托成为社会各界关注的焦点。随后，北京信

托、中建投信托、百瑞信托有限责任公司（以下简称“百瑞信托”）等信托公司也陆续推出了土地流转信托项目。这些土地流转信托项目采取了不同的运作模式，对这些已有的运作模式进行详细地分析，是研究土地流转信托的前提。

（一）中信信托——安徽宿州土地流转项目

为进一步规范农村土地信托流转并加入金融属性，在创新农村土地承包经营权流转的同时解决“三农”融资的问题，中信信托设立了“安徽宿州农村土地承包经营权信托计划”。该信托计划设立 A 类受益权，将农民零散的土地进行集约化经营，保障土地流通的合法、公平和有序；引入 B 类和 T 类信托受益权向 A 类信托受益权提供流动性支持。[①]

1. 基本要素

（1）委托人：A 类委托人为有权对作为 A 类信托财产的土地承包经营权进行处分的宿州市埇桥区人民政府；B 类和 T 类委托人为合格投资者。

（2）受托人：中信信托有限责任公司。

（3）受益人：自益性信托，委托人即受益人。

（4）服务商：安徽帝元现代农业投资发展有限公司。

（5）涉及面积：5,400 亩农地。

（6）信托计划期限：12 年。

（7）流转方式：信托计划的农户分别与朱庙村村委会、塔桥村村委会签订《农村土地承包经营权委托转包合同》，朱庙村村委会、塔桥村村委与朱仙庄镇政府签订《委托管理协议》，镇政府与埇桥区人民政府签订《委托管理协议》，最终由埇桥区人民政府作为委托人与中信信托签订信托协议。

（8）信托财产运用方式：流转后土地拟建设现代农业循环经济产业示范园，由安徽帝元现代农业投资有限公司作为服务商提供服务。园区规划为五大板块，涉及到二十多个子项目，具体包括：现代农业种植及水资源保护工程、现代化养殖、生物质能源和基质肥项目、设施农业和农业物联网、农业科研平台。五大板块将形成完整的农业循环产业链，实现农业高产出、高

① 蒲坚：《解放土地——新一轮土地信托化改革》，中信出版社 2014 年版，第 230—231 页。

效益、低能耗、低排放，同时还提高农民科技素养，提高劳动生产率、增加就业率，促进 GDP 大幅增长，具备广泛的示范效应和可复制性。

（9）分红条款：受托人和服务商进行土地整理和基础设施投资（必要时发行 B 类信托计划，募集土地整理专项资金），扣除各项本金和费用后形成的超额收益中，70% 归农户，30% 归受托人。

（10）增信措施：该信托计划为 A 类基本收益提供了双重增信保障。第一重保障来自服务商的合同承诺，在未找到承租方的时候，由服务商承租信托项目下的所有土地，因此在项目开发初期，服务商即承租商。并且如果发生后期实际获得的租金收入不足以支付基本收益的情况时，该类资金缺口由服务商补足。第二重保障是如果 A 类基本收益的兑付仍然出现流动性资金缺口时，由受托方发行 T 类信托计划，补足兑付的流动性需求（T 类信托计划也可以用于土地整理投资的 B 类信托计划基本收益兑付缺口）。

（11）政府补贴：当地目前的土地流转价格为每年每亩约 600 斤中等价格小麦，在项目初期，当地政府为服务商（初期的承租方）提供每年每亩约 400 斤中等价格小麦的补贴，基本地租价格增值 60% 以上。

（12）交易结构：中信信托安徽宿州土地流转信托交易结构如图 1 所示。

（13）资金支持情况：后续的信托投资主要在养殖和生物质能源板块，但是因手续、报批以及与合作方就合作细节的谈判正在进行中，因此尚未正式投入。

2. 模式分析

设立信托，必须有确定的信托财产，信托财产是指委托人合法所有的委托给受托人的财产，包括合法的财产权利[①]。土地信托流转的“信托财产”是什么，需要明确。

在中信信托的安徽宿州项目中，农户与村委会签订《农村土地承包经营权的委托转包合同》（以下简称《委托转包合同》）、村委会与镇政府签订《农村土地承包经营权的委托管理合同》、镇政府与区政府签订《农村土地承包经营权的委托管理合同》，区政府作为委托人与信托公司签订《农村土

① 参见《信托法》第二条、第七条。

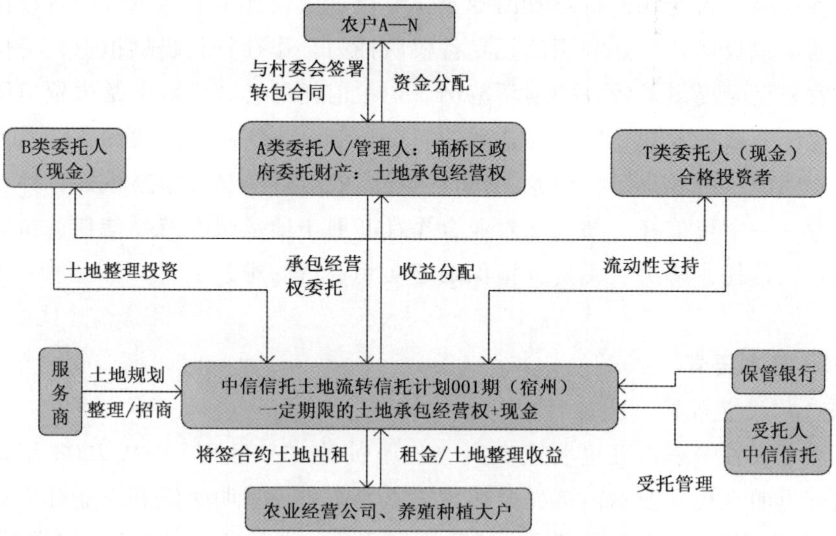

图1　中信信托安徽宿州土地流转信托交易结构图

地承包经营权集合信托计划信托合同》（以下简称《信托合同》）。其中，村委会接受农民委托以农民的名义对外转包，其法律依据是《农村土地承包经营权流转管理办法》第八条①；《委托转包合同》就是该条所要求的书面委托书；村委会委托镇政府管理的，以及镇政府委托区政府管理的都只能是对外转包的事务。区政府与信托公司签订的《信托合同》也只能是将受农民委托转包的土地承包经营权"委托给"信托公司。实际上，相当于区政府与信托公司订立的合同名为"信托合同"实为"转包合同"，因为村委会从农民手里取得的只是"对外转包"的权利。从理论上看，这里存在着"转包"与"信托"的混同。在该土地流转信托中，信托财产是什么就不得而知了。也许正是基于这一原因，2013 年 10 月 10 日成立的"中信·农村土地承包经营权集合信托计划 1301 期"的公告中，并未明确说明信托财产。

（二）中粮信托——五里明模式

中粮信托有限责任公司（以下简称"中粮信托"）利用信托的财产隔离

① 第八条：承包方自愿委托发包方或中介组织流转其承包土地的，应当由承包方出具土地流转委托书。委托书应当载明委托的事项、权限和期限等，并有委托人的签名或盖章。没有承包方的书面委托，任何组织和个人无权以任何方式决定流转农户的承包土地。

的制度功能，为龙江银行对农民专业合作社贷款设计了土地承包经营权信托和鱼塘承包权信托，并利用信托受益权质押为合作社贷款提供担保，为信托介入农村金融提供了较好的创新范例。中粮信托的尝试实际上是中粮集团探索农业经营新模式和发展农村金融的一个环节。为解决农户集约化经营所需的资金问题，中粮集团参股龙江银行，探索农业供应链金融新模式，并引入第三方——中粮信托，与当地农业合作社开展土地承包经营权信托、鱼塘承包经营权信托，解决农民贷款担保缺乏实物资产的难题。

1. 基本要素

（1）设立背景

黑龙江省肇东市五里明镇政府（以下简称“镇政府”）从2008年开始建设五里明现代农业示范区，并通过成立肇东市五里明镇胜利农业开发有限公司（以下简称“胜利农业公司”）引导现代农业示范区的发展。对内，胜利农业公司统一领导8个农民专业合作社，胜利农业公司与8个农民专业合作社实行“统分结合、以分为主”的管理方式。其中“统”是指“六统一”，即统一整地、统一良种、统一机播、统一田管、统一收获、统一销售。“分”是指8个合作社分别成立独立法人，自主经营，自负盈亏，独立核算，既强化了总公司的统筹性，又赋予了合作社的自主权。此外，胜利农业公司还负责管理合作社的国有资产，财政部门的各类专项项目资金，如土地整理资金、扶贫开发资金、新农村建设补贴资金、粮食补贴资金以及农机补贴资金等，都统一由胜利农业公司管理，并集中用于胜利农业示范区的建设。对外，胜利农业公司负责与金融机构、中粮集团生化能源（肇东）有限公司以及科研院所等外部机构的协调工作。缺乏有效抵押品是金融机构为农村地区提供金融服务的主要障碍之一，为解决该难题，龙江银行与中粮信托共同开发创新抵押品扩展机制模式：以土地承包经营权和鱼塘承包权作为信托财产设立财产权信托，并由合作社将信托受益权质押给龙江银行用于银行贷款的担保，利用信托的功能优势解决了农业金融中缺乏贷款抵押问题，对信托利用财产隔离的制度优势配合银行形成土地承包经营权等信托担保模式介入农村金融是一种有益的尝试。

（2）实施步骤：

第一，五里明镇政府将其下属的3个玉米种植合作社（先锋、东风和胜平）的土地承包经营权、农机合作社的农机设备收益权以及镇里的一处鱼塘承包经营权委托给中粮信托，设立自益型财产权信托。

第二，中粮信托将信托收益权质押给龙江银行，作为 3 个玉米种植合作社的贷款偿还担保。

第三，为确保玉米种植合作社积极还款，降低信用风险，玉米种植合作社全部股东及镇领导干部分别与龙江银行签订了个人保证合同，为贷款承担连带责任，龙江银行为 3 个玉米种植合作社发放贷款。

第四，中粮信托将土地出租给玉米种植合作社。

第五，玉米种植合作社与中粮公司签订购销协议，合作社将生产出来的玉米销售给中粮公司。

第六，完成玉米收购以后，中粮公司委托龙江银行结算划款，将玉米的销售款交付给龙江银行。

第七，龙江银行通过龙头企业的资金账户划拨，扣除贷款利息，将剩余的资金转到合作社的账户上。

（3）交易结构：中粮信托土地流转信托交易结构如图 2 所示。

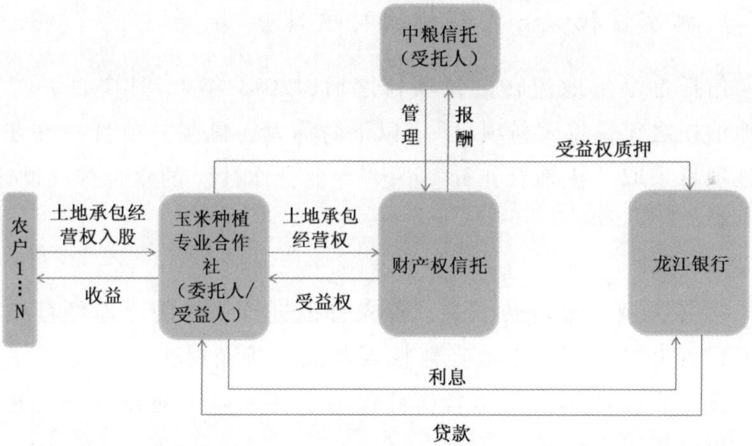

图 2　中粮信托五里明土地流转信托交易结构图

2. 模式分析

中粮信托开展的土地信托实际上是中粮集团推动当地形成的“公司 +

合作社＋农户＋银行＋保险＋政府＋科技＋信托”的农业生产模式的组成部分，该模式大大提升了农作物的产量和质量，提高了农民的收入水平。政府在“五里明模式”中发挥着主导作用，其余各方积极参与。这些参与主体之间的关系如下：镇政府推动成立了胜利农业公司，胜利农业公司下设8个农民专业合作社，即五里明农机作业专业合作社、东升农机作业专业合作社、东升玉米种植农民专业合作社、先锋玉米种植农民专业合作社、胜平玉米种植农民专业合作社、利国玉米种植农民专业合作社、棒柴玉米种植农民专业合作社和米业种植农民专业合作社。其中有5个玉米合作社、2个农机合作社和1个米业合作社，实现农民的组织化。合作社通过签立订单，将生产出来的粮食销售给中粮公司；龙江银行与中粮信托合作，创新抵押品扩展机制，为合作社发放贷款；龙江银行又聘请东北农业大学、黑龙江省农业科学院、肇东市农业技术推广中心的农业专家对粮食生产实行全过程指导。对于其他信托公司而言，中粮信托的土地流转信托模式并不具有很强的可借鉴意义，因为中粮集团开展的一系列农业金融支持服务和相关的配套措施是前提条件，而这种条件并不是所有信托公司都具备的。

（三）北京信托——无锡桃园村项目

中信信托首个土地流转信托项目之后，2013年11月7日，“北京信托·土地信托之无锡桃园村项目”（以下简称无锡桃园村项目）在江苏无锡落地。该项目采取“土地合作社”＋“专业合作社”的双合作社设计。

1. 基本要素

（1）委托人及土地流转方式：首先将拟进行信托的土地经营权确权到村民个人，再由村民以其土地经营权入股成立桃园村土地股份合作社（以下简称“土地合作社”），土地合作社作为委托人以土地经营权在北京信托设立财产权信托。

（2）受托人：北京信托。

（3）受益人：受益人为委托人。

（4）期限：不设定固定信托期限，但不少于15年。

（5）涉及面积：159亩。

（6）信托财产运用方式：北京信托把这块地作为“财产权信托”，租赁给由该村 5 位种桃能手发起的“灵俊水蜜桃专业合作社”，改种新品水蜜桃。

（7）分红条款：信托期间农户可获得每年每亩 1,700 元土地租金的固定信托利益，从第 7 年开始还能享受浮动信托利益，即参与 20% 的盈利分红。承包人获得每年浮动收益的 70%，信托公司留 5%，村委会留 4%，股份合作社留 1%。

（8）交易结构：北京信托无锡桃园村土地流转信托结构如图 3 所示。

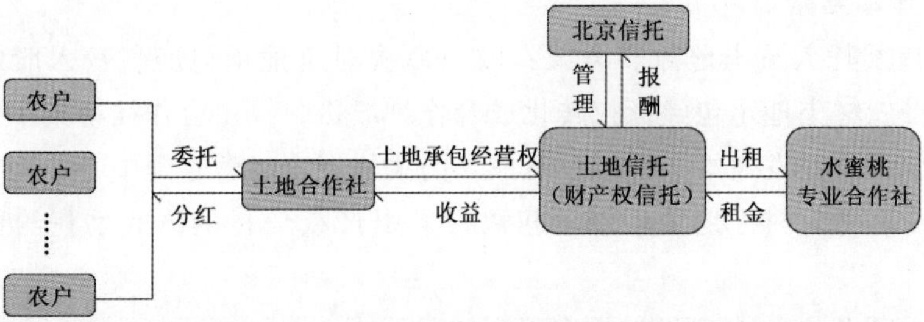

图 3　北京信托无锡桃园村土地流转信托交易结构图

（9）资金支持情况：通过开发资金信托产品，为相关主体提供投融资服务，形成“财产权信托”和“资金信托”平行推进的“双信托结构”。

2. 模式分析

北京信托的无锡桃园村项目采取了“土地合作社”＋“专业合作社”的双合作社设计，即村民以其土地承包经营权入股“土地合作社”，土地合作社作为委托人以土地经营权设立财产权信托，北京信托为委托人。依照《农村土地承包经营权流转管理办法》第十六条和第十九条的规定，入股流转后，承包方与发包方的承包关系不变，股份合作入股解散时入股土地应当退回原承包农户。由这些规定可以看出，土地承包经营权入股合作社后，土地承包经营权仍属于农户，并没有发生权利的移转，入股流转并非将土地承包经营权作为赚取经营回报的投资，而是放在一起合作经营。因此，合作社并未取得土地承包经营权，而只是享有对承包地经营管理的权利，即承包地的经营权。合作社作为委托人，委托给信托公司的也就不可能是作为用益物权的土地承包经营权，而只能是承包地的经营权。

（四）中建投——镇江新区·森禾一期土地流转财产权信托

2014 年 7 月，中建投信托有限责任公司（以下简称“中建投信托”）与江苏省镇江新区丁岗镇集体资产经营管理中心、浙江森禾种业签署三方框架协议，标志着中建投信托首单土地流转信托——“中建投·镇江新区·森禾一期土地流转财产权信托”正式落地。

1. 基本要素

（1）委托人及土地流转方式：农户以农村土地承包经营权入股成立合作社，将农村土地承包经营权转化成合作社股份，再由合作社将集中的农村土地承包经营权发包给丁岗镇政府成立的集体资产经营管理中心，该管理中心将其持有的农村土地承包经营权以设立财产权信托的方式委托给中建投信托。

（2）受托人：中建投信托有限责任公司。

（3）受益人：受益人为委托人。

（4）涉及面积：1,750 亩。

（5）信托财产运用方式：中建投信托作为受托人将上述农地经营权出租给镇江森禾花卉园艺有限公司用于花卉种植。据报道，1,750 亩土地流转信托项目建成后，将形成年产花卉和盆栽苗木 3,000 万株、绿化乔木 10 万株的生产基地。

（6）交易结构：中建投信托土地流转信托交易结构如图 4 所示。

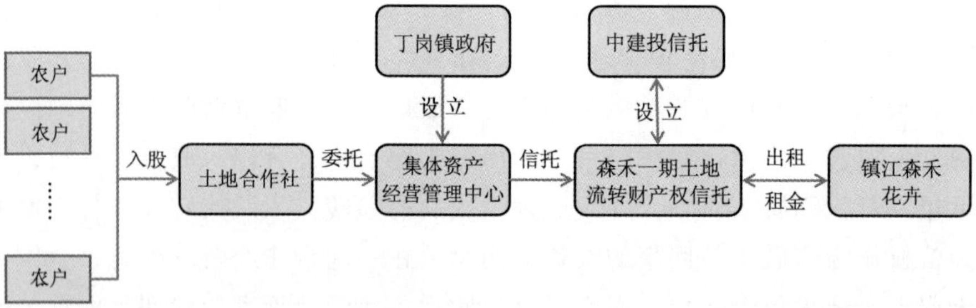

图 4　中建投信托镇江新区森禾一期土地流转信托交易结构图

（7）分红条款：农地经营权变成财产信托而获得受益权，土地集约化经营后的地租收益和浮动收益，都将通过中建投信托获得。信托利益的计算方式为：当期信托利益 = 流转土地亩数（即1,750亩）×农地基准收益×当期核算天数/365天；自信托设立第三年起，每年的农地基准收益根据当年国家公布的江苏省粳稻最低收购价的涨幅进行增长。

（8）资金支持情况：财产权信托设立后，中建投还通过发行专项集合资金信托计划，为“镇江森禾现代高科技花卉苗木生产示范基地”项目募集资金（首期投资金额不低于1,000万元人民币），专项用于支持该项目的后续开发。

2. 模式分析

中建投信托的这单土地流转信托的委托人介于当地政府和委托人之间，当地政府当初为了解决土地流转问题，专门成立了集体资产经营管理中心，这一交易结构是根据当地实际情况制定的。管理中心将此土地经营权，以设立财产权信托的方式委托给中建投。中建投信托设立财产权信托，并通过发行专项集合资金信托计划，为“镇江森禾现代高科技花卉苗木生产示范基地”项目募集资金，专项用于支持该项目的后续开发。信托的资金支持在土地流转信托中发挥了很重要的作用，此外通过规模运营种植也可以提高农地收益。

（五）百瑞信托——金穗1号集合信托计划

1. 基本要素

（1）委托人：本信托计划的A类委托人为土地经营权所属单位或个人，自然人以承租方式取得土地经营权；其他委托人为农村土地合作社或村民委员会。其中，农村土地合作社通过农户土地承包经营权入股形式获得土地经营权，村民委员会以承租等监督协调人认可的形式获得土地经营权。B类委托人为合格投资者。

（2）受托人：百瑞信托。

（3）受益人：受益人为委托人。

（4）期限：信托计划为开放式，期限为14年。

（5）信托财产运用方式：受托人和服务商签署《服务协议》，由服务商负责A类信托财产的具体经营和运作，土地经营权所属土地主要用于水稻和小麦种植。

（6）预期收益：A 类委托人的收益包括基础收益和浮动收益，以现金形式分配。B 类委托人的收益为固定收益。

（7）交易结构：百瑞信托金穗 1 号集合信托计划交易结构图如图 5 所示。

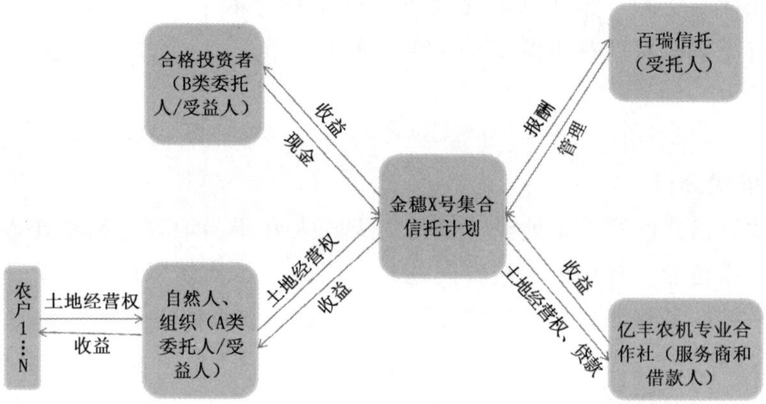

图 5　百瑞信托金穗 1 号集合信托计划交易结构图

2. 模式分析

百瑞信托开展的土地信托流转中，委托人为村委会，具体而言，农户与村委会订立农村土地承包经营权流转合同，村委会作为委托人与信托公司订立信托合同，委托人同时是受益人；信托公司与专业的合作社订立服务协议，由专业的服务社对承包地按照服务协议的约定进行经营与管理。这种模式一方面避免了多重委托，有利于农户及时拿到土地承包经营权流转的收益；另一方面，信托公司与服务商并非租赁关系，而是委托经营关系，这不但有利于信托公司对承包地用途的控制，而且有利于信托公司获得部分浮动收益。

（六）小结

从以上分析可以看出，实践运作中的土地流转信托的委托人多为政府（中信信托安徽宿州项目）、合作社（北京信托无锡桃园村项目）或村委会。其原因在于：第一，信托公司与分散的农户单独谈判的成本太高，而且农民的法律意志、契约意识淡薄，对于外来的信托公司信任度极低，可能随时毁约，不利于专业化运作和长期投入。政府或合作社作为委托人有利于打消农民的顾虑，促进流转更顺利地进行。第二，信托公司加入土地承包经营权流转之前，当地的土地流转已经初具规模，土地已经被归集整理到一起，信托公司于是选择简单易行的方式，直接与政府部门或专业合作社订立信托合同，加入到土地信托流转中。但由政府等充当委托人是否存在法律上的障碍，以及土地信托流转中的登记问题如何解决，还需要进一步探讨。

四、土地信托流转的前提性问题——信托财产和信托登记

（一）土地信托流转中的“信托财产”

设立信托，必须有确定的信托财产，信托财产是指委托人合法所有的委托给受托人的财产，包括合法的财产权利①。土地信托流转的“信托财产”是什么，需要明确。

从应然的角度看，土地承包经营权信托的主体是土地承包经营权人和信托公司，土地承包经营权人为委托人和受益人，信托公司为受托人，土地承包经营权为信托财产。依照《中华人民共和国信托法》（以下简称《信托法》）第七条规定，信托财产中的“财产”包括合法的财产权利，因此，农户作为土地承包经营权人可以以土地承包经营权为标的，设立信托。其中涉及的核心问题是信托财产移转问题，按照 2013 年末的农村工作会议的要求，无论土地如何流转，土地承包权都属于农户家庭，故土地承包经营权信托中，土地承包权仍属于委托人（农户），受托人（信托公司）仅享有承包地的经营权。《信托法》第二条采取了“委托给”的表述，回避了信托财产所有权是否移转的问题。因此，对于土地承包经营权信托中，土地承包经营权的主体是谁，可以做出模糊的处理。这种解释符合中央提出的“落实集体所有权、稳定农户承包权、放活土地经营权”，实现土地所有权、承包权和经营权的分离。正是《信托法》的模糊写法，提供了合理解释的可能性。这也印证了江平教授的话“《信托法》最终通过时，这种模糊写法，没准儿

① 参见《信托法》第二条、第七条。

会被历史证明是正确的!”

从理论上看，真正意义上的土地承包经营权信托流转可以采取以下方式:

第一，农户自己或委托他人将土地承包经营权委托给信托公司。委托他人设立信托流转的依据是《农村土地承包经营权流转管理办法》第八条，可以采取的方式是：农户与村委会或他人订立《农村土地承包经营权委托流转合同》或《农村土地承包经营权委托信托合同》，村委会或其他受托人作为委托人与信托公司订立信托合同、设立信托，该信托的信托财产是农户的土地承包经营权，但土地承包经营权的主体仍然是农户，并未移转给信托公司；村委会也可以与乡政府等订立委托管理合同，由乡政府等作为委托人与信托公司订立信托合同，设立信托。

第二，通过转让、互换方式取得的土地承包经营权依法登记后，再以信托的方式流转。依照《农村土地承包经营权流转管理办法》第二十条规定，通过转让、互换方式取得的土地承包经营权经依法登记获得土地承包经营权证后，可以依法采取转包、出租、互换、转让或者其他符合法律和国家政策规定的方式流转。转让或互换后的土地承包经营权依法登记后，受让方取得的是完整的、新的土地承包经营权，[①] 受让方作为新的土地承包经营权人，可以将其享有的土地承包经营权以信托的方式流转，信托财产就是土地承包经营权。

第三，以转包、出租方式流转的承包地，取得原承包方同意后，受让方以信托的方式再次流转承包地，是否属于土地承包经营权信托需要深入探讨。《农村土地承包经营权流转管理办法》第十三条规定，取得原承包方的同意后，受让方可以对土地进行再流转。因此，只要农户（承包方）与受让方订立的转包或出租合同中约定承包地可以再流转，那么，转包或出租合同的受让方，就可以将承包地以信托的方式再次流转。此种情形的土地信托流转中，信托财产是什么，需要探讨。回答这个问题首先需要研究土地承包经营权转包、出租中，受让方取得何种权利，法律对此并无明确规定，只是规定转包或出租后，承包方与发包方的承包关系不变[②]。主流观点认为，土

① 参见《农村土地承包经营权流转管理办法》第十八条。

② 参见《农村土地承包法》第三十九条。

地承包经营权出租中，作为受让方的承租人取得的是债权性质的土地承包经营权；转包中，受转包方取得的也是债权性质的土地承包经营权[①]。债务性质的土地承包经营权是与农户作为土地承包经营权人享有的物权性质的土地承包经营权相对而言的，可以理解为受让方在流转过程中取得的是"承包地的经营权"，承包方仍享有"土地的承包权"，这符合农村土地流转时，家庭农户永远是土地承包人的政策要求。受让方通过信托方式再次流转承包地时，可以作为信托财产的只能是"承包地的经营权"。但"承包地的经营权"是否属于《信托法》第二条和第七条规定的"信托财产"则有待法律法规或司法解释进一步明确。

从规范运作的角度看，农村土地的信托流转可以采取上述第一种或第二种方式，尽量避免采用第三种方式。

（二）土地信托流转中的"登记"

1. 是否需要办理信托登记

《信托法》第十条规定，设立信托，对于信托财产，有关法律、行政法规规定应当办理登记手续的，应当依法办理信托登记[②]。有学者认为，该条规定的"法律法规规定的应当办理登记手续的信托财产"应当是指将登记作为财产权的公示方式，是对该权利的产生、变动或消灭事项的规定，而不是行政机关内部为了归档整理而进行登记造册的登记。《物权法》第一百二十七条规定的登记行为就是政府出于行政管理需要而对土地承包经营权的确认，并非物权设立的公示方法。因此，土地承包经营权并不属于应当办理登记手续的信托财产，不需要办理信托登记[③]。笔者以为，这种观点不能成

① 学界有不同的观点，笔者以为较有说服力的观点是：转包属于承包方在保留物权性质的土地承包经营权前提下，从物权性质的土地承包经营权中分离出部分权能（包括占有、使用、收益权，但不包括处分权），移转给受转包方，因此，受转包方无法取得物权性质的土地承包经营权，而只能取得债权性质的土地承包经营权。丁关良：《土地承包经营权流转法律制度研究》，中国人民大学出版社 2011 年版，第 410 页。

② 《信托法》第十条规定的信托登记不同于信托财产移转的物权登记，应独立进行。文杰："论信托公示的理论基础与制度设计——兼评我国《信托法》第 10 条之规定"，《中国商法年刊 2008》；钟瑞栋、侯怀霞："论信托公示——兼评我国《信托法》第 10 条"，《郑州大学学报（哲学社会科学版）》2006 年 1 月第 39 卷第 1 期。

③ 孟强：《信托登记制度研究》，中国人民大学出版社 2012 年版，第 106—107 页。

立，理由如下：第一，《物权法》第一百二十七条第二款规定的办理土地承包经营权证与登记造册并非基于行政管理与归档整理，而是对土地承包经营权人享有土地承包经营权的物权凭证。这种表述是延续了《农村土地承包法》第二十三条的规定，某种意义上是修法不彻底的表现①。第二，《物权法》第一百二十七条第一款对土地承包经营权的设立采取“意思主义”模式是以乡村熟人社会、彼此知根知底和承包地的较少流动为条件的，而且《物权法》制定时，农村土地第二轮承包已进行一段时间，发包时都以承包合同为依据，并没有完善的登记，改采“登记主义”模式根本不具备可行性。在农村土地流转进程加快时，“意思主义”模式难以发挥其对外来人员的公示作用，不足以保障农村土地的动态安全。第三，《信托法》第十条规定“应当办理登记手续”指的是物权变动时，而非物权设立时应办理登记手续，因为信托是基于信托合同而产生的一种财产流转方式，而非设立方式。《物权法》对于土地承包经营权的物权变动采取了“登记对抗主义”的立法模式。第四，《信托法》第十条仅规定“应当办理登记手续的信托财产”，而未区分登记的效力，因此，应既包括以登记作为生效要件的变动，也包括以登记为对抗要件的变动。第五，从效果上看，对土地信托流转进行登记，有助于彰显信托公司作为受托人对承包地的权利，确保维护信托财产的安全和稳定，对抗第三人的侵害。因此，以土地承包经营权为信托财产设立信托，需要办理信托登记。

2. 登记的条件

土地承包经营权登记颁证确权是土地承包经营权信托的前提和基础，没有登记确权，土地承包经营权将具有不确定性。对信托登记而言，如果没有原始权利的登记簿与登记系统，信托登记便没有可以依赖的载体，而建立独立的信托登记系统因成本过高而不具有可行性。《关于开展农村土地承包经

---

① 《物权法》首次明确土地承包经营权为物权，改变了过去将土地承包经营权作为债权的做法。《农村土地承包法》制定于《物权法》之前，还是按照土地承包经营权为一种债权的思路来规定土地承包经营权证的颁发与登记造册的。《物权法》只是延续了《农村土地承包法》的规定，但应作出不同解释：《物权法》规定的土地承包经营权证是物权凭证。从另一个角度看，《物权法》对土地承包经营权的物权变动采取了登记对抗主义的模式，但有学者认为，应改采登记生效主义的变动模式更为合适。王金堂：《土地承包经营权制度的困局与解破——兼论土地承包经营权的二次物权化》，法律出版社 2013 年版，第 322—323 页。

营权登记试点工作的意见》（农经发〔2011〕2号）中提到要建立健全土地承包经营权登记簿，研发农村土地承包经营权登记管理系统，可以考虑在该登记系统中增加土地承包经营权信托登记项，并由政府农村土地承包管理部门负责土地承包经营权的信托登记工作。值得注意的是，目前正在讨论制定《不动产统一登记条例》，如果可以推动于该条例中规定信托登记，将可以较好地解决信托登记无法可依的局面。

3. 登记方法与程序

在以土地承包经营权为信托财产设立信托时，应办理信托登记，作为对信托的彰显和公示，以维护信托关系的稳定，确保信托公司作为受托人对承包地享有稳定的经营权。在目前的法律、行政法规对信托登记的机关、办理程序、范围并无明确规定的情况下，信托公司在开展土地流转信托业务时，应当借助全国范围内开展土地承包经营权登记确权颁证工作的契机，在当地政府的协助下，在即将颁发或已颁发的流转土地农户的土地承包经营权证的"土地承包经营权变更登记"页进行信托登记，并录入农村土地承包管理信息系统中。其中，受让方为受托人（信托公司），变更方式为信托①。依据是中华人民共和国农业部于2012年6月27日发布的《农村土地承包经营权登记试点工作规程》（农办经〔2012〕19号）②，其中规定的变更、注销登记的情形中有一项兜底条款——"其他需要依法变更、注销的情形"，而土地承包经营权信托流转就属于需要变更登记的情形。

实践中，村委会、合作社或农户以转包、出租或入股等形式流转所得的承包地经营权为信托财产设立信托时，如何办理信托登记需要特别说明。《农村土地承包经营权流转管理办法》第十一条规定，承包方与受让方达成流转意向后，以转包、出租、互换或其他方式流转的，承包方应当及时向发包方备案；以转让方式流转的，应当先事先向发包方提出转让申请。第十八条规定，承包方采取转让方式流转农村土地承包经营权的，经发包方同意

① 变更登记页需要填报事项依次为：承包方、受让方、变更方式、面积、合同编号、地块边码、主管部门签章。

② 该规程规定了家庭承包方式土地承包经营权登记的操作流程：准备前期资料、入户权属调查、测量地块成图、公示审核、建立登记薄、完善承包经营权证书、建立农村土地承包管理信息系统、资料归档。

后，当事人可以要求及时办理农村土地承包经营权证变更、注销和重发手续。再结合《物权法》第一百二十九条的规定可以看出，法律对以转包、出租、入股方式进行的流转并无登记的要求，而只应向发包方备案即可。因此，以流转所得的承包地经营权设立信托并无强制的登记要求，但为了维护信托关系的稳定性，有必要仿照以土地承包经营权设立信托的方式，办理信托登记（见表4）。

表4　　　　不同的土地承包经营权流转方式的登记要求

流转方式	备案要求	登记要求	承包关系	再流转
转包	发包方备案	—	原承包关系不变	取得原承包方的同意
出租	发包方备案	—	原承包关系不变	取得原承包方的同意
互换	发包方备案	未经登记，不得对抗善意第三人	同一集体经济组织的承包方之间权利义务互换	经登记获得土地承包经营权证后，可以再依法流转
转让	发包方同意	未经登记，不得对抗善意第三人	原承包关系终止	经登记获得土地承包经营权证后，可以再依法流转
入股	发包方备案	—	原承包关系不变，股份合作社解散时，入股土地退回原承包农户	—
信托	发包方备案	信托登记 未经登记，不得对抗善意第三人	原承包关系不变	—
其他方式	发包方备案	—	—	—

五、农村土地信托流转模式的构建

（一）农村土地信托流转的逻辑

土地流转信托是实现土地所有权、使用权、经营权的相互分离，推动土地资源合理再配置，提高土地的生产能力和内在价值，增加农民财产性收入的有效方式。信托公司可凭借自身作为金融机构的资金优势，实现在农业产业化过程中的产融结合，在泛资管格局下实现信托业务领域的新突破。

从法律关系上看，土地流转信托是土地承包经营权的流转，土地承包经营权是一种典型的用益物权，包括占有、使用、收益和部分处分权能。土地承包经营权信托只是土地承包经营权流转方式的一种，在遵循土地承包经营权流转的一般原则的同时，还应遵循信托的原则。从本质上看，土地承包经营权信托是土地承包经营权流转和信托的结合，土地承包经营权信托作为土地流转的新方式之所以受到农户、政府和其他参与方的青睐，就在于信托公司作为受托人可以同时解决规模化经营中的资金问题，融资难一直是农村土地经营面临的重大难题。信托公司虽然在融资方面具备先天的优势，但是信托公司在农业经营方面却并无所长，因此，在土地专业化经营方面必须有专业的农业经营组织参与。从这个意义上看，实际上是利用信托搭建了一个资源整合的平台，是信托向平台战略商业模式转型的体现，也是信托制度平台型功能的发挥①。

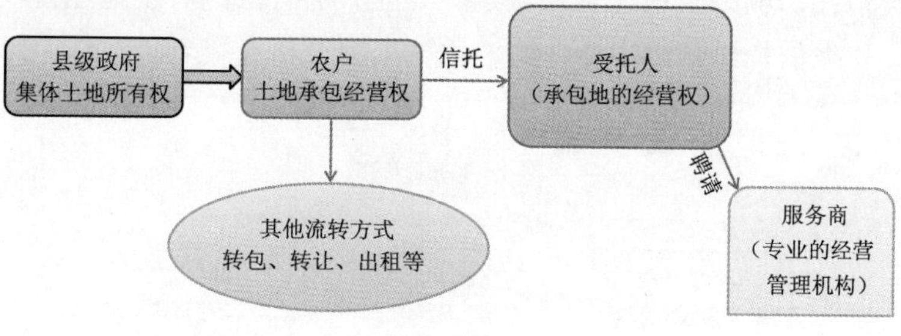

图 6　农村土地所有权、使用权、经营权及其流转

① 信托作为一项制度在实务上运用可以产生一定的社会效应，即信托的制度功能衍生的应用功能，包括工具型应用功能、目的型应用功能和平台型应用功能。工具型应用功能的体现是信托公司开展的投融资业务，这类业务目前面临较大的挑战。信托业未来应着力发挥信托的目的型功能和平台型功能，前者是指信托在实现财产转移与财富管理的制度功能时，由信托目的不同所派生出的功能，如家族信托、公益信托；后者是指利用信托搭建一个资源整合的平台，向平台战略商业模式转型，例如土地信托和消费信托。

（二）交易结构

目前实践中出现的是围绕农用地流转开展的土地信托，由于农用地流转信托面临赢利模式不清晰、信托期限长、农业风险不可控等问题，大多数信托公司仍处于观望阶段，并未采取实质行动，尝试此类业务的信托公司主要有中信信托和北京信托等。长期来看，如果土地经营权抵押得以实现，农业企业的融资问题得以解决，信托公司在农用地流转中的作用将大大降低。因此，如何利用自己的平台优势，以农用地的集中为契机，搭建一个整合农产品、农业生产资料和农业科技的平台，是信托公司目前应当关注的问题。

基于规模化经营和融资问题的需要，土地流转信托多为集合信托计划，并且采用结构化的安排，该集合信托计划通常是财产权信托和资金信托的结合。例如，中信信托的安徽宿州项目中，由A类委托人交付的A类信托财产和受托人发行的B类受益权、T类受益权募集的信托资金共同集合构成信托计划的信托财产。信托存续期限内，受托人根据信托土地的土地整理投资需求发行B类信托单位募集所需资金①。百瑞信托的金穗1号集合信托计划中，A类信托份额以土地经营权认购，委托人为合法拥有土地经营权的组织和个人，B类信托份额以现金认购，委托人为合格投资者。

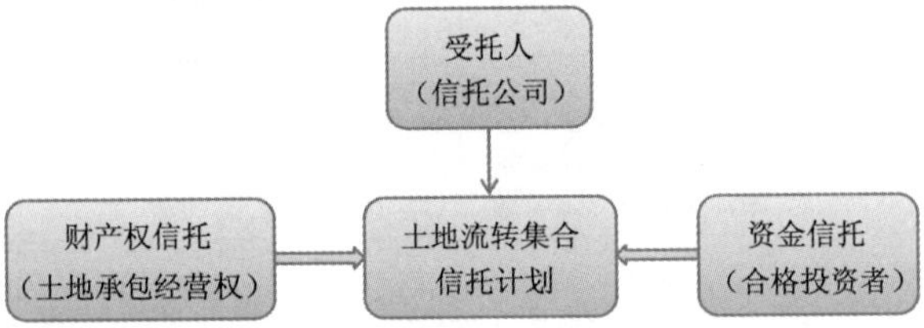

图7　土地流转集合信托计划的组成

（三）信托财产的管理与运用

土地流转集合信托计划项目的信托财产包括土地承包经营权、信托资金以及受托人对这些信托财产管理、运用而形成的信托财产。对于信托计划财

① 蒲坚：《解放土地——新一轮土地信托化改革》，中信出版社2014年版，第236页。

产的管理、运用应区分财产权信托和资金信托。

对于财产权信托而言，主要是对作为信托财产的土地承包经营权对应的土地的管理，由于信托公司并不具备对农用地的管理经验和能力，通常信托公司会聘请专业的服务商（农业经营公司、农业合作社、种植业大户等）对土地进行经营管理。对于信托公司与服务商之间的关系，主要是有两个关键点：一是服务商对于土地的管理经营必须遵循信托公司的安排，例如不得改变土地的用途等；二是对于管理经营的成果，服务商需作出一定的承诺，这也是土地流转信托的风险控制措施之一。从法律关系上看，可以有出租、合作经营、委托经营、承包经营几种选择，几种法律关系的区别如表5所示。

表5　　信托公司与服务商之间法律关系对比

	租赁关系	合作经营	劳务关系	委托经营
信托公司的角色	出租人	合作方	使用方	委托人
服务商的角色	承租人	合作方	服务提供者	受托人
收益与报酬支付方式	经营收益归承租人，承租人向出租人支付租金	分享经营收益	经营收益归使用方，使用方向服务提供者支付劳务报酬	双方可以自由约定收益的分配方式
风险负担	承租人负担	经营风险共担	使用方负担	受托人负担

由表5可以看出，在以上几种可供选择的法律关系中，合作经营主要是考虑到信托公司会为服务商提供资金支持，类似于合作经营，但其不足之处在于经营风险和收益要由合作方共担；劳务关系中经营收益归信托公司，但是风险亦应有信托公司承担，并且信托公司在农业经营领域并无专长，这种方式并不可取。相对而言，出租和委托经营是较为妥当的方式，但是在租赁关系中，作为承租人的服务商对出租人负有支付租金的义务，信托公司作为出租人很难分享超出租金之外的经营收益；若采取委托经营关系，则双方可以约定收益分配方式，并且可以由受托经营者作出最低经营收益的承诺。比较来看，信托公司与服务商之间采用委托经营的关系较为妥当，对于双方签署的协议可以称为《服务协议》，但对于双方权利义务的设计上，可以采用

委托经营的模式。

对于资金信托，主要是为服务商的规模经营提供资金支持，具体而言，可以通过贷款的方式向服务商发放贷款。对于信托账户内的闲置资金，信托公司可以发挥自己的专业优势，投资于流动性较高、风险较低的金融产品，以增加信托财产收益。

（四）风险控制手段

设立土地流转信托的目的之一是增加农户的财产性收入。土地是农民最基本的生活保障，因此，信托财产的安全是最基本的要求。基于此，风险控制在土地流转信托中非常重要。

1. 土地流转信托中的主要风险

土地流转信托项目与通常信托项目一样也不可避免地存在信用风险、利率风险、操作风险、法律风险，而且也面临着特殊的自然灾害风险、农户法律意识淡薄带来的风险等。

表6　土地流转信托中的主要风险分析

主要风险	风险特征
信用风险	服务商不能按约履行相关义务，相关保证人不愿或不能履行担保责任；作为土地承包经营权原始权利人的农户违约再流转的风险
运营风险	信托财产的运用需经过严格、审慎的选择，由此可能导致短期内信托财产闲置，从而影响信托计划的整体收益率
自然灾害风险	由于天气干旱、洪涝等自然灾害导致农作物大面积减产的风险
市场风险	由于宏观经济的整体影响或种植农作物的所处市场供需关系失衡的影响，导致行业盈利能力的整体下跌
操作风险	由于人为错误、技术缺陷或不利的外部事件等因素导致信托计划财产经济损失的风险。受托人在资金控制、尽职管理过程中，如操作不规范，管理不到位，将造成一定的风险

2. 风险控制手段

为了有效避免或降低上述风险发生可能带来的损失，信托公司在开展土地信托流转项目时，应采取以下风险控制措施。

（1）注重前期的考察，包括农地考察和市场考察。由于不同的农用地土地成本的收益情况有很大不同，而且农地种植的农作物或经济作物的市场也有较大不同，并且有一定的周期性，因此信托公司开展土地流转信托之前必须进行深入的市场调查，对成本收益进行核算，并且需要考虑到农业经营受自然条件限制的特性和农地作物对市场信息反应的滞后性。

（2）严格筛选服务商，服务商对最低经营收益作出承诺，以确保农民的利益。由于信托公司并不擅长农地经营与管理，因此服务商在农村土地流转信托中发挥着非常重要的作用。信托公司在开展项目之前，结合农地的位置、面积、种植的作物等基本情况选择几家服务商进行洽谈，依据服务商的专业经营能力、口碑声誉、市场影响力和竞争力等因素筛选出合适的服务商，经过详细深入的探讨与协商，最终达成合作意向。在项目实施阶段，与服务商订立的《服务协议》要对双方的权利义务作出明确的约定，并由服务商对土地的经营收入等指标作出承诺，以确保承诺的最低经营收入可以覆盖委托人的基本收益。

此外，还应当引入一般的担保措施，如保证、抵押、质押等，在经营收入不足以支付基本收益时，应由服务商或担保人承担补足义务，以确保农民利益的实现，确保项目风险得到有效控制。

（3）引入农业保险，以应对不可抗力风险。农业保险是专为农业生产者在从事种植业、林业、畜牧业和渔业生产过程中，对遭受自然灾害、意外事故疫病、疾病等保险事故所造成的经济损失提供保障的一种保险。引入农业保险有利于有效化解土地流转信托存续期间农业生产经营中可能出现的自然灾害风险。

六、结语

土地承包经营权信托是农村土地流转制度的一项创新，是盘活农村土地市场、增加农民财产性收入的有效途径。我国目前与有关农地流转的法律法规不完善、农产品市场价格低且不稳定、农业保险的覆盖率有限等因素，再加上信托公司开展土地流转信托的盈利模式不清晰、面临的风险较大、可复制性不高的问题，以致于多数信托公司仍处于观望阶段，土地流转信托并未像最初的市场预期那样快速发展。但随着农村土地流转市场的进一步完善和农村土地流转的进一步深化，农村土地流转的市场需求会逐步增大，再加上泛资管格局下信托公司的投融资业务竞争日益激烈，回归信托制度本源，挖掘信托制度平台型功能的土地信托会逐渐成为信托业务的新领域。

互联网金融发展模式与互联网信托*

一、引言

信息技术革命使金融市场的参与者可以更及时地获取市场信息，有效降低了金融交易成本，有利于金融创新。而在互联网时代，最显著的金融创新就是互联网金融。本部分在阐述研究目标与研究意义基础上，确定研究方法与技术路线。

（一）研究目标

金融的基本功能是融通资金，即将资金从供给者转移到融资者手中，互联网金融也不例外。弗雷德里克·S. 米什金（Fredcric S. Mishkin）曾指出，金融中介存在主要有两个原因：第一，金融中介有规模经济和专门技术，能降低资金融通的交易成本；第二，金融中介有专业的信息处理能力，能缓解储蓄者和融资者之间的信息不对称以及由此引发的逆向选择和道德风险问题。而信息科学技术的进步是金融中介创新的重要推动力之一。根据“顺应供给变化的金融创新理论”，供给条件的改善及环境条件的变化均会刺激互联网金融创新。互联网金融涵盖所有以互联网为载体的各类金融活动及金融关系，属于一种新兴的金融服务模式。互联网金融的主要参与者包括金融

---

* 本文为河南省金融学会 2014 年度重点金融科研课题成果。

机构、电子商务平台、互联网企业、消费者、资金需求方等。其中各种机构凭借庞大的网络用户量及精准的数据挖掘能力，以创新的工具和交易方式提供金融服务，促进金融服务模式的创新发展，为供需对接、经济转型和价值创造等提供新动力。

如何正确认识互联网金融，认识互联网金融对金融机构特别是对信托公司的冲击和影响，认识互联网金融带给信托的机遇，以及在目前信托公司加快转型下的机遇，是我们需要直面的问题。本课题以互联网金融创新模式的发展及运用为主线，通过对当前存在创新模式及未来趋势深入分析，结合信托公司等金融机构的实践提出推动信托公司开展互联网金融业务的可能路径，为信托公司及监管提供参考。针对互联网金融的风险进行分析，提出有效的风险控制措施，为互联网金融这一创新型金融发展方向在我国的良性运行提供决策建议。

（二）研究意义

本研究在理论和实践层面均具有重要意义。首先在理论层面，互联网金融是一种新兴的商业模式与盈利方式，将改变传统金融机构的价值创造和价值实现方式，重构已有投融资格局，挑战传统的金融中介理论，调整业务结构，改变客户基础，改善服务水平，建立和引入新的数据管理系统与应用方法。在大资管竞争格局下，信托公司需要重新审视自身的优势与不足，并以此为契机全面认识互联网技术变革带来的影响、再造业务流程和构建新的价值网络。

其次是实践层面，本研究着眼于以互联网金融为代表的金融发展模式，分析创新的金融发展模式对互联网行业以及信托行业发展的作用。实践意义有以下几个方面：

第一，互联网金融能显著支持中小企业发展。中国的中小企业体量庞大，数量占到企业总体的99%，对GDP的贡献率达60%。但基于银行的风险管理政策，中小企业很难从银行获得贷款，其发展受到了资金链的约束。在解决中小企业融资难的问题上，以电子商务企业为代表的互联网金融模式具有得天独厚的优势。实践中，中小企业一直是电子商务平台的主要服务对象，长期合作及信息跟踪使电子商务平台充分掌握中小企业的财务状况，为中国中小企业发展提供重要资金来源。网络融资与中小企业之间已经具有紧密关联，研究互联网金融与互联网信托的发展模式有利于更好地支持中小企业发展。

第二，互联网金融适应大众网络消费的新模式。从需求市场来看，消费结构升级加快，传统服务行业的规模比重逐渐下降，取而代之的是以金融服务为代表的高端服务。从支付结算到投资理财，大众金融消费的需求正不断增加，与此同时，消费主体和消费模式正发生大转变，年轻一代逐步成为消费主体，而互联网是其生活方式的重要组成部分。随着电子商务服务范围的拓展，互联网将随着代际变化成为主流群体的消费市场，而高附加值的金融服务也必然网络化。研究互联网金融对揭示消费模式的转变过程有着重要意义。

第三，互联网金融有助于调整第三产业及经济结构。从供给方面来看，网络市场蓬勃发展。2012 年中国电子商务市场规模达到 8 万亿元，同比增长 28%，约占同年国内第三产业产值的 35%。电子商务行业的发展壮大对于第三产业有着重要的作用。依托于电子商务的互联网金融是金融活动的重要创新，凭借大数据处理和更低廉的交易成本，能够提供附加值更高的大众服务，从而带动服务业升级，调整优化经济结构。

（三）研究方法与技术路线

对互联网金融的研究涵盖经济学、金融学、信息科学等多种学科，本研究将利用历史分析方法、信息经济学方法、调研法等多种研究方法探讨各研究领域的个性与共性的东西。一方面实现从互联网的视角研究金融和信托；另一方面实现从金融的角度看待网络。其中，利用历史分析方法和信息经济学分析方法对互联网金融的进展及互联网信托业的竞合现状等进行研究；利用对比分析、调研法等对信托业和其他金融子行业在互联网背景下的发展模式进行研究等，最终的结论是其内在逻辑推理的客观展现。此外，研究力图实现定量分析和定性分析的结合，以及从静态和比较静态研究到动态研究的递进。

具体的研究路线如图 1 所示。

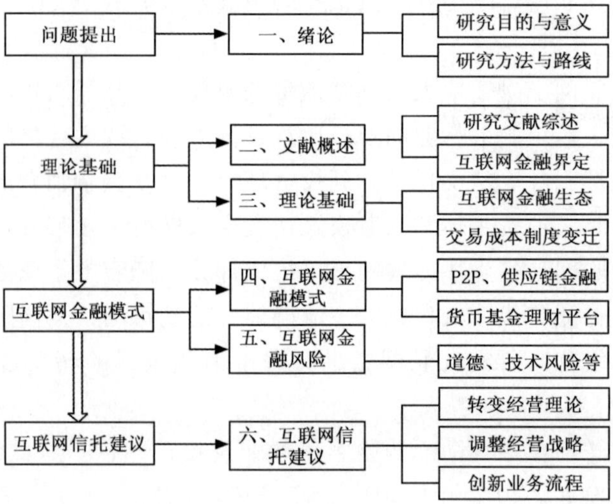

图1　研究路线图

二、文献综述与概念界定

互联网金融具有较强的实践性与创新性，互联网金融的概念、模式及理论大都由商业实践得来。因此，已有的关于互联网金融的研究主要集中在互联网金融的具体产品、具体界定、具体模式等方面，而对该主题的系统性研究还比较少。本部分首先对目前的互联网金融研究文献进行梳理，进而对本课题的相关概念进行界定。

（一）文献综述

谢平（2012）率先提出了互联网金融概念，并对互联网金融内涵和外延作了阐述，他认为，随着大数据、云计算、搜索引擎等互联网技术的发展，金融模式将产生根本性变革，最终可能形成一种不同于商业银行和资本市场融资方式的新的金融运行机制。同时，他还指出：“互联网金融创新主要是指互联网技术和精神对金融交易和组织形式的影响，金融的核心功能不变，金融契约的内涵不变，金融风险、外部性等概念的内涵也不变。”

有关具体业务模式方面的文献较多，主要是围绕互联网金融模式、风险控制与监管等。吴晓光（2011）认为，网络融资的业务形态分为信息中介形态、直接授信形态、仓单杠杆形态。李广明（2011）等对 P2P 网络融资中违约者的数据进行统计分析并总结其特征，并为建设监管系统提出建议。何始等（2012）则创造性提出了场外融资与网络结合的“云仓”新模式，为产业链融资提供新渠道。孙之涵（2010）对比分析了国内外七家 P2P 小额信贷网站。

运营与监管方面，学者的研究也主要集中在业务模式创新的层面。李尤（2006）总结了电子商务中主要几种支付方式及其发展前景。杨兴凯等（2008）从需求市场的细分和特征、供给市场的组织关系等方面阐述互联网金融发展。王利锋（2010）主要利用实证方法研究第三方支付的发展以及对宏观经济的影响。杨彪等（2012）深入分析了第三方支付独特的风险机理，并探讨其监管框架，同时借鉴了欧美经验对监管政策提出建议。

综上，互联网金融相关文献的研究已涵盖较广泛的层面，但是理论性的研究整体有所欠缺，此外具体针对信托业的互联网金融研究也比较匮乏。

（二）互联网金融的界定

互联网金融创新是新生事物，互联网金融的界定也随着互联网金融的实践而呈现出动态的发展演绎过程。目前，学者对互联网金融概念的界定还没形成统一的认识。譬如，杨群华（2013）认为：“互联网金融是依托互联网提供的金融服务与金融产品所形成的虚拟金融市场”，而周华（2013）认为：“互联网金融是通过互联网、移动互联网等工具，加入传统金融业务过程的一种混合金融”。《中国金融稳定报告（2014）》提出：“互联网金融是互联网与金融的结合，是借助互联网和移动通信技术实现资金融通、支付和信息中介功能的新兴金融模式。广义的互联网金融既包括作为非金融机构的互联网企业从事的金融业务，也包括金融机构通过互联网开展的业务。狭义的互联网金融仅指互联网企业开展的、基于互联网技术的金融业务。”大体上，互联网金融被粗略地认为是互联网与传统金融业相结合的产物，但这些理解并未正确揭示互联网金融的本质及其与传统金融业的关系。国内目前关于互联网金融本质最有代表性的观点也来自谢平，谢平（2014）认为在互联网金融模式下，互联网信息技术手段的运用，能有效降低市场信息不对称，交易无需依赖中介机构；通过互联网可以直接实现股票、债券等的发行交易，市场充分有效，接近于一般均衡定理所描述的无金融中介状态。

从本质上来说，互联网金融不是互联网和传统金融的简单结合，而是在更先进的网络技术水平上依托新的市场需求被广大用户所接受的，这种自下而上而产生的新模式及新业务是传统金融业与互联网精神相结合的创新领域。互联网金融是互联网技术与金融功能的结合，依托大数据和云计算在互联网平台上形成的开放式、功能化金融业态及其服务体系，包括但不限于基于网络平台的金融组织体系、金融市场体系、金融产品和服务体系、金融消费者群体及互联网金融监管框架等。典型的互联网金融模式有第三方支付、P2P 信贷、众筹等，其中最重要的是“开放、免费、平等、分享”的互联网精神渗透到传统金融领域。互联网金融利用大数据、云计算、社交平台等互联网技术开创了资金融通的新型金融服务模式，并具有传统金融模式的多数功能，如投资、融资、理财、支付、中介、清算等。

目前，互联网金融模式的参与主体主要为两大类：其一是传统的金融机构，主要表现为银行、信托、基金、证券、保险等传统金融机构以互联网为媒介开展的线上服务，如网上银行、网上保险等；其二是互联网企业，比如供应链金融、余额宝、第三方支付、网络借贷等各类互联网在线服务平台直接或间接向客户提供的第三方金融服务。

三、互联网金融发展的理论基础

互联网金融作为一种新兴的商业模式与盈利方式，正日益改变传统金融机构的价值创造和实现方式，重构已有投融资格局，甚至挑战传统的金融中介理论。本部分从新制度经济学视角出发，分析互联网金融生态的产生与运行，旨在为认识互联网金融提供理论与实践的借鉴。阐述互联网金融发展的理论基础有利于深入了解互联网金融体系的运行；有助于把握互联网金融体系同社会环境的依存关系；对于预测和管理互联网金融风险同样具有意义；还可提供探讨互联网金融运作模式的认识论基础。

（一）互联网金融生态

金融生态是引申自自然生态的一个仿生概念，生态一词由英国学者泰斯勒（Tansley）于 1935 年首先提出，其关注的焦点是生物、环境以及生物与生物间的相互关系。其中的环境指的是围绕在生物周围的、会对生物产生影响的自然因素和社会因素。生态首先是一个整体性的系统概念，是指在一定时空内，生物与其环境组成的一个整体。借用生态的方法分析金融问题可以发现，现代金融系统，尤其是互联网金融系统同样是一个具有很多生态学特征的整体性系统。伴随着人类社会经济活动的发展，金融也经历了从低级到高级的演进过程。在此过程中，各类金融机构为适应内外环境而发展、分工、演变，彼此构成了一个既互相依赖、又互相竞争的动态系统，与生态系统极其类似。其中关键的一环是“优胜劣汰”，这种适合自然生态的竞争规则同样适用于金融生态。

周小川（2004）是国内最先将生态学概念系统引入到金融领域的。之后，李扬（2005）将金融生态系统界定为由金融主体及其赖以存在和发展的金融生态环境构成，两者之间彼此依存、相互影响、共同发展的动态平衡系统。徐诺金（2005）则概括金融生态为各种金融组织为生存和发展，与其生存环境之间及内部金融组织相互之间在长期的密切联系和相互作用过程中，通过分工、合作所形成的具有一定结构特征，执行一定功能作用的动态平衡系统。总之，强调金融主体与金融环境之间关系的视角为“金融生态”界定了一个科学的范畴。

互联网金融主体应界定为互联网金融产品及互联网金融服务的生产者，主要包括企业、金融市场和金融监管机构等。其中企业是核心，目前可分为三类：其一是掌握大数据及用户入口的互联网企业等（譬如腾讯公司）；其二是通过互联网渠道开展业务的传统金融机构（譬如平安集团的陆金所）；其三是利用互联网平台开展金融业务的第三方（譬如诺亚财富）。而互联网金融生态环境则包括法律制度、政府、信用文化等。根据上述分析，总结互联网金融生态的内涵是——各类互联网金融主体间的、互联网金融主体与外部金融环境间的，彼此通过相互作用形成的，既相互依赖又相互竞争的动态平衡系统。

（二）新制度经济学视角下的互联网金融

新制度经济学突破了新古典主流经济学的一个重要假设——制度外生，且经济主体无成本从事金融等经济活动。无论从理论层面，还是实践层面，制度因素都是互联网金融体系运行的关键变量。所谓制度，指的是抑制机会主义行为的一种规则，可分为正式制度、非正式制度及实施机制：法规条文、司法规则和合约合同等均属正式制度，为人们有意识所创造的；文化因素、道德准则和行为惯例等属于非正式制度，是一种非强制性的约束；而著名制度经济学家科斯和诺斯（1994）界定“实施机制是产权流转过程中的运行机理”。

柯武刚和史漫飞（2003）认为制度经济学的研究对象主要是：经济生活与制度之间的双向关系，关注具有协调功能的规则和规则集及上述规则和规则集对经济后果的影响。而新制度经济学在此基础上更进一步，对制度经济学学科的核心概念及解释变量进行了清晰界定，主要包括：制度结构、产权、交易费用、经济组织等，而该理论体系的核心假设、模型结构及方法工具等则尽量沿用新古典经济学的构架。

分析互联网金融生态可利用新制度经济学的理论，如产权理论、交易费用理论、制度变迁理论、契约理论等。而产权的界定与交易费用的度量是新制度经济学的基石。经济效率问题在此范畴内演化成为通过明晰产权以降低交易费用，从而提高资源配置效率。在上述实现经济效率过程中，制度变迁起到关键作用，因此制度变迁的动力与方式（譬如路径依赖）对经济活动产生重要影响。科斯对企业边界的探讨又引申了企业其实是一系列不完全契约组合的内涵。综上，交易费用理论和制度变迁理论是对互联网金融生态运行最具解释力的理论组合。

（三）互联网金融的制度变迁与交易费用

新古典经济学的核心假设是完全信息和理性人，但是现实生活中——互联网金融机构和消费者则是非理性的，互联网金融生态的信息也是不完全的。值得注意的是，互联网金融的产生部分基于消除传统金融的信息不对称及不完全。传统金融市场信息不完全及不对称的直接后果是交易费用较高，当交易费用超过收益时，交易停止，而整个金融市场规模随之停止。互联网金融生态中，通过大数据判断交易双方的信用情况、经济状况等，并通过互联网进行谈判、签约，后续监控与管理同样通过网络实现，上述环节均大大节约交易费用。互联网金融以小额信贷为主，而传统金融机构为节省交易费用而选择大型交易对手及大额资金。

交易费用的节省是互联网金融生态体系产生的根源，而互联网金融生态的发展成熟则受到制度因素的重要影响。以信息技术、互联网为代表的现代科技在改变了传统商品零售等市场之后，也改变了金融市场。普通消费者和投资者的日常行为日益被互联网金融生态慢慢改变。从最初的互联网支付、移动支付开始，到互联网保险、互联网基金等，传统金融机构独占制度资源的状况日益被多元化的金融主体取代。上文提及的三类互联网金融主体就不仅包含传统金融机构，更是包括第三方和互联网企业等。而主体的逐步增多以及产品与服务的日益丰富，互联网上才逐步建立起一个基本能够消费者、融资者及投资者提供有价值服务的互联网金融生态。然而，传统金融机构的牌照垄断、利率未市场化等因素使得金融体制滞后于中国经济发展，制度变迁在所难免。

中国互联网金融生态需要怎样的制度安排才能最大限度实现金融资源的优化配置？自上而下的监管与法规，以及自下而上的金融创新可能是一对矛盾。在新制度经济学视角下，制度作为最重要的内生变量之一，已经在显著影响中国互联网金融生态的未来发展。能显著降低交易费用的制度安排以及自下而上的诱致性制度变迁可有效发挥激励作用，推动更多的资源进入互联网金融生态之中。

四、中国互联网金融主流产品与发展模式

网上银行、移动支付、手机银行等新型互联网金融服务已走入很多人特别是年轻人的生活，2013 年更被金融业内人士称为“互联网金融元年”。天弘基金对接余额宝一举成为中国最大货币基金，“人人贷”宣布完成 1.3 亿美元巨额 A 轮融资，刷新了全球网贷平台融资记录等事件令业内人士目不暇接。以信息技术、互联网为代表的现代科技不但改变了传统图书、商品零售等市场，而且正日益地改变着金融市场。普通消费者和投资者的日常消费、理财、储蓄、投资等行为也渐渐受其影响。互联网金融的出现为传统金融带来了新思路，为金融服务运行提供了新创意，改变了传统金融机构的竞争模式，加速了我国金融业的深化改革。具体来看，互联网金融令金融产品与服务的设计和销售更具创新性。本部分分析目前中国互联网金融的主要产品与服务模式。

（一）网络平台对接货币基金模式

2013 年 6 月 13 日，阿里巴巴集团控股有限公司（以下简称“阿里巴巴”）旗下的支付宝联合天弘基金推出余额理财服务——余额宝。截至 2013 年 12 月 31 日，半年多一点时间，余额宝客户数量达到 4,303 万，户均持有额 4,307 元，累计已为用户发放收益 17.9 亿元。余额宝超常规的发展速度令人瞩目。百度金融中心和华夏基金合作的“百发理财”、深圳市腾讯计算机有限公司（以下简称“腾讯公司”）在微信平台推出的“微信理财通”、苏宁云商集团股份有限公司（以下简称“苏宁云商”）与广发基金管理有限公司（以下简称“广发基金”）、汇添富基金管理股份有限公司（以下简称“汇添富基金”）合作的“零钱宝”等均是类似余额宝的同质互联网金融产品。

该模式的产品本质：余额宝等金融产品收益的来源是货币基金。货币基金产品主要的投资标的包括协议存款、高流动性债券产品、短融产品等，是一种受益高于同期限定期存款的具有较好流动性的短期理财产品。在西方发达国家，货币基金替代传统银行储蓄的进程早已完成，而在中国这种趋势刚刚开始。

该模式的操作方式：余额宝等金融产品注册流程简单，半年来维持 6% 左右年化收益水平，能够随时转入转出，具有较好流动性，且没有手续费。尤其是余额宝对接支付宝，充分方便中国普通消费群体随时利用账户余额进行网上购物、支付宝转账等。

（二）P2P 网络借贷模式

2006 年，宜信公司将 P2P 借贷服务平台引入中国。在国内信用体系不健全的背景下，个人及小微企业的经营性和消费性贷款的需求与个人投资理财的需求通过此互联网金融产品对接，市场日益火爆，行业也取得较大增长。中国网络借贷行业 2010 年的总成交额约为 10 亿元；2011 年约 50 亿元；2012 年超过 200 亿元。2013 年行业总成交量达 1,058 亿元，贷款存量 268 亿元，出借人数大于 20 万人，可统计的综合收益率为 19.67%。除宜信公司外，人人贷、陆金所、有利网等平台是目前运营及口碑较好的网络借贷平台。此外，于 2012 年底成立“网络信贷服务业企业联盟”的陆金所、拍拍贷、融道网、诺诺镑客、财金金融、维诚致信、资金管理网、融360、你我贷、畅贷网等10家网络信贷服务企业成为我国该行业的代表性企业。

该模式的服务本质：P2P网络借贷是指借款人通过在第三方中介提供的互联网平台上发布借款信息，包括金额、利息、还款方式、还款期限等，招标一个或多个资金借出者提供资金的互联网金融模式。P2P平台的资金出借方基于信用出借资金的同时获取一定的风险溢价，而融入方通过支付一定的风险溢价而获得资金。

该模式的运作方式（以人人贷为例）：理财人（出借人）根据公开信息自主选择进行投资，一种是通过加入“优选理财计划”，从而资金以用户认可的既定规则自动进行投标，用户每月的回款也会循环复利再投资，这种模式下平台将进行优先、主动的投资管理，并将收益每月定时自动提取至用户指定银行卡；另一种为“散标投资”，平台提供信用认证标、机构担保标、实地认证标等多类产品，用户根据借款人信用等级、利率、期限等信息，自选合适的借款标的，构建投资组合。人人贷平台的预期收益是12%—14%，最低投资额为50元。

（三）电商供应链金融模式

以淘宝网为代表的电子商务在我国取得快速发展的背景下，2013年，依托于阿里小额贷款（以下简称“阿里小贷”）的供应链金融也开始起航。阿里小贷是阿里集团金融板块为阿里巴巴的会员（包括杭州地区的个人版和企业版诚信通会员及中国供应商会员）提供的一款无需抵押、无需担保的纯信用贷款。截至2013年6月30日，阿里巴巴的小额信贷业务已累计为超过32万家电商平台上的小微企业、个人创业者提供融资服务，累计投放贷款超过1,000亿元，户均贷款4万元。除了阿里小贷外，2012年年底正式宣告踏入供应链金融的北京京东世纪贸易有限公司（以下简称“京东商城”）和苏宁电器（后更名为“苏宁云商”）也在2013年加速发展。京东商城与中国银行联合向供货商提供订单融资、应收账款融资和协同投资等金融服务，整合供应商评级、结算、票据处理、网银及银企互联等电子渠道。苏宁电器集团有限公司出资发起设立重庆苏宁小额贷款有限公司，办理各项贷款、票据贴现、资产转让等业务。

该模式的产品本质：电商提供供应链金融服务瞄准的是传统银行业没有涉及也不愿涉及的小微企业贷款。小微企业贷款往往因其财务制度不健全、贷款金额小、风险较高、业务利润较低等因素无法获得传统金融机构的青睐。而电子商务平台利用产品销售信息、客户信用评价信息、收入成本信息、商家行为信息等，替代企业财务报表，成为该项互联网金融服务的信用基础。

该模式的运作方式（以阿里小贷为例）：阿里小贷为 B2C（商家对客户）平台即淘宝网和天猫的客户提供订单贷款和信用贷款；同时为 B2B（商业对商业）平台客户提供“阿里信用贷款”。采用按日计息的结算方式，其中，B2C 平台的淘宝网、天猫订单贷款最高额度为 100 万元，贷款周期 30 日，日利率 0.05%；淘宝网、天猫信用贷款最高额度为 100 万元，贷款周期 6 个月，日利率 0.06%；而 B2B 平台下阿里巴巴中国站或中国供应商会员的“阿里信用贷款”额度为 5 万—100 万元，贷款周期 12 个月，日利率在 0.05%—0.06%，固定贷日利率 0.05%，循环贷 0.06%。为阿里巴巴集团客户提供的信用贷款年化利率最低为 18%。

（四）个人在线理财模式

Mint、Quicken、Bundle、Mvelopes、Thrive、Saveup 等美国在线理财网站运营如火如荼。以 Mint 为例，网站提供客户所需要的金融产品及理财工具，并插入相应的理财广告及服务，如贷款、旅游、汽车保险等，其点击查看及进行交易的客户量远远高于传统广告客户量。而 Mvelopes 则与全美超过 14,000 家银行、信用社及信用卡公司等金融企业合作，网站通过合作产生收益提成。国内也出现了东方财富网、好买基金等类似的个人理财网站，这些网站正在经历从互联网财经信息平台到提供实网上基金直销等本质金融服务平台的转变过程。国内老牌数字金融网站包括东方财富、好买基金、数米基金网等，每个网站各具特色：东方财富以资讯见长，通过资讯形成用户粘性，目前已取得第三方基金销售牌照，预计以基金销售作为发展方向；数米基金网及好买基金网偏向基金销售，通过销售获取佣金；好买基金网有更多行业资源，还具有私募股权基金以及 FOF/TOT 等上千种理财产品，具有特有优势。

该模式的产品本质：个人在线理财网站是为用户提供新一代在线理财服

务的网站，独立的在线理财网站通过各种新型的个人理财工具和服务吸引大量的年轻客户群，并通过产品的不断创新以及个性化提升客户忠诚度。这类网站对于用户多为免费或收取少量费用。网站的赢利模式是从提供的工具及程序中获得用户使用费及交叉销售中获得收入。

该模式的运作方式：大部分针对个人理财服务的网站均采取用户免费策略。通过简单注册后，网站给用户提供实时记账、现金流管理、购买理财产品等金融服务。平台具有统一用户账号信息、支持智能终端、拥有 APP、提供相关论坛、整理信息等功能，并直接针对用户的多样化需求提供全面周到的服务，使用户能够方便快捷地在一个理财网站一站搞定。优质的服务使用户对网站产生一定的粘连度，有利于降低网站的宣传及运营成本，以提升网站质量，形成良性循环。

（五）其他互联网金融模式

电子商务的迅猛发展，加上互联网及移动互联技术的日新月异，包括证券、保险、期货、基金、信托等各金融行业都开始“掘金”互联网金融，除了推出上述各种“跨界”金融产品及服务之外，在网络券商、网络保险等领域也在规划更具创新的服务。

2013 年年底，国金证券股份有限公司（以下简称“国金证券”）同腾讯公司签署了 2 年《战略合作协议》。双方通过金融创新和互联网技术创新，发挥各自优势，共同打造在线金融服务平台。双方将在网络券商、在线理财、线下高端投资活动等方面展开全面合作，腾讯公司将向国金证券开放核心广告资源，协助其进行用户流量导入、证券在线开户和交易、在线金融产品销售等服务。腾讯公司通过流量平台为国金证券提供持续的用户关注度。

2013 年，阿里巴巴的马云、中国平安保险（集团）股份有限公司（以下简称“中国平安”）的马明哲、腾讯公司的马化腾联手设立了众安在线财产保险股份有限公司（以下简称“众安在线”），注册资本金 10 亿元，阿里巴巴控股 19.9%、中国平安 15%、腾讯公司 15%、北京携程国际旅行社有限公司 5%。众安在线的一大特色是，除注册地上海之外，全国均不设任何分支机构，完全通过互联网进行销售和理赔服务。

五、互联网金融风险分析

互联网金融处于互联网、金融等多个行业的交叉领域，易形成监管真空、行业标准不统一、各方争夺市场主导权及利益分配不均等问题。目前国内对互联网金融尚缺乏有效监管，造成了行业无序发展。本部分主要分析互联网金融的相关风险。

（一）道德风险

目前对互联网的监管较弱，使得大量投资人的资金难以确定具体投向及得到有效保护。现实中传统金融机构的担保等措施，在网络上被弱化。一些互联网平台利用自身权限，通过后台更改数据以虚拟不存在借款人等，形成巨大道德风险。互联网平台的介入在事实上隔绝了出资人和借款人之间的联系，有可能利用交易机制的漏洞进行诈骗活动。一旦经济形式恶化，很多不具备公信力的互联网平台可能引发挤兑等。国外互联网金融平台发展多年，其整体规模还不大，很大程度上就是因为国外平台恪守中介等底线，规避了潜在的道德风险。

（二）技术风险

目前大部分互联网平台的程序代码是开源代码，极易发生网站被黑客入侵，导致大量客户的数据面临着被篡改的风险。互联网金融服务大都不签订线下文件，所有协议通过在线化方式进行，一旦发生技术问题，会存在大量权益无法确认的风险。另外还存在着大量借款人和投资人的个人信息被盗用、隐私被侵犯的风险。因此，构建一个安全稳定的网站需要在硬件上进行大量投入，也需要很多基础性技术进行支撑。

（三）其他风险

首先，在政策风险方面，目前政府对互联网金融的态度仍不明确，但从长期来看，政府必将实施适当监管，监管力度决定了行业的发展前景；其次，在行业门槛方面，因进入门槛低，新入者繁多，同质化明显，恶性竞争严重；再次，在征信与风控方面，在国内不完整的信用体系前提下，如何长时间保证风险控制的有效运作非常关键；最后，在系统性风险方面，中国经济发展减速预期，出口持续疲软及内需市场拉动效应不明显等因素是否会从宏观层面影响互联网市场，也需密切关注。

六、互联网信托发展建议

具有极强创新精神的互联网金融企业日益抢夺传统金融机构的客户与市场，虽然前者在短期内无法在交易额、资产总量、市场地位等方面与传统金融机构相比，但却为金融行业长期发展带来了“鲶鱼效应”。（“鲶鱼效应”是指通过引入外界的竞争者，往往能激活内部的活力的一种现象。）这种市场环境的变化倒逼信托等金融机构进行从上到下，从内到外的变革。当然，传统金融机构依然具有长期积累的优势与资源，而从互联网金融发展模式的视角来看，转变理念、调整战略、创新流程、加强风控等是必须面对的紧迫问题，以下重点阐述这四个方面。

（一）转变经营理念

面对互联网金融相关业态的蓬勃发展，信托等传统金融机构应密切关注互联网金融发展动向，转变发展观念，积极调整战略。

第一，信托从业者要全面认识信息技术变革带来的影响。互联网金融是极具创新性的新兴商业模式和盈利模式，绝不仅仅是商业银行业务的电子化或网络化。尽管互联网金融因为刚刚起步，交易规模较小，对传统金融机构的冲击和替代作用还较小，但是其发展速度、经营模式和盈利方式已经对传统金融机构造成巨大挑战。信托的管理层及从业者必须保持敏锐的市场嗅觉以及清醒的头脑，以更加积极的态度应对互联网金融业态的挑战。首先需要摆脱“路径依赖”，在积累自身能力基础上质疑、审视传统的信托业务，充分认识信息技术变革，并参照互联网金融运作模式提升甚至整合信托的传统业务。

第二，信托从业者要全面认识信息技术变革带来的影响。作为信托业68家信托公司相关从业者要从信托公司的战略方向、经营理念、具体业务等各个层次改变对互联网金融的认知。逐步树立互联网金融业务的未来核心地位，以客户需求为理念，以市场需求为导向，通过创新型的网络技术增加与客户的对接，加强营销能力。另外，在通过网络精简业务流程、提高业务效率、增强风控能力等节省交易成本等方面引起足够重视，为信托投资者和交易对手提供更加快捷、便利的金融服务。在互联网金融业态崛起的背景下，各家信托公司须结合自身资源禀赋、比较优势等，选择最有利于长期发展的经营模式，大胆创新，争取在互联网金融领域培养和形成一定的核心竞争力。

（二）调整经营战略

面对互联网金融对信托传统金融机构的冲击，及时调整信托公司经营战略才是上策。本文之前介绍过的互联网金融模式与未来前景对传统金融机构具有启示意义，信托从业者必须慎重考虑是否和互联网金融合作，或者参照互联网思维和经营方式来改造信托的传统经营方式。

第一，主动调整战略规划。互联网金融打破了原有的以商业银行为主体，其他金融机构为补充的传统金融生态。新型的经营模式与盈利模式层出不穷，在从业者有足够的决心应对互联网金融的前提下，信托公司要主动对原有的战略规划进行调整。利用 SWOT 分析法等科学方法将信托业内外环境的优势、弱势、机会及威胁等结合自身情况进行分析，制定更切合实际、更具有前瞻性的战略规划。

第二，积极调整战略定位。类似余额宝等新型的互联网金融商业模式日益成熟，信托如何借鉴学习以突破原有的操作模式成为各家公司的重要课题。信托的战略定位具体是指信托公司围绕“我们的目标客户是谁”、“我们提供什么产品或服务”以及“我们如何更好地提供这些产品或服务”三个问题的一系列具体选择。信托是服务性金融业，一切运作围绕投资者和交易对手进行。互联网金融的一大优势在于提供金融服务的同时，能够为顾客提供显著的便利及完美的体验。信托可以在下述两个方面进行自我更新：将传统线下业务与互联网甚至移动互联进行融合，力争在易用性和体验方面获得与互联网金融水平的接口；与第三方机构合作，将某些前台业务嵌入平台级的互联网接口之中，更加有效率地提供投资、理财、信贷、信托等服务功能。

第三，全面缔结战略联盟。每家信托公司在实现战略规划以及制定战略目标时都有不同的选择，主要方式有：依赖自身及股东力量、市场化考量、并购等内部化方式、缔结战略联盟。前三种方式是信托公司传统并常用的，而依据金融市场的发展态势及互联网创新的进程选择具有实力的信息科技公司、网络技术公司、互联网金融公司等缔结联盟已日益成为重要的第四种方式。信托公司与第三方公司缔结联盟可以互相弥补局限性，信托公司的专业风控及投融资能力加上网络型平台公司的接口和营销，将会建立起新的资金融通渠道。当然，信息技术日新月异，互联网平台的用户口碑也处于动态变化，如何根据自身需求选择合适的战略联盟需要非常谨慎。

（三）创新业务流程

从不同行业竞争格局变化的视角出发，快速发展的企业往往选择全新的战略定位，以避免与传统竞争者直接竞争，积极寻求竞争对手没有意识到的新机会，实现“弯道超车”。前文提到，信托业的核心是客户、投资者和交易对手。因此，创新业务流程的首要要求就是以客户为中心，在此基础上充分利用“大数据”等创新条件，力争打造新的投融资平台。

第一，客户体验将成为重要考量。信托业面临着变革的时代，传统的纯线下的模式越来越难以适应未来的智能化和移动网络技术趋势，取而代之的将是把客户体验放在重要考量地位的线上与线下相结合的金融服务模式。这种新型互联网金融模式依然以客户的需求为前提，其构建贯穿信托业务的前中后台。前台首先敏锐地洞察客户的需求变化，重新匹配资源，进行更加智能的分析与服务。中后台根据前台收集的信息不断将业务流程进行整合优化，深度满足客户需求，提升舒适性与满意度。

第二，引入互联网基因再造信托业务流程。从信托组织结构的顶层设计以及信托业务流程再造为起始，打造更小、更快、更简的新组织结构和新流程。更小是指信托服务的对象更加多元，中小企业的需求将是重要对象；更快是指采用电子化、网络化的手段提升业务效率，组织更加扁平化，与客户的连接更加紧密，反应更快速；更简是指大力简化现有业务流程，将业务核心结点与互联网技术快速融合，提供更便捷的金融服务。

第三，充分利用大数据实现信息优化。电子商务的增长远远快于实体经济，其交易总量的比重也日益庞大。利用电子商务背后的信息数据实现更高效、更安全的风控将是互联网金融的重要课题，也是信托公司需要尽快推进的基础建设。大数据要求各家机构掌握信息流，适应更新的业务模式与新平台的要求。银行作为传统金融机构的核心，已经在这方面加强布局。四大国有商业银行、交通银行、招商银行、民生银行、兴业银行等数十家银行均积极投身到电子商务领域，构建自己的电商平台、发展手机银行业务以及与电商合作。信托公司必须充分重视电子商务背后的大数据，力争形成“信托系的电子商务”。同时，与实体客户继续保持紧密合作，不断拓宽市场、丰富服务方式、做好风控。

第四，以合作模式搭建整体型金融服务平台。

互联网金融影响和冲击着各金融子行业，银行、保险、信托、证券、基金等需要通力合作，打造一个能够实现多种投融资功能的互联网金融平台。信托作为金融业的重要组成，可以通过参与打造平台以增强客户粘性，实现一站式服务，满足多样化需求。在前文所述的战略联盟基础上，信托参与整合上下游资源，与联盟机构建立合作互补的新型关系，类似第三方支付、互联网基金等，与其他传统金融机构不是竞争，而是战略合作伙伴。需要注意的是：首先选择合适的结盟方式；其次选择合适的结盟方；最后争取结盟的主导地位。

（四）加强风险控制

金融业是经营风险的行业，风险控制是金融业的永恒主题。尽管互联网金融具有交易成本低、业务效率高、资金渠道新型多样、时空限制小等多项优势，但是其面临的风险也更多。技术和市场的快速变化、前期投入较大、监管不明朗、模式不固定等因素都会加大互联网金融的风险。此外，网络的信息安全、信息系统稳定、客户资料安全等也日益成为各类金融机构关注的重要课题。因此，互联网金融的业务发展，除了关注传统金融业的市场、信用、操作风险之外，必须加强商业模式、信息安全、平台控制等方面的风控能力。既要积极响应信息技术变革，又要稳妥控制节奏，结合信托的定位和发展规律，找准切入点，防范系统性金融风险。

对冲基金行业的现状分析及未来展望

当前，多家信托公司在积极开拓与资本市场相关联的业务，但由于受到各种客观因素的制约，直接培养自己的投资顾问团队对于绝大多数信托公司来说还显得不太现实。因此，MOM（Manager of Managers）、FOF（Fund of Funds）等业务模式成为了信托公司进军资本市场时的自然选择。MOM，顾名思义，就是基金经理的经理，其职能实质上就是选择多个投资顾问来共同管理资金，以期达到分散风险的目的。作为 MOM、FOF 的管理者，首先要考虑的问题便是何时投资对冲基金以及如何甄别筛选对冲基金产品。在这样的大背景下，我们开启了对冲基金的研究工作。

本文分为四个部分，第一部分简要介绍对冲基金的定义；第二部分旨在阐明为何我国正在迎来对冲基金的飞速发展时期；第三部分主要介绍对冲基金的主要投资策略以及我国对冲基金近年来的风险收益水平；第四部分重点探讨投资对冲基金时需考虑的主要要素。本文的主要目的在于给读者勾勒出国内外对冲基金行业发展的概貌，进而论述选择基金经理时需要着重考察的基本要点。

一、对冲基金的定义

简言之，对冲基金就是多个投资人将资金聚在一起从事证券投资的一种商业结构。首先，有几个概念需要区分一下，对冲基金不同于共同基金（或称公募基金），主要是因为对冲基金只能向合格投资者发售，而共同基金可以向大众销售，另外，对冲基金投资时采用的杠杆倍数可以高于后者，投资策略也更为灵活；同时，对冲基金也不同于私募股权基金（PE），主要是因为大多数对冲基金投资于流动性相对较高的资产。

“对冲”一词，在英语中原本是指开阔地周边的灌木带，后来被引申出控制风险，设置风险上限的含义。早期的对冲基金主要通过做多具体标的（例如个股）并做空整体市场（例如股指）的方式来控制风险，对冲基金也因此而得名。经过数十年的发展，现今的对冲基金使用多元化的投资策略，其中很多策略并不采用长短仓的方式来对冲风险。可以说，对冲基金的内涵已经从狭义的“对冲”发展成为广义的“对冲”。

广义“对冲”的概念可以用现代资产管理理论来诠释。按照这一理论，证券投资的回报可以分为两部分，第一部分是和整体市场无关的，称为绝对收益（也称为阿尔法，音译自希腊字母“α”）；第二部分则与整个市场的平均收益成一定比例，称为相对收益（也称为贝塔，音译自希腊字母“β”），而对冲基金追求的正是绝对收益，即不管市场如何波动，对冲基金都需要管控好风险并实现收益，这便是广义的“对冲”。

显然，绝对收益与相对收益的获取难度是不一样的。只要持有股票指数基金，便可以获取相对收益，但绝对收益却很难获得，以致于很多金融教授都质疑它的存在，也正是基于这个原因，对冲基金往往向投资者收取较高的管理费用，而指数基金一般只收取很低的管理费。当前的市场环境下，对冲基金的收费标准通常是1%—2%的管理费（基于管理资金规模）加上20%左右的业绩提成（基于盈利）。

二、对冲基金行业的未来展望

如上文所述，对冲基金这个词是一个舶来品，我国习惯称之为“阳光私募”，实质上说的是同一件事。众所周知，我国股市自2007年底以来经历了数年的低迷期，对冲基金行业的发展也进入了停滞，很多对冲基金损失惨重被迫解散。与此同时，固定收益类产品得到了空前的发展机遇，宽松的货币政策加上低迷的资本市场，促成了债券与信托市场的繁荣。然而，随着2014年底资本市场的强势启动，这一局面正在迅速扭转，一个属于资本市场的时代已经悄然到来。

当前，我国对冲基金行业正迎来空前的发展机遇。历史往往惊人的相似，曾经刺激美国对冲基金行业快速成长的三个主要因素正在以相似的方式推动我国对冲基金的发展。

（一）以美国为例看对冲基金发展的三大推力

根据美国对冲基金业近一个世纪以来的发展规律来看，推动对冲基金发展的主要动力大致可以归纳为以下三点：资本市场繁荣、投资标的多样化和金融衍生品创新，以及财富管理的旺盛需求，下文将针对以上三点逐一进行分析。

1. 资本市场繁荣

纵观美国对冲基金一个世纪以来的发展历程，不难看出，对冲基金大发展的时期基本与美国股市的繁荣时期相重合。20 世纪 20 年代，美国股市处于繁荣发展期，最早一批对冲基金就是在这个时代诞生的，其中最有名的一家叫做格拉汉姆—纽曼合伙公司，公司创始人之一本杰明·格拉汉姆（Benjamin Graham）便是巴菲特的老师。在“大萧条”之后，美国股市进入了漫长的徘徊低迷期，而对冲基金的发展也进入了一个相对缓慢的时期，格拉汉姆—纽曼合伙公司也在股灾中损失惨重，最终被迫停止运营。

直至二战之后，随着美国资本市场再次进入繁荣期，对冲基金业进入了第二个高速发展时期。在这一时期，对冲基金的投资策略相对简单，大多数基金经理采用单纯的多空仓股票策略，其间最有影响力的基金是阿尔弗雷德·温斯洛·琼斯（Alfred Winslow Jones）在 1949 年创立的基金，琼斯将自己的基金命名为“对冲基金”，因此该基金也经常被认定为第一支真正意义上的对冲基金。然而，20 世纪 60 年代末期到 70 年代，美国股市再次进入了徘徊低迷期，期间先后经历了 1969—1970 年的衰退和 1973—1974 年股灾，大量对冲基金损失惨重，纷纷倒闭。

自 20 世纪 80 年代开始，伴随着美国股市的持续繁荣，对冲资金行业迎来了第三次高速发展期。这次大发展无论从深度和广度来说都是史无前例的，美国对冲基金行业的影响力空前提升，并逐渐获得了广泛的社会认同，很多大型机构和社保基金在对冲基金上配置了越来越多的财富，其中最知名的例子就是桥水基金（Bridgewater Associate），该基金是当前资产管理规模最大的对冲基金，旗下管理着超过1,600亿美元的资产，很多大型慈善资金和养老基金均为其客户。据统计，截至2008年危机发生前，对冲基金行业管理着大约1.93万亿美元的资产。然而历史总是惊人相似，尽管对冲基金已经不再局限于投资股市，可以投资商品、外汇、债券等各类市场，而且有各类金融衍生品和投资工具可供选用，但是在次贷危机中仍然有大量对冲基金倒闭，很多对冲基金不允许客户赎回，整个对冲基金行业的受欢迎程度和管理的资产规模大幅下滑，直至3年后的2011年4月，对冲基金管理资产规模才重新恢复到2万亿美元。

通过以上分析可以看出，资本市场的繁荣是对冲基金高速发展的一个重要因素，与之相对，资本市场的萧条和衰退会对对冲基金行业形成冲击。

2. 投资标的多样化与金融衍生品创新

对冲基金飞速发展的另一个重要因素就是投资标的多样化与金融衍生品创新。事实上，对冲基金行业是从20世纪80年代开始才真正进入大众视野的，而这段时间与对冲基金投资范围大幅拓宽以及金融衍生品的大创新时期是基本重合的。在此之前，很多早期的对冲基金仅专注于股票市场或大宗商品投资，投资标的单一，投资范围受限，但是自20世纪80年代以来，对冲基金的投资范围急速拓宽，可以投资全球的股票市场、商品市场、债券市场、外汇市场以及一切具有高流动资产的市场。其中，债券市场和外汇市场的高速发展是推动对冲基金行业发展的重要动力。债券市场为对冲基金提供了大量的高流动性固定收益类标的，满足了很多机构投资者的风险偏好和投资需求，正是由于大量机构投资者在对冲基金上配置资产，才使得对冲基金行业的壮大成为可能（目前机构投资者出资额占对冲基金管理资产总量的60%以上）。而外汇市场的形成与发展又使得全球资产配置更为便利，很多规模庞大的全球宏观策略基金应运而生。

不仅对冲基金的投资范围在广度上大幅拓展，其在各个市场上的投资深度也得到空前提高。基于个股、股票指数、大宗商品、债券和外汇的期货与期权的诞生，不仅大幅提高了标的资产的流动性，更为基金管理人提供了高倍杠杆和风险控制工具，使得交易策略更为多元化。事实上，20世纪80年代至21世纪初是金融衍生品爆发式创新的时期，一门专注于衍生品的设计、管理与风险控制的学科“金融工程学”也在这个时代诞生。互换、掉期以及各种基于资产支持证券的衍生品如雨后春笋般被创造出来，为对冲基金的发展提供了空前机遇。事实上，仅仅依靠期权做市业务逐步发展壮大的对冲基金就不胜枚举。

3. 财富管理需求旺盛

由于无法向社会大众公开募集资金，对冲基金的资金主要来源于机构投资者和高净值人群。在世界500强企业榜单和福布斯全球富豪排行榜上，美国长期坐拥最多的席位，这也就决定了美国必然成为全世界对冲基金行业最为繁荣、明星基金经理最为集中的地区。

当前，大型机构和高净值人群理财市场的体量与发展空间已经成为了金融界最热门的话题之一，与之相关的研究文章可谓汗牛充栋，这里就不再赘述。本文将着重讨论利率中枢下移与理财市场需求间的相关关系。以美国的情况为例，在过去近半个世纪的时间内，该国的利率中枢是持续下移的。如图1所示，美国的利率中枢在经历了20世纪70年代的上升期后（也是对冲基金发展的停滞时期）开始稳步下降，联邦基金利率从1981年的峰值水平16%左右下降到2015年的0.12%，30年期国债收益率从1981年的13%左右下降到2015年的2.55%，这一长期趋势从两个方面推动了对冲基金行业的发展。

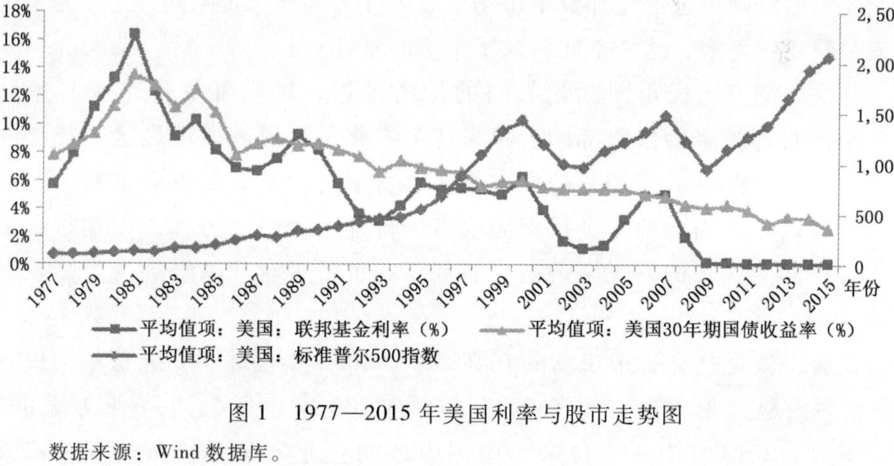

图1　1977—2015年美国利率与股市走势图

数据来源：Wind数据库。

首先，利率中枢的长期下移是资本充足程度长期提升的直接反映，资本稀缺度的下降直接导致了无风险收益的降低，这就使得机构投资者和高净值人群更迫切地追求超额收益（即高于无风险利率的收益），对冲基金也就越来越有用武之地。再者，利率的长期下跌趋势往往与资本市场的长期上涨趋势相伴而生，这从图 1 中可以明显地看出，而资本市场的繁荣又进一步刺激了对冲基金的发展。这里有一点需要澄清，基准利率与股市的反向相关性必须要在数十年时间的观测窗口才能成立，如果从数年的时间窗口来观测（经济周期），两者间经常呈现正向相关性（见图 1），这是因为货币政策当局需要在股市繁荣时加息，而在股市崩溃中降息。

（二）我国对冲基金行业正迎来历史性机遇

上文分析的三大推力，即资本市场繁荣、投资标的多样化与衍生品创新、理财需求旺盛，目前都在以相似的方式推动我国对冲基金行业的发展。

首先，资本市场的繁荣，这从 A 股去年下半年以来的走势中已得到了明证。借鉴明星私募经理赵丹阳的分析，A 股大牛市有三个支柱，即利率中枢下移、混合所有制改革以及资本市场开放。其中，降息提升了资本市场对于资金的吸引力，长期来看可以降低企业融资成本；混改可以激发国有资本的潜能，大幅提高效率；资本市场开放则可以吸引大量的海外资金投资中国市场。当前，降息、混改和资本市场开放三件大事都只是刚刚开始，未来的发展空间还很巨大，这个空间构成了牛市的基础。

其次，随着人民币国际化战略的持续推进，国内外资本市场日趋联通，中国对冲基金的投资标的会越来越多样化，而沪港通正是这一趋势的开端。不仅如此，股指期货的推出极大丰富了对冲基金的投资策略，而国债期货的诞生又为对冲基金投资固收市场打开了大门。另外，以期权、资产支持证券为代表的一批金融衍生品创新，也将为对冲基金提供更多发展机遇。

最后，就是财富管理市场的旺盛需求。2000 年全球 500 强榜单上仅有 9 家中国内地企业入选，到了 2014 年，有 100 家中国公司跻身全球 500 强。同时，2014 年有 213 位来自中国内地的企业家荣登福布斯全球富豪榜，中国也成为了顶级富豪人数仅次于美国的国家。如此体量的财富管理市场为中国对冲基金的发展提供了肥沃的土壤。更为重要的是，目前对冲基金管理的资产规模占整个资管市场的比例还很低（据浙商基金统计，目前占比仅为4%），远远低于发达市场水平，相反，银行理财和信托占比接近一半。这一局面可能随着中国资本市场的启动和利率中枢的持续下移得以改变。可以说我国对冲基金行业刚刚迈进了加速发展的黄金时期，未来空间无限广阔。

三、对冲基金的主要投资策略及风险收益水平

在对冲基金提供的招募备忘录中，会明确定义该基金的基本要素，包括：擅长领域、投资标的、市场策略以及策略属性。擅长领域可以是某些市场，比如股市、商品、外汇或固收，也可以是更具体的二级分类，比如医疗板块、消费板块等。投资标的可以是股票、期货、期权、互换以及其他衍生品。策略属性主要有两类：自有裁量或程序化交易，其中自有裁量指的是主要基于基金经理的个人判断制定投资策略，而程序化交易是指基于计算机程序进行交易。在对冲基金的各个要素中，市场策略的分类是最为重要的，它可以在很大程度上影响基金的回报特性和风险水平。

对冲基金的投资策略总体上可以分为四类，分别是全球宏观、多空双向、事件驱动和相对价值（套利）。这四种策略的风险特征和平均回报各不相同。一家基金可能会基于市场适应性或风险控制的考虑而使用一类或多类策略。下文将针对以上四个策略逐一进行阐述，并列举以相应策略见长的对冲基金近年来的风险收益水平。

（一）全球宏观策略

通常来说，使用全球宏观策略的基金常常持有规模可观的股票、商品和外汇头寸，并依据对宏观经济形势的预判来获得与风险相适应的收益。全球宏观策略的基金经理基于宏观经数据与事件进行宏观分析（即所谓的“大图景”），进而捕捉投资机会，如果未来宏观趋势符合其判断，投资组合将获得收益。宏观策略的特点是高度灵活性，这主要是因为该策略可以运用较高倍的杠杆在全球多个市场上同时持有敞口。为了得到较好的总体收益，择时能力也至关重要。

全球宏观策略按照属性可以分为自由裁量和程序化交易。自由裁量就是由基金经理做出投资决策，而程序化交易则依靠数学模型和计算机程序进行交易。按照投资风格不同，全球宏观策略又可以分为趋势跟踪和趋势反转，即擅长跟随趋势或者擅长捕捉趋势反转的机会。按照投资范围不同，宏观对冲策略又可以进一部分类，有的擅长做外汇，有的擅长做商品或股指，还有的擅长多个市场。但是总体来说，全球宏观策略对于基金经理的要求是非常高的，他必须具有着眼大势，把握全局的能力。同时，全球宏观策略基金的宏观投研能力也必须非常强。前美联储主席保罗沃尔克曾评价说，达里奥的桥水基金（目前管理着1,600多亿美元资产）对经济的统计分析甚至比美国联邦储备委员会的更靠谱。据说前美国经济委员会主席声称自己一直都在坚持阅读桥水的经济简报，隔几个月就要跟达里奥通一次电话。

目前，国内实施全球宏观策略的产品还很少，主要配置国内股票、固定收益、大宗商品，和真正意义的全球宏观策略还存在相当大的差距。全球宏观策略对基金经理的要求很高，要求其对各大类投资品种都有深入研究。在私募排排网纳入统计的产品中，成立满一年的宏观策略产品仅有五只，其业绩如表1所示。

表1　　宏观策略基金产品

排名	产品简称	投资经理	产品类型	绝对收益率（%）		
				近一年	近两年	近三年
1	有限合伙－梵基一号	张巍	有限合伙	186.71	224.12	—
2	从容全天候基金1期	吕俊	有限合伙	121.39	118.26	—
3	凯丰对冲二号	吴星	公募专户	68.95	—	—
4	鹰影富兴2号	杨炎临、关思齐	公募专户	28.59	—	—
5	瀚鑫泰安量化套利1号	易三佑	公募专户	17.00	—	—

注：按近一年累计绝对收益排序，数据截至2015年3月。

数据来源：私募排排网。

在纳入统计的成立满一年的5只产品中，近一年来的平均收益是84.53%，最高年化收益为187%，最低年化收益为17%。其中，有限合伙基金－梵基一号和从容全天候基金 1 期的收益较高，近两年的绝对收益率分别为 224% 和 118%。其中，绝对收益排名第一的上海梵基股权投资管理有限公司成立于 2010 年 8 月，主要从事 A 股及海外期货投资，秉承的投资策略和方法是在大宏观政治经济体系下的金融市场布局以及周期性的趋势价值投资。其核心人物张巍，早年留学欧洲，曾任第一创业证券副总裁。

（二）精选标的策略（股票策略）

精选标的策略，有时又被称为股票策略，主要是指通过在市场上寻找股票或其他具体标的，以期通过未来市场波动、趋势以及无效性来获取利润的一大类投资策略。如果说全球宏观策略是着眼大处，那么精选标的策略就是着眼细微处。对于使用此类策略的基金经理来说，选股能力是至关重要的，著名的沃伦巴菲特便是在这一领域最杰出的代表。

该类策略可以进一步划分为多个二级分类策略，包括股票多头、股票多空、市场中性策略、股票量化等。其中，股票量化泛指通过计算机程序实行投资决策的交易策略。市场中性策略是指通过同时做多股票并做空股指以获取绝对收益的一类投资方式。这一策略在波动较大的市场中往往能取得更好效果，其历史业绩表现出稳健增长、回撤小的特点。股票多头和股票多空策略一般不属于市场中性策略，而是随着市场的变化灵活调整仓位。在融券业务和股指期货推出之前，A 股处于单边做多时代，几乎所有的基金都可以归为股票多头。多空双向投资策略与传统的单边多头策略有一定的类似性，更加考验基金经理对于行业和个股的把握能力。

根据私募排排网的统计，当前纳入统计的成立满一年的股票多头产品总计 961 个，占据整个对冲基金的绝对多数，与之相比，股票多空策略、市场中性策略为主的产品仅有 49 个。目前在中国 A 股市场上，多空双向策略投资者所面临的最大问题是 A 股做空条件差、成本高。同时，鉴于 A 股目前的火爆行情，多空双向策略也不会轻易融券做空，实质上与股票多头策略相去无几。在纳入统计的 1,010 个产品中，近一年来的平均收益为 61.23%。

中国资本市场的发展程度和开放程度决定了股票多头策略一定是当前的主流投资策略，最杰出的基金经理也出自这里。表 2 列举了 2012—2015 年累计收益排名前十的以股票多头策略为主的私募基金产品：

表 2　股票多头基金前十名

排名	产品简称	投资经理	产品类型	绝对收益率（%）		
				近一年	近两年	近三年
1	山东信托－泽熙 3 期	徐翔	信托	203.58	557.32	632.25
2	华润信托－泽熙 1 号	徐翔	信托	180.37	378.65	396.04
3	兴业信托－清水源 1 号	张小川	信托	156.87	251.71	305.81
4	山西信托－恒复趋 1 号	刘强	信托	24.89	—	199.87
5	华润信托－泽熙 4 期	徐翔	信托	57.87	169.75	184.39
6	天马一期	马列	有限合伙	78.98	151.67	168.45
7	西藏信托－蕴泽 1 号	陶鹜/王晶	信托	128.44	160.60	159.95
8	中融信托－融新 74 号	—	信托	58.40	104.62	159.46
9	兴业信托－云腾 1 期	顾涛/王庆仁	信托	47.02	99.80	155.81
10	长安信托－鸿逸 1 号	张云逸	信托	58.83	197.30	153.25

注：按三年累计绝对收益排序，数据截至 2015 年 3 月。

数据来源：私募排排网。

在十只产品中，徐翔的泽熙系列独占三席，其杰出的选股能力令人叹为观止。更为可贵的是，近三年时间 A 股市场环境发生了很大变化，2013—2014 年上半年，大盘基本处于震荡期，而在 2014 年下半年，股市进入了加速启动期，但不管市场环境如何变化，泽熙总是能够很好地适应市场环境，把握住合适的标的，这在很大程度上要归功于泽熙的企业文化以及徐翔的个人能力。

根据媒体的有关报道，泽熙的交易指令完全由徐翔个人下达，但研究员随时可以向徐翔荐股。据悉，徐翔为研究员设计了一套严格的激励机制，研究员的收入提成与其推荐股票的表现直接挂钩，如果所荐股票涨幅不如大盘，研究员就拿不到业绩提成，与之相对，如果所荐股票涨幅巨大，研究员便可以获得不菲收入。应当指出，这样的激励机制和企业文化严格依赖于徐翔的个人能力，试想如果徐翔不能高效筛选研究员的意见，甚至时常忽视那些事后被证明是英明的建议，那么这样的激励机制便不能有效运转，泽熙也不可能取得惊人业绩。

（三）事件驱动策略

事件驱动策略，顾名思义，就是通过公司重大事件挖掘投资机会的一大类投资方式。采用该类策略的基金经理着重关注企业参与的并购、重组、收购、回购、证券发行、债务调换、财务危机、甚至是破产等事件，通过预测市场对企业在此类事件前后估值倾向的明显差异来赚取利润。全球有很多大型对冲基金凭借此类策略发行产品。

成熟市场上的事件驱动策略可以大致分为三类，分别是困境证券、风险套利和特殊事件。所谓困境证券，主要是指那些以陷入结构重组、资产重组甚至濒临破产的公司为标的的流通证券。有一种困境证券策略就是投资那些因严重财务问题面临破产或重组的公司的债券，此类债券往往因为标的公司引发恐慌导致过度折价。另一种困境证券策略以发掘上市公司的负面新闻（包括财务造假、欺诈、或结构重组以及破产等）为主要投研手段，通过做空相应股票来获取收益。风险套利策略，又称并购套利，主要利用企业并购、收购等重大事件进行风险投资。当基金经理预判某公司可能被收购时，他可以事先埋伏，如果未来公司的确被收购，则当前股价与收购价格之间的差距就会被填平，基金经理可以因此获得丰厚利润。当然，如果最终并购宣告失败，损失也会比较惨重。因此这是一类风险很高的投资策略，世上最著名的对冲基金失败案例——美国长期资本管理公司（LTCM）的崩溃便和这类策略有关。特殊事件策略指的是基金经理利用标的公司的定增、股票分拆、公司回购股票以及其他重大商业决策等事件进行投机活动。一般情况下，特殊事件策略的投资机会和标的要多于前两种策略，这就要求基金经理凭借经验进行严格筛选。

目前，由于做空机制的限制，国内的事件驱动策略主要包括两类子策略，即定向增发策略和大宗交易策略。定向增发策略属于特殊事件策略的范畴，主要指基金经理通过参与上市公司增发而获取股价上涨及定增折价收益。由于参与定增的准入门槛相对较高，此类策略又叫做一级半市场，国内大多数以事件驱动策略发行产品的基金都采用这一策略。而大宗交易策略是指，基金经理在大宗交易平台以较二级市场价格按照一定的折价批量买入股票，获取股票上涨和折价收益，其机理与定增策略相似。除了以上两类子策略外，近期股权激励也逐渐进入了事件驱动类策略基金经理重点考量的范围。表3列举了私募排排网纳入统计的15只产品的收益情况：

表3　　事件驱动策略产品排名

排名	产品简称	投资经理	产品类型	绝对收益率（%）		
				近一年	近两年	近三年
1	海通海富7号	许志扬、杨向阳	券商资管	185.01	—	—
2	广发恒定3号	—	券商资管	129.34	—	—
3	野风成长2号	崔海萍	公募专户	106.19	—	—
4	泽熙增煦	—	有限合伙	89.24	—	—
5	五矿信托-金牛7号定增	—	信托	78.54	—	—
6	海通海富5号	许志扬、杨向阳	券商资管	75.26	—	—
7	广发恒定10号	—	券商资管	60.06	—	—
8	野风成长1号	崔海萍	公募专户	58.10	—	—
9	中融信托-思考一号	岳志斌	信托	56.23	74.51	85.72
10	广发恒定8号	—	券商资管	53.78	—	—
11	广发恒定5号	王晶	券商资管	50.99	—	—
12	广发恒定4号	—	券商资管	47.66	—	—
13	兴业鑫享定增8号	—	券商资管	46.20	—	—
14	兴业鑫享定增5号	—	券商资管	25.90	—	—
15	华林证券富贵竹3号	—	券商资管	24.91	—	—

注：按近一年累计绝对收益排序，数据截至2015年3月。

数据来源：私募排排网。

在纳入统计的15只产品中，近一年来的平均收益率是72.47%，最高年化收益率为185.01%，最低年化收益率为24.91%。其中，许志扬、杨向阳管理的两只产品，海通海富7号和5号，分别以185.01%和75.26%的收益率分别位列第一和第六，体现了其在事件驱动策略方面的实力。另外，广发恒定系列的五只产品也取得了不错的收益率，其中表现最好的 3 号产品，以 129.34% 位列第二。

表 3 数据同时显示，以事件驱动类策略为主的产品目前还处在刚刚起步的阶段。在私募排排网统计的 15 只产品中，只有中融信托 - 思考一号有过去两三年的表现，其余产品的发行期限均短于两年。在新发行的产品中，大多数采用券商资管通道进行发售，只有一只产品通过信托发行，这也体现了信托通道价值的下降。

（四）相对价值策略

相对价值策略，又称套利策略，是指利用市场无效性，通过发掘不同标的之间价差来获取收益的一类投资方式。该类策略虽然总体收益偏低，但风险也相对较低，因此很多国际投行采用这类策略管理自有资金。相对价值套利策略的应用范围十分广泛，包括股市、商品、债券、波动率、信用衍生品等多个方向。为了避免市场波动对业绩的影响，该策略通常会通过同时持有空头头寸和多头头寸以保持对市场的中性。由于是依靠在市场中寻找定价误差来获得微小收益，相对价值策略被市场戏称为“吃蚊子肉”，但其收益非常稳健，可以独立于市场行情。

相对价值策略最大的风险是模型风险和交易速度。因为该策略通常会借助计算机模型来实现，但在市场不断变化的过程中，选股模型、统计套利等数量模型可能存在模型失效、模型整体表现不佳的情况，包括交易速度达不到模型要求等现实状况，这些都可能影响最终收益，需要基金经理依据经验动态调整策略，同时需要注重 IT 硬件软件方面的投资。

在我国，受限于投资工具的品种限制，相对价值策略主要利用分级基金、交易型开放式指数基金（ETF）、股指期货的定价偏差来获取套利收益，相较于国外的套利策略，国内的套利策略在政策上仍面临着资本管制、跨品种套利受限、“T+0”政策还未推出等问题。在硬件上，国外套利已经入微秒级交易，但国内交易尚处于毫秒级。未来的相对策略中，基于量化高频方向的策略仍将是主流。

目前，私募排排网上纳入统计的以相对价值策略为主的产品共有 58 只，其中成立满 3 年的共有 10 只，虽然这 10 只产品的绝对收益都不算高，但是在三年的观测窗口中均实现了盈利，这体现了该类策略风险低、收益也相对较低的特点。在纳入统计的 10 只产品中，近一年来的平均收益是 4.76%，最高年化收益为 30.97%，最低年化收益为 -7.59%。其中，华润信托-两克金子量化回报 1 期近三年来的绝对收益水平始终名列第一，体现了很强的综合实力。

表 4　相对价值策略产品排名

排名	产品简称	投资经理	产品类型	绝对收益率（%）		
				近一年	近两年	近三年
1	华润信托-两克金子量化回报 1 期	林伟健	信托	30.97	47.00	56.03
2	信合东方	唐伟晔	有限合伙	8.54	19.90	45.58
3	国泰君安君享套利 5 号	章飚、钟玉聪	券商资管	5.35	8.66	19.09
4	外贸信托-民晟 A 号	马宇超	信托	3.60	19.81	23.40
5	外贸信托-民晟 C 号	马宇超	信托	3.46	21.03	24.68
6	外贸信托-民晟 B 号	马宇超	信托	3.29	23.23	26.92
7	中融信托-宁聚传承	谢叶强、葛鹏	信托	2.87	10.15	1.85
8	中融信托-宁聚稳进	谢叶强、葛鹏	信托	2.54	9.86	3.31
9	平安信托-朱雀丁远指数	梁跃军	信托	-5.52	7.30	14.05
10	外贸信托-尊嘉阿尔法	宋炳山	信托	-7.59	0.86	8.92

注：按近一年累计绝对收益排序，数据截至 2015 年 3 月。

对于大多数相对价值策略的产品来说，核心的优势是其采用的量化交易策略的质量。投资者需要着重研究相关策略的历史回测记录，基于量化策略的绝对收益能力，最大回撤以及夏普比率等要素进行综合判断。对于该类产品来说，最大的风险是量化策略的失效，因此，基金经理根据市场环境变化迅速对策略类型和参数进行调整的能力也十分重要，需要在路演时重点关注。

（五）小结

上文简要介绍了四类策略的基本情况和我国对冲基金近年来的收益风险

状况，现将四类策略的主要特征总结如下（见表5）：

表5　　四类策略的主要特征

策略名称	风险水平	收益水平	核心能力
全球宏观	★★	★★	宏观研究、风险控制手段
精选股票	★★	★★	行业、公司研究、风险控制手段
事件驱动	★★★	★★	公司研究、风险控制手段
相对价值	★	★	统计学运用、IT系统

在风险水平方面，事件驱动策略风险最高，这主要是因为该类策略投资的标的流动性较差（比如定增），全球宏观策略和精选个股策略的风险水平基本相当，而相对价值策略的风险最低，这主要是因为该类策略在大多数时候都是市场中性的，不会持有规模较大的敞口；在收益水平方面，相对价值策略获取绝对收益的能力也相对较低，其他三类策略的获利能力要视具体策略而定，很难笼统地给出结论；而在核心能力方面，全球宏观策略对宏观研究的要求非常高，精选股票和事件驱动则强调基金经理针对行业、公司的微观研究能力，而相对价值策略则偏重于统计学的运用和IT设备的质量。

最后需要强调的是，不管选择哪类策略进行投资，都需要首先考察基金经理管理控制风险的能力。这一能力至少包含如下三个要素：即基金经理本人的责任心、覆盖市场所有可能性的完备风控体系以及坚决执行风控措施的本能。对于采用量化策略的基金经理来说，其风控能力的考核相对简单，但投资者仍需重点关注历史回测结果的统计有效性。

四、投资对冲基金时需考虑的要素

当前，多家信托公司在积极开拓与资本市场相关联的业务，但由于受到各种客观因素的制约，直接培养自己的投资顾问团队对于绝大多数信托公司来说还显得不太现实。因此，MOM（Manager of Managers）、FOF（Fund of Funds）等业务模式成为了信托公司进军资本市场时的自然选择。MOM，顾名思义，就是基金经理的经理，实质上就是通过筛选多个投资顾问共同管理资金，以期达到分散风险的目的。显然，对于MOM的管理者来说，最核心的能力就是遴选投资顾问和对冲基金产品（也就是私募产品）的能力。后文将探讨投资对冲基金时需要重点考虑的两个要素：即“天时”和“人事”。

（一）选择合适的投资时机

决定投资私募产品前，首先需要研判整个资本市场的大环境：是繁荣抑或衰退，阳光明媚抑或危机四伏，万众瞩目抑或无人问津。这便是所谓的“天时”，看似简单，实质上却是投资对冲基金时最容易忽视的事情。市场的“大图景”，对于制定投资决策来说具有无可争议的战略高度，而其他问题，如投资策略评估、基金经理能力审核等，充其量是战术层面的事情。

对冲基金的发展历史表明，资本市场的大环境可以在很大程度上影响投资对冲基金的成功概率。前文已经谈到，美国股市历史上的三次繁荣期和三次萧条期分别对应对冲基金的三个高速增长期和低迷停滞期，在股市繁荣期的早期和中期投资对冲基金的胜率会显著高于其他的投资时机。由此可见，作为 MOM、FOF 的管理者，应当将资本市场的大环境、大图景的研究放在首要的位置上，正确的时机选择相当于成功了一半。

在具体操作层面，管理者一方面需要培养自身的投资研究团队，尤其需要注重宏观策略方面的研究力量，同时还需要和擅长（全球）宏观策略的基金经理建立稳固的联系，定期了解优秀的投资老手对于市场的总体看法。事实上，在 2007 年上半年有多位资深投资者公开提示市场风险，而在 2014 年上半年也有数位知名基金经理鼓励大家积极建仓，卓越的投资者可能无法预测市场的短期波动，但在判断市场长期趋势方面往往具有独到的眼光。当然，听取意见不等于盲从，作为 MOM 的管理者，更应该关注的是投资专家们结论背后的依据和分析，而非结论本身。

在制定投资对冲基金的决策时，除了研究投资时机外，还需要重点关注所投对冲基金的成立时间。虽然对冲基金的投资范围不仅限于股市，但不可否认，每次股市崩溃时，总是有大量的基金，尤其是刚成立不久的基金会遭遇重挫。这一现象可能和大多数人的思考方式有关，即易受环境影响，当行情接近顶部时，投资者热情空前高涨，募资相对容易，基金经理乘势发行产品，往往会忽视潜在的危险信号。北京格上理财顾问有限公司对过去 20 多年停止运作的私募机构的成立时点进行统计，其结果如图 2 所示。

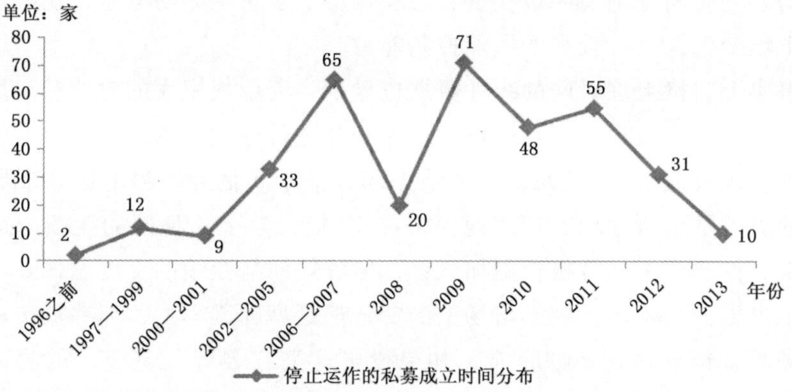

图 2　停止运作的私募成立时间分布

数据来源：北京格上理财顾问有限公司。

图 2 数据显示，在我国对冲基金成立时点的选择方面，最大的危险就是成立在股市的高点。在股市已经过热的行情下发行，是件很危险的事，在高涨的投资热情下，风险控制往往被漠视，从而导致在随后回调下跌的行情中一败涂地。根据格上理财的统计，停止运作的私募机构成立时点最多集中在 2009 年小牛市，其次便为 2006—2007 年大牛市。对于成立点位较高的对冲基金，需要做好持久战的准备，在漫漫熊途中保存实力。再比如 2011 年成立的已停止运行的私募机构，在数量上位列历年第三，主要源于这些对冲基金在不断下行的行情中，逐渐磨损了隐忍的毅力，对于行情过于乐观，终于在不断受挫中将投资者的信任损失殆尽。

综上所述，市场繁荣期的早期和中期往往是投资对冲基金的最佳时机，而市场繁荣期的晚期和低迷期则应当尽量回避。在选择对冲基金时，可以优先考虑那些成立时间较长，且经历过多轮牛熊洗礼过的基金，而那些成立于市场过热期和市场衰退期的基金则应当尽量回避。

（二）选择合适的投资顾问

在确定了投资对冲基金的时机后，最重要的问题便是选择基金经理了。通常情况下，为了分散风险，机构投资者会同时选择多位基金经理来管理资产。选择对冲基金的常用逻辑是挑选那些管理资金规模大，成立时间长的基金。资金规模大说明该基金经理的投资能力在一定程度上受到了市场的认可，而成立时间长则说明该投资者已经经历了多轮牛熊的考验，能够较好地适应市场变化，具有较强的风险控制能力。

事实上，格上理财网的统计数据也显示，资金规模大的对冲基金抗风险能力相对较强。通过对停止运行的对冲基金进行分析显示，95%以上的对冲基金管理规模低于10亿元，其中绝大部分低于5亿元。当前，被市场广泛认可的对冲基金所管理的资产规模多在30亿元以上，稳健的业绩与适合的高规模，使这些大私募投资更加从容，形成规模与业绩的良性循环。

不过也应当指出，资本市场上的资金都是高度逐利的，那些被市场广泛认可的基金经理往往不缺资金，如果投资这类“名牌”基金，虽然风险较低，但作为投资者来说议价空间有限，很多基金业的大佬甚至已经不再接受外部资金。因此，MOM的管理者时常会选择那些具备很强投资和风控能力，但尚未被市场广泛认可的基金经理进行投资，这与私募股权投资基金选择标的有些相似，只不过MOM的管理者投资的是基金管理人。

在实际操作层面，MOM的管理者通常会采用路演的形式来筛选投资者。一般情况下，MOM的管理者会根据候选人的投资风格和策略类型来邀请一到两位以相似投资策略见长的一流投资专家作为评审，这样的做法可以在很大程度上弥补MOM的管理者的短板。当然，评审专家的个人能力和专业素养是影响路演成功概率的一个重要因素。除了借鉴评审专家的意见之外，MOM的管理者还需要建立起自身的筛选体系。这个筛选体系未必需要包含很多指标，但一定要清晰可行。举例来说，“守”和“攻”这两个概念就可以构成一个有效的评估体系：“守”就是考核候选人风险控制的能力，考核他是否能够以尽量小的代价去博取收益，是否能够在市场不赞同他的观点时及时修正等等；“攻”则是考核候选人获取绝对收益的能力，考核他是否能够抓住重大机会，是否能在市场赞同他的持仓时加仓扩大战果等等。当然，“守”和“攻”这两个概念的内涵远远不止这些，他们就像是交易的阴阳两面，在投资者的日常决策中无处不在。总而言之，MOM的管理者需要在实际筛选投资者的过程中不断丰富和完善自身的评估体系，同时也需要努力把自身逐渐培养成投资专家。

我国家族信托现状与完善机制研究

随着中国经济的快速发展，许多早期的创业者累积了大量的财富，这些高净值人士的财富管理和财富传承需求日益增长；中国自古以来“富不过三代”的魔咒更是时刻警示着这些高净值人士要事先做好财富传承的安排。信托因其独有的财产隔离和风险隔离机制而逐渐受到高净值人士的青睐。随着同业竞争的加剧和传统投行业务经营风险的增大，信托公司开始拓展新的业务领域，谋求新的发展空间，逐步向综合的财富管理机构转型。高净值人士的财富传承需求与信托公司的业务拓展需求相结合，家族信托应运而生。

一、家族信托的架构与制度优势

（一）家族信托的含义与起源

家族信托（Family Trust），又称家族财富管理信托，是指个人为委托人，按照自己的意愿将部分或全部财产委托给受托人，受托人为受益人的利益或特定目的管理信托财产的财富管理模式，受益人一般为家族成员。从性质上看，家族信托属于典型的民事信托。民事信托是指信托所涉事项属于民事法律[1]范畴（《中华人民共和国民法通则》、《中华人民共和国合同法》、

① 这里所指的民事法律是狭义上的概念，并且强调家族财富管理信托属于民事信托也是为了与目前信托公司主营的营业信托相区别。

《中华人民共和国物权法》、《中华人民共和国继承法》、《中华人民共和国婚姻法》、《中华人民共和国劳动法》等）之内的信托。例如，个人或家庭财产的管理、处置和抵押，婚姻关系内财产的分配和处理，遗产的继承和管理等都属于民事信托的范畴。

民事信托在国外已经存在了近一千年，并且仍然是目前国外信托业的主要组成部分。家族信托的雏形可追溯到古罗马帝国时期（公元前510—公元前476年）的遗嘱信托。当时的《罗马法》对人进行等级分类，并规定了严格的人格减等制度，按照当时的规定，外来人、解放自由人[①]被排斥于遗产继承权之外。为了规避这样的规定，外来人和解放自由人将自己的财产委托给其信任的第三人，要求其为自己妻子或子女的利益而对自己的遗产进行管理和处分，以实现保留遗产继承权的目的[②]。

在美国，家族信托出现于19世纪末20世纪初，最初是由一些富裕家庭创造的。早期的家族信托设立方式较为单一，受到的限制也非常多；随着社会和经济的发展，许多州的法律适应社会发展进行了修改，设立和运营家族信托变得更灵活，吸引越来越多的富裕家庭通过家族信托来实现其财富规划和传承的目标。例如，享誉世界的洛克菲勒（Rockefeller）家族、肯尼迪（Kennedy）家族、班克罗夫特（Bancroft）家族等，都是通过信托的方式来管理和传承家族财富，成就了家族财富的恒久基业。经过多年的发展，家族信托在国外已经发展成为非常成熟的财富管理模式，并且不再专属于顶级富豪，一般富裕家庭也可以使用家族信托规划财产传承。

（二）家族信托的基本架构

委托人：又称财产授予人或指定人，把财产转移到家族信托里，并有权指定或撤销受托人和受益人。

受托人：自然人或机构（信托公司），按照委托人的意愿，负责信托财产的运作和管理，向受益人分配收益。

受益人：一般是委托人的家庭成员，也可以是指定的其他人。

---

① 解放自由人是指奴隶经主人解放而取得自由权的人，恩主（主人）对解放自由人的遗产享有继承权。

② 需要注意的是，这里所指的家族信托的雏形，并非罗马法上的遗产信托，因为只有立遗嘱权的人才可以设立遗产信托。

信托契约：委托人和受托人签订的，以建立信托关系为内容的契约。

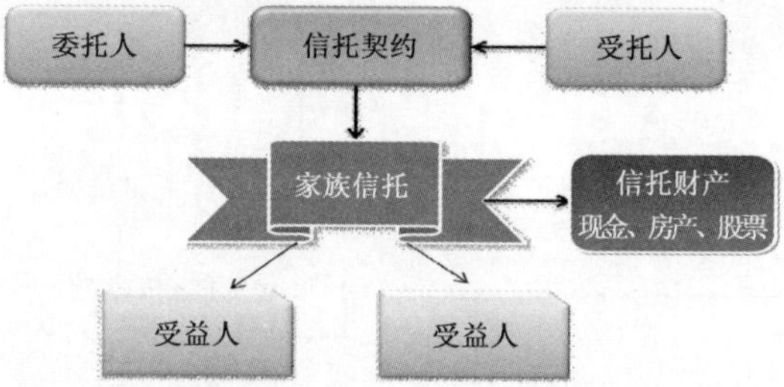

图 1　家族信托的法律结构

（三）家族信托的制度优势

家族信托是家族财富管理和信托制度结合的产物。利用信托的制度优势，家族信托可以实现财富的代际传承、资产的隔离保护、全球范围内的资产配置和合理的税务筹划等功能。

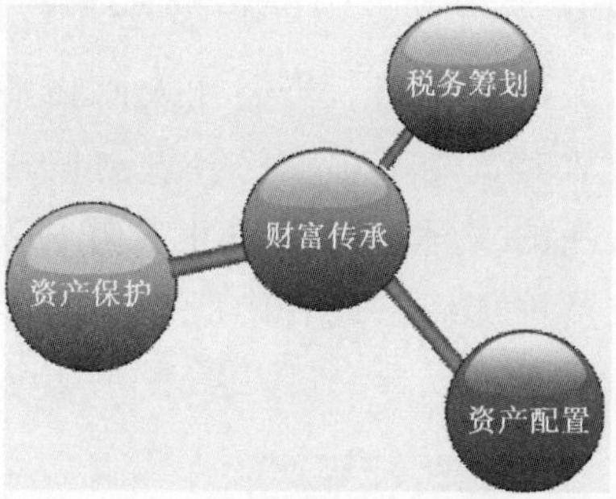

图 2　家族信托的制度优势

1. 财富管理与传承的"定制化"

实现"定制化"的财富管理是富豪们建立家族信托的一个重要原因。委托人可以根据自身财务需求和风险偏好、资产规模及配置情况、家族经营业务情况等，在信托合同中约定信托期限、收益分配条件和分配方式，如"年满 18 周岁"、"上大学"、"结婚"、"婚姻变故"、"面临法律诉讼"等。必要情况下，还可以设置保护人、监察人等，解决委托人与受托人之间的信息不对称问题，最大程度保护委托人的利益和信托财产的安全。

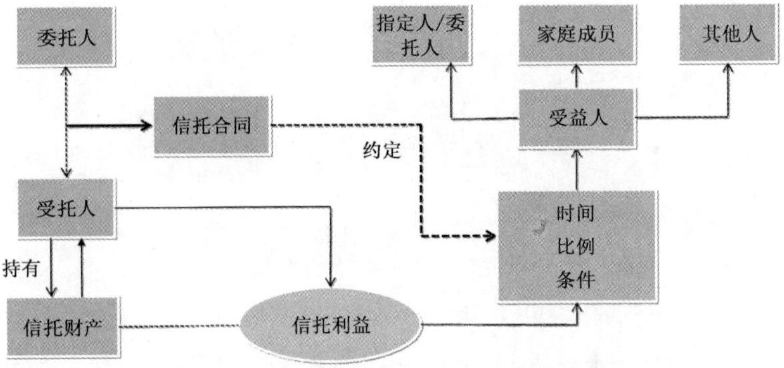

图3 财富管理与传承的"定制化"

2. 财产的安全隔离和保护

设立家族信托使信托财产具有独立性，不但独立于委托人未设立信托的财产，而且独立于受托人的自有财产以及受托管理的其他委托人的财产，因而可以起到隔离保护的作用。当委托人面临婚姻变故、财务危机和法律诉讼等其他任何变故时，均不影响已经设立信托的财产的独立存在和继续传承。通过家族信托的安排也可以防止家族成员离婚或发生继承时，因财产分割导致家族成员内部纠纷或者因股权分割影响家族企业的存续与经营。

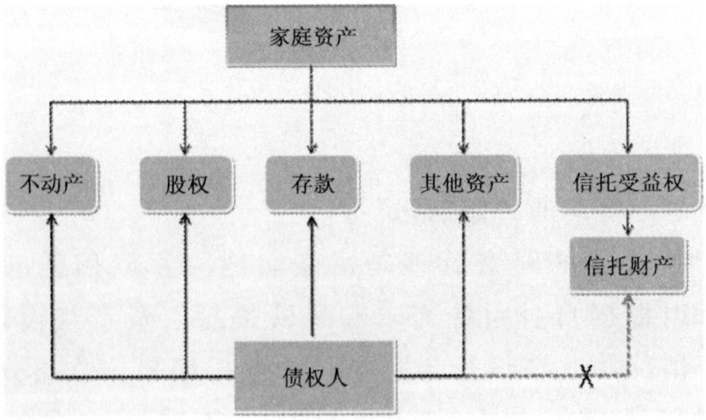

图4 家族信托的隔离与保护

3. 税务筹划与合理节税

税收因素在家族信托中扮演着重要的角色。世界上大多数国家都对遗产征收遗产税，经过合理设计的家族信托可以减少一定的遗产税，最大限度地保留家族财富，这也是国外家族信托盛行的原因之一。我国目前正在讨论开征遗产税的问题，2010 年中华人民共和国财政部修订了《中华人民共和国遗产税暂行条例（草案）》，虽然家族信托能否避免遗产税以及如何规避还需要具体的法律法规予以明确，但家族信托具备的税务筹划功能会受到更多关注。

4. 资产配置

资产配置既包括境内资产配置，也包括全球范围内的资产配置，信托公司可以利用自己的专业知识和专业能力，通过捕捉利率、经济周期和政策差异等所带来的投资机会，帮助客户实现整体的财富保全和合理的资产配置。目前，纳入家族信托的资产类型还是以现金为主，在日后条件成熟的时候，将会考虑纳入债券、股权等金融资产，未来还有可能将未上市企业股权、房地产等都将可以纳入家族信托。

二、我国家族信托的现状及其前景

（一）我国家族信托的现状

1. 离岸家族信托的架构

信托在我国起步较晚，具有信托本源意义的家族信托更是在近两年才受到关注并有所发展。受制于法律、税收和制度等限制，我国的许多企业家最开始在境外设立家族信托，例如，SOHO 中国有限公司的潘石屹、玖龙纸业（控股）有限公司的张茵、龙湖地产有限公司（以下简称“龙湖地产”）的吴亚军等。对境外家族信托的设立地而言，比较受欢迎的是英属维尔京群岛和开曼群岛等，英属维尔京群岛在资产保护、信托私密性、税务筹划上都具有显著的优势；开曼群岛和卢森堡具有发达的基金市场、稳定灵活的监管制度和税收制度。离岸家族信托的基本架构如图 5 所示。

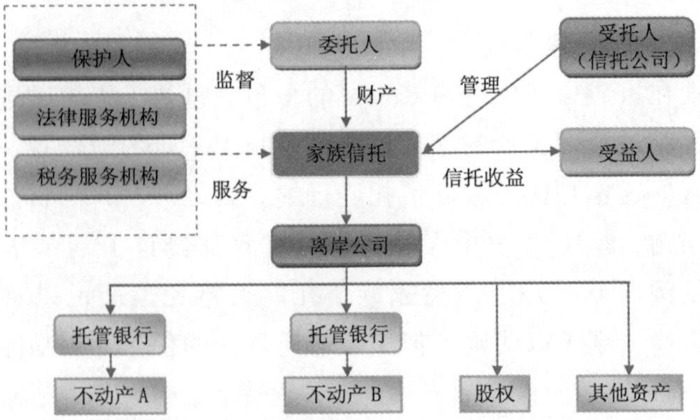

图5　离岸家族信托的基本架构

2. 境内家族信托的实践

2012年9月，平安信托在国内发行第一单家族信托，由此拉开了家族信托在中国本土化发展的序幕。截至目前，北京信托、外贸信托、中信信托、长安信托等已经推出了家族财富管理信托产品，其他多家信托公司也在酝酿相关的产品，部分信托公司家族信托系列产品介绍如表1所示。

表1　　市场上的家族财富管理信托产品一览表

信托公司	产品名称/系列	个性化服务	合作机构
平安信托	平安财富·鸿承世家系列单一万全资金信托	委托人与平安信托共同管理资产，委托人可通过指定继承人为受益人的方式来实现财产继承。其资金主要投向物业、基建、证券和加入集合资金信托计划，预计年收益在4%—4.5%。固定管理费年费率为信托资金的1%，年信托收益率高于4.5%以上的部分，收取50%作为浮动管理费	—
外贸信托	家族信托基金	家族信托基金主要针对家庭总资产5亿元以上的客户设计，其资产门槛为5,000万元，期限为30—50年（跨代），为不可撤销的信托。据报道，截至2014年底，外贸信托家族信托累计规模达十几亿元，签约单数超过60单，储备客户有200多名	招商银行私人银行部

续表

信托公司	产品名称/系列	个性化服务	合作机构
北京信托	家业恒昌系列家族信托产品	单一信托，委托人限单个自然委托人，受托人为北京信托，北京银行担任信托财产托管银行及财务顾问角色，受益人可由委托人事先指定。受托资产门槛为3,000万元，存续期限5年以上，为不可撤销信托。初期受托的资产类型限于现金存款，未来将有望逐步引入股权、房产等作为委托财产	北京银行私人银行部
中信信托	家族信托办公室/保险金信托	2015年4月，中信信托联合中信银行签约国内首单家族信托业务，除包含现金资产外，还涵盖房产、股权、古董收藏品等多类家族财产	信诚人寿/中信银行
紫金信托	“紫金私享”系列信托产品	为满足高净值客户定制化财富管理服务需要而设立。针对5,000万元资产以上的客户，根据不同类型高净值客户的理财特征和需求偏好，提供一站式定制化财富管理服务。信托财产涵盖了客户合法持有的现金、其他金融资产以及财产性权利等；委托人可根据资产状况进行信托财产的追加、赎回和期限调整	—
兴业信托	“藏珑一号”家族信托计划	2014年12月17日，兴业信托“藏珑一号”家族信托在上海正式签约落地，合同期限为30年。通过信托平台为委托人实现财富保值增值、财富传承、财产隔离、信息保密等专业化、综合化财富管理服务	—
交银信托	“交银国信·瑞承X号财富管理单一信托”	首单家族信托产品，成立初始规模1,000万元人民币，总规模3,000万元人民币，期限30年。该产品充分考虑了客户在资产保值、资产传承和财富规划等各方面的需求，标志着家族信托业务的开拓取得了重要突破	—
上海信托	家族信托办公室	2014年4月，正式成立了家族信托办公室，为超高净值客户提供涉及财富管理、财富人生规划、接班人培养、公司管理等多方面的服务	—

续表

信托公司	产品名称/系列	个性化服务	合作机构
中融信托	中融家族办公室/标准化"家族信托"产品	起点门槛为1,000万元人民币。满足客户资产保护、子女教育、婚姻保障、退休赡养、财富传承、全权委托等六大需求	台湾的专家团队
长安信托	"长安家风"系列家族信托	平台开放式的战略合作，为高净值人群提供一揽子标准化和定制化的财富管理服务	知名律师事务所
建信信托	—	建设银行与建信信托合作推出家族信托业务，受托资产门槛为5,000万元	建设银行
山东信托	—	2014年8月27日推出第一单家族信托业务。家族信托业务开局良好，迅速积累客户资源，完善业务流程，在回归信托本源业务尝试上迈出坚实一步	—

从目前信托公司开展的家族信托来看，各公司在客户来源、组织架构、家族信托产品方案设计等方面各有特色，形成了各自的业务模式。总体上看，国内家族信托的结构如图6所示。

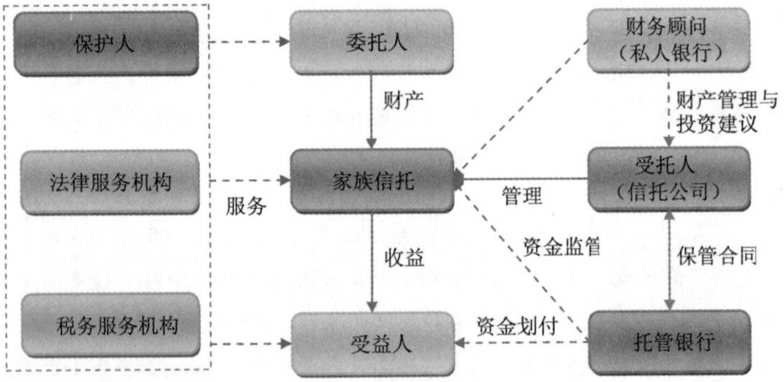

图6　境内家族信托的基本架构

总体上看，信托公司多采取与私人银行、律师事务所等机构合作的方式，在许多项目中信托公司实际上只是充当通道的角色；并且多数家族信托产品的信托财产仅仅是资金，并且投资标的也多是信托公司自己的信托产品，信托公司做家族信托的目的也是获得稳定的、长期的、低成本的资金来源。因此，目前实践中开展的家族信托产品实际上只是相当于增加了一些个性化条款的单一资金信托，与真正意义上的以财富传承和保护为目的的家族信托还有一定的距离。

（二）家族信托在我国的发展前景

我国目前实践中，信托公司开展的信托主要是作为理财方式的信托产品。从本质上看，信托可以作为一种理财的方式，但并非仅局限于理财。信托具有的财富传承与财产保护等功能在过去很长一段时间并未得到足够重视，但随着信托业务转型的日益迫切，作为信托制度本源的家族财富管理信托逐渐受到关注。高净值人士的财富管理需求已超越单纯的财富增值保值，逐渐向个性化的、综合性的财富管理需求转变，也推动了家族财富管理信托业务的开展。越来越多的信托该开展布局家族财富管理信托，着力发挥信托制度的优势，挖掘信托的财富管理职能，逐步向以“财富管理为中心”的财富管理信托业务转型。可以预见，在不久的将来会有更多的家族信托产品陆续推出。

家族信托并非独立的信托产品，而是通过信托安排为家族财富的管理和传承提供服务的总称。根据定制化程度不同，可以分为针对超高净值客户的个性化、定制化的家族信托和专门针对高净值客户某一领域需求的标准化家族信托产品；根据信托财产类型不同，可以分为资金信托、不动产信托、股权信托、艺术收藏品信托以及事务管理信托；根据发挥职能的不同，可以分为家族财富传承信托、家族企业股权信托、子女教育信托、遗产信托和离婚信托等。

1. 家族财富传承信托

信托特有的财产隔离可以有效保护财产的安全，而且可以通过定制化的服务满足客户不同的需求。例如，北京银行股份有限公司与北京国际信托有限公司联合推出的“家业恒昌张氏家族单一资金信托计划”中，委托人为北京昌平的张老先生夫妇，老夫妇出资5,000万元设立了该信托，受益人为其两个孙子及其“直系血亲后代非配偶继承人”。信托财产主要由北京信托投资于稳健的金融资产进行保值和增值，在两个孩子考入高中之后才开始分配，并视学业、家业和生育后代情况予以奖励。为了避免儿媳的改嫁风险，信托合同约定受益人一旦“改姓”或发生未对生父、祖父母进行祭扫等行为便自动丧失张氏家族信托的受益权。家族财富传承信托结构图如图7所示。

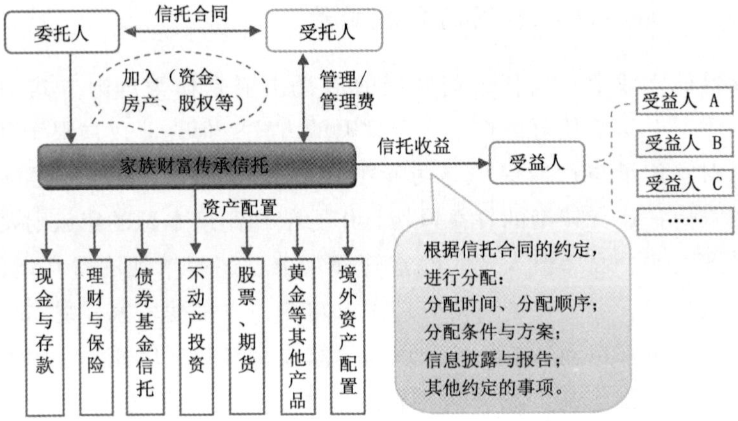

图7　家族财富传承信托

2. 家族企业股权信托

股权结构稳定是企业稳健运行与持续发展的保障，但是股东会成员家庭状况、婚姻状况的变化可能对公司股权造成重大影响。通过设立信托，以家族信托持有公司股权可以有效维护公司股权的稳定。2012年龙湖地产掌门人吴亚军与丈夫蔡奎离婚，但并未对龙湖地产的股权结构和运营情况产生不利影响，这得益于之前通过家族信托方式对股权进行的分割处理。家族企业股权信托结构图如图8所示。

3. 子女教育信托

子女教育是家庭财产管理和分配中必不可少的组成部分，对于高净值客户而言更是如此。子女教育信托是家族信托产品中专门针对子女教育的产品，委托人将信托资金交付给信托公司，设立专门的子女教育信托。信托公司通过专业化投资管理实现信托财产的保值增值，在满足委托人支付子女教育经费目的的同时，还可以实现投资收益。例如，该信托可以约定受益人每

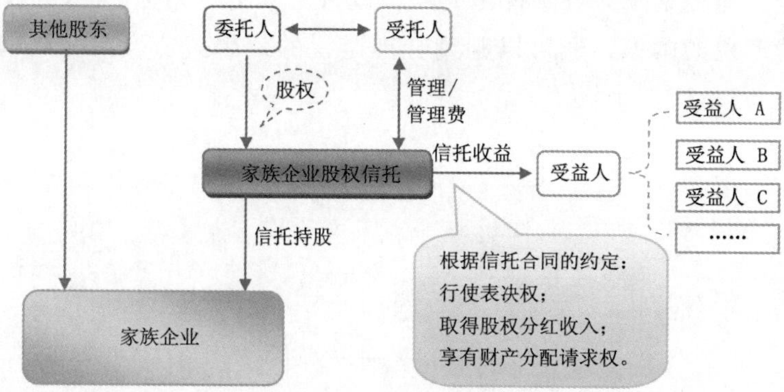

图 8　家族企业股权信托结构图

年可以获得 5% 的固定投资收益，子女上高中时，每年可以获得 2 万元，上大学时每年可以获得 5 万元，大学毕业还可以获得 10 万元的创业基金。子女教育信托结构如图 9 所示。

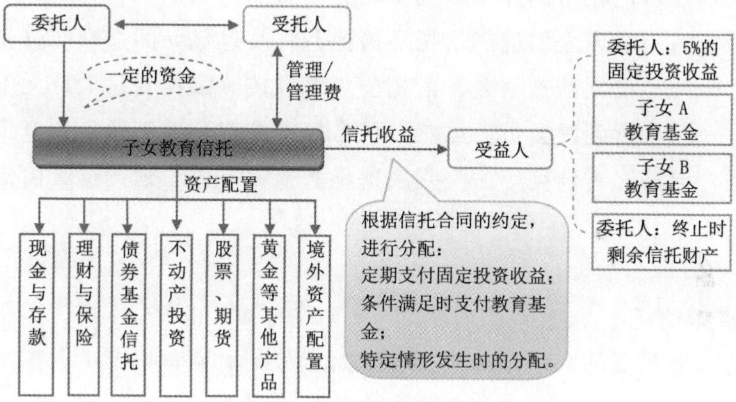

图 9　子女教育信托结构图

4. 遗产信托

遗产信托是非常古老的信托，西方国家许多高净值人士选择遗嘱信托作为身后财产的规划方式，即将全部或者一部分财产成立信托，委托信托公司（受托人）在自己百年后依照遗嘱内容执行信托相关事宜，一方面可以按照委托人意愿分配财产，防止他人侵占，还可以让受托的专业机构对遗产进行管理运作，避免继承人任意挥霍财产，以致未来生活无法保证。同时，在征收高额遗产税的国家，还可以起到合理避税的效果。遗产信托结构如图 10 所示。

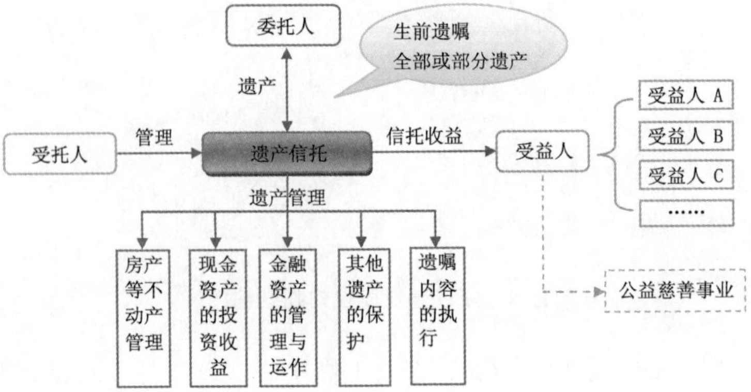

图 10　遗产信托结构图

遗产信托目前在中国并不多见，较为典型的当属 2003 年 12 月中国香港艺人梅艳芳病逝时设立的遗产信托。梅艳芳将其近亿元的遗产转移到汇丰国际信托有限公司设立信托基金，信托公司每月按照嘱托支付 7 万元生活费给其母亲，一直持续到她去世。虽然其母希望直接得到这笔钱，甚至采用了诉讼的方式，但最终香港高等法院判决梅艳芳遗嘱有效，财产继续由信托公司管理。

5. 离婚信托

离婚时最重要的问题是孩子抚养和财产分割。通常情况下，离婚后孩子由母亲负责抚养，分给母亲的家庭财产再加上子女抚养费，会是一笔不小的财富。但如果母亲不善于理财，很可能还未等到子女成人，财产就已经所剩无几。通过信托可以很好地解决这个问题，即将赡养费或其他财产作为信托财产设立信托，由信托公司进行管理或投资理财，收益划入信托账户，信托公司定期向收益人支付生活费，并负担疾病等突发事件的费用支出。离婚信托结构图如图 11 所示。

综上所述，家族信托涉及的财产形式多样，可以采取多种灵活的设计，要求信托公司必须具有综合的资产管理能力和资产配置能力。可是目前我国

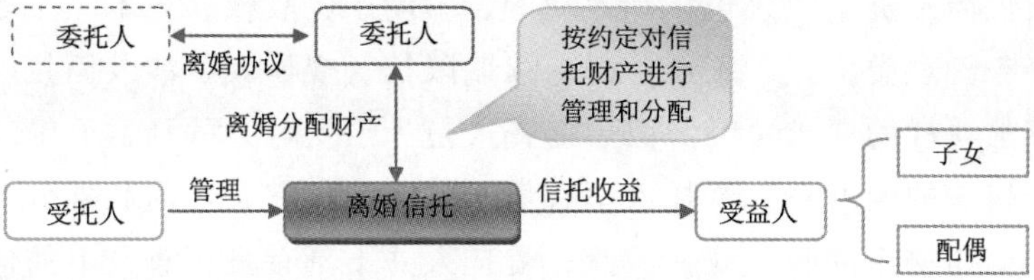

图 11　离婚信托结构图

大部分信托公司只具有投融资的能力，再加上国内的整体信用体系和法律体系也不是很健全，导致家族信托业务在我国发展缓慢，已有的也仅限于简单的资金信托。信托公司应当如何开展真正意义上的家族信托值得深思。

三、发展家族信托需要完善的机制

（一）法律层面

《中华人民共和国信托法》（以下简称《信托法》）第三条明确规定，本法适用于在中华人民共和国境内开展的民事、营业和公益信托。家族财富管理信托属于民事信托的范畴，因此，在国内设立家族信托并没有原则性或实质性的法律障碍。但在以下方面有待进一步明确与完善。

1. 明确信托财产的独立性，确保信托财产的安全

《信托法》第二条规定，“信托，是指委托人基于对受托人的信任，将其财产委托给受托人”。立法采用了“委托给”的表述，而非审议稿中的“转让给”，给理论界与实务界留下了争论的空间：一种观点认为，该条的“委托给”应解释为“转让”，信托财产所有权转移给受托人；一种观点认为，“委托”并不等于“转让”，受托人并不享有信托财产的所有权。英美法系信托采取“受托人享有普通法上的所有权＋受益人享有衡平法上的所有权”的二元设计；我国作为大陆法系国家遵循物权的绝对性原则。因此，用我国传统的物权法理论很难解释信托财产的所有权归属。

长期以来，我国实践中的信托绝大多数为资金信托，对于信托财产归属的要求并不强烈，换言之，信托财产独立性并不明显。而真正意义上的家族信托不仅仅涉及资金，还包括其他动产、不动产、股权、艺术品等等。作为典型的事务管理类信托，家族信托存续期限长、规模大、涉及面较广，其对信托财产独立性的要求更高。由于受托人是为了受益人的利益而管理信托财产，从物权法的角度看，受托人享有信托财产的占有、使用和处分权，而受益人享有信托财产的收益权。因此，受托人并不享有真正意义上的信托财产所有权，信托作为一项特殊的制度，其对应的信托财产权应亦是一种独特的财产权。信托财产“转移给”受托人不能等同于物权法上的“转移”；而“委托给”的用词容易与合同法上的“委托合同”相混淆。因此，《信托法》修改时应当对此问题予以明确。

2. 明确信托登记机关和流程，确保信托财产的独立与隔离

《信托法》第十条规定，“设立信托，对于信托财产，有关法律、行政法规规定应当办理登记手续的，应当依法办理信托登记。未依照前款规定办理信托登记的，应当补办登记手续；不补办的，该信托不产生效力。”该条规定明确了信托财产的登记。信托财产登记的意义在于确定信托财产的独立性，以实现信托财产的风险隔离。但我国目前并无统一的信托登记机构和登记程序，又强制要求登记生效，一定程度上阻碍了不动产信托和知识产权信托等的发展。目前，若以家族拥有的房产设立信托，则面临着因无法办理登记手续，而无法设立信托或者设立的家族信托无效的情形。这种合规性风险也是开展家族信托的障碍之一。信托财产的登记应与《中华人民共和国物权法》、《不动产登记暂行条例》、《中华人民共和国公司法》、《中华人民共和国专利法》、《中华人民共和国商标法》等作为信托财产的财产与财产权变动的登记相衔接，并且需要在相关的法律法规中予以明确，否则实践中的操作将无据可循。

3. 完善信托登记的效力，确保家族信托的私密性

信托登记的意义在于保障信托财产的独立性，公示信托关系，维护交易秩序。但是，这与家族信托的“私密性”要求是相违背的，强制的登记生效不利于委托人隐私权的保护，会影响高净值人士设立家族信托的积极性。信托登记是大陆法系国家为了实现公示，维护第三人的利益而设立的；英美法系国家并无登记的要求，可以更好地保护隐私。实际上，在信托发展较早的大陆法系国家，对于信托财产的登记采用的是“登记对抗主义”，即信托财产未办理信托登记，不得以该财产属于信托财产对抗善意第三人，但不影响信托的效力。这种立法模式可以较好地平衡委托人的隐私保护和信托财产公示之间的平衡。

4. 规范与明确信托税收制度，助力家族信托发展

家族信托在国外繁荣发展的一个重要原因是，家族信托可以有效地规避高额的遗产税或资本利得税。我国目前是否开征遗产税仍处于讨论阶段，因此家族信托的节税功能并不明显。此外，我国的信托税收制度并不健全，存在重复征税的现象，信托制度的税收筹划功能不能得到有效体现，不利于整个信托行业健康持续的发展，也使部分高净值客户对于家族信托抱有观望和迟疑的态度。信托税收制度与信托登记制度均属于信托配套制度，它们的建立和完善是发展家族信托的基础和前提。从规范体系上看，信托税收制度应单独予以规范。

（二）其他配套机制

除了需要完善相应的法律机制，为家族信托在国内的发展提供制度上的支撑外，信托公司也应当努力提升自己的资产配置能力，同时应当逐步培育整个社会的信用机制和信用文化，为家族信托成长和繁荣培育土壤。

1. 信托公司应提升自己的资产配置与管理能力

在信托行业转型和发展的关键时期，家族财富管理信托被视为信托业未来的发展方向。目前，信托公司开展的融资类业务更多类似于向客户销售理财产品，客户基本是通过预期收益率的高低来选择信托公司。家族信托不仅仅是向客户销售理财产品，信托公司赚取的也不是利差收入；而是为客户提供专业化、定制化的一揽子综合财富管理服务，信托公司收取的是管理费。业务模式和盈利模式的差异决定了信托公司对家族信托业务的管理亦应有所不同。因为是综合财富管理服务，资金端的多样性决定了资产端的配置也必须朝多元化方向发展，资产配置能力就至关重要。资产配置不但包括货币市场、资本市场和实业市场的综合平衡和配置，还包括对于房产、艺术品等资产的管理能力。

某种意义上说，如果说信托公司传统的投融资业务比的是低成本资金和优质项目的获取能力，那么财富管理类业务比的就是获取高净值客户的信任和综合资产配置能力。从目前的情况来看，绝大多数信托公司尚不具备完备的资产配置能力，加强人才的培养和储备，逐步提升资产配置和管理能力是发展家族信托的根本前提。

2. 创建社会信用机制与培育信用文化

信托，即"因信而托"，其本身就是以"信任"为基础的法律机制，"信任"和"托付"是其发展的根基。家族信托是以家族财产为信托财产设立的信托，几乎相当于客户将身家性命委托给信托公司进行管理，因此，更需要客户对信托公司有充分的信任，家族信托中的信任应该是比一般信托中的信任程度更高。然而，我国社会长期以来的信用缺失和信托公司作为金融机构可能面临的破产风险，让客户对国内信托公司的信任大打折扣。

因此，大力发展家族信托还需要逐步完善信用机制、培育信用文化，通过信托知识宣传以及合理引导，让更多的人了解信托的制度安排和架构，即信托并不会因信托公司自身的问题受到影响。同时，通过引入信托保护人、受托人替代与更换、对受托人权利限制等制度设计，弥补社会信用的不足，进而吸引更多的高净值客户选择家族信托作为财富管理与传承的方式。

四、结语

家族信托之所有受到青睐，在于其独特的魅力。目前，国内已有机构推出了家族信托产品，但囿于法律环境的限制，当前的家族信托还是以现金管理为主，离真正意义上的家族信托还有一定的距离。从长远来看，我国家族信托市场前景广阔，需要完善信托财产转移和登记制度、信托税收机制，为家族信托的发展提供制度支撑，同时，信托公司资产配置能力提升和社会信用机制的培育是家族信托大规模发展的基本前提。

信托与基金会合作助力公益事业的模式探索

根据公开资料披露，截至2014年末，国内基金会数量已超过4,200家，捐赠收入约380亿元人民币。自2008年汶川地震以来，多家信托公司先后发行了公益信托，成为了公益救助事业一道新风景。但是受行政审批难、投资范围狭窄等限制，公益信托的发展较为迟缓。因此，近两年来信托公司对新型公益信托模式进行了探索，开展了“公益目的信托”，即以集合资金信托计划的形式对公益事业提供救助，典型的如百瑞信托2013年设立的“百瑞仁爱·天使基金1号集合资金信托计划”。“公益目的信托”的宗旨是使信托公司能够充分发挥资产管理优势，进而探索建立可持续的公益事业救助模式。在之前业务模式的基础上，能否通过信托与基金会合作，探索公益信托新模式，促进公益事业健康发展，引发了我们的思考。本文拟通过对基金会、公益信托、公益目的信托三种方式的对比和研究，探索出一条信托与基金会合作促进公益事业健康发展的新渠道。

一、现有法律法规下，基金会、公益信托、公益目的信托对比

在现有法律法规框架下，对基金会、公益信托、公益目的信托的对比，可以从捐赠者所得税减免、捐赠财产的保值增值、捐赠财产类型、捐赠财产管理过程中的税收、监督机制、运营成本和资金使用等几方面进行（见表1）。

表 1　　基金会、公益信托、公益目的信托对比

	基金会	公益信托	公益目的信托
组织形式	非营利性法人	非法人、契约型	非法人、契约型
募集方式	公募/非私募	公募	私募
资金门槛	无	无	100 万元起，有合同份数要求
捐赠人所得税减免	可以	不可	不可
捐赠财产保值增值	存款、债券股票等有价证券、委托金融机构对捐赠财产进行管理	流动性好、变现能力强的国债、政策性金融债及银监会允许投资的其他低风险金融产品	投资范围最广泛，可根据信托合同约定进行投资运作
捐赠财产类型	现金、实物、（股权）	委托人合法持有的资金、财产权	委托人合法持有的资金、财产权
捐赠财产管理过程中的税收	取得投资收益和股权增值收益时需缴纳所得税	信托产品属于契约型，非法人主体无需缴纳营业税和所得税	信托产品属于契约型，非法人主体无需缴纳营业税和所得税
监督机制	由民政部门进行管理和监督，信息透明度一般，公信力受到一定质疑	需要向银监会、公益事业管理机构报告，定期信息披露，引入信托监察人进行监督，透明度很高	需要向银监会报告，定期信息披露，可引入信托监察人进行监督，透明度很高
运营成本	较高，基金会通常会从捐赠资金中提出5%—10%作为运营、管理费用	很低，可以依托原有的业务部门和团队，不需要增加额外的运营成本，信托公司受托人报酬一般不超过0.5%，甚至不收取	很低，可以依托原有的业务部门和团队，不需要增加额外的运营成本，信托公司受托人报酬一般不超过0.5%，甚至不收取
每年最低捐赠额度	公募基金会不得低于上一年总收入的70%；非公募基金会不得低于上一年基金余额的8%	无要求，可灵活掌握，在股权等长期资产捐赠方面具有优势	无要求，可灵活掌握，在股权等长期资产捐赠方面具有优势

通过表 1 可以看到，基金会在资金募集、捐赠人税收减免方面具有优势。相对而言，公益信托和公益目的信托可接受财产范围更广、财产管理过程中无需缴纳税收、具有严厉的外部监督、信息披露机制完善、运营成本低、每年使用额度灵活。而公益目的信托投资范围最广，在资产保值增值方面具有最大优势，通过投资运作，以信托收益补贴每年的对外捐赠，能够有效降低本金的消耗速度，使有限的善款能够发挥最大的作用。但是对于信托公司来说，员工学历高但数量少，且主要是金融、法律等领域的专业人员，擅长投资运作、项目信息披露及规范运营，可为委托人提供专业而忠实的服务，但在善款募集、捐赠项目的后期跟踪指导方面缺乏经验。较大程度上，信托公司和基金会有着天然的互补性。

二、基金会和公益信托合作能够解决彼此面临的问题

（一）实现基金会经济权与管理权的分离，提升公信力

基金会推动公益事业发展的模式已经比较广泛，但公益性基金会在管理上存在不透明和运营成本高等很多问题和挑战。2015 年全国两会期间，全国政协委员、永隆银行有限公司董事长、招商银行股份有限公司前行长马蔚华提交了《关于我国公益慈善基金管理制度引入信托机制的提案》。马蔚华认为，因缺乏独立的第三方托管和专业管理等信托机制，我国公益慈善基金管理仍呈现体制不透明、程序不清晰、管理不规范、社会公信力不高等滞后特征。

基金会信任危机的出现具有一定的必然性，其最根本的原因是经济权与管理权未实现分离，基金会自身权利过大，在缺乏外部约束的情况下必然会出现权利滥用的情况，最终使公众对善款的使用产生各种质疑。通过基金会与信托的合作，基金会掌握管理权，而经济权分离给信托公司，可以有效确保基金会对善款的合理使用。

（二）满足多样化捐赠需求

基金会是封闭式的资金管理模式，捐赠者参与机会较少，资金从捐赠时起所有权即发生了转移，无论捐赠人对基金会的运营情况是否满意都无法把

善款取回。另外，捐赠模式比较单一、运营成本较高，对捐赠本金消耗严重，捐赠资金难以实现保值增值，需要依靠持续不断地捐赠来保证公益性支出的持续性。

"公益目的信托＋基金会"的产品模式可以解决捐赠人的多样化捐赠需求，比如只捐收益、捐部分收益、捐收益加部分本金等都可以实现。并且通过信托层面的投资运作，可以使有限的善款发挥更大的作用，有助于建立可持续的公益事业救助模式。

（三）解决捐赠发票难题，为善款使用和管理提供专业化服务

根据我国税法相关规定，捐赠人在获得可抵税捐赠发票的前提下，可享受税前扣除待遇。目前，符合条件的基金会可以直接申请开具可抵税捐赠发票资格，而公益信托目前还不能申请。基金会不仅可以帮助信托公司解决捐赠发票难题，而且在善款后期使用和管理上还能提供专业化服务。

综上所述，为有效保护捐赠人的合法权益，提高善款的使用效率，有必要通过信托的专业金融机制对公益事业的资金募集和使用进行系统化的革新升级。基金会和信托公司的合作可以使"专业机构做专业的事情"这一原则得到很好的贯彻，双方能够各自发挥专长，使公益事业机制向更完善、更健康的方向发展。

三、基金会和信托公司合作方案

目前，基金会和公益信托各自都面临着一些发展中的问题，两者结合不仅能使问题迎刃而解，而且对于我国公益事业发展也将起到极大的推进作用。信托最大的优势就在于其灵活性，实际业务层面将会产生多种创新模式来满足各类需求。下面我们仅列举三种：

（一）"基金会＋财富管理信托"——为基金会量身定制理财计划

1. 信托当事人

委托人/受益人：基金会。

受托人：信托公司。

2. 信托目的

发挥信托公司的专业化投资优势，为基金会资产实现保值增值，使有限的善款能够发挥更大效用。

3. 交易结构

“基金会 + 财富管理信托” 业务模式结构图如图 1 所示：

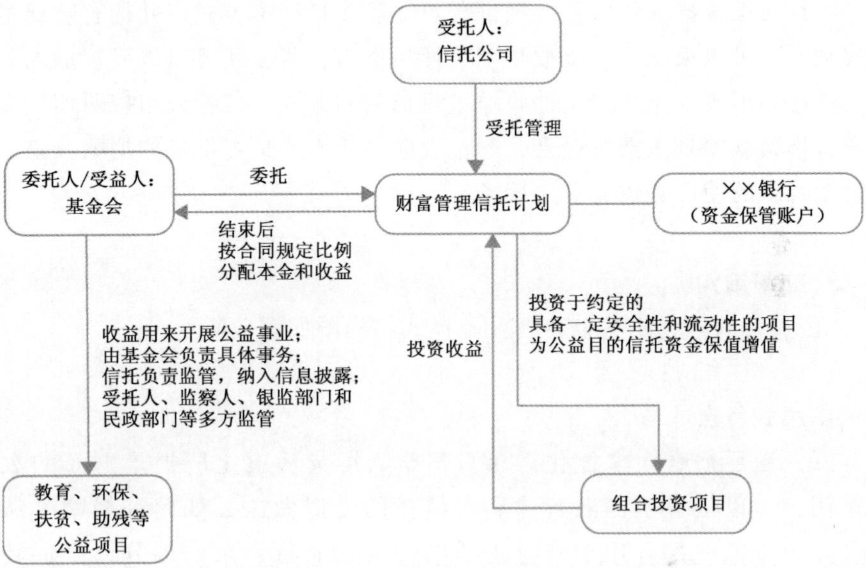

图 1 “基金会 + 财富管理信托” 业务模式结构图

4. 模式特点

目前基金会 90% 左右的资产为银行存款，年收益率约为 2.5%，远低于每年的对外捐赠支出额度，加上基金会管理费（约 5%—10%）的提取，加剧了对善款本身的消耗，每年必须不断对外募集善款才能维持对外支出。通过信托公司为基金会定制财富管理信托，在同业定存、人民币理财、高等级债券、低风险信托产品等领域进行组合投资，能够有效提升善款的投资收益，通过投资收益补贴每年的消耗，使善款本身具有自身“造血”功能，从而保证了公益事业发展的可持续性。

（二）“公益目的信托 + 基金会”——提供多样化的捐赠方式

1. 信托当事人

委托人/受益人：高净值客户。

受托人：信托公司。

2. 信托目的

委托人可选择只捐收益、捐部分收益等多种捐赠方式，并拥有赎回本金的权利，也可以采取生前提取年金、死后捐赠，甚至还可以以股权加入公益目的信托，用股权未来产生的收益进行捐赠的方式。信托公司按照信托文件约定将捐赠款项划拨至基金会，基金会向委托人开具可抵税的捐赠发票，并对后期善款的使用提供专业化服务。

3. 交易结构

“公益目的信托 + 基金会”业务模式结构图如图 2 所示：

4. 模式特点

（1）满足捐赠人多样化需求。捐赠人可灵活决定所捐赠财产的数量和比例，可以借鉴美国慈善性剩余信托的类似做法，如允许捐赠人从信托收益中支取一部分用于自身生活的需要，而将剩余的部分或全部转给某个特定的慈善机构或者直接用于资助对象。此外为了鼓励捐赠者的积极性，也可以参考日本的做法，允许以捐赠者的名义对公益目的信托进行冠名。尽管大多数人做慈善不为名、不为利，但如果让行善者名利双收，相信会有更多的人愿意加入到行善者的队伍中来。当然也可以大力发展民事信托，更灵活方便地实现对个人财产的管理，除了可以满足当事人的赡养、继承等目的，也可以较好地实现一定的公益目的。通过多样、灵活的信托设计，让更多的人和机构愿意选择加入公益目的信托作为运用财富的手段。

（2）双受益人模式。委托人享有信托本金的受益权，受助的不特定群体享有信托收益的受益权。

（3）捐赠人可享受税收优惠。捐赠人通过公益目的信托将财产捐赠给

信托与基金会合作助力公益事业的模式探索

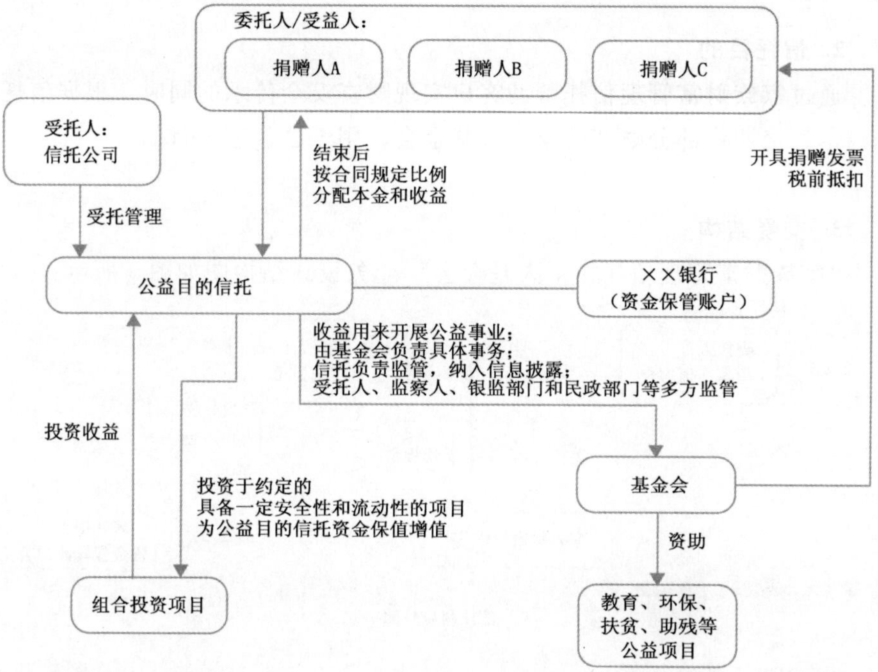

图 2 “公益目的信托 + 基金会” 业务模式结构图

基金会后，基金会可对捐赠人开具公益性捐赠票据，捐赠人可以获得所得税税前扣除的税收优惠。

（4）捐赠财产以信托财产形式出现，实现捐赠财产及其增值的独立性。

（5）基金会对善款后期使用进行管理监督。信托公司和基金会可分别利用其在开展公益事业和实现捐赠财产（信托财产）保值增值方面的专长，达到各司其职的效果。

（三）“家族财富管理信托 + 个人基金会”——兼顾家族传承和公益事业

1. 信托当事人

委托人：超高净值客户。

受托人：信托公司。

受益人：委托人指定的家族成员、个人基金会。

2. 信托目的

通过家族财富管理信托帮助客户实现财富安全传承的同时，根据信托合同约定，定期将部分财产转至个人基金会，用于公益慈善目的。

3. 交易结构

“家族财富管理信托+个人基金会”业务模式结构图如图3所示：

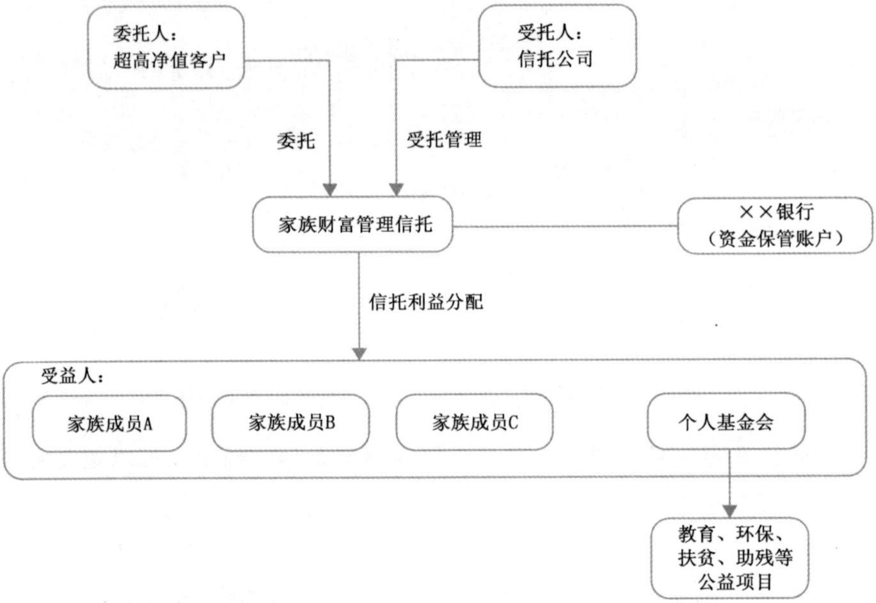

图3 “家族财富管理信托+个人基金会”业务模式结构图

4. 模式特点

成立个人基金会相对于其他捐赠方式来讲，捐赠人及其继承人对于捐赠资金的后期使用拥有最大的决定权，如洛克菲勒、比尔盖茨、李嘉诚家族均成立了个人基金会。目前，国内某新一代富豪也表示打算在新加坡设立个人基金会，而其之所以未在国内设立的主要原因是股权捐赠至基金会未来可能面临高额所得税。我们认为这个问题可以通过信托解决，若该富豪以其拟捐赠的股权设立财产权信托，在信托中约定未来股权产生的收益全部捐赠至其个人基金会，在信托层面无需就增值部分缴纳所得税。

从另外一个角度来看，有条件成立个人基金会的客户与家族财富管理信托客户有着较大的重叠性，从英美等信托文化浓厚的国家来看，家族财富管理信托中除了财富管理与传承外，还包括对公益慈善领域的捐赠和支持。因此，可以采用家族财富管理信托嵌套个人基金会的方式，一方面实现家族财富的管理和传承，另一方面完成对社会公益事业的捐助且不失控制力。

信托专业子公司运行模式与发展建议

一、引言

2014 年 4 月 8 日，中国银行业监督管理委员会（以下简称“银监会”）办公厅下发《关于信托公司风险监管的指导意见》，即被誉为史上最严监管文件的“99 号文”。99 号文在明确做好风险防控、完善监管机制的同时，也明确提出了转型方向。在推动业务转型中，即指出要大力发展真正的股权投资，支持符合条件的信托公司设立直接投资专业子公司。

2014 年 12 月 19 日，银监会主席助理杨家才在 2014 信托年会上的讲话中，提出了打造新型信托业的“八项责任”。“八项责任”与他在 2013 年信托年会上提出的“八项机制”一脉相承，“八项机制”意在“求稳”，“八项责任”则意在“求进”，可以说“八项责任”为信托业的发展指出了方向。在机构责任部分，杨助理指出：“在业务细分领域，可以通过深化改革，设立全资专业子公司做专做精，比如家族信托子公司、并购信托子公司、海外信托子公司、专业销售子公司等。”

2015 年 4 月 10 日，银监会发布了《信托公司条例（征求意见稿）》，其第十一条规定：“信托公司不得设立分支机构。根据业务发展需要，信托公司可以申请设立全资专业子公司。信托公司专业子公司的经营范围、设立条件和程序由国务院银行业监督管理机构规定。信托公司对专业子公司实行并表管理，履行勤勉尽责管理义务，对专业子公司的经营管理活动依法承担相应责任。”

虽然专业子公司的设立和监管规范有待银监会出台具体的规范，但这些文件明确可以设立专业子公司无疑给信托公司打了一支强心针，信托公司可以通过设立专业子公司，实现业务专业化、产品专业化和客户专业化，同时还可以对信托公司自身的业务形成互补。现阶段，信托行业已经进入结构调整期和转型升级期，传统的融资类业务受到的限制越来越多，而且在整体经济下行的大环境下，也面临较大的风险，反过来看，资本市场、并购市场等却蕴含较多的机会。未来的信托业会向专业化和差异化的方向发展，各家信托公司需要结合自己的资源、人才、经验等因素，选择适合自己的路径和方向。传统业务拓展受限且风险增大的当下，通过设立专业子公司而实现转型是业内多家信托公司的选择。然而，究竟什么是信托公司专业子公司；专业子公司是否可以成为信托转型的突破点，或者仅仅是信托公司规避监管、迂回展业的一种途径；专业子公司应当采取何种运作和监管模式，是否必须是信托公司的全资子公司，等一系列问题还需要进一步探讨。

二、行业内子公司的运行情况

2014 年，在监管部门的政策导向、业务转型需要以及保障基金压力下，专业子公司开始受到关注，多家信托公司开始筹划设立专业子公司。实际上，从 2012 年开始多家信托公司已经开始尝试通过子公司开展资产管理业务，但是大多业务开展进程缓慢。2014 年以来，信托行业转型正式提上日程，信托子公司也逐渐受到关注，从各家公司披露的 2014 年年报来看，包括中信信托有限责任公司（以下简称“中信信托”）、平安信托有限责任公司（以下简称“平安信托”）、中融国际信托有限公司（以下简称“中融信托”）、中诚信托有限责任公司（以下简称“中诚信托”）、上海国际信托有限公司（以下简称“上海信托”）、兴业国际信托有限公司（以下简称“兴业信托”）和国联信托股份有限公司（以下简称“国联信托”）等在内的多家信托公司已经成立了信托子公司，来开展股权投资、资产管理等业务（见表 1）。

表 1　　信托行业内子公司一览表　　单位：%

信托公司	信托子公司名称	成立时间	持股占比	注册地
中信信托	中信聚信（北京）资本管理有限公司	2012.04	100	北京
	中信信惠国际资本有限公司	2014.10	51	香港
平安信托①	深圳市平安创新资本投资有限公司	1992	100	深圳
	平安财富理财管理有限公司	—	100	上海
上海信托	上信资产管理有限公司	2011.11	100	上海
兴业信托	兴业国信资产管理有限公司	2013.04	100	上海
中诚信托②	中诚资本管理（北京）有限公司	2012	100	北京
	中诚国际资本有限公司	—	70	香港
	深圳前海中诚股权投资基金管理有限公司	2014	70	深圳
中融信托③	中融鼎新投资管理有限公司	2011.09	100	北京
	中融国际控股有限公司	2014.11	100	英属维尔京群岛
	中融国际资本管理有限公司	2014.11	100	香港
新华信托	新华创新资本投资有限公司	—	100	上海

注：①平安信托下属子公司较多，其中 100 持股的有 8 家，控股或参股的有 11 家。

②根据中诚信托公布的 2014 年年报，中诚信托还持有北京三侨物业管理有限责任公司 100% 的股权，三侨公司下设全资子公司北京安贞大厦物业管理有限责任公司；还持有中诚宝捷思货币经济有限公司 67% 的股权。

③根据中融信托公布的 2014 年年报，纳入合并报表的子公司有 10 家，其中 100% 持股的包括北京中融鼎新投资管理有限公司、上海隆山投资管理有限公司、中融国际控股有限公司、中融国际资本管理有限公司、上海瑞扬投资管理有限公司、深圳中融宝晟资产管理有限公司、中融长河资本投资管理有限公司、北京中融汇智人力资源有限公司；另外两家子公司持股 51%，分别是中融基金管理有限公司、中融（北京）资产管理有限公司。

从 2014 年末信托公司年报披露的信息来看，信托子公司 2014 年的发展可圈可点。例如，中信信托 2014 年年报显示，公司经营业务主要是信托业务、固有业务以及通过资产管理子公司开展的资产管理业务。截至 2014 年末，通过资产管理子公司管理的资产规模为 1,743 亿元，占资产管理规模的 16.2%。中融信托以全资子公司中融鼎新投资管理有限公司

（以下简称“中融鼎新”）为平台，2014 年在全球共设立了 7 家，从事股权投资和管理、资本管理、房地产并购、境外资产管理等业务，注册地从北京、上海、深圳到中国香港、英属维尔京群岛。根据中融信托年报披露的信息，私募投行、资产管理和财富管理是 2014 年调整业务方向后的三大业务板块，资产管理板块就是以子公司中融鼎新为平台，与优秀的业务团队开展合作，寻找各细分行业、市场投资机会，实现对投资者的良好回报。中诚信托则通过其控股的香港子公司回投的形式，在深圳前海设立了全资子公司。借助于深圳市政府出台《关于开展合格境内投资者境外投资试点工作的暂行办法》（深府办函〔2014〕161 号，简称深圳 QDIE 试点办法）契机，子公司申请获批 QDIE 业务资格，成为第一家获得该资格的信托公司，为国内高净值人群通过信托进行海外投资及跨境财富管理开辟了新的通道，中诚信托也成为为拥有跨境业务全牌照的首家信托公司。此外，华宝有限责任公司、上海爱建信托有限责任公司、华融国际信托有限责任公司等信托公司也在年报中披露了设立专业子公司的动向。随着上海自贸区、深圳前海等地方前沿政策的出台，许多信托公司都打算在这些地方设立专业子公司，利用政策上的前沿性和灵活性实现业务领域上的拓展和业务方式上的创新。

三、资产管理子公司的业务模式

资产管理子公司是信托公司专业子公司中从事资产管理业务的子公司。资产管理业务本身是一个广义的概念，是资产管理机构从事的“受人之托、代人理财”业务的统称，海外投资业务、互联网金融业务等都属于资产管理业务的范畴。从信托公司专业子公司的角度看，在资产管理子公司、国际业务子公司、财富管理子公司、互联网金融子公司的分类体系中，资产管理专业子公司是指从事专门的私募股权投资基金（以下简称“PE”），并购（医疗、互联网等新兴领域）、房地产投资基金、产业投资基金、城市发展基金、证券投资基金、资产证券化、母基金等业务，对多类型的投资业务进行专业化与精细化管理，提升投资效益。鉴于资产管理专业子公司是子公司中业务范围最广的一类，这部分以管理专业子公司为例，研究其业务模式。

资产管理专业子公司可以开展多个领域的资产管理业务，也可以将各个领域的业务发展为专业投资子公司，进一步实现专业化经营和运作，在细分领域进一步细化，实现投资的专业性。资产管理专业子公司及其业务（下设的专业投资子公司）的架构如图1所示：

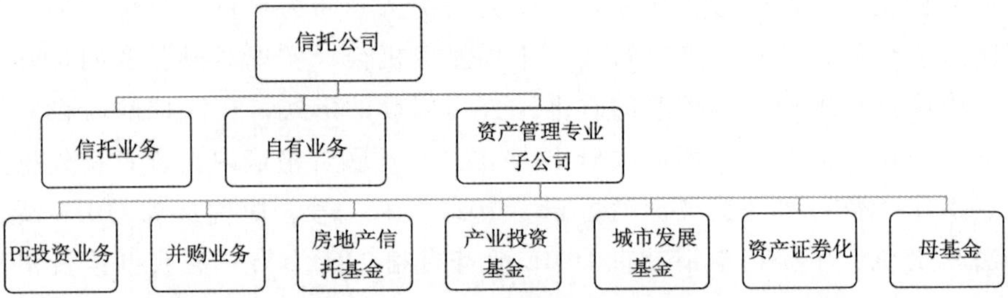

图1　信托公司资产管理专业子公司及其业务组织架构图

（一）股权投资业务

2009年银监会发布的《关于支持信托公司创新发展有关问题的通知》（银监发〔2009〕25号）、2011年中华人民共和国国家发展和改革委员会（以下简称国家发改委）办公厅在《关于促进股权投资企业规范发展的通知》中对于信托公司从事非公开交易企业股权投资业务进行了规定。《关于支持信托公司创新发展有关问题的通知》要求信托公司以其固有财产投资于未上市企业股权、上市公司限售流通股或中国银监会批准可以投资的其他股权的投资业务时不得控制、共同控制或重大影响被投资企业，不得参与被投资企业的日常经营，持有被投资企业股权不得超过5年。同时规定，信托公司以固有资产从事股权投资业务和以固有资产参与私人股权投资信托等的投资总额不得超过其上年末净资产的20%。这些限制不利于信托公司开展股权投资业务，往往会造成错失一些优质的投资机会。通过设立资产管理子公司，有利于信托公司抓住市场机遇，拓展业务范围，在股权投资领域进行细分化、专业化的运作和管理。

从目前的市场情况来看，许多信托公司已经成立了子公司，从事专门的资产管理业务（见表2）。

表 2　　信托公司股权投资子公司一览表　　单位：亿元，%

信托公司	子公司名称	成立时间	注册资本	持股占比	注册地	运作概况
中信信托	中信聚信（北京）资本管理有限公司	2012.04	4	100	北京	采用有限合伙、股权投资基金等形式开展资产管理业务。投向涵盖房地产、矿产资源、医养、艺术品等领域
平安信托	深圳市平安创新资本投资有限公司	1992	40	100	深圳	目前已完成了数十家企业的投资
上海信托	上信资产管理有限公司	2011.11	1	100	上海	上海信托开展股权投资类业务的直接投资与资产管理平台。下设管理平台负责管理上信新虹桥健康产业基金
兴业信托	兴业国信资产管理有限公司	2013.04	1	100	上海	业务方向包括股权投资、实业投资、资产管理、投资管理、投资顾问等综合金融服务
中诚信托	中诚资本管理（北京）有限公司	2012	1	100	北京	中诚信托设立的从事 PE 业务的全资子公司，主要与中诚信托合作开展业务
中融信托	中融鼎新投资管理有限公司	2011.09	10	100	北京	中融鼎新是其他子公司设立的平台，其下设的子公司专注于不同领域的细分，涵盖房地产基金、境外投资、并购、资本市场、私募股权投资等领域
国联信托	无锡国联资本管理有限公司	2011.10	0.3	100	无锡	无锡市国联发展（集团）有限公司集中开展股权投资业务的战略性管理平台，已形成风险投资、PE 投资、并购投资和主题投资四大业务板块

上述子公司的名称和业务范围并不相同，但是均以股权投资为主要业务领域，其中以中融信托2011年设立的中融鼎新最为典型。中融鼎新是由中融信托经银监会批准全资设立的PE子公司，设立之初注册资本为1亿元，主要从事PE投资业务。随着信托行业进入业务转型和结构调整期，中融信托作为走在转型创新前沿的信托公司，将股权投资作为其转型方向之一，并对中融鼎新的定位进行了调整，将其定位为主要从事股权投资平台公司，并于2014年先后两次进行增资，目前注册资本为10亿元，其下属的子公司已经达到十多家（见图2）。2014年11月，中融鼎新获得中国证券投资基金业协会颁发的《私募投资基金管理人登记证书》（备案号：P1005429），登记成为专业合法的私募投资基金管理人，成为了开展私募股权投资、产业投资等私募基金业务的金融机构。据报道，中融信托会对中融鼎新继续进行增资，进一步扩大其投资能力，与优秀的业务团队开展合作，寻找各细分行业、市场投资机会，实现对投资者的良好回报。

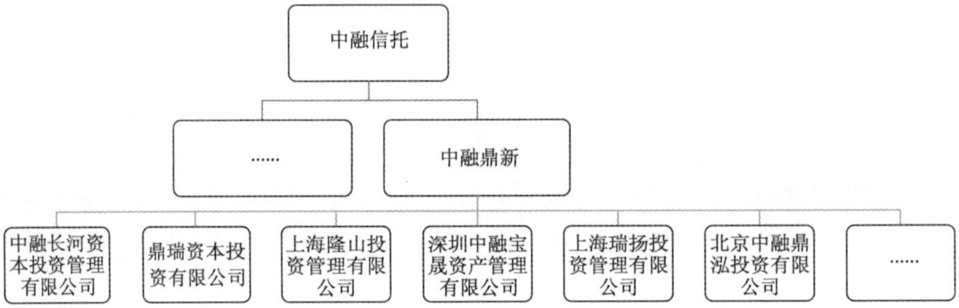

图2　中融信托及其下属子公司结构图

从业务范围上看，中融鼎新下属的这些子公司分别专注于某些领域的投资，例如，中融长河资本投资管理有限公司（以下简称中融长河资本）是中融信托重点打造的全资房地产并购基金平台，是中融信托旗下唯一全资地产并购基金，专注于国内一二线城市核心区位的优质写字楼、商业零售及住宅项目的并购和投资。中融康健资本管理（北京）有限公司于2013年8月成立，由中融鼎新联合原昆吾九鼎投资管理有限公司合伙人兼医疗投资基金总裁禹勃共同出资成立，注册资本为200万元，中融鼎新持股49%，禹勃个人持股51%，专注于医疗健康领域并购基金的运作和管理。

总体来看，股权投资是信托公司资产管理专业子公司重要的业务领域之一，目前行业内几家信托公司进行股权投资的平台大多是信托公司100%持股，经银监会批准设立的PE投资子公司。

（二）基金类业务

随着中华人民共和国国务院办公厅发布的2014年第43号文，即《地方政府性存量债务清理处置办法（征求意见稿）》（以下简称“43号文”）的出台，以及房地产行业进入下行周期，信托公司传统业务面临的风险日益增大，新业务模式和利润来源的形成需要实践探索和时间考验。因此，传统业务和新型业务并行发展、相互补充是信托行业当前阶段的主要任务。如何对传统业务进行改造和升级，是整个行业需要思考的问题。从实践发展来看，向基金类业务发展成为传统业务发展和升级的方向。

尽管信托公司直接开展产业投资基金、城市发展基金等业务面临投资期限、投资规模等条件的限制，但是，资产管理专业子公司可以作为信托公司开展基金类业务、发起设立母基金的载体。

1. 城市发展基金

城市发展基金是对传统政信合作类业务的深化和衍生。随着43号文的出台，作为信托公司主要业务类型的政信合作类信托受到限制，如何创新政信合作业务模式，成为信托行业面临的问题。城市发展基金作为产业基金的一种，通过向特定机构投资者以私募方式筹集资金，实现利益共享、风险共担，有利于更好地支持城市建设，全国各地已开展探索尝试。许多信托公司也在探索产业基金或城市发展基金模式，推动基金型信托产品的发展。例如，苏州信托成功推广了包括农园鑫、浒关新区等多个城镇发展基金，新增规模10.8亿元；百瑞信托发起设立了航空港产业基金、兰州新区产业基金，探索信托公司在城市基础设施建设投资领域的新模式。下文以航空港产业基金为例进行说明。

中原航空港产业投资基金是经国家发改委批准设立的立足于郑州中原航空港经济综合实验区的产业投资基金，于2014年初取得国家发改委的批复，并开始筹建基金管理公司和基金组建方案。2014年底，中原航空港产业基金管理有限公司设立获得了国家发改委的批准，已于2015年1月20日完成工商注册。航空港产业投资基金立足全国首个航空港经济综合实验区，打造中原崛起、河南振兴、富民强省的核心增长极和战略突破口，基金旗下将设立多支专项子基金，投向包括市政民生、国际航空货运枢纽、产业整合与并购、国企改制等领域，促进产业资本和金融资本的融合，助力中原航空经济腾飞、促进产业升级，为投资者创造价值，实现各方的投资效益及社会效益。

中原航空港产业投资基金采用有限合伙制的运作模式，面向工商企业、投资机构、银行、社保基金、保险公司、企业年金、证券公司等机构投资者募集资金。投资人认缴基金出资并签署合伙协议后成为基金的有限合伙人，基金管理公司担任一般和合作人，基金由母子（1+N）模式构成，即设立1支母基金及N支子基金，母基金期限为整个基金的存续期。投资标的为出资发起的各子基金、与基金有关的项目股权投资和其他投资等。中原航空港产业投资基金运作流程图如图3所示。

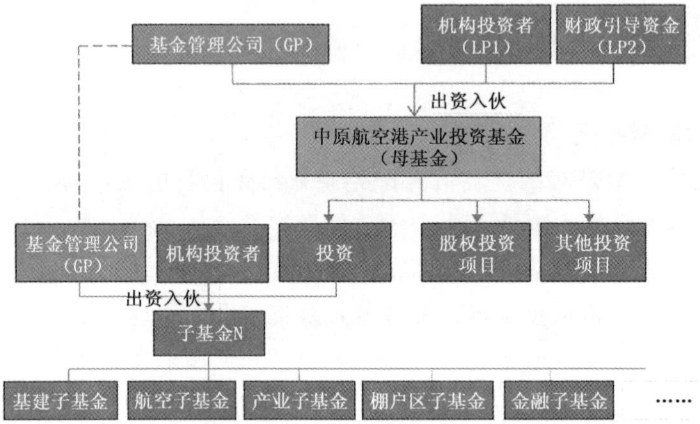

图3　中原航空港产业投资基金运作流程图

2. 并购基金

随着中国经济步入“新常态”，能源、房地产等行业进入下行周期，也涌现出一些新的投资机会。许多处于下行阶段的行业逐渐显现出并购、重组的迹象，利用资金整合的优势介入并购领域也是发展方向之一。资产管理专业子公司可以成为信托公司开展并购业务的平台，发展并购类基金，拓展业务机会。

房地产并购基金。房地产行业目前处于洗牌阶段，预期未来会出现较多的并购机会，通过实施地产并购基金项目，在获得丰厚资本回报的同时，更利于深入了解项目、把控风险，提高对房地产行业未来更加复杂环境的应对能力。

医疗健康并购基金。目前我国存在人口老龄化和亚健康两大特征。数据显示，截至 2014 年我国 60 岁以上老人接近 2 亿人，占人口总数的 14.5%，预计 2035 年后，中国将进入超级老龄化社会，即 65 岁以上老人占人口总数的 20%。另外由于人们工作压力越来越大，中国医疗卫生事业发展中心数据显示，中国目前有 7 亿人处于亚健康状态。信托公司应当抓住医疗健康产业快速发展的机遇，开展医疗并购类基金，还可以探索将医疗并购产业基金与养老地产进行结合，与资质优秀的房地产开发商进行合作，整合医疗健康资源，创新养老地产开发运作模式，在获得资本回报的同时更好地服务社会，创造社会价值。

国企改制基金。国企改革与资本市场相互配合由来已久，目前各地方政府公布或者试点的改革方案中，也都直接或间接表达了利用资本市场进行混改的意图。在此背景下，各类资管机构，如 PE、券商甚至公募基金等，都已开始积极布局，信托公司可以通过资产管理专业子公司，加大国企改制领域问题的研究和探索，围绕国企混改与资本市场结合的机会，实施有目标、有重点的业务拓展策略，抓住此次多年难遇的趋势性机会。

土地流转方面。2015 年由中共中央、国务院印发的“一号文件”，即《关于加大改革创新力度加快农业现代化建设的若干意见》，提出：“做好承包土地的经营权和农民住房财产权抵押担保贷款试点工作。鼓励开展‘三农’融资担保业务，大力发展政府支持的“三农”融资担保和再担保机构，完善银担合作机制。”农业的集中化耕种可以带来效率与效益的提升，因此未来我们会继续跟踪土地流转方面的行业动态，把握投资机遇。

挑战与机遇并存，风险与收益同在，是亘古不变的准则。信托行业应当把握住产业机构调整的机遇、对行业热点展开持续研究、分享行业整合过程中的红利并进一步优化资产结构。

3. 新型科技产业基金

新兴产业代表着未来新经济发展的方向，随着新技术的积极引入和民间资本的广泛参与，该产业已成为近年来资本市场炙手可热的投资主题，并给投资者带来了丰厚的回报。2015年1月14日，国务院总理李克强主持召开国务院常务会议，决定设立国家新兴产业创业投资引导基金，助力创业创新和产业升级，重点支持处于“蹒跚”起步阶段的创新型企业，对于促进技术与市场融合、创新与产业对接，孵化和培育面向未来的新兴产业，推动经济迈向中高端水平，具有重要意义。

文化科技产业核心竞争力的提升不仅有着重大的经济价值，更具备着深远的社会意义和民族价值。进而言之，科技文化产业集聚对区域竞争优势的形成发挥着非常重要的作用。因此，资产管理专业子公司可以在新型文化科技产业领域有所作为，发起符合国家导向和社会发展趋势的新型科技产业基金，在实现投资回报的同时，为国家新型产业的发展贡献力量。

4. 互联网产业基金

中国互联网信息中心2014的调查报告显示，截至2014年12月，我国网民规模达6.49亿人，全年共计新增网民3,117万人。互联网普及率为47.9%，较2013年底提升了2.1个百分点，互联网领域无疑是2014年最热门的投资领域，互联网金融也成为备受瞩目的领域。2015年7月18日，中国人民银行、中华人民共和国工业和信息化部、中华人民共和国公安部、中华人民共和国财政部、中华人民共和国国家工商行政管理总局、中华人民共和国国务院法制办公室、银监会、中国证券监督管理委员会（以下简称“证监会”）、中华人民共和国保险监督管理委员会、中华人民共和国国家互联网信息办公室日前联合印发了《关于促进互联网金融健康发展的指导意见》（银发〔2015〕221号），标志着互联网金融已经被认可并将进入规范的发展阶段。

互联网产业作为新兴产业的突出代表，未来仍将保持较快的增长趋势，资产管理专业子公司也可以抓住时代机遇，加强与其他机构的合作，在互联网金融等领域进一步布局，分享行业快速发展所带来的高额资本回报。

四、设立信托专业子公司需要注意的问题

（一）信托专业子公司符合机构监管与功能监管融合的导向

“分业经营，分业监管”的金融体制对于我国金融业的发展曾起到积极的作用，但是随着金融市场化和金融自由化的推进，这种监管模式开始受到挑战。最典型的就是近两年券商资管、基金子公司进入资产管理行业，但与同时开展资产管理业务的信托业受到明显不同的监管，导致整个资产管理行业的恶性竞争和不健康发展，进而带来企业融资成本提高等一系列问题。从我国目前的金融环境来看，混业经营的条件尚不具备，但是在目前机构监管的基础上逐步向机构监管与功能监管相结合的模式过渡，已经开始受到业界的关注。

目前市场上多家信托公司专业子公司已经在证券投资基金业协会备案，取得私募基金管理人资格，按照证监会监管框架下的监管政策开展资产管理业务。虽然这种做法有逃避监管的嫌疑，并非严格意义上的功能监管导向下的正常做法，但也预示了一种发展的趋势，某种意义上可以作为“自下而上”推动监管改革的有力手段。

（二）出台子公司政策文件，防范和控制政策风险

尽管杨家才先生在2014信托年会上的讲话中提出了打造新型信托业的“八项责任”，其中在机构责任部分指出“在业务细分领域，可以通过深化改革，设立全资专业子公司做专做精。比如家族信托子公司、并购信托子公司、海外信托子公司、专业销售子公司”。目前中融、中诚、兴业等信托公司也已经成立了信托子公司。但是“信托公司设立子公司的操作指引”尚未出台，子公司的监管和定位尚不明确，子公司可以开展的业务类型和业务范畴都不清晰。这不但导致资产管理专业子公司的设立无以为据，也导致资产管理专业子公司业务的开展无法可依，面临一定的风险。

因此，政策上的风险是资产管理专业子公司面临的最大风险，也是最大障碍，也是发展不足的原因所在。可以说，监管部门出台信托公司子公司的监管政策文件是资产管理专业子公司风险控制的首要前提。监管部门应当尽

快出台信托专业子公司的监管办法，一方面为行业内亟待设立的专业子公司放行，另一方面，也可以对专业子公司的设立条件、准入门槛、业务准入标准、监管条件等规范，使信托专业子公司可以规范、健康地发展，为信托行业的转型探索新方向。

（三）信托公司加强人员储备，提升主动管理能力

根据信托公司资产管理专业子公司的业务发展规划，未来将开展专门的PE、房地产直接投资、并购（医疗、互联网等新兴领域）、产业基金等业务，对多类型的投资业务进行专业化与精细化管理。在项目开展的初期，子公司的业务更多的是对自有已投资资产的专业化管理，但是随着业务的深入，将会更进一步发挥主动管理职能，整合社会资源，开展PE、房地产直接投资、并购、海外投资、资产证券化、母基金等多类型的业务，需要更多的具有复合专业技能的人才来支撑业务的实现。

（四）加强引导，避免子公司成为监管套利的手段

专业子公司是信托公司在专业领域深耕细作、拓展业务深度和广度的有效路径。长期来看，信托公司通过专业子公司可以探索业务转型的方向和利润来源，在激烈的市场竞争中，形成比较优势和核心业务领域；短期来看，可以转移净资本占用较多通道类业务，也可以缓解保障基金的压力。目前，关于专业子公司的监管尚处于空白阶段，但信托子公司运营中的风险仍需要特别关注，特别是现阶段，一些信托子公司是在信托业务受到严格监管的背景下产生的，再加上信托公司在某些专业领域的主动管理能力还处于不断提升阶段。因此，信托公司通过专业子公司开展业务是要特别关注风险的控制和防范，避免风险的诱发和传染。

（五）建立适当的股权激励机制，促进长远发展

随着金融行业竞争的加剧，人才流动性更加频繁，如何通过适当的激励措施留住优秀人才成为必须面对的问题。从国外金融机构和国内金融行业的发展情况来看，适当的管理层股权激励等举措能充分调动管理层积极性、促进金融机构快速发展，并且有效避免道德风险的有效手段。股权激励是一种长期激励，通过股权激励使管理层利益与公司利益绑定到一起，使管理层更

加负责地参与关系到企业发展经营管理决策，不仅关注公司短期业绩，更加关注公司长远发展，并真正对此负责。

目前，信托公司下属的二级子公司几乎没有采取管理层持股的股权激励机制安排。但是，在中融信托子公司中融鼎新投资三级子公司，开展进一步细分领域的资产管理业务层面，采取了股权激励措施。具体而言，中融鼎新作为中融信托100%控股的子公司，下设三家子公司时，采取中融鼎新持有80%的股份，剩余20%作为股权激励安排的机制。该三级子公司通过契约型基金、有限合伙制基金等开展信托领域的投资。

管理层持股是专业子公司可以采取的激励机制之一，除此之外，对于产业投资基金来说，基金管理人的管理费费率、业绩报酬等也是有效的激励机制。基金管理费可以是简单的激励，也可以是复杂的、动态调整的、多样化的激励安排，并且管理费费率与业绩报酬之间可以形成互动安排。

（六）建立和完善子公司内部治理，避免风险的传染

资产管理专业子公司以开展股权投资和基金类业务为主，本质上看，均是对于子公司特别是管理层的主动投资和管理能力要求较高的业务。在公司设立和业务开展的初期，就要特别注意内部治理机制的完善，包括业务立项、业务审批流程、业务操作和实施阶段的合规和风险控制、业务运行过程中的尽责管理、风险的防范和控制措施、责任承担机制等，以避免风险的传染。

完善的内部治理机制是子公司持续发展的基础，也是风险防范的根本保障。从未来发展来看，对于信托行业子公司的治理应当在监管部门出台的子公司管理办法中予以原则性规定。但是，鉴于不同的专业子公司业务范围、运作模式有较大差异，很难有一个统一的模板，例如，信托公司的全资子公司、控股的子公司、参股的子公司无法适用统一的规则。再如，许多在基金业协会备案的信托子公司可能要遵循相关监管规范的要求。尽管如此，为了防范子公司风险的蔓延和传染，避免通过信托子公司进行监管套利，子公司的内部治理仍应当做到股权结构清晰、内部组织结构健全、风险承担机制完备等基本要求。